北京师范大学全球化与文化发展战略研究院

全球化研究

（2022）

主　编　薛晓源　沈湘平

图书在版编目（CIP）数据

全球化研究. 2022 / 薛晓源, 沈湘平主编. —北京：中央编译出版社, 2022.12
ISBN 978-7-5117-4311-4

Ⅰ. ①全… Ⅱ. ①薛… Ⅲ. ①全球化-研究 Ⅳ. ①C913

中国版本图书馆 CIP 数据核字（2022）第 200446 号

全球化研究. 2022

责任编辑	苗永姝
特邀编辑	郑　锦　明芷安
责任印制	刘　慧
出版发行	中央编译出版社
地　　址	北京市海淀区北四环西路69号（100080）
电　　话	（010）55627391（总编室）　（010）55627319（编辑室）
	（010）55627320（发行部）　（010）55627377（新技术部）
经　　销	全国新华书店
印　　刷	北京汇林印务有限公司
开　　本	710毫米×1000毫米　1/16
字　　数	370千字
印　　张	25
版　　次	2022年12月第1版
印　　次	2022年12月第1次印刷
定　　价	168.00元

新浪微博:@中央编译出版社　　　微　信:中央编译出版社(ID: cctphome)
淘宝店铺: 中央编译出版社直销店(http://shop108367160.taobao.com)　（010）55627331

本社常年法律顾问：北京市吴栾赵阎律师事务所律师　　闫军　梁勤
凡有印装质量问题，本社负责调换，电话：（010）55626985

《全球化研究》编委会

北京师范大学全球化与文化发展战略研究院　编
主　编：薛晓源　沈湘平

编辑委员会：

吴志成（中共中央党校）	王　宁（上海交通大学）
Michael Hardt（美国杜克大学）	蔡　拓（中国政法大学）
Bruce Robbins（美国哥伦比亚大学）	王逢振（中国社会科学院）
Mike Hill（美国纽约州立大学）	王义桅（中国人民大学）
Imre Szeman（加拿大滑铁卢大学）	薛晓源（北京师范大学）
Schmidt-Glintzer（德国图宾根大学）	王辉耀（全球化智库）
沈湘平（北京师范大学）	郭忠华（南京大学）
生安锋（清华大学）	David Bartosch（北京师范大学）
刘兴华（南开大学）	余明锋（同济大学）

《全球化研究》发刊词

据英国社会学家罗兰·罗伯逊在《全球化百科全书》中考证,"全球化"一词,源于20世纪70年代,80年代开始流行,90年代红遍世界,成为最为时髦的词语和媒体广泛使用的高频词。一个词语的高频率出现,不是一个简单的语言学的现象,其背后蕴含了复杂的经济交往、多维的社会联系和深度的文化互动的现实语境。1997年亚洲金融危机和2008年美国次贷危机,使全球化陷入了困境。进入21世纪,反对全球化的声音开始在发达国家蔓延,逆全球化的分贝在不断增高。

在百年未有之大变局与世纪疫情复合叠加的今天,我们认为全球化是复数的。全球化不只是经济全球化、金融全球化,而是多维度、多层次交融的全球化,疾病的全球化、生态的全球化、安全的全球化和文化的全球化等,也是全球化的重要维度和研究全球化的重要视角。我们反对把全球化只视为经济全球化、金融全球化的单极性和片面性。因此,我们认为在全球化时代,文明的理解与相互借鉴是至关重要的,建立人类命运共同体是至关重要的:它可以化解不同文明的冲突和矛盾,走向相互理解、相互欣赏、相互借鉴、相互发展的健康的、可持续发展之路,为全球化的未来、人类的未来指明发展方向。

中国从全球化的参与者,到全球化的推动者和全球秩序的维护者,用自己的实力和诚意在释放全球化的善意，发挥全球化的美德。全球化的现在与未来需要更全面、立体、理性、客观地审视和观照，这是时代赋予我们的"人的使命"和"学者使命"。我们的刊物要为全球化的发展和研究注入更多理性的声音和客观的分析与探究，而不是一种情感的共鸣与骚动。

《全球化研究》应运而生，旨在汇聚国内外一流学者的真知灼见，发出基于中国的全球化声音，把"释放全球化的善意，发挥全球化的美德"写在我们同舟共济的桅杆之上，乘着时代之风扬帆远行！

目 录
Contents

全球化：现在与未来学术论坛 / 1

中外学者共商推进全球化发展
——北京师范大学全球化与文化发展战略研究院成立仪式暨"全球化：现在与未来"学术研讨会概述 / 3

全球化与文化自信
　朱永新 / 6

全球化与科学振兴
　白春礼 / 8

全球化与文化复兴
　郑欣淼 / 10

全球化发展的新阶段
　〔英〕安东尼·吉登斯 著　郭忠华 译 / 13

全球化与全球本土化
　〔英〕罗兰·罗伯逊 著　杨彬 译 / 15

世界需要真正的全球化
　〔美〕小约翰·柯布 著　杨富斌 译 / 17

全球化的影响和策略

〔美〕弗雷德里克·詹姆逊　著　王逢振　译 / 20

全球化总论 / 39

全球化：现在与未来
　　薛晓源 / 41

论全球化的"渐冻"：基于俄乌冲突后的思考
　　唐任伍 / 52

新冠肺炎疫情与技术进步双重影响下的全球化趋势
　　王　栋　贾子方 / 69

经济全球化及其发展前景
　　胡必亮　张怡玲 / 85

对"逆经济全球化"的质疑
　　马传景 / 103

对反全球化浪潮的双重逻辑批判：价值哲学的视野
　　晏　辉 / 113

全球化与民族国家：关系的再审视
　　郭忠华 / 130

反思性全球化：一个政治哲学考察
　　余明锋 / 141

全球化与全球治理 / 151

全球发展的不确定性与中国的治理实践
　　吴志成 / 153

后疫情时代全球治理危机与中国全球化机遇
　　王辉耀 / 165

全球化发展中的结构性矛盾与中国对新型全球化的引领
　　刘雪莲 / 180

全球化与人类命运共同体 / 197

人的全球化核心价值观：人类命运共同体
　　王义桅 / 199

全球化时代的人类文化共同体建构
——一种外国文学研究思路的设想
　　生安锋 / 219

"家国天下"伦理与人类命运共同体理念
　　田海平 / 230

全球化与未来 / 249

从生态文明视域看真正的全球化
　　杨富斌 / 251

从信息到数字生态
——智能算法下的生命形式的嬗变
　　蓝　江 / 266

数字全球化时代的中国软实力
　　刘兴华 / 285

全球化与文化 / 303

新一波全球化的兴起及中国文化的海外传播
　　王　宁 / 305

全球化和文化
　　王逢振 / 318

欧亚大陆文明演化比较太极八卦模型

　　郭海鹏 / 336

国际关系中的文化战略：哲学视野下中国之现状与当代世界

　　〔德〕大卫·巴拓识 著　杨彬 彭蓓 译 / 360

"世界音乐"作为全球地域一体化的文化现象之探究

　　彭　蓓 / 383

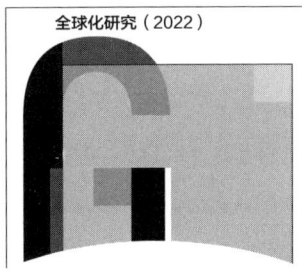

全球化：现在与
未来学术论坛

中外学者共商推进全球化发展
——北京师范大学全球化与文化发展战略研究院成立仪式暨"全球化：现在与未来"学术研讨会概述

2021年12月18日，北京师范大学全球化与文化发展战略研究院在珠海校区成立。研究院以世界百年未有之大变局和新一轮全球化为背景，以助力中华民族伟大复兴为目标，以文化发展战略为切入点，突出系统思维和学科交叉，会集世界一流学者，致力于提出新概念，建立新范式，形成新智慧，建设具有鲜明中国特色、世界知名的全球化研究中心和文化发展战略研究智库。

当前，世界百年未有之变局与世纪疫情相互交织，全球形势错综复杂，全球化呈现逆转态势，全球化发展方向扑朔迷离。如何看待逆全球化？我们究竟需要什么样的全球化？"世界怎么了，我们怎么办？"为自觉回答这样的世界之问、时代之问，北京师范大学全球化与文化发展战略研究院举行了为期两天的"全球化：现在与未来"学术研讨会。

18日上午，在北京师范大学珠海校区举行的全球化与文化发展战略研究院成立仪式上，北京师范大学珠海校区党委书记韦蔚发表讲话，对研究院未来发展提出三点希望。一是争创一流。要团结和会集全世界全球化研究、文化发展战略研究领域最顶尖的一流专家学者，形成既有中国特色、中国风格、中国气派又有世界一流水准的顶尖成果。二是建立高端智库。要始终心怀"国之大者"，为中华民族伟大复兴出谋划策，要立足大湾区，抓住大湾区建设的重大机遇,在主动服务大湾区建设过程中发展、壮大自己。三是创新机制。珠海是改革开放的前哨,北京师范大学珠海校区的一个重要优势就是机制新。研究院要充分利用校区的政策,创造性地开展工作,探索出更新更好的科研体制机制。

全国政协常委、副秘书长、民进中央副主席朱永新,"一带一路"国际科学组织联盟(ANSO)主席、中国科学院原院长、院士白春礼,文化部原副部长、故宫博物院原院长郑欣淼,中国社会科学院副秘书长、中国社会科学杂志社总编辑方军,商务印书馆党委书记、执行董事顾青致辞表示祝贺。朱永新在致辞中说:"中国既是全球化的受益者,同时也是全球化的推动者。过去40多年中国经济发展是对外开放条件下取得的,未来中国经济实现高质量发展也必须在更加开放的条件下进行。中国基于自身发展需要作出的战略抉择,在以实际行动推动全球化造福世界各国人民。中国推动全球化发展的既定政策没有变,因为全球化是历史大势,说其是历史大势,就是其发展是不以人的意志为转移的。人类可以认识、顺应、运用历史规律,但无法阻止历史规律发生作用。历史大势必将浩荡前行。"

英国社会学家、伦敦政治经济学院原院长、剑桥大学终身教授安东尼·吉登斯,英国社会学家和全球化理论家、苏格兰阿伯丁大学名誉教授罗兰·罗伯逊,德国哥廷根大学教授、图宾根大学中国中心主任施寒微,美国中美后现代发展研究院创院院长、美国人文与科学院院士小约翰·柯布,美国纽约州立大学奥尔巴尼分校教授迈克·希尔等多位世界著名学者发来贺信或视频,分享了有关全球化的最新思想。吉登斯分析了全球化的当今境遇,他说:"在人类历史上,没有哪一次疫情扩散速度及基因突变速度像此次新冠肺炎疫情这样迅速。这一事实反映了全球化时代人类深度关联的一个表征。换个角度看,人类对于此次疫情的全球响应也取得了众多积极成果。通过在线工作的方式,世界各国能够控制疫情风险并保持经济运转,这些在20年以前是不可想象的。在极短时间内,中国的研究人员利用人工智能技术解码了病毒的基因结构,并把研究结果与全人类共享。研究人员发明了各种疫苗,并以各种方式在全球范围内分发了数以亿计——尽管存在着相当程度的不平等。这是一种全球创造性，使我们在绝望中看到了希望与光明。全球化尽管制造了分裂和冲突，但深度的相互依赖依然是当今时代的关键特征。"

来自国内外高等院校、科研机构的50多名知名专家学者参加为期两天的"全球化：现在与未来"学术研讨会，共商全球化发展大计。中外学者表达出推动全球化研究的强烈愿望，普遍认为全球化遇到了现实的挑战，全球化与逆全球化、全球化与本土化、全球化发展不平衡的矛盾，是当下全球化发展中的主要瓶颈，但全球化的趋势不可阻挡。国际社会应加强合作，采取积极可行的措施，不断突破现有障碍，推动全球化向好的方向发展。

执行院长薛晓源教授介绍，北京师范大学全球化与文化发展战略研究院正组织世界一流学者编纂中国版的《全球化大辞典》，以国际化的编委会编辑出版《全球化研究》。同时，研究院将汇集学术力量，积极投身粤港澳大湾区建设研究和决策咨询，推动大湾区建设全方位融入全球化的磅礴洪流。

全球化与文化自信

朱永新*

值此北京师范大学全球化与文化发展战略研究院成立暨"全球化：现在与未来"学术研讨会举办之际，因为疫情限制出行，我不能到现场，谨在北京致以诚挚的祝贺。

中国既是全球化的受益者，同时也是全球化的推动者。过去40多年中国经济发展是对外开放条件下取得的，未来中国经济实现高质量发展也必须在更加开放的条件下进行。中国基于自身发展需要作出的战略抉择，在以实际行动推动全球化造福世界各国人民。

当今世界正经历百年未有之大变局，经济全球化是不可逆转的时代潮流。全球化遭遇逆流，考验各国经济社会发展的韧性。近年来，个别国家实行单边主义、保护主义，影响全球化的稳定运行。新冠肺炎疫情仍在全球蔓延，世界局势不确定性上升，加剧了全球经济的整体性风险。近年来，我国提出加快构建以国内大循环为主体、国内国际双循环相互促进的新发展格局，也是为适应全球化新的发展趋势而做出的重大调整。中国推动全球化发展的既定政策没有变，因为全球化是历史大势，说其是历史大势，就是其发展是不以人的意志为转移的。人类可以认识、顺应、运用历史规律，但无法阻止历

---

* 朱永新，全国政协常委、副秘书长、民进中央副主席。

史规律发生作用。历史大势必将浩荡前行。

在经济全球化的背景下，文化的多元发展是人类的发展选择。中华民族的文化正是在与其他民族相互借鉴相互融通的过程中，兼容并包，精彩纷呈，历久弥新。习近平指出，一个国家、一个民族的强盛，总是以文化兴盛为支撑的，中华民族伟大复兴需要以中华文化发展繁荣为条件。文化自信是更基础、更广泛、更深厚的自信，是更基本、更深沉、更持久的力量。坚定文化自信，是事关国运兴衰、事关文化安全、事关民族精神独立性的大问题。文化作为国家综合国力的重要标志，文化发展日益走向历史的前台，文化战略越来越成为国家发展战略的重要组成部分。我们要从战略的高度认识文化发展的重要性，继续坚持走中国特色社会主义文化发展道路，推动社会主义文化大发展大繁荣，弘扬传统文化，尊重历史，尊重民族文化传统，守正创新，深入研究我国文化建设和文化发展的规律，研究文化发展面临的新情况和新问题，繁荣与发展社会主义先进文化，不断提高国家文化软实力。要激发全民族的文化创造活力与文化激情，以全民族文化素质和文化意识的提升，汇聚起实现民族伟大复兴的正能量，并为构建人类命运共同体贡献中国智慧。

北京师范大学是我国师范教育的排头兵，是中国文化发展的重镇，北师大珠海校区又地处我国改革开放的最前沿，粤港澳大湾区建设是国家发展的重大战略，这些都为我们的全球化与文化发展战略研究院的发展提供了重要机遇和资源。希望研究院能以推动经济全球化、推进国家文化发展为己任，立足改革潮头，团结国内外研究力量，服务国家对外开放，服务粤港澳大湾区建设，服务文化强国建设。我们有理由相信，经过几年的努力，北京师范大学全球化与文化发展战略研究院一定能成为具有国际影响的学术阵地。

我与全球化与文化发展战略研究院院长薛晓源教授共同完成了《大教育家——世界100位著名教育家画传》，业已由商务印书馆出版，作为对本次活动的贺礼献给大家。我一直关注北京师范大学全球化与文化发展战略研究院的筹备工作，也会一如既往地关注和支持研究院的发展。

全球化与科学振兴

白春礼*

各位来宾、女士们、先生们大家好！首先我谨代表"一带一路"国际科学组织联盟祝贺北京师范大学全球化与文化发展战略研究院的成立，预祝"全球化：现在与未来"学术研讨会圆满成功。全球化问题的研究至关重要，习近平总书记指出中国的发展是世界的机遇，中国是经济全球化的受益者，更是贡献者。

随着大数据时代的到来，迅猛发展的数字技术正在重塑全球化，深刻影响着社会和经济发展的各个方面，科学技术研究领域离不开全球化的竞争与合作，基于海量数据的处理和计算，可以发现传统研究方式下很难发现的新规律和新现象，数据驱动的第四科研范式正在加速兴起。

2021年11月19日习近平总书记在北京出席第三次"一带一路"建设座谈会，并发表了重要讲话，强调继续推动共建"一带一路"高质量发展。"一带一路"国际科学组织联盟是在"一带一路"倡议的框架下，首个由"一带一路"沿线国家的科研机构、大学和国际组织共同发起成立的综合性、实质性国际科学组织，旨在推动"一带一路"国家沿线和地区在科学、技术、创新和能力建设方面的国际合作，是科技支撑"一带一路"倡议及全球社会经

---

* 白春礼，中国科学院原院长、院士，"一带一路"国际科学组织联盟（ANSO）主席。

济可持续发展的国际合作平台。

数字全球化治理这个命题与我们联盟推动的"一带一路"人类命运共同体是同频共振的,"一带一路"倡议涉及区域广,覆盖国家多,区域自然条件复杂,多数经济走廊地区,科技资源信息薄弱,突破数字鸿沟,加强数字化转型,是促进"一带一路"区域高质量发展的关键。

这迫切需要数字全球化治理的支撑,大道致远,海纳百川,我们联盟愿意和大家加强合作,不断加强交流合作,广聚智慧和创新资源,为服务"一带一路"倡议促进高质量发展,助力构建人类命运共同体而不懈努力!

全球化与文化复兴

郑欣淼*

今天的珠海祥云环绕，北京师范大学珠海校区有三件事情值得庆贺：

一是北京师范大学全球化与文化发展战略研究院今天正式挂牌成立；

二是"全球化：现在与未来"学术研讨会隆重开幕，中外知名学者，云集响应，线上线下，共研全球化的现状和发展态势，研讨成果值得期待！

三是"全球化与人类文明互鉴画传系列"的第一卷：《大教育家——世界100位著名教育家画传》新书发布，用国画形式为世界著名教育家立传，据我所知，中外尚属首次，"功莫大焉"，影响同样值得期待！

这三件事情的交汇点就是强烈关注全球化和文化、文明的关系。我非常赞赏全球化与文化发展战略研究院的研究初心就是："以新一轮全球化为现实背景，以文化发展战略为切入点，运用复杂系统思维，突出学科交叉优势，汇集各方资源，总结中国经验，提出新概念，建立新范式，形成新智慧，建设具有鲜明中国特色、世界一流水平的全球化研究中心和发展战略研究智库。"站位高远，立意前瞻，有魄力、有胆识，研究成果值得广泛关注！

我关注研究院还有一个伟大使命，就是在全球化的语境下，深入研究所在地粤港澳大湾区蕴藏的丰厚历史文化资源，努力使自己成为中华优秀传统

---

* 郑欣淼，故宫博物院原院长、中华诗词学会会长。

文化创造性转化、创新性发展的研究示范基地。故宫已在筹建香港故宫文化博物馆，预计 2022 年 7 月开馆，届时，将有 600 件故宫文物"常住"香港。香港故宫文化博物馆的定位是一座世界级的中国文化艺术博物馆。它将以崭新的策展手法，从香港角度出发，结合环球视野，展出故宫博物院和其他世界重要文化机构的珍藏。博物馆将借学术研究的新成果、新颖的巡回展览以及教育、文化和专业人士交流项目，建立全球合作伙伴关系，巩固香港作为国际艺术文化中心的地位。作为一个具活力的平台，它将积极推动社区参与、鼓励对话与合作，并增强文化创造力和跨域合作。

我认为促进粤港澳大湾区的一体化文化认同，是增进香港"人心回归"、强化港人爱国认同的深层方式。作为大湾区文化底蕴的岭南文化多元、开放，汇通中西，但究其根源，核心仍然是中国传统的儒家文化。在中西众多文化中，儒家文化无疑是最有利于增进国家认同的文化。因此，以儒家文化为主线和核心资源，提出大湾区的文化发展战略，对促进香港问题解决、助力中华民族伟大复兴具有极其重要的意义。

值得祝贺的第三件事情就是"全球化与人类文明互鉴画传系列"第一卷：《大教育家——世界 100 位著名教育家画传》新书发布。我可以说见证了这部图文并茂画传的诞生。薛晓源院长很有雄心，立定决心，要为全球化和人类文明尤其为人类文明做出贡献的人物立传。2018 年薛晓源同志从德国法兰克福国际书展举办艺术展载誉归来，就在全国政协副秘书长、常委、民进中央副主席、著名教育家朱永新教授的要求和指导下，创作了世界 100 位著名教育家的肖像。画像涉及时空为上下三千年，跨越中外，很了不起。晓源同志用生动直观的形式展示世界教育史的风云人物，可以说呈现了一部"风云变幻"的世界教育"简史"：哲人遍布，大师林立。晓源同志勇气可嘉，把世界历史上著名教育家 100 人，置身在同一个时间空间内，营造一个巨大的精神"在场"，让他们谈天论道，让他们讲经说法，或挥斥方遒，或娓娓而谈，他们的学说理念与精神风貌如春风春雨，温润人心。

激动之余，我为之作序，在序言中我如是写道："欣闻朱永新先生与晓源同志绘著的《大教育家——世界 100 位著名教育家画传》一书，即将在商务印书馆付梓出版。朱永新先生是教育学大家、著名学者，薛晓源同志是知名学者、画坛新锐，我相信矻轮老手与画坛新锐的鼎力合作，会碰撞出学术与艺术的灵智之果。观其文，赏其画，令人心旷神怡。图像与文字、风采与风骨，可谓珠联璧合，相得益彰，世界大教育家的风貌和精神会得以传承和发扬。"

最后，我用屈原《离骚》一句诗："驷玉虬以乘鹥兮，溘埃风余上征"来表达我衷心的祝贺：希望北京师范大学全球化与文化发展战略研究院"驾起白龙，乘上凤凰，借着那风势去碧空遨游"，祝愿研究院越办越好，取得更大的成就！

全球化发展的新阶段

〔英〕安东尼·吉登斯* 著　　郭忠华　译

全球化是我们时代的核心特征，过去没有哪一代人像我们这样生活在一个紧密关联的世界里。但正如我在以前的作品中已经表明的，"全球化"是一个被广泛误解的概念，许多人仅把它理解为经济上的相互依赖。毫无疑问，今天的全球经济的确高度相互依赖，但在我看来，全球化的核心含义远比经济这一点更加广泛，其应该是所有事物更加广泛的相互依赖。较之于当今世界经济的彼此关联，人类所导致的气候变化甚至是一个更加深刻的全球化表征。

"全球化"术语本身就是全球化的一个例证。这是直到20世纪80年代才兴起的一个历史非常短暂的术语，但是今天，它已成为一个世界各个地方都广泛使用的术语。我不能说我是这一术语的发明者，但与马丁·阿尔布劳（Martin Albrow）教授一起，我是最早使用这一术语的人之一，我一直从深度互联的意义上来使用这一术语。数字革命的来临是推动当今世界社会迈向极度互联水平的首要力量——尽管从一开始，全球化也一直是导致分裂和冲突的力量。我曾在我的一系列著作中探讨过这些议题，比如《现代性的后果》

---

* 〔英〕安东尼·吉登斯（Anthony Giddens），英国社会学家，伦敦政治经济学院原院长，剑桥大学终身教授。

《现代性与自我认同》《全球时代的欧洲》。从我所收到的大量来自中国学者的信件中可知，这些著作在中国也具有相当广泛的影响。

从一开始到现在，不断强化的全球化就一直是分裂和冲突之源，是人类主动相互依赖所塑造或者催生的结果。这不仅在地缘政治层面是如此，而且同样表现在我们日常生活层面的深刻变化中。这一点在全球女性主义运动和稍晚的跨性别（transgender）运动中得到了反映，也在美国"黑人的命也是命"（Blacd Lives Matter）运动中同样得到了反映。因为日常生活的转变总是与更加广泛的力量有力地交织在一起。西方国家必须直面其过去残酷压迫行径所导致的后果——比如英帝国必须直面其殖民主义、奴隶制所导致的后果，这是迄今人类历史上出现过的最登峰造极、最广泛的帝国主义势力。

当前全球正在流行的新冠肺炎疫情也反映了我刚刚描绘的诸种变化。在人类历史上，没有哪一次疫情在世界范围内的扩散速度如此之快，也没有哪一次疫情的基因突变速度如此之快。这些都是人类深度关联的一个表征。另一方面，人类对于此次疫情的全球响应也取得了众多积极的成果——尽管世界各地的情况表现得略有不同。我把此次疫情称作"数字大流行病"（digidemic）。通过在线工作的方式，世界各国能够控制疫情风险并保持经济运转，这在20年以前是不可想象的。在非常有限的时间内，中国研究人员利用人工智能（AI）技术解码了病毒的基因结构，并把结果发布在开放存取的网站（open-access website）上。研究人员发明了各种疫苗，并正在全球范围内分发了数以亿计——尽管存在着相当程度的不平等。在我看来，把这些事情看作一种全球创造性至关重要，而不是只看到绝望和分裂。

全球化尽管同时制造了分裂和冲突，但深度的相互依赖依然是当今时代的关键特征。与其他领域的研究一样，社会科学在促进对当今全球化的理解上亦可大有作为。

全球化与全球本土化

〔英〕罗兰·罗伯逊* 著　杨　彬 译

早在20世纪80年代初,我就开始了有关全球化的研究和教学工作,并且针对该主题撰写了大量文章,并在90年代初发布了我的重要研究成果。1992年,我出版了一本很有影响力的书《全球化:社会理论和全球文化》。可以说,大约在这个时候,有相当多的人声称自己率先采用了"全球化"概念!事实上,直到几年前这种说法仍不绝于耳。

在《全球化:社会理论和全球文化》(1992)一书中,我确实简单提及全球化这一主题,但直到1994年和1995年,我才发表了关于该主题的第一篇重要且有影响力的文章。从那时起,我针对这一主题发表了大量文章,并编写了不少书籍,旨在扩展其用法、意义和应用。此外,我开始意识到,全球化的主题和全球本土化的理念实际上已经融入了许多关于全球化的著作中,在20世纪90年代末尤为如此。例如,在许多关于东亚,特别是中华人民共和国的著作中都可以看到这种融入。从那以后,我一直想了解,何种地理环境可以鼓励或抑制全球本土化理念。事实上,我最近就这一主题写了一些文章。我的结论是,群岛和半岛地区有助于人们形成全球本土化理念。

---

* 〔英〕罗兰·罗伯逊(Roland Robertson),美国匹兹堡大学社会学荣誉杰出教授、英国阿伯丁大学社会学名誉教授。

正如我所说的，从我开始思考全球本土化时，我就非常清楚这一主题衍生自人们更为熟知的全球化概念。在早期，一些社会科学家对于"全球本土化"一词嗤之以鼻，报纸的许多专栏中比比皆是，至少在西方是这样。根据我的经验，在我的职业生涯中还未曾遇到过比这更极端的对立。

我当前的想法是：只有本土才能让全球运转起来。如果说有一个想法正在实现全球化，几乎可以肯定地说该想法已经实现同质化了。这意味着，针对全球化对当地环境的影响，人们很少或根本没有注意这些影响的性质或形式，但全球本土化的宣传还依赖于这方面的大量知识。全球与同质之间的联系以及本土与异质之间的联系，是整个世界普遍存在的特征。我希望这种设想全球—本土关系的方式可以对各种方法论和主题产生重要影响，在当代具有重要意义的示例就是帝国主义和殖民主义问题。

世界需要真正的全球化

〔美〕小约翰·柯布[*] 著　　杨富斌 译

对当今时代全球化的探索是一项重要的新探险。通常全球化是一种会削弱文化主体完整性的经济发展方式。它不仅会使地方性文化从属于世界性文化，还会使所有文化都从属于那一个金钱"上帝"。迄今为止，全球化程度最高的领域是金融，其次是跨国公司，或许排在第三位的是现代西方科学。最后这一项是好事，但是作为追求更多知识和更深刻真理的科学常常会从属于作为技术之父的科学，因为后者有助于增加财富，至少对一些人来说是这样。我通常同情那些全球化的反对者，因为他们珍爱传统价值和本地人民的习俗。

然而，以保护地方文化来抵制全球化的行为通常是徒劳之举。从技术上说，整个世界都进入了我们的家庭。人们不得不努力地工作，以保持对其他文化的视而不见。大多数人发现，商品的生产和全球性的销售是有诱惑力的。

我们必须在本地化与全球化之间选择吗？我并不这样认为。全球化并未取代地方化。我们可以呼吁地方庆贺其自己独特的贡献，同时也能欣赏其他地方的独特贡献。我喜欢把地方看作共同体，而该共同体则是共同体之共同体的一员。这便意味着，正如地方共同体内部具有巨大差异一样，相邻的共

---

[*]〔美〕小约翰·柯布（John B. Cobb, Jr.），美国中美后现代发展研究院创院院长，美国人文与科学院院士。

同体之间也能有巨大的差异，但是正如健康的共同体可由其自身成员的多样性而变得充实富有一样，共同体之共同体也能通过作为其成员的诸共同体之间的差异而变得充分富有。

当然，共同体的观念走得更远。共同体之共同体需要相互之间也以共同体相处。当欧洲那些经常交战的国家成为欧共体时，世界会松一口气。法国与德国文化虽然仍有很大的不同，但是它们现在都在为欧共体做贡献。

如果美国和欧洲支持这一类运动，那么非洲各民族和国家组成的非洲共同体就会有发展，并且在拉丁美洲也会同样如此。当这些共同体和其他共同体齐心协力之时，就会有一种不会对地方共同体造成任何威胁的全球性共同体。实际上，我相信人们对这种全球性共同体会有强烈的兴趣，因为它能保护和发展具有其特殊性的地方共同体。

当然，这有可能会有扭曲。地方共同体有可能会被以人们喜欢的方式保存在博物馆里，以吸引那些川流不息的旅游者。如果文化被保留下来是为了吸引游客，那就根本不是真正保留下来的文化。活的文化会随着条件的变化而变化。有些文化面对变化的情境不能调整自身，而许多文化则是能调整的。这种调整是丰富文化传统，而不是破坏文化传统。它是将要"全球化的"，但是这种全球化要以其自身独特的方式，根据其自身的不同传统来实现。全球化的美国文化将会不同于全球化的中国文化。但是两者都不得不保护自身免受外部的影响。

当今的全球化面对不同的文化性质，其问题都是全球性的，因而是紧急的。对于所体验到的威胁，它可能不会有任何贡献，却也不会缓解它所要应对的任务。新冠病毒使我们想到了这一切，并且还使我们意识到，只要我们作为国家共同体而共同努力，我们就能解决这些全球性问题。我希望在美国能创立研究当今全球化的新机构。在我看来，中国已经是某种所有人尊重所有人的国家共同体中的一员。美国则在继续追求全球性的控制。那些美国的统治者认为全球化应该都从属于美国。我确信，大多数美国人，并不会坚定地站在他们的统治者的立场上。但是我们双方都必须认识到全球化的现状。

全球化在理想上应当关怀地球上的每一种生物。但是，个人的思维和行为常常并不理想，并且大多数人都在全神贯注于更直接的地方性问题。大多数美国人很少能思考全球性问题，而且没有也意识到我们的领导人寻求控制和剥削整个地球所导致的种种可怕之处。我们迫切需要扩展眼界，放眼全球。世界需要真正的或真诚的全球化。但愿这种真诚的全球化在增长同时全球性的帝国主义会崩溃。

全球化的影响和策略

〔美〕弗雷德里克·詹姆逊* 著　　王逢振　译

人们对全球化的界定，常常多是些对意识形态的挪用——不是讨论它的过程本身，而是讨论它的结果，并且不论这些结果是好是坏。换言之，他们本质上是进行总体化的判断，而对作用的描述则倾向于把特定的因素分离开来，而不是把它们互相联系起来。① 因此，也许更有效的是把所有这些描述结合起来，完全接受它们的含混性——也就是说，像讨论幻想和焦虑那样，讨论事物本身。下面我们将探讨全球化五个迥然不同的层面，以便证明它们最终的内在联系，并连接一种对抗的政治。这五个层面是：技术的、政治的、文化的、经济的、社会的，本文基本上依照这个顺序展开。

一

技术层面。人们可以从纯技术方面来谈论全球化：新的传播技术和信息革命——当然，创新不仅限于狭义的传播层面，而且包括它们对工业生产和

---

* 〔美〕弗雷德里克·詹姆逊（Fredric Jameson），美国杜克大学教授。

① 作为这些看法的实例，参见 Masao Miyoshi and Fredric Jameson, eds, *The Culture of Globalization*, Duke University Press Books, 1998。

组织的影响，以及对商品营销的影响。大部分评论家认为，全球化至少在这方面是不可避免的："卢德运动"的政治在这里不再适用。但在对全球化的任何讨论当中，这种论点都使我们想到一个迫切的问题：它是否真的不可避免？它的过程是否可以停止、转向或逆转？地区甚至整个大陆是否可以排除全球化的力量，与它分离或"切断"与它的联系？① 对这些问题的回答，会对我们的策略产生重大影响。

政治层面。在政治层面上讨论全球化时，最重要的是民族—国家的问题。民族—国家是否已经过时或已经终结？是否仍然要发挥重要的作用？假如关于它消亡的报道是天真的，那么全球化本身又该如何？也许它应该被理解为只是诸多对国家政府压力中的一种？但是，我们相信，在这些讨论背后，潜存着一种更深层的恐惧，一种更基本叙事的思想或幻想。因为当我们谈论全球化不断扩展的权力和影响时，难道我们实际上不是指美国不断扩展的经济和军事力量？而当我们谈到民族—国家的削弱时，难道我们实际上不是在谈其他民族—国家对美国权力的屈从？这种屈从或者通过赞成和合作，或者由于残酷的武力和经济威胁。这里在焦虑背后，隐约表现是过去所称的帝国主义的一种新的形式，而帝国主义本身已经经历了各种不同的形式。一种是旧的、第一次世界大战之前的殖民帝国主义，它包括许多欧洲国家、美国和日本；第二次世界大战以后，随着非殖民化浪潮的高涨，殖民帝国主义被取而代之，出现了一种不太明显但同样有害的冷战形式的帝国主义，它通常采取经济封锁和威胁的手段（包括派遣"顾问"和暗中颠覆，如在危地马拉和伊朗），这种帝国主义现在以美国为首，但仍然包括一些西欧强国。

现在或许出现了第三种帝国主义，在这个阶段，美国追求萨缪尔·亨廷顿所说的一种三叉式的外交策略：只有美国拥有核武器；人权和美国式的选举民主；以及（不那么明显的）限制移民和劳动力的自由流动。② 人们在这里还可以加上第四种，其关键的策略是在全球推广自由市场经济。最后这种

---

① 这里暗指萨米尔·阿明的有用的术语，la decon-nexion；见 *Delinking*, Zed Books Ltd., 1985。
② Samuel Huntington, *The Clash of Civilizations*, Simon & Schuster, 1998.

帝国主义形式只包括美国（和完全依从它的卫星国，如英国），它充当世界警察的角色，通过在各种所谓的危险地区进行有选择的干预（大多是轰炸和经济制裁）以此来强化它们的统治。

在这种新的世界秩序之下，其他民族—国家失去的是什么样的民族自治？这种自治的丧失是否真的与殖民化统治时期的相同，或者与冷战时期强制的结盟相同？对这个问题可以作出一些非常有力的回答，但它们基本上可以归之于文化和经济的标题之下。然而，最常见的集体尊严和自尊，事实上却并不常常导致对社会的考虑，而更多的是导致对政治的考虑。因此，在民族—国家和帝国主义问题之后，我们会面对第三个令人感兴趣的问题——民族主义。

但是，难道民族主义不是一个文化问题吗？毫无疑问，人们一直从文化方面讨论帝国主义。而民族主义，作为一个完全是内部政治的计划，通常并不是诉诸个人的财物利益，或者对权力的欲望，甚或科学的骄傲——虽然这些可能是附带的好处——而是诉诸某种并非科技的东西，某种实际上既非政治亦非经济的东西。然而由于我们缺少更好的词语，所以我们倾向于把它称为"文化"。那么，是不是总是民族主义抵制美国的全球化呢？美国认为是如此，并要求你也同意这种看法，此外还要求你承认美国的利益是普遍性的。或者，这是不是只是不同民族主义之间的一种斗争，而美国的全球利益只代表美国的民族主义？后面我们将对此进行更详细的讨论。

文化层面。许多人认为，全球化的真正核心问题是世界文化的标准化，地区流行的或传统的文化形式被逐出或沉默无语，从而使美国的电视、美国的音乐、食品、服装和电影取而代之。这种对美国模式正取代其他一切的担心，现在已经超出文化范畴，扩散到我们剩余的两个范畴：因为这个过程在一个层面上显然是经济支配的结果——是地区文化工业因美国的竞争而倒闭的结果。在一个更深的层面上，这种焦虑变成了一种社会的焦虑，而文化的焦虑只是一种的征象。换言之，这种恐惧是特定种族—民族的生活方式本身将遭到破坏。

但是，在转向这些对经济和社会的考虑之前，我们应该更仔细地看看对文化恐惧的某些反应。这些反应常常低估文化帝国主义的力量——在那种意义上，玩的是美国利益的游戏——它们使我们相信，美国大众文化在全球的成功并不全都那么坏。以此为根据，它们会肯定一种身份，例如印度的身份，以为这种身份会顽强地抵制盎格鲁—撒克逊进口文化的力量，而这种文化的影响仍然只是表面上的，甚至可能存在一种固有的、永远不会被美国化的文化。但不清楚的是，这种仿佛是反对文化帝国主义的"自然"的防卫，是否需要公开的对抗行为？是否需要一种文化—政治的计划？

在怀疑这些不同的、非美国的文化的防卫力量时，人们是否在触犯它们或侮辱它们？是不是由此隐含着印度文化太过软弱、无法抵抗西方的力量？根据过分强调帝国主义的力量就是降低它所威胁的国家、社会和文化的地位，低估帝国主义的力量是否就更为适当？这种对政治正确性的特殊反映，提出了一个有趣的表征问题，对此可以做下面简要的论述。

一切文化背后的政治都必然面对一种修辞的选择：一方面是在肯定文化群体力量中过分自负，另一方面是对它的策略性的降低。这是由于政治的原因。因为这样一种文化政治可以突出英雄性，体现出激动人心的英雄主义的形象——强壮的妇女、黑人英雄、法侬式的对殖民化的抵抗——以此鼓励所说的公众；或者，它也可以坚持该群体的悲惨状况，对妇女、黑人或被殖民者的压迫。这些对悲惨状况的描绘也许是必要的——它可以激起愤怒，使被压迫者的境遇更广泛地为人们了解，甚至使统治阶级中的某些人转而支持他们的事业。但这里的危险是，你越是坚持这种悲惨和无权的状况，它的主体就越显得是软弱和被动的受害者，越显得容易受人支配，因而被当作令人生厌的形象，甚至可以说是剥夺了他们所关心的那些人的权力。在政治艺术里，这两种表征的策略都是必需的，而它们彼此不可能调和。也许它们对应于斗争中的不同历史阶段，并发现地区的机遇和再现的需要。然而，除非人们以那种政治和战略的方式来考虑它们，否则就不可能解决政治正确性中这种特殊的二律背反。

经济层面。文化问题常常弥散在经济和社会问题之中。让我们首先看看全球化的经济方面。事实上，经济似乎不断地消融到全球化的其他各个层面：

控制新的技术,强化地缘政治的兴趣,并最终因后现代性而使文化融入经济之中——而经济也融入文化之中。商品生产现在是一种文化现象,你购买产品不仅因为它的直接使用价值,而且还因为它的形象。为了设计商品的形象和推行销售它们的战略,一种整体工业——一种经济机制——已经形成:广告变成了文化与经济之间的一种基本中介,并且肯定可以纳入大量的美学生产方式(不论它的存在使我们对这种情况的看法产生什么争论)。色情是这个过程重要的部分:广告宣传的策划者是真正的弗洛伊德式的马克思主义者,他们懂得性本能投入的必要性,懂得必须使这种投入伴随着商品并使它们吸引人。连续性也有它的作用:其他人的汽车或花园机械的形象,会在我是否购买那些东西的决定中发生作用(由此也可以使我们看到文化和经济折回到社会本身)。在这种意义上,经济变成了一个文化问题;也许我们还可以推断,在庞大的金融市场上,我们抛出或购入股票的公司的形象也有一个文化的方面。盖·狄保德很久以前就把我们的社会描写成一个形象社会,一个以审美方式消费的形象社会。他以此表示这种接连缝合将文化和经济分开,同时又将这两者连接起来。我们松散地谈到许多有关政治的物化、观念的物化,甚至感情和私人生活方面的物化;现在我们必须补充的是,今天的物化也是一种美学化——商品现在也以"审美的方式"消费。

这是从经济到文化的运动;但也存在着从文化到经济的运动,而且同样重要。这就是娱乐业本身,它是美国庞大的、盈利最多的出口产品之一(与食品和武器相似)。我们已经谈到反对文化帝国主义的问题,但这只是根据地区的趣味和身份谈的——例如根据印度人或阿拉伯公众对某些好莱坞电影的"自然的"抵制。事实上,很容易使非美国公众对今天好莱坞产品的暴力、时间等相关风格形成爱好,而这些风格的声誉只能靠美国的现代性或后现代性的某种形象来提高。[①] 那么,这是否是为西方的普遍性——或至少美国的普遍性——及其"文明"进行辩护?虽然是无意识的,但这无

---

① 在 The Culture Tum (London 1999) 里,我曾探讨过这种分析;亦见 chapter 8 of Postmodernism, or, The Cultural Logic of Late Capitalism, Duke University Press, 1992。

疑是一个被广泛坚持的立场，因此值得认真地以哲学的态度正视它，即使它显得有些荒谬。

然而，事实上，经济问题先于这种模糊的作为公众趣味的文化问题。自从第二次世界大战结束以来，美国做出巨大的努力来确保它的影片在外国市场上居支配地位——一般通过将条款写进各种条约和一揽子的援助计划来实现。在大部分欧洲国家，除了坚持抵制这种特殊形式的美国文化帝国主义的法国，民族电影工业在战后因这种约束性的协议而被迫处于守势。美国这种试图摧毁所谓"文化保护主义"政策的系统努力，只是一种更普遍的、日益全球性的兼并战略的组成部分，极力以有利于美国公司的国际机制代替其他地方的法律，不论是在知识产权方面还是在专利方面无不如此（例如热带雨林资料和地方发明），更不用说蓄意暗中破坏国家在食品方面的自足了。

这里文化绝对已经变成了经济性的，而这种特殊的经济还明确地设定了政治日程，并支配着政策。显然，在今天的世界上，仍然存在着为争夺资源的斗争，例如为争夺石油、钻石和其他原料的斗争：谁敢说这些帝国主义的现代形式，与以友好的政府（即从属的）代替抵抗的政府那些更早的纯政治的和外交的或军事的努力相同？但是，今天更独特的后现代的帝国主义形式——甚至文化帝国主义形式——似乎是我们一直描述的那种形式，通过北大西洋自由贸易区、关税和贸易总协定、国际销售协定和世界贸易组织等发生作用。这并非因为这种形式的帝国主义提供一种不加区分的范本，说明经济、文化和政治独特的不同层面之间的汇聚融合，尽管它们是后现代性的基本特征和全球化的基本构成。

全球化的经济范畴有一些其他方面也应该简要地加以考察。跨国公司——20世纪70年代只称作多国公司——是新的资本主义发展的第一个迹象和症候，它引起对可能出现某种新的双重权力的政治恐惧，以及对这些跨国巨大实体可能胜过政府的政治恐惧。这种恐惧和幻想疯狂的一面，被政府本身与这些公司的商业活动的共谋所缓解，仿佛这两部分之间有一个旋转门似的——尤其就美国政府的人员而言。新的全球合并在结构上更令人不安的特征是，它们能够通过把自己的活动转到海外更便宜的劳动力市场而破坏本国的劳动力市场。迄今为止，还没有可比的劳动力转移的全球化与这种情况相对应。外籍人员的流动也许表现出一种社会和文化的运动性，但还不是一种政治的运动性。

金融资本市场的巨大扩展是这种新的经济全球化一个引人注目的特征——同样，它之所以成为可能，也与新技术打开的同时性相关。这里我们不再一定要涉及劳动力或工业能力的流动性，而是资本本身和投资的流动性。最近几年，对外国货币的破坏性的思考标志着一个更重要的发展，就是说，第一世界以外的民族—国家依赖外国资本，包括借贷、援助和投资。此外，全球化进程还破坏了许多国家在农业方面的自给自足，依赖于进口美国的食品，然而可以想象，这也可以说是新的世界范围的劳动分工，正如亚当·斯密所说，这可以看作生产力的提高而不是降低。不过，对新的全球金融市场的依赖，则不能再以同样的方式来说明。前些年大量的金融危机以及政治领导人（例如马来西亚总理马哈迪尔）或经济界人物（如乔治·索罗斯）的公开声明，都使人更清楚地看到新世界经济秩序这种破坏性的一面，在这种经济秩序中，资本的瞬间转移可以吸干国民劳动力多年生产积累的价值，使全球的某些部分整个贫困化。

美国的策略是反对控制国际资本转移，因为这种方法可能使金融和投机导致的破坏受到遏制。当然，美国一向在国际货币基金组织中发挥着主导作用，而后者长期以来被认为是新自由主义的推动力量，以威胁撤回投入的资金把自由市场的条件强加于其他国家。但最近几年，金融市场的利益与美国的利益绝对一致的情况变得不再那么明显：这里的焦虑是，这些新的全球金融市场，可能转变成自治的机制，造成谁都不希望的灾难，甚至最强有力的国家政府也无法控制。

不可逆转性一直是这个过程的一种特征。不可逆转性最初表现在技术层面上（不可能回到更简单的生活或更简单的生产），但在政治领域里，就帝国主义的统治而言，我们也面临着这种不可逆转性——尽管世界历史的变化表明，任何帝国都不会永远存在下去。在文化层面上，全球化可能导致地方文化的最终毁灭，除了迪斯尼的虚构形式，地方文化不可能复兴，就是说，只能构成人为的幻象或者幻想化的传统和信念的意象。但在金融领域里，那种似乎笼罩着全球化的不可逆转性的毁灭气氛，使我们面对着自己无力想象出任何可能的替代，或者无法设想与世界经济的"松散联系"为何首先是可行的政治和经济计划——尽管"松散联系"的民族存在形式仅只几十年前还以社会主义阵营的形式盛行。①

社会层面。经济全球化的另一个方面，即所谓的"消费文化"——最初出现在美国和第一世界其他国家，但现在却系统地在全世界蔓延——最终把我们带到社会领域。苏格兰社会学家莱斯利·斯科莱尔曾用这一术语表示由晚期资本主义商品生产衍生的一种特殊的生活方式，这种方式可能危及其他文化中种种可选择的日常行为——而反过来，它也成为种种特殊抵制的目标。② 但我们认为，更有用的不是从文化方面来考察这种现象，而是注意在这一点上经济如何进入社会，因为作为日常生活的一种方式，"消费文化"实际上是社会结构组织的一部分，很难与社会分开。但是，问题并非所谓的"消费文化"是不是社会的组成部分，而是它是否标志着我们迄今所理解的社会的终结。这里的论点联系到以前对腐蚀传统社会群体的个人主义和社会分裂的谴责。现代非个人的社会破坏了旧的家庭、世系、村庄等"有机形式"。因此这里的论点是，消费本身是个人化的和分裂的，其逻辑是破坏那种常常被隐喻化为日常生活结构组织的东西（实际上，日常生活只有开始遭到破坏时，才会被从理论、哲学和社会学上来认识）。这里对商品消费的批判，与传统上对金钱的批判相似——其中金钱被认为是最具腐蚀性的因素，破坏社会的契约关系。

---

① 我采取的是不太流行的观点，即苏联的"解体"不是因为社会主义的失败，而是因为社会主义阵营放弃了松散联系。见"Actually Existing Marxism", in C. Casarino, Rebecca Karl, Xudong Zhang, and S. Makdisi, eds, *Marxism Beyond Marxism?*, and *Polygraph* 6/7, 1993。这种直觉得到了权威性的确认，见 Eric Hobsbawn, *The Age of Extremes*, Vintage, 1996。见 Leslie Sklair, *Sociology of the Global System*, The Johns Hopkins University Press, 1995。

② 见 Leslie Sklair, *Sociology of the Global System*, The Johns Hopkins University Press, 1995。

二

在约翰·格雷的著作《虚幻的曙光》里，他追溯了在全世界不同国家境遇中全球化的影响，从俄国到东南亚，从日本到欧洲，从中国到美国，等等。① 在评价自由市场体制全面实施的灾难后果时，他遵循卡尔·波兰尼（《大变革》）的观点，但他发展了波兰尼的观点，提出了自由市场思想中的基本矛盾就是：建立完全脱离政府的自由市场包含着大量的政府干预，实际上强化了政府的集权力量。自由市场不会自然地发展，必然要通过决定性的立法和其他的干预措施才能形成。这是波兰尼所处的时代即19世纪早期的情况；而格雷认为这正好也是我们自己时代的情况。

对这个问题他还补充了另一种反讽的辩证的扭曲：撒彻尔夫人的自由市场试验的社会破坏力量，不仅对那些因之贫困化的人造成恶果，而且还分裂了支持她的计划并构成她的选举人基础的保守党群体的"人民阵线"。格雷从这种辩证的颠倒中得出两个结论：第一，真正的文化保守主义（就是他自己的）与自由市场政策的干预主义是不相容的；第二，民主本身与自由市场的政策也是不相容的，因为大多数人必然反对其招致贫困、破坏性的后果——总是如此，只要他们能够认识它们并拥有这样做的选举手段。

对许多关于全球化和美国自由市场的赞美的修辞，这是一副绝好的解毒剂。正是这种修辞——也可以说新自由主义的理论——构成了格雷著作中基本的意识形态目标，因为在他看来，对于今天世界上的灾难性变化，那是一种真正的力量，一种积极的具有塑造力的影响。但我认为，这种对意识形态力量的强烈感觉，最好不要看作唯心主义对观念重要性的肯定，而应该看作

---

① John Gray, *False Dawn*, Guanta, 2009. 应该注意的是，他的主要目标并不是全球化本身（他把全球化视为技术的和不可避免的），而是他所说的"全球自由市场的乌托邦"。格雷是一个公认的反启蒙的思想家，对他来说，所有的乌托邦（包括新自由主义）都是邪恶的和破坏性的；但他并没有说出"好的"全球化是什么样子。

话语斗争力量中的一种教训（或者用另外的术语说，是能指的物质主义力量中的教训）。①

这里我们应该强调的是，格雷视为日益强大的自由市场全球化的那种新自由主义的意识形态，是一种特殊的美国现象。（撒切尔夫人虽然把它付诸实践，但正如我们看到的，在实践过程中，她自己毁了它，也许还毁了英国自由市场的新保守主义。）格雷的观点是，被美国的普遍主义（在"西方文明"的掩饰下）所强化的美国信条，在世界的任何其他地方都得不到共鸣。在对"欧洲中心主义"的指责仍然流行之际，格雷提醒我们欧洲大陆（甚至英国）的传统并不总是欢迎这种绝对的自由市场价值，而是倾向于他所说的"社会市场"——换句话说，也就是福利国家和社会民主。而日本和中国的文化，东南亚和俄国的文化，本来就不欢迎这种新自由主义的计划，虽然它可能成功地摧毁那些文化。

在这一点上，格雷回到了我认为非常令人怀疑的两种标准的社会科学概念：文化传统的概念和［尚未提到的］现代性本身的概念。这里，附带讨论一下另一篇论今天全球形势的有影响的著作也许是有益的。这就是萨缪尔·亨廷顿的《文明的冲突》。在这部著作里，尽管可能出于各种错误的理由，亨廷顿也强烈反对美国的普遍主义主张，尤其反对美国当前在全球进行警察式的军事干预的政策（或习惯？）。一方面因为他是一个新型的分离主义者；另一方面因为他相信那种普遍的、适用于世界各个地方的西方价值——如民主选举、法治和人权等——实际上并没有扎根于某种永恒的人性，而是文化的特质，是诸多价值中一些价值（如美国的价值）的特殊聚合的表现。

亨廷顿这种类似汤因比的看法假定当前存在着八种世界文化：西方文化、俄罗斯东正教文化、伊斯兰文化、印度文化、日本文化——局限于那些岛屿，但非常独特；中国文化或儒家传统文化；最后，虽然在概念上有些问题，但

---

① 关于撒切尔夫人战略思想的一般教训，见 Stuart Hall, *The Hard Road to Renewal: Thatcherism and the Crisis of the Left*, Verso Books, 1988。见 Kirkpatrick Sale, *Rebels against the Future*, Basic Books, 1996。

还是提出了一种公认的非洲文化，以及带有某种综合特征的拉丁美洲文化。亨廷顿这里的方法令人想到最早的人类学理论：社会现象——社会结构、行为等——的典型表现是"文化传统"，这种传统反过来通过它们在特定地区的根源来加以说明，而后者作为原动力则不需要更多的历史或社会学的解释。人们也许认为，世俗社会所提出的观念上的难题会使亨廷顿止步不前。但绝非如此。因为某种所谓的"价值观"显然会在世俗化的过程中生存下来，并说明为什么俄国文化不同于中国文化，而它们都不同于当前北美或欧洲的文化。（后者在"西方文明"之下归结在一起，其"价值观"当然被称作基督教文明——在公认的西方基督教的意义上，明显不同于东正教，而且在潜在的意义上也不同于残存的地中海区域的天主教，即亨廷顿在"拉丁美洲"文化的标签下所期望实现的宗教。）亨廷顿在论述中确实附带地谈到马克斯·韦伯关于新教徒工作伦理的论点，他似乎把资本主义等同于某种特殊的宗教文化传统；但是除此之外，"资本主义"一词几乎没有出现。实际上，这种对世界全球化进程的概括明显是对抗性的，而其最惊人的特征之一，就是完全没有提到任何重要的经济问题。这是真正的政治科学，属于那种最乏味的、专门化的类型，全部都是外交和军事冲突，丝毫没有暗示独特的经济力量，而经济推动着自马克思以来的历史创造性。毕竟，在格雷的著作里，对文化传统多样性的坚持引人注目，它描述了它们可能产生或接受的各种资本主义；而这里文化的多样性只是表示非中心化的、外交和军事的混杂，而"西方的"或"基督教的"文化不得不考虑如何对待它们。然而，归根结底，任何对全球化的讨论都必须以这种或那种方式服从资本主义本身的现实。

  在结束我们对亨廷顿及其宗教战争的插叙之际，让我们再回到格雷，因为他也谈到了文化和文化传统，但在这里考虑的是它们提供不同形式的现代性的能力。格雷认为，世界经济的增长，并不一定引起普遍的文明，如像史密斯和马克思所认为的那样。相反，它允许种种本土资本主义的发展，它们不同于理想的自由市场经济，彼此之间也互不相同。它造就的政权通过恢复自己的文化传统来获得现代性，而不是模仿西方国家。因此有多种不同的现代性，就像在现代化过程中有多种失败的方式一样。

值得注意的是，所有这些所谓的"现代性"——格雷所追溯的中国侨民的家族式资本主义、日本武士精神的资本主义、韩国的集权资本主义、欧洲的"社会市场"以及俄国黑手党似的无政府主义的资本主义——全都假定某些特殊的、先在的社会组织形式，以家庭秩序为基础——不论是家族还是延伸的网系或者在更传统意义上的形式。就此而言，格雷描述的对全球自由市场的抵制最终也不是文化的（尽管他不断用文化一词），归根结底还是社会的：各种"文化"的关键特征可以汲取不同的社会源泉——集体、群体和家族的关系——从而反对自由市场产生的意识。

在格雷看来，最可怕的非理想社会就在美国：剧烈的社会两极分化和贫困化，中产阶级遭到破坏，毫无福利保障系统的结构性失业，世界上最严厉的监狱统治，城市污染，家庭解体——这些就是被引上自由市场道路的任何社会的前景。格雷不像亨廷顿那样，不必寻求某种独特的文化传统来归类美国的社会现实；毋宁说，它们产生于社会的分裂和破坏，其结果使美国成为世界其他国家的一个可怕的、足资教训的实例。

"有许多不同的现代性"：正如我们看到的，格雷赞扬"通过更新他们自己的文化传统来获取现代性的那种政权"。人们究竟如何确切地理解现代性这个词呢？在许多人称之为"后现代性"的东西当中，在冷战结束之后，在对西方和共产主义不同的"现代化"都进行怀疑之际，究竟是什么造成了它的巨大财富——就是说，地区的发展和重工业出口？现代性的词汇——或者更确切地说现代化的词汇——肯定在全世界有重复的情况。这是否意味着现代技术？倘若如此，世界上几乎每一个国家早就现代化了，它们都有汽车、电话、飞机、工厂甚至计算机和地方的股票市场。如果不够现代——这里的一般含义是落后，而不是真正的前现代——是否只是意味着这些东西不够多？或者不能有效地运用它们？或者成为现代的是否就意味着拥有宪法和法律，像好莱坞电影里的人们那样生活？这里用不着怎么犹豫我就会有这样的看法："现代性"在这种语境里是一个可疑的词，在社会主义受到怀疑之后，它完全被用来掩盖任何伟大集体的社会希望或其目的的缺失。因为资本主义本身没有任何社会目标。大肆宣扬"现代性"取代"资本主义"，使政治家、政府和政治科学家可以自称它具有社会目标,从而掩饰那种可怕的缺失。这在格雷的思想里表示出一种基本的局限:他被迫在许多策略性的时刻使用这个词。

格雷自己对未来的设想特别蔑视回到过去的集体计划。他一再重复说,全球化在当前的意义上是不可逆转的;国家将不得不尽量缓和自由市场的苛刻性,忠实地坚持自己的"文化传统",于是必须以某种方式发明出全球体系的规则。整个方法在很大程度上依赖于话语斗争——就是说,依赖于打破新自由主义意识形态的霸权。对于错误意识在美国的统治,格雷有许多话要说,而要打破这种统治,显然只能靠大的经济危机(他深信这样一种危机会出现)。市场不可能自我调控,不论是不是全球性的;然而"若无美国政策的根本转变,一切全球市场的改革计划都会流产"。这是一种凄凉而现实的图景。

至于原因,格雷不是把全球自由市场的先决条件和它的不可逆转性归之于意识形态,而是归之于技术;而这样一来,我们就回到了我们的始发点。在他看来,一个跨国公司胜过其竞争对手的决定性优势,最终来自它发明新技术并有效地应用它们获取利润的能力。同时,"工资下降和失业增加的根本原因是新技术在全世界的扩展"。技术决定社会和经济政策——"新技术充分利用传统上难以行得通的政治"。最后,"一种真正的全球经济的形成,靠的是新技术在全世界的扩展,而不是自由市场在全世界的扩展";"这种(全球化)进程的主要动力是新的、消除距离的、信息技术的迅速扩展"。格雷的技术决定论被他多元"文化传统"的希望所掩盖,被他反对美国新自由主义的立场政治化了,因此最终提供的是一种非常模糊的理论,与其他许多全球化的理论家的理论同样模糊;虽然他采取"现实主义"的立场,但提供的是同等程度的希望和焦虑。

三

现在我想看看刚才提出的分析系统——分为技术、政治、文化、经济和社会五个不同层面(基本上是这个顺序),并在区分过程中揭示它们之间的联系——是否也无助于决定某种政治的形态。这种政治一如我们所说,能够提供对全球化的某种抵制。因为以这一同样的方式探讨政治策略，也许会告诉我们它们把全球化的哪些方面析出并作为目标，同时又忽视了哪些方面。

正如我们已经看到的，技术层面可以引发某种路德主义的政治——破坏新的机器，试图阻止甚至也许使突然开始的新技术时代倒退。路德主义在历史上经常被人嘲笑，但绝不是像人们认为的那样，以为它是没有思想的、"自发的"计划。① 不过，提出这种策略的真正价值是它造成的怀疑主义——唤醒所有我们根深蒂固的关于技术不可逆转的信念，或换种方式说，它为我们投射出不断增加的逻辑系统，永远逃避国家的控制（正如已经看到的，许多政府保护和维持技术创新的努力都宣告失败）。这里，生态批评似乎也找到了它的位置（即使有人提出，控制工业过度发展的意愿也会形成对技术创新的刺激）；而各种控制资本外流和跨国投资的建议（如图宾计划），似乎也各得其所。

但是，非常明显的是，正是我们坚定地相信技术创新只能是不可逆转的信念本身（不论正确与否），构成了技术控制的政治的最大障碍。因此，这可以作为在政治层面上"分离"的一种寓言：想象一个没有计算机或电脑——或没有汽车或飞机——的社会，等于试图想象脱离地球生存的可能。②

随着这种从先在的全球体制脱离的观念，我们已经陷入政治之中。这正是民族政治抬头的地方。③ 我认为帕萨·查特基对这一问题的观点是成立的、有说服力的——或换句话说，假如赞同一种不加修饰的民族主义政治，就应

---

① 见 Kirkpatrick Sale, *Rebels against the Future*, Basic Books, 1996。
② 绝非偶然的是，当人们以这种方式想象松散联系时，总是媒体技术处于危险之中，同时强化旧的看法："媒体"一词不仅表示传播，而且也表示运输。
③ "民族主义"和"民族主义者"这两个词一向含混模糊，常常误导，甚至可能是危险的。在我看来，肯定的或"好的"民族主义包含亨利·勒费弗尔喜欢说的"伟大的集体计划"，而其采取的形式是努力建设一个国家。掌握权力的民族主义更多的是"坏的"民族主义。萨米尔·阿明对政权和国家、获取政权和建设国家的区分也许在这里是中肯的（Delinking, p. 10）。政权是"民族资产阶级统治"的"坏的"目的，而建设国家最终一定会在这种"伟大的集体计划"中动员人民。同时，我相信把民族主义与类似地方自治的现象混同是一种误导，它使我觉得像是（例如）印度的身份政治，尽管它确实是在大的、民族的范围内的展开的。

该驳斥那种观念。① 查特基表明，民族主义不可能脱离现代化的政治，前者必然包含后者所有不连贯的计划。因此他认为，民族主义的冲动一定总是一个超越民族主义的更大政治的组成部分；否则它所达到的形式目标，即民族独立，就失去了内容。实际上非常清楚的是，民族解放的真正目标已经表明它自己在其实现过程中的失败：许多国家已经从它们以前的殖民宗主国获得独立，但立刻又陷进了资本主义全球化的力量领域，服从于金融市场和外国投资的统治。南斯拉夫和伊拉克这两个当前似乎处于那个轨道之外的国家，在追求纯粹的民族主义的道路上并不鼓舞人心：它们似乎以各自的方式证实了查特基的判断。如果米洛舍维奇的反抗以任何方式与保卫社会主义相联系，我们迄今也未能听到；而萨达姆在最后一刻召唤伊斯兰精神，几乎对任何人都不可能有说服力。

这里非常必要的是区分这种民族主义和反对美国帝国主义——或许还有戴高乐主义——这无疑是今天任何自尊的民族主义的一部分，只要它不蜕化为这种或那种"种族冲突"。种族冲突是边界战争；而单是反对美国帝国主义就构成对体制或全球化本身的抵制。在社会和经济方面最有能力坚持反全球化的地区是日本和欧盟，但它们自己也深深地卷进了美国的全球自由市场计划之中，通常充满了那种"混杂的感情"，主要通过对关税、保护、专利和其他贸易问题的争论来维护它们自己的利益。

最后需要补充的是，今天民族—国家仍然是政治斗争唯一的具体领域和框架。最近反对世界银行和反对国际贸易组织的游行，看来真的标志着美国内部开始出现一种新的有希望的对抗全球化的政治。然而很难看出这种斗争在其他国家如何能以"民族主义"之外的其他方式展开——也就是说，以我前面提到的"民族主义"精神或戴高乐主义的方式展开：例如，为劳动保护法进行斗争，反对全球自由市场的压力；或者以民族文化"保护主义"政治的对抗，或专利法的保护，反对美国的"普遍主义"——这种"普遍主义"破坏地方文化和民族医药工业，以及一切仍然有效的福利保障体系和社会化

---

① Partha Chatterjee, *Nationalist Thought and the Colonial World*, University of Minnesota Press, 1993.

的医疗制度。然而在这里，民族保护又突然变成了福利国家本身的保护。

　　同时，这一非常重要的斗争领域也面临着机敏的政治反应和对抗，例如美国利用民族自我保护的语言，维护美国的童工法和环境保护法，反对"国际"的干预。这就使反对新自由主义的民族抵制变成了对美国"人权"普遍主义的保护，从而抽空了这种具体斗争的反帝内容。在另一种扭曲中，这些为国家主权而进行的斗争与伊拉克式的反抗混同起来——后者被解释为争取生产原子武器权利的斗争（另一种美国"普遍主义"的证据，它把原子武器限制为"大国"的权利）。在所有这些情形当中，我们看到的是要求特殊性和要求普遍性的话语斗争——它证实了查特基所确认的民族主义立场的基本矛盾：力图使特殊性普遍化。应该明白的是，这种批判绝不意味着同意普遍主义，因为我们已经在后者当中看到，美国的普遍主义事实上是在维护它自己特殊的国家利益。普遍与特殊之间的对立，实际上是在全球体制内部民族—国家现存的历史境遇之中的内在矛盾。这也许是反全球化的斗争——尽管可以部分地在民族领域展开——不能完全从民族或民族主义方面成功地进行到底的更深层的哲学原因，尽管按照我对戴高乐主义的看法，民族主义的激情可能是不可或缺的动力。

　　那么，由于文化层面以这种或那种方式包括对我们"生活方式"的保护，政治抵制在文化层面上又是如何呢？这可能是一个有力的否定的计划：它保证连接并突出所有可见和不可见的文化帝国主义的形式；它允许敌人得到确认，使破坏力量变得可见。在民族文学被国际或美国的畅销书取代的过程中，在民族电影工业被好莱坞的重压摧毁之中，在民族电视被进口的美国产品淹没之中，在地方咖啡馆和餐馆随着大快餐公司的进入而关闭的情况里，人们可以首先而且非常明显地看到全球化在深层次上对日常生活无形的影响。

　　但这里的问题是，受到如此威胁的"日常生活"本身却更难再现：虽然它被分裂的状况可以看得见、感觉得到，但被保护和肯定的实在的东西却可能把自己变成人类学上的各种怪癖，而其中许多则会被归纳为这种或那种宗教传统（而正是这种"传统"本身的概念我想在这里提出质疑）。这使我们重又回到亨廷顿的世界政治；附加的条件是，真正表现出抵制全球化或西方化力量的"宗教"或"宗教传统"只有伊斯兰。在"国际共产主义运动"消失之后，在世界舞台上，只有某些伊斯兰的潮流才真正有计划地抵制西方文化，或至少抵制西方的文化帝国主义。

但同样明显的是，这些力量不可能再像伊斯兰早期做的那样，构成一种真正的普遍性的对抗；如果我们从文化领域转到经济领域，这种倒退的弱点会变得更加清楚。事实上，如果在全球化的破坏形式背后真正的动力是资本主义，那么无疑在于它们使这种特殊的剥削方式显得中性化，或具有使之改变的能力。人们最好检验一下对抗西方的各种不同的形式。对高利盘剥的批判显然无济于事，除非像阿里·沙里亚蒂那样，把它延伸到彻底消灭金融资本主义。但是，传统的伊斯兰对西方跨国公司掠夺地方矿产资源和剥削地方劳动力进行的旧式批判，仍然把我们置于旧的反帝国主义的民族主义范围之内，难以与新的全球化资本的巨大的侵略力量抗衡，而事实早已发生了变化，无法再按照四五十年前的情况来认识。

不过，在政治反抗里，任何宗教形式的具体力量，都不是产生于它的信仰体制本身，而是产生于实际存在的社会基础。这就是为什么任何纯经济反抗的建议，最终都必须把注意力从经济转到社会（这种注意力保留在所有层面）。先前的社会凝聚力形式，虽然其本身已经不够有力，但对任何有效的、持久的政治斗争，对于任何伟大的集体努力，都依然是必不可少的先决条件。与此同时，这些凝聚力形式本身也是斗争的内容，与政治运动利害攸关，仿佛是它们自己设定的计划。但无须把这种计划——保留集体以反对分散的个体①——作为是往后看或（真正是）保守的。② 这种集体的凝聚力本身可以在斗争中形成，例如在古巴和伊朗（但在那里，新一代的发展似乎对它构成了

---

① 参见 Eric Wolf, *Peasant Wars of the Twentieth Century*, London, 1971. 在这方面仍然具有启示。
② 从左派观点提出关于社区或集体的最终价值的任何人，都必须面对三个问题：(1) 如何从根本上把这种立场与公有社会制度分开；(2) 如何把集体计划与法西斯主义或纳粹主义分开；(3) 如何把社会和经济层面相联系——就是说，如何运用马克思主义对资主义的分析，证明在那个制度内部进行社会解决是行不通的。至于集体身份，在个体的个人身份被揭示为多元立场无中心的历史时刻，当然可以要求某种类似的东西在集体层面上概念化。

威胁)。实际上,表示劳工组织的旧的术语"联合",对于最终在社会层面上的争论,提供了一种绝好的象征意义;各地劳工运动历史的大量实例表明,在积极的政治工作中可以形成新的团结形式。这样一些集体并不总是受新技术的左右;相反,新的抵制全球化的政治不论在什么地方出现,电子信息交流似乎一直非常重要。当前,我们可以用乌托邦一词来表示一切表达集体生活要求的计划和表征——不论它们以多么扭曲或无意识的方式表达出来——并在对全球化所作的真正进步或创新的政治反应里,确认社会的集体性是最重要的核心。

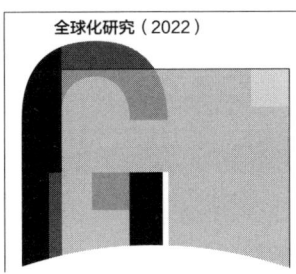

全球化研究（2022）

| 全球化总论

全球化：现在与未来

薛晓源[*]

新冠肺炎疫情从 2019 年年底暴发，迄今已经两年多了。在这 700 多个日日夜夜里，人类经历了无法言说的痛苦与灾难。据世界卫生组织 2022 年 5 月 5 日的统计，全球有 5.126 亿人次确诊，死亡人数高达 624 万人。尤其去年从南非发现并测序命名的奥密克戎毒株，让人色变恐惧，有些国家采取了封国对策。人类对世界的乐观与憧憬被突然来临的新冠肺炎疫情所打破，疫情打破了全球化的既有的秩序和运转速度。再加上世界上反全球化、逆全球化甚嚣尘上，一时间西方主流社会所谓的精英不断有人像福山宣布历史终结一样，宣布全球化已经终结，新冠肺炎疫情终结了全球化的历程。

全球化到底怎么了？全球化已经穷途末路了吗？在后疫情时代，有识之士不禁要问：全球化究竟何为？

一、全球化依然是我们现在的生活世界与生活方式

"全球化"一词据英国社会学家罗兰·罗伯逊在《全球化百科全书》中考证，源于 20 世纪 70 年代，80 年代开始流行，90 年代红遍世界，成为最为

---

[*] 薛晓源，北京师范大学全球化与文化发展战略研究院执行院长、教授、博士生导师。

时髦的词语和媒体广泛使用的高频词。一个词语的高频率出现，不是一个简单的语言学的现象，其背后蕴含了复杂的经济交往、多维的社会联系和深度的文化互动的现实语境。实证主义者认为全球化是一个神话，是一个虚构的乌托邦；民族主义者认为全球化是对民族国家的进攻，全球化使民族国家失去了疆界。鉴于此，英国社会学家吉登斯认为："全球化并不是我们生活的附属品。它是我们生活环境的转变。它是我们现在的生活方式。"① 全球化不仅是我们的生活方式，也是我们无法选择的生活世界，是我们现代人生存和生活的自然和社会环境。德国现象学大师、哲学家胡塞尔最早提出"生活世界"的概念，但是胡塞尔从来没有明确界定"生活世界"概念的内涵和外延，他描述了生活世界具有"生命攸关、有切身利害关系的生存必需"的意味，绝不是日常生活的漫不经心，但是他只是粗略描绘了生活世界的特征：（1）在先性或先天不可避免性；（2）本源性，因为它是一切有意义活动的发源处；（3）纯经验的构成性；（4）境域性；（5）主体性，这世界总是"我们的"世界，通过我和我们的共同视野而构成。② 马克思在《路易·波拿巴的雾月十八日》说："在人们自己创造自己的历史，但是他们并不是随心所欲地创造，并不是在他们自己选定的条件下创造，而是在直接碰到的、既定的、从过去承继下来的条件下创造。"③

二、全球化对于中国具有伟大的现实意义

从全球化被动的参与者，到全球化快速的融入者，再到全球化积极的引领者，中国的全球化角色发生重大变化：被动参与、主动融合、积极引领。置身全球化、感受全球化、理解全球化、阐释全球化，是我们这代人文知识

---

① 〔英〕安东尼·吉登斯：《失控的世界》，周红云译，南昌：江西人民出版社2001年版，第15页。

② 参见张祥龙：《从现象学到孔夫子》，北京：商务印书馆2011年版，第37页。

③ 《马克思恩格斯文集》第2卷，北京：人民出版社2009年版，第450—451页。

分子不可推卸的神圣职责和义务。从经济全球化、金融全球化、文化全球化到数字全球化，中国经历了经济全球化 30 年全面发展和充分呈现的历程，可谓波澜壮阔，充满风险与挑战。进入 21 世纪，当中国置身于全球化的浪潮之中日益成为一个世界大国之时，从世界历史来理解中国的发展，从中国的视角来理解世界的变迁，已经变得极为必要和非常重要。

朱云汉先生在《全球化的裂解与再融合》一书中指出："助力超级全球化的第二个有利条件是中国快速融入世界经济。超级全球化为中国的改革开放与高速工业化提供了极为特殊的历史机遇，中国的经济崛起反过来成为超级全球化的加速器，全面提高了全球化的速度与能量。从历史经验来看，西方国家主导的国际分工与交换体系，从来没有在如此短暂的时间里（不到 20 年），吸纳像中国这样巨大规模新成员的先例。自 2001 年正式加入 WTO 开始，中国从国际贸易体系内一个轻量级的成员，快速跃升为全球第一大贸易国、全球最重要的制造业生产基地；中国也在最短时间内，在国际产业分工体系内连续晋级，构建了全世界最完整的上下游供应链产业体系；中国在最短时间内超越美国成为拉动世界经济增长的最重要火车头；中国不仅是全球最大的能源与各类大宗商品进口国，也是全球最大的手机、汽车、空调、钢铁、水泥、玻璃、化肥等消费国。"①

三、全球化的历史进程不是一帆风顺的

从 1997 年的亚洲金融危机到 2008 年雷曼兄弟引爆的美国次贷危机，再到 2020 年肆虐全球的新冠肺炎疫情，全球化所引发的风险、危险与危机暴露无遗。因此，有些发达国家在充分享受全球化"红利"的基础上，却在叫嚣反全球化、逆全球化。随着 5G、人工智能、大数据、云计算、区块链、量子技术理论等高新技术的风起云涌，超级全球化、智能社会、数字全球化现象和"命名"运动应运而生。从人类历史纵横交汇的维度上审视，我们可以看

---

① 朱云汉：《全球化的裂解与再融合》，北京：中信出版社 2021 年版，第 56 页。

出，全球化的演进与发展不是一成不变的，是在复杂多变的国际形势和科学技术日新月异的背景下，产生奇异的蝶变，全球化每经历十年左右时间，就要进行一场脱胎换骨的蜕变，"别全球化""再全球化""超级全球化"，每个语词背后蕴含着人类正在遭逢的现实苦难和科技日新月异的飞跃。基于数字高新技术的快速递嬗所带来生产力的变革和生产关系的相应调整，我们认为全球化在不同时间格位上，**依然是人类经济活动的自然过程，人类历史发展的客观进程，是人类普遍交往、普遍联系的经验历程。**

经济全球化在目前依然是全球化的主要维度，虽然受到百年不遇的新冠肺炎疫情的强烈冲击，但是全球的生产链、供应链和消费链之间联系依然紧密，西方某些国家叫嚣的单边主义、反全球化，在全球经济互动互补之中，显得苍白无力。这些喧嚣只是全球化大潮中一些转瞬即逝的涟漪和浪花。全球化的发生是人类历史自然发生的客观进程，它的发生发展是不以人的意志为转移的，人们可以推动或阻碍全球化的进程，但是只是在特定时间和空间里，只是区域性和短时性的。因为全球化经过历史血与火的洗礼：在西方船坚炮利的催逼之下，在不发达国家的民族觉醒之下，在工业文明与后工业文明推动之下，在中国作为最大的发展中国家以改革开放的全新姿态面向世界背景之下，是苏联解体、东欧剧变之后，北约与华约两个平行世界市场融合为一个完整的世界市场的情境之下，全球化巍然成为经济文化的互动体。所以我们说全球化是人类发展的客观规律，规律可以认识和利用，但是不能合者用之，不合者动辄取消。马克思在《资本论》第一版序言中说："一个社会即使探索到了本身运动的自然规律……它还是既不能跳过也不能用法令取消自然的发展阶段。但是它能缩短和减轻分娩的痛苦。"[①]

发达国家的一些政客和相关学者，面对全球化对本国的红利日渐稀薄，实体经济逐渐空心化，蓝领工人及其基层不断抗议和反对之下，推波助澜，推动所谓"逆全球化运动"，企图用某些主观的意图和制定相关政策去阻拦和遏制全球化的进程和运行轨迹。这些妄作和妄为在短时间内，可能会起到一

---

① 《马克思恩格斯文集》第5卷，北京：人民出版社2009年版，第15页。

定的效果，但从全球化发展的历史中来审视，这些做法不过是死水微澜，起不到多大作用。想逆转历史大潮，螳臂当车，只能是历史的闹剧。恩格斯在1890年9月21—22日给布洛赫的信中指明："历史是这样创造的：最终的结果总是从许多单个的意志的相互冲突中产生出来的，而其中每一个意志，又是由于许多特殊的生活条件，才成为它所成为的那样。这样就有无数互相交错的力量，有无数个力的平行四边形，由此就产生出一个合力，即历史结果，而这个结果又可以看作一个作为整体的、不自觉地和不自主地起着作用的力量的产物。"[①] 就像恩格斯说历史的发展结果，是多种因素和原因的造成，是社会上多种张力的平行四边形动态复合而成的。全球化的运行不是某个国家、某个国家的某个阶层、某个政党和集团的主观意志所决定的，全球化的过去、现在与未来是人类社会发展至今自然形成的，不以人的意志为转移，是客观公正的历史过程。

全球化是人类普遍交往、普遍联系的经验历程。罗兰·罗伯逊认为全球化既是世界的收缩，又是对世界作为一个整体的意识。用全球化整体的观念去看待全球化现象，才是理性客观正确的态度。后疫情时代，在一些知识精英唆使下，欧美有些人开始质疑全球化。质疑的话音还未落，就被2020年统计数字啪啪打脸，除了人口的流动比已往减少了70%，其余货物、资本、商品、符号流动接近以往任何一个年头。后疫情并没有减少人们普遍联系和普遍交往，是因为交往方式发生了变化，以前是面对面线下交流和来往，在数字全球化时代更多的是远程和线上的联系和交往。

四、全球化就是流动的现代性

这是英国著名社会学家吉登斯教授基于全球化的流动性和发展趋势提出的重大理论和现实判断。英国著名社会学家吉登斯教授认为，全球化就是流动的现代性。什么是流动的现代性？它是指人、货物、信息、货币、观念、

[①] 《马克思恩格斯选集》第4卷，北京：人民出版社2012年版，第605—606页。

符号和图像。按照齐格蒙特·鲍曼话说：成为现在，等于意味着——就像今天一样——我们无法停止下来，我们发展并注定要保持发展，这与其说是因为"满足的延迟"，还不如说因为永远满足的不可能：满意的范围、努力的终点线和让人平静下来的自我祝贺的时间，要比跑得最快的人运动得还快。关于人的流动：2017年全球每天约有10万次航班起降，年出行达45亿人次。2018年，中国有1.2亿人出境旅游。关于货物的流动：2018年，全球贸易总额约为39.3万亿美元，增长3.0%，其中，全球商品出口总额为19.475万亿美元，全球商品进口总额约为19.867万亿美元。2018年，中国贸易总额全球第一。全球的股票、期货、外汇、石油、电影大片的指数时时刻刻在流动、在变化。全球化的本质就是时空压缩，就是时间和空间的"共同在场"。一切恐怖、比赛、会议、战争都可以不受任何限制地进行现场直播，远在天边但现场画面又好像令人置身其中。

五、全球化是风险社会

德国社会学家贝克认为，科学技术无限制的扩张和滥用，使现代社会成了风险社会，进入20世纪90年代，全球化的快速升腾，使我们这个世界成为全球风险世界。全球化是突然加速社会。进入21世纪以后，手机和因特网得到极大普及和提速，高铁和飞机成为人们的日常出行方式，我们所处的社会被德国社会学家罗萨命名为"社会加速"时代，具体体现在"科技加速""社会变迁加速""生活步调加速"，罗萨的理论源自法国政治社会学家维利里奥。维利里奥赋予了"速度"以本体论的地位——速度不仅决定着军事领域，更决定着整个人类社会的历史进程。他认为我们已经进入了加速度的时代。例如，加速度是当前全球化经济危机的关键性原因之一。风险、危险、危机、流动性、加速度是传统全球化难以克服的局限性，是人们对全球化爱恨情仇的复杂交织的情结和症结所在。

西方有关学者在反思切尔诺贝利核事故和"9·11"恐怖事件之后，认为风险不是只拘囿于某一地区或领域，全球化的快速进程把风险带到世界各地，风险社会已经转化为全球风险社会。主要代表人物是德国学者乌尔里希·贝克和英国学者安东尼·吉登斯。乌尔里希·贝克提出"风险社会理论"，他著有《风险社会》《反思现代化》。贝克认为，我们生活在文明的火山上：风险威胁的潜在阶段已经接近尾声了。不可见的危险正在变得可见。对自然的危害和破坏——越来越清晰地冲击着我们的眼睛、耳朵和鼻子。风险社会理论是对未来世界也是对现实世界将可能存在和业已存在的"社会疾病"经过详细地了解分析之后得出的一个诊断性结论。该结论是预见性和判断性的统一。贝克的进一步解释是，"作为一种社会理论和文化诊断，风险社会的概念指现代性的一个阶段；在这个阶段，工业化社会道路上所产生的危险开始占主导地位。"比较了工业社会与风险社会最大差异，贝克睿智拈出人类普遍的情感反应："阶级社会的推动力可以用一句话来概括：我饿！风险社会的集体性格则可以用另一句来概括：我怕！"吉登斯对"反思性现代性"的简要解释是"对进行中的社会生活的监控性"。贝克说："我们的世界是个世界风险社会。必须将它理解为这样一种现实，它进行自我侵害的程度超出了我们的想象。"①

从总体去概括贝克"风险社会理论"，我们可以理性地把握风险社会的所具有本质特征：（1）现代风险具有高度不确定性。表现在城市风险治理上为环境污染、人口密集、交通拥堵、传染病的集中暴发。（2）现代风险表现为显现的时间滞后性。"事后诸葛亮事件"在这个社会频繁发生。我们总是在事后才感知事情的危险和危机。（3）现代风险的发作具有突发性。这次新冠肺炎疫情的突发性表现了现代风险的发作基本特征。（4）现代风险具有超越常规性。风险瞬间就可以转化为危险，进而进一步转化为危机。（5）现代风险具有超常的传染性。疾病全球化和金融全球化，使传染性成为风险社会主要发作的症状。（6）现代风险的传播与渗透具有全球性。全球化使一切风险得

---

① 薛晓源：《全球风险社会：现在与未来——德国著名社会学家、风险社会理论创始人乌尔里希·贝克教授访谈录》，载《马克思主义与现实》2005 年第 1 期。

到传播和播撒,大型喷气式飞机和全球每年几十亿次的人口的快速流动,流动的现代性使地区风险绝大多数成了全球风险。(7) 现代风险具有人们无法回避的临近性。每个人都是风险的主体,每个人都成为风险旋涡中的一员,无人能置身事外。

六、全球化在数字经济催逼之下快速生成为数字全球化

有人统计,2020 年年底人类社会第一次拥有的手机量超过人口数量,当然这里存在着数字鸿沟,一个人拥有多部手机的情况在发达的都市里屡见不鲜,但是还有许多偏远地区的穷人没有手机。70 多亿部手机在全世界流动接受和传播信息,数字全球化真正来临。有人认为正是新冠肺炎疫情促使数字全球化快速降临,2020 年是数字全球化的元年。数字化生存、数字化防疫成为人们生活的常态。英国社会学家吉登斯 2021 年 2 月在接受《财经》记者专访时说全球化不会扭转,每一天它都在得到强化,他把新冠肺炎疫情称为"数字化大流行病",因为它深深卷入了一个数字化的世界。

鉴于数字经济和全球化的深度融合和会通,数字全球化早已登堂入室,呈现在世人面前,不得不让人侧目而视。综上所述,我们认为数字全球化具有以下特征:(1) 自组织性——自在自为,通过人类的意识去发现人和机器、人和社会网络的共生意义,从而发现知识的新意义、赋予新意义、制造新意义的路径依赖;(2) 创造性——促进人与机器的深度学习与人机互动创造新知识、人类认知的新领域、新世界;(3) 自秩序性——事物与知识的真实存在和虚拟存在在样态上发生根本性的变革,事物与知识存在形式在层次、结构、组织上自成有序,数理逻辑与人文逻辑和谐互动,自洽成理;人为干涉性将被排除在外;(4) 自动生发性——知识的自我复合、生成和发展将在数字时间和空间里发生,并具有真实的"虚拟性",我们可以目视,却也不能过多地强行干预;(5) 空间的多维性——数字世界具有集真实性、虚拟性,真实—虚拟相间性为一体的多维空间向度,"不在场的在场"与"在场的不在

场"成为真实的场景。

一言蔽之,数字全球化通过区块链技术、互联网、移动互联网、大数据、云计算、人工智能等高新技术快速融合和贯通,重新编码建构了层次繁多、结构明晰的复杂多维的结构化的世界,实现万物互联互通互惠,通过信息、结构和通信的光速化,实现经济文化的互融互合、共融共享的新业态,开创人类通往全球化大同世界的和合之道。

数字全球化对于人类而言,还改变了人们以往的生存方式、生活方式、生产方式和我们所依赖的生态世界。**生存方式变革**:数字化时代的存在,让生老病死成为视频观察和网络诊断的新形式和生活常态。大城市的优质医疗资源让偏僻地区的人员可以共享,甚至出现24小时不同时区的全球医疗资源共享、共观、共诊现象,寻求全球优质资源共时共享成为现实。**生活方式变革**:衣食住行发生根本变化,传统生活方式,与人类生活密切相关的纸制货币、信息、书刊,将逐渐式微。李彦宏在《智能革命》一书真诚说道:"数据已深深'侵入'了我们的生活,计算机、智能手机、各种智能家居用品,贴身收集着我们的一言一行,通过计算机建模越来越了解我们,使得我们看新闻、运动健身、吃饭、听歌、出行等这些最简单的日常生活都成为一次次隆重的数据盛典。"① **生产方式的变革**:生产要素、供应链多元化与全球化,流水线无人化、自组织化日渐成为常态。产品在全球生产时间的迅捷性和同步性,通过数字全球化实现时间空间跨越,全球产品同时上线生产和上市销售成为可能。数字全球化使人类理想的按需供应成为可能,"计划经济"的理想建构和宏伟设想可能通过数字无比庞大的运算和推演能力得以实现。举例而言,H&M是欧洲最大的服饰零售商,其总部在瑞典。公司每天利用在全球连锁店传回来的各种数据,对顾客和时尚的需求和竞争对手的情况进行快速及时的分析和研究。通过大数据开发新产品,实现速度快、款式多、批量少,迅速而准确地占有市场。"H&M公司在全球没有一家自己的生产工厂的情况下,实现在三周之内完成从设计、生产到销售新产品的流程,成为快时尚的

---

① 李彦宏:《智能革命》,北京:中信出版社2017年版,第74页。

标杆。"① **生态世界的变迁**：全球气候成为世界关心的焦点。大数据、云计算、人工智能以及区块链技术、卫星遥感技术在全天候全方位监控气候和环境的变化。数字经济使碳中和、碳达标等世界人民主要关注的生态问题成为现实可见的东西。

化解数字全球化风险路径，建构数字伦理学具有一定的可能性和现实性。英国社会学家赫尔德认为全球化的本质是时空压缩，是全方位的时空跨越。知识、信息、图像、符号、货币通过数字进行编码和解码，通过自组织地建构和解构人类社会的知识和结构，渐次进入一个高风险与高机遇叠合的共享经济时代。在区块链中，由于减少了中间环节，减少了瞒骗和欺诈，在万物互通之中，增强人与人之间、数字主体与他者之间的相互信赖，进而增强相互的信任。美国哲学家福山认为，信任是社会美德并创造经济社会的繁荣，是社会资本，增进人们对秩序、规则的尊重，并会促进一个稳定的高度发达的商业社会构建。德国著名社会学家卢曼认为，信任构成了社会简化复杂性比较有效的形式，增加了"对不确定性的承受力"，要简化以或多或少不确定的复杂性为特征的未来，人们必须信任。技术解决了人类经济和社会生活渴望的信任问题，"计算可信网""计算公正网"正在成为人们的日常现实和生活世界。

数字经济带来前所未有的机遇，也带来前所未有的问题和挑战。区块链与数字鸿沟、数字风险与危机问题凸显：匿名与实名问题，隐私与公共问题，自由与限制问题，数字霸权与数字弱势问题，数字资源聚集化与数字无能问题，数字话语权与数字边缘化问题，数字化世界操控的风险与危险、危机问题。技术会不断革新，新技术的出现会带来新的问题，科技发展是一把"双刃剑"，但技术创新一定会推动社会变革。如何化解这些风险、危险和危机，需要我们在数字全球化日新月异的今天，建构和发展一门通过对技术的约束、数字的监控、人性的自觉的自在自为的伦理学——一种健康有序高效持续的

---

① 夏火松、贺婷婷：《全球化与大数据情境的风险识别模型研究》，载《信息与管理研究》2020年第5卷第2—3期。

数字伦理学，这是全球化的"数字乌托邦"。

展望未来，数字经济要发挥全球化美德带来的引擎和强大的技术支撑作用，就必须建构一套完备的信任—信赖—信用—信念—信心全覆盖的社会认同的价值体系。信任是社会复杂机构运行最为简化的思想和世界观的基础，信赖在数字全球化中成为万物互联互通的物质基础，信用成为金融活动的价值基础，信心是数字全球化的未来发展的基础。数字全球化的伦理趋向与伦理学追求以信任、信赖、信用、信心为价值追求和指向，建立数字伦理学的信念和信仰，使数字共同体的建构成为可能。数字化社会存在的公平与正义问题、信赖与信任问题、信用与信心问题将通过区块链技术和大数据等数字技术来提供基础保障，避免欺瞒与诈骗，从而解决人与人之间、人与社会之间信任问题。

总之，面向未来，我们要充分发挥全球化美德的引擎作用，释放全球化的"红利"，建构信任—信用—信赖—信念—信心的全覆盖的、全社会的价值认同体系。在技术规范基础、在高效运行的基础上，建立起有秩序、讲规范、高信任的全球命运共同体，促进全球化的和谐有序的发展，促进人类社会发展的稳定和平衡。

论全球化的"渐冻":基于俄乌冲突后的思考

唐任伍*

世界正处于百年未有之大变局之中,充满了形形色色的不确定性,百年变局和世纪疫情相互交织,俄乌冲突撼动地缘政治乃至整个世界格局,全球经济下行风险和挑战加大,大宗商品价格上涨引发通胀的蝴蝶效应漫卷全球,世界局势复杂演变,在"逆全球化"冲击下的全球化秩序进一步发生动荡。可以肯定地说,后冷战时代宣告结束,世界秩序发生历史性转变,第二次世界大战和布雷顿森林体系奠定的以美元为基础的国际货币体系逐渐瓦解,享受了四分之三世纪美元霸权红利的美国的"过高特权"受到挑战,全球化设计者们设计的国际法体系失去了可信度,世界变得越来越分裂,全球化"休克"和"渐冻"成为必然。

关于全球化问题的研究,我发表过一系列的论文,承担过多个项目,并出版了《"扶强抑弱"的全球化规则研究》[①] 和《涡流:"反全球化"运动的理论与实践》[②] 两本专著,发表了一系列论文来阐释全球化运动的发展规律和趋势,1998年我即提出全球化规则具有"扶强抑弱性"的观点[③],并且进行

---

* 唐任伍,北京师范大学政府管理研究院院长、教授、博士生导师。
① 唐任伍:《"扶强抑弱"的全球化规则研究》,北京:北京师范大学出版社2006年版。
② 唐任伍:《涡流:"反全球化"运动的理论与实践》,北京:经济管理出版社2020年版。
③ 唐任伍:《全球一体化的神话,发展中国家的陷阱》,载《世界经济与政治》1998年第12期。

了深度的解析。随着世界百年未有之大变局的到来和一系列"黑天鹅""灰犀牛"事件的出现,我对全球化问题有了新的再认识。我现在写这篇关于全球化的文章,之所以没有使用全球化的"终结""坍塌""消失""裂解"之类的名词,而是使用全球化的"渐冻",是因为我认为人类只有一个地球,全球化不可能"终结"或"消失",只会在曲折中暂时地"渐冻"或"休克"。了解世界历史发展和全球化演进历程的人都明白,全球化是一个随着历史的发展和时代变迁不断反复、不断游离的一个动态过程,是一种历史性趋势、曲折运动,起起伏伏,有进有退,且与主导性帝国的兴衰相伴而行。老的主导全球化发展帝国衰败落日了,新兴主导全球化的国家会接棒,用一种新的模式继续前行,全球化过程既不会"终结""消失",也不会"坍塌",只会因为"先天不足""毒化""免疫力减弱"和"病毒感染"等外力的作用,暂时被"渐冻",处于一段时间的"休克""冬眠"状态,即全球化的规则遭受打击被破坏,全球化的组织被肢解,全球化的主体由单一转化为多元,全球化的过程暂时地断裂。总之,全球化运动"脑干"死亡、神经元损伤,导致整个全球化逐渐出现"肌无力肌萎缩",肌肉逐渐萎缩无力,故称为"全球化渐冻症"。

一、全球化基因中的先天不足和缺少

(一) 全球化按照大国的实力逻辑发展

溯源全球化的历史发现,全球化作为一种运动并不是第二次世界大战开始才有的,更不是今天才成为时髦词。工业革命以后,英国依靠机器革命带来的成就,开拓世界市场,实际上就开启了现代意义上的全球化历程。1870年至1914年,正值中国持续衰落和贫穷化的屈辱时期,大英帝国权势鼎盛,被称为日不落帝国,有海水流动的地方就有大英帝国女王的肖像和炮舰,以至于发展到具有3000多万平方公里的英国殖民地,金本位、自由贸易和英国海军优势共同支撑了世界市场体系的开放与繁荣,创造了一个典型的"英式全球化"时期。第一次世界大战和第二次世界大战是地球人类最悲痛的灾难,同时也导致"英式全球化"的主导者大英帝国被从神坛上拉下走向衰落,其间虽然德国、日本等也想成为霸主,最终因为力不从心,催生了美国成为新的霸主,第二次世界大战以后的全球化基本上是按照美国设计的道路演进,成为地地道道的"美式全球化",延续至今。

"美式全球化"发展道路的设计,本身包藏着设计者的居心不良和别有用心。它们利用当时被战争摧毁了的世界体系以及参与者的幼稚,采取具有欺骗性的貌似起点公平、形式合理、程序公正的逻辑,填充了一整套有利于发达国家而损害广大发展中国家的"扶强抑弱"的不合理规则。因此,延续至今的"美式全球化",从一开始就存在着先天不合理的基因,在广大发展中国家尚未觉醒、发展无力、话语权丧失的背景下,这种全球化可以大行其道、畅通无阻,但一旦广大发展中国家觉醒和经济社会发展到一定水平、需要获得自身应有的权益时,必然会发生矛盾和冲突。

在第二次世界大战结束的前夕,1944年7月,由美国罗斯福总统推动,拉开了"美式全球化"的建设序幕,建立了包括政治、贸易、货币在内的三个世界体系,即政治体系——联合国、贸易体系——关贸总协定(WTO)、货币金融体系(布雷顿森林体系),从大英帝国手中接过货币霸权。美国煞费苦心地按照自身的愿望设计的布雷顿森林体系,是为了确定美元霸权地位,于是凭借当时手中掌握了全球80%左右黄金储备的底气对全世界承诺,以每35美元兑换1盎司黄金将美元锁定黄金、其他国家的货币则锁定美元,实际上就是让美元像黄金一样成为世界货币,美国的中央联邦储备银行承担起世界银行的角色。这种连环套的方式,使得美国不能为所欲为地随便滥印美元,因为多印刷35美元,金库就必须多储备1盎司黄金。后来因为美国连续卷入了朝鲜战争和越南战争,战争"吞金兽"使美国耗费巨大,仅越南战争美国就打掉了8000亿美元军费,渐渐感到吃不住劲,再加上法国总统戴高乐指示法国将所有储备美元兑换成黄金的示范效应,全球很多国家对美元的不信任感增强,要黄金不要美元的风潮兴起。到1971年8月,美国金库中的8800多吨黄金有点难以应对，1971年8月15日，时任美国总统尼克松宣布关闭黄金兑换美元窗口，美元与黄金脱钩，布雷顿森林体系瓦解，美国对世界背信弃义。

为了挽救美元信誉，"聪明"的美国人利用自身的实力和世人的惯性及无奈，于1973年10月迫使石油输出国组织（欧佩克）接受美国人的条件：全球的石油交易必须用美元结算，将美元从与黄金挂钩转化为与石油挂钩，欧佩克宣布对全球的石油交易必须以美元进行结算，这就意味着你可以不喜欢美元、不使用美元，但你要生产要消费，就不能不使用石油，而使用石油就需要用美元结算。从此，美国作为金融帝国由黄金转化为石油，石油美元铸造了美元霸权，近五十年来整个人类纳入了石油美元的金融体系之中，美元背后不再有贵金属作为支撑，世界进入一个真正的纸币时代，美国可以用印刷美元绿纸的方式从全世界获利，世界各国都被绑架到美元之上，"美式全球化"在美元霸权的支撑下正式形成，全球化实际上成为"美元全球化"，或者说是世界的"美国化"。

（二）"美式全球化"规则的"扶强抑弱"

支撑全球化推进的主要有三大体系，即联合国、关贸总协定（WTO）和布雷顿森林体系，是美国全球化设计者用以协调世界政治、贸易和货币金融体系的支柱机构。它们如果一开始就能够站在整个人类利益的角度，对维持世界和平发展自然是有利的。但该体系的建立，一开始就带有很强的富国烙印，特别是带有很强的美国烙印，尤其是体现这一体系灵魂的规则，是美国等发达国家的价值观念、行为准则、经济体制、政治模式等一切规则、制度的翻版，先天就具有强烈的"扶强抑弱"性。

第一，这一体系是以发达国家在国内已经实行过且证明对他们有利的游戏规则来界定各项标准的。任何一种机制、组织、秩序的运行和竞争，规则是第一重要的。为发达国家控制与主导的三大体系在制定规则和制度时，只以那些发达的富国为模型，在这些国家已经实行的国内政治、金融和贸易规则的基础上修修补补，并要求世界上所有国家和政府向这些规则看齐。很显然，三大体系的不少规则适应富国而不适应穷国，在某种程度上只是富国国内政治、经济、贸易规则在世界上的延伸，先天就具有强烈的"扶强抑弱"性，体现着强烈的实力主义特性和要素的趋利本性。所以，在推动世界政治、经济、贸易进程中，许多发展中国家抱怨这些组织只是发达国家的御用工具，是富国推行其价值观念、经济模式乃至政治模式的"代理人"，它们根本不考虑穷国的利益和要求，不考虑人的基本需要，而只考虑它们自身的政治、经济利益和利润，毫无公平可言。最典型的例证是，东南亚、俄罗斯与拉美等地发生金融与经济危机过程中，发达国家所控制的国际贸易和金融机构与这些国家讨论实施援助计划时，往往提出极其苛刻的条件，胁迫各国服从。

第二，支撑全球化的这些机构存在着形式上的平等而实际上的不平等。即使支撑全球化的规则是制定者按照世界各国情况平均加权后制定出来的，也同样是按照生物达尔文主义"优胜劣汰"的法则设计，穷国和富国在貌似平等的游戏规则面前，起跑时的起点不一样，广大发展中国家处于明显的劣势地位。比如说，发达国家使用的是现代化的机器生产，而发展中国家则大部分生产还停留在手工劳动阶段，发达国家的生产总值主要依靠知识和信息获得，而发展中国家的生产则仍然停留在非常原始的粗放阶段；发达国家掌握了世界政治、经济、金融、贸易乃至全球化所需要的一切制度安排，而发展中国家则对此茫然无知。由于生产力和科技水平的差异和总体上的垄断性，发达国家占据产业链、价值链的上端，依仗技术和设备的优势，利用知识产权等措施和法律手段，通过全球化的通道，大举进入和占领发展中国家市场，不仅掠夺性地大量开发和廉价占有发展中国家的生产资料、人力资源，而且以昂贵的价格向发展中国家出售技术和知识产品，使发展中国家在经济的持续和良性发展方面受到严重影响，资源得不到有效的开发、利用和保护。

第三，游戏规则缺乏透明度，没有让发展中国家发表自己见解的机会。联合国、世界贸易组织、世界银行等这些支撑全球化的机构，尽管形式上不分国家大小、人口多少和经济实力强弱，一视同仁，每个成员有投票权。但由于小国、弱国既无话语权又无影响力，在发达国家制造的丛林中为求生存，完全看大国的脸色行事，即使对规则的解读有意见也无法得到发达大国的认同，以致参与相关问题的谈判能力非常有限，从而造成形式上具有和大国相等的合法的权利，但实际上却没有发言权。

（三）"美式全球化"的理论依据是社会达尔文主义"丛林法则"

全球化的设计者打着公平、正义的道德价值观幌子，但骨子里奉行的是将达尔文优胜劣汰、弱肉强食、适者生存的一套"丛林法则"移植到人类社会法则。支撑起"美式全球化"的理论根据主要有如下几方面。

一是零和博弈。零和博弈被称为西方社会科学领域中最邪恶的理论之一，也是美国等西方发达国家得以发达的理论支柱。它们将自身的发达和繁荣建立在对广大发展中国家的掠夺和侵略之上。美国自1776年独立建国以后的246年中，发动了130多场战争，只有20多年没有处于战争状态；在世界各地建有374个军事基地、30多万驻军，每年的军费超过世界上其他国家军费的总和；对数十个国家实施颜色革命；绑架、杀死、绞死了20多个国家的元首或者领导人；造成了数百万人死亡、数百万难民。而它们却利用战争转移国内矛盾，大卖军火，从战争中获得巨量利益，形成了每发动一次战争美国就强大一次的奇怪现象，成为践行"凭实力说话""真理永远在大炮的射程之内""你的就是我的""我所得就是你所失"的"零和博弈"生动案例。事实上，美国的发达繁荣，在很大程度上得益于通过"美元霸权""战争红利""技术垄断"，"吸血鬼"式地从广大发展中国家中获得巨大利益。

二是"救生艇"道德。全球化本身应该秉持"太空船道德"，那就是一荣俱荣、一损俱损，需要美人之美、各美其美、美美与共的共享共生共荣的价值哲学。但是，美国等全球化规则的设计者却按照"救生艇"道德来设计全球化的规则，世界各国乘坐在命运与共的巨轮上，航行在波涛汹涌的茫茫大海上，需要互相扶持，结成一个命运共同体。而发达国家凭借政治、经济、军事和科技实力，一遇风暴危机，为了保存自身，率先将弱小的发展中国家推入大海的波涛之中。在全球化的发展进程中，这种悲剧层出不穷，2008年国际金融危机、2020年新冠肺炎疫情等，最先遭殃的总是那些弱小国家和穷人。

三是新自由主义。在全球化的发展过程中，美国将"新自由主义"作为

"美国灵魂"和"美国精神根基",大肆鼓吹私有化和不受任何约束的自由主义,并力图将这种"美式民主+无限市场化"的新自由主义发展模式推展到全世界,甚至曾被称为人类社会发展模式的"极致",是"历史的终结"。为进一步"霸凌"世界,美国不惜四处用兵,在各地煽动"颜色革命",文武并用,试图在全球推进美国霸权。兵锋所及,各地武装抵抗纷纷溃败。美国新自由主义的发展模式一时间所向披靡,不可一世,并浓缩为"华盛顿共识",一度成为美国强加给许多发展中国家发展的理想方案。

  四是量化宽松。美国凭借美元霸权,一遇到金融危机,就非常娴熟地运用量化宽松的货币政策,开动印钞机大肆印刷美元"绿纸",向世界输出美元换取价廉物美的实物商品和服务,薅发展中国家的羊毛,结果造成物价上涨,全球通货膨胀,世界为之买单。而美国等发达国家一个个赚得盆满钵满,广大的穷人却越来越生计艰难。

  美国依据上述理论设计"美式全球化"的规则,使得全球化规则从根源上就带有强烈的"美国化"倾向,一旦出现全球性的危机,或者美国国内矛盾尖锐,美国等实力大国则乘机兴风作浪,转移国内矛盾,从中渔利,使得那些弱小且体制不健全的发展中国家首当其冲,大量外资流入美国,大量廉价的原材料和商品进入美国,刺激了美国的消费市场而又不引发通货膨胀。"美式全球化"为美国带来了巨大的利益,美国站在众多处于灭顶之灾的发展中国家肩膀上,贪婪地吸吮着广大发展中国家的血汗,维持着国家的繁荣和高品质的生活。

二、全球化"渐冻"的演变

  美国作为第二次世界大战后国际规则的主要制定者和国际秩序的重要建构者、现存众多国际组织和国际条约的发起者或参与者,只希望从全球化中获取,对别国口口声声维护"基于规则的国际秩序",一旦认为自身利益没有实现最大化,便奉行"合则用、不合则弃"的极端利己主义,骨子里蔑视国际规则的原形毕露。WTO的报告显示,美国是该组织裁决的最大"不守规矩者",大约三分之二的违规都是美国引起的;美国知名学者诺姆·乔姆斯基等直言,美国已沦为"流氓超级大国"。历史像是开了一个大大的玩笑,曾经的全球化的积极推动者、规则的制定者,如今却成为国际秩序的最大破坏者、全球化"渐冻"的催生者。

(一)"美式全球化"的强化

惨烈的第二次世界大战结束后,有良知的人总希望世界不再分裂、不再有战争,但由于设计全球化规则时的战胜国中存在两股同床异梦的力量,以美国、英国、法国为代表的资本主义国家奉行市场准则,而以苏联为代表的国家奉行计划准则,在全球化规则设计过程势单力孤,只能被动地接受市场派的规则体系。因此,第二次世界大战后建立起的初步全球化,从1945年至1989年,形式上的全球化实质上的"半球化",形成了两个平行的世界经济体系,一个是以美国为中心的以市场规则为主导的西方资本主义体系,另一个则是以苏联为中心的以计划规则为主导的东方社会主义体系,最鲜明的是多边经济组织"经互会"的存在。相应的也形成了两个平行的军事体系,一个是以美国为首的北约军事集团,另一个则是以苏联为首的华约集团。两大军事和经济体系在世界上同时存在,各自都以强大的核武器为后盾,谁也不敢轻举妄动,整个世界是均衡的。因此,此时的世界最多只能被称为"一个世界,两套体系",是典型的"半全球化"。

20世纪80年代开始,中国实施市场经济取向的改革开放,80年代末90年代初,柏林墙倒塌,苏联解体、东欧剧变、华约解散,整个世界除了极少数国家坚持计划经济外,绝大多数人口融入市场经济体系之中。世界平衡的天平发生了严重的倾斜,市场经济成为最终的赢家,北约成为唯一的世界最大的军事集团。1989年美国政治学家福山发表《历史的终结》、1993年美国另一个政治学家亨廷顿发表《文明的冲突》,"终结论"和"冲突论"在某种程度上是对20世纪这一最重要的历史事件的总结,证明市场经济和自由主义民主普世价值的最终胜利乃历史之必然,并预示了后冷战时代的来临。

20世纪90年代以后的30多年来,美苏争霸的局面变成美国独大、美国独步天下，以美国为中心的体系得到不断强化与扩张，进入了美国独霸时代，"美式全球化"或者说全球化的"美国化"成为不争的事实。美国凭借实力在全球推广美式自由民主和市场经济，四处扩张美国的军事力量，伊拉克、利比亚、南联盟、叙利亚、阿富汗等，到处留下了美国强权干涉的军事行动，成千上万的平民死在美国导弹的爆炸中，成千上万的难民在死亡线上挣扎，美国的金融资本在12艘尼米兹核动力航母的配合下，吸血和奴役世界，所到之处，可谓草木不生。"美式全球化"的"丛林法则""救生艇道德"再一次得到无情的验证。

但是，压迫越重，作恶越多，反抗越烈。美国的霸权行为遭到了来自世界各地广大发展中国家的反抗，"美式全球化"不得人心，在全球处处碰壁。

（二）中国等新兴市场经济国家的崛起引发"美式全球化"的强烈不安

20世纪80年代开始的改革开放，给中国带来巨大的变化。尤其是1992年中国改革开放的总设计师邓小平发表了著名的南方谈话："计划多一点还是市场多一点，不是社会主义与资本主义的本质区别。计划经济不等于社会主义，资本主义也有计划；市场经济不等于资本主义，社会主义也有市场。计划和市场都是经济手段。"① 中国摆脱了市场经济的意识形态束缚，建立起有中国特色的社会主义市场经济体制。2001年，中国加入世界贸易组织，全面融入世界经济体系之中，将"有效市场"和"有为政府"有机结合，充分发挥"看不见的手"和"看得见的手"的作用，大力运用国际国内市场和资源，经济发展迅速，2000年中国GDP超过意大利，以后连续超过法国、英国、德国、日本，成为仅次于美国的全球第二大经济体，2021年中国的GDP达到17.73万亿美元，占美国GDP的比重达到77%，中美GDP差距也缩小到了5万亿美元左右，并且成为世界上第一大货物贸易国、第一大工业制造国、第一大外汇储备国，科技实力不断增强。

---

① 《邓小平文选》第3卷，北京：人民出版社1993年版，第373页。

与此同时，印度、巴西、俄罗斯、南非等新兴市场经济国家也发展迅速，力量不断增强，在世界上的话语权越来越大，美国独霸天下的风头受到了冲击，世界多元化的发展趋势明显，引发了美国的强烈不安。于是，美国加大了对中国的打压和遏制力度，全球化的"渐冻"进入新的阶段。

（三）美国战略调整和对中国的遏制催化了全球化的"渐冻"

2017年1月20日，美国新当选的第45任总统特朗普宣誓就职，这个不按常理出牌、以"美国第一""使美国再次强大"为口号而赢得大选的"政治新秀"和"反建制派"者，在长达16分钟的就职演讲中，"美国第一"成为主题标签。接着，特朗普以贸易保护主义、单边主义和民粹主义为理论依据，开启了一系列"毁约"和"退群"的动作，先后退出跨太平洋伙伴关系协定（TPP）、北美自由贸易协定（NAFTA）、《巴黎协定》、联合国教科文组织、联合国人权理事会、联合国万国邮政联盟、《伊核协议》、《中导条约》、《天空开放条约》，并拨巨款在美墨边境修墙，甚至放出狠话要退出联合国这一世界最重要的全球化组织。这个由美国先辈苦心经营的"美式全球化"发生了巨大的逆转，"逆全球化"思潮甚嚣尘上，全球化面临着巨大的挑战。

遏制中国的发展是美国的长期战略，明白无误地直接对中国进行遏制肇始于奥巴马当政，特朗普是这一进程的发展者。美国作为信奉"修昔底德陷阱"这一所谓铁律的铁杆信徒，每当一个新兴的国家经济总量达到美国经济规模的60%以后，美国都将其视为对美国的威胁，并且采取措施对其进行打压，而且屡屡得逞。当苏联的经济规模达到美国60%以后，美国多管齐下，从舆论上、军事上、经济上、文化上，包括所谓的星球大战，对苏联进行颠覆，最后活生生地瓦解了苏联，美国成为世界上唯一的超级大国。当日本的经济规模刚刚达到美国的60%左右，美国以日本对美国贸易逆差为名，于1985年9月22日在美国纽约曼哈顿中心广场酒店逼迫日本签订了著名的以这个酒店命名的"广场协议"，导致日本经济濒临崩溃，进入停滞的20年。

自苏联解体以后，美国就将新崛起的中国作为遏制对象，从战略定位上将中国作为"对手"，其对华政策也随之进入"质变期"，由原本的"接触"

政策调整为"规锁"政策,即把中国从可与美国共同分担国际责任的"利益攸关方"看成需要被规范行为、锁定经济增长空间和水平的"竞争对手",企图把中国的发展方向和增长极限控制在无力挑战和威胁美国世界主导权的范围内。为此,美国不惜一切代价,试图塑造中国的发展路径、锁定中国的发展空间。为此,美国多管齐下,一是实行战略东移,重返亚太,围堵遏制中国,美国前总统奥巴马在其国情咨文演讲中多次宣称不接受美国成为第二、不接受中国来制定规则,宣称"绝不能让中国制定国际规则",美国要再领导世界一个世纪;二是在国内设置专门遏制中国的组织机构,大肆鼓吹"中国威胁论",在涉疆、港、台等议题上大放厥词,抹黑造谣中国,"逢中必反";三是对中国进行贸易制裁,加征从中国进口的商品关税,频繁对中国产品发起"双反"贸易调查、反倾销调查和特保调查,将中国数百个企业列入"实体清单",限制上下游企业与中国企业合作,打压中国的科技企业;四是在金融上剪中国的羊毛,通过量化宽松(QE)、汇率和金融等暗的一套手段,或者说利用货币"权术"剪中国的"羊毛",使得中国购买的美国国债遭受不同程度的损失;五是在军事上遏制中国,集中主要力量布局亚太,建立三个岛链围堵中国、搞亚太小北约连横合纵对付中国,不断派出飞机、航母在中国周边的东海、南海搞军事演习、秀肌肉,组织"奥库斯"联盟、"四边机制"、"五眼联盟"等团团伙伙,利用日本挑动钓鱼岛、利用菲律宾挑动南海冲突、利用韩国布置萨德窥视中国,挤压中国的生存空间。

总之,美国从地缘、经济、技术和治理等四个领域,建立四种针对中国的联盟体系,力图阻止中国在经济、科技等领域取得发展,打着"民主""人权""规则""秩序"的旗号,干着制造分裂、挑动对抗、人为地割裂中国与世界联系的损人利己的勾当,其目标非常明显,就是要将中国规锁在全球价值链和产业链的低端。

(四)俄乌冲突使全球化"渐冻"成为现实

2020年新冠肺炎疫情在全球暴发,美国民主党拜登赢得选举上台执政,尽管拜登按下了特朗普"退群""毁约"的静止键,接受了"贸易战"失败的事实，提出要和中国"再挂钩"。但同时却对中国采取"小院高墙"政策，并将上百家中国公司列入负面清单，力图在高科技领域对华进行封锁，对中国的打压反而变本加厉。与此同时，美国为了削弱俄罗斯，推动北约不断东扩，企图将乌克兰纳入北约体系，直接威胁俄罗斯的国家安全。俄罗斯在忍无可忍的情况下，于2022年2月24日对乌克兰发动特别军事行动，俄乌冲突正式爆发，全球化"渐冻"成为现实。

俄乌冲突爆发后，美国和西方国家将几乎所有的经济、贸易和金融杠杆武器化，对俄罗斯实行了规模空前的全面制裁，使得过去30多年来全球化所取得的成果遭到前所未有的打击。首先，对俄罗斯的产品和服务实施全面禁运，尽管俄罗斯的经济总量只占世界经济总量的3%，但俄罗斯作为世界资源大国和大宗商品能源、化肥、粮食、矿产和军火的主要出口国，禁运在全球产生了多米诺骨牌效应，使得全球生产供应链大受打击，导致天然气等能源价格大幅上涨，产生了全球性的通胀。其次，对全球贸易和支付体系造成了巨大冲击，将俄罗斯踢出环球同业银行金融电讯协会（SWIFT）系统，打乱了世界正常的贸易制度，导致支付体系发生紊乱，大幅提高了贸易成本。再次，全球金融信用体系受到重创，没收了俄罗斯的海外资产和外汇储备，甚至对俄罗斯人的个人财产进行没收，导致世界各国对外汇储备的信心和美元信誉双双跌降。最后，美国还将这种制裁延伸至文化、艺术、体育等各个方面，俄罗斯的运动员被禁止参加各种比赛，俄罗斯电影被终止放映，俄罗斯的艺术家被禁止到美欧国家进行表演，和俄罗斯的各种文化交流被取消。

很显然，从政治、经济、军事、文化等各个领域，美国等国要将俄罗斯孤立起来，像它们所表达的那样，让俄罗斯成为世界的"弃儿"。但俄罗斯作为世界上的一个大国，拥有世界上最广大的领土面积、最丰富的资源和比较发达的科学技术实力，有强大的军事实力作为支撑，自然也不会坐以待毙，一方面俄罗斯避开美元支付系统，联合一些饱受美国利用美元作为武器进行制裁的国家开发自己的支付系统，对外汇储备结构和内容进行大的变革；另一方面利用出口的天然气、粮食、化肥等大宗产品的"不可替代性"，迫使不友好国家用卢布进行支付，减轻制裁对经济造成的影响。因此，全球化的

"渐冻",已经成为这个百年未有大变局的一个活生生的现实。

三、中国应对全球化"渐冻"的对策

俄乌冲突还在继续,接续下来发生的影响世界的"黑天鹅""灰犀牛"事件会层出不穷,联合国这个全球化最重要组织面临分裂,全球货币体系、贸易体系面临解体也不是没有可能,全球化"渐冻"已经成为不争的事实。中国作为全球化的受益者,同时也是"美式全球化"的直接受害者,在世纪疫情和百年变局的复杂环境下,如何应对已经到来的全球化"渐冻"现象,直接关系到中国第二个百年奋斗目标的实现和中华民族伟大复兴。因此,未雨绸缪,知己知彼,趋利避害,保持中国的战略定力,是对中国的一次大的考验,同时也是未来新的、更加公平正义的全球化"苏醒"的希望。

(一)正确认识全球化"渐冻"始作俑者的心态

如前所述,美国依靠"美式全球化"的设计获得了巨大的利益,通过收割全球化红利成为世界霸主繁荣了相当长一段时期。现在中国以及广大的发展中国家,在短短的几十年中,经济社会发展威胁到美国的霸权,作为信奉"修昔底德陷阱"、只想稳坐世界第一、容不得别的国家过上幸福生活的美国,出现强烈的时代焦虑、心理不平衡,是典型的霸权主义心态失落,于是通过遏制、打压、围堵、隔离的方式来维持自身的霸权地位,显然是开错了药方。如果沿着这条路继续走下去,其衰落的速度会越来越快。

在认识到美国等西方发达国家的这种焦虑心态的同时,更要认清美国等国家的实力。实际上,美国等西方发达国家,无论从哪一个角度来看,还是世界上最有竞争力的。美国有制度、教育、军事、科技、文化等方面的优势,其创新能力是全球最强的,在世界上拥有最大的话语权和最强的动员力;但美国社会枪支泛滥,社会严重分裂,白人种族主义至上严重,债务达到创纪录的30万亿美元,其社会演化是一个"好坏共存""善恶共生""稳乱交错"

的双面体。因此，辩证地认识引导全球化进入"渐冻"的美国的心态和特征，有利于中国采取有针对性的战略对策。

（二）辩证认识中国自身的优势和劣势

美国将中国定位为对手，但中国不是雅典，美国也不是斯巴达，中国着眼于把自己的事情办好。习近平说过，世界正面临百年未有之大变局，关键是把自己国内的事情办好，把中国共产党建设好，保持好战略定力。

中国经过70多年的发展，特别是经过40多年的改革开放，已经奠定了坚实的物质基础，建立起了世界上最完整的产业链，教育、医疗、科学技术、文化实力显著增强，国防建设取得了长足的进步，消除了绝对贫困，全面建成了小康，全国人民在中国共产党的坚强领导下，充分发挥中国特色社会主义制度集中力量办大事的优势，经济发展，社会稳定，全国上下形成了强大的凝聚力和向心力。这是中国应对一切风险的制度保障和物质基础。当然，中国还处于社会主义初级阶段，虽然解决了挨饿、挨打的局面，但还没有解决好挨骂的困窘。中国还面临着许多卡脖子的难题。

中国人必须认识到今日之中国不是苏联和日本，中国兼具苏联、日本当年赶超美国时的两大优势，即足以捍卫主权安全的军事实力，以及制造业领先于全球的工业实力，中国需要的是知己知彼，保持对美博弈的信心，调适好社会心理，同时也必须防范苏联、日本两类历史教训在自己身上重演，认清美国本质，保持战略定力，按照自己的方式出牌。

对外，中国应该坚持"斗而不破，竞合而行"，既不能过度对抗又不能过度妥协。苏联盲目对抗、日本盲目妥协，最后美国都赢得了成功。美国希望复制对付苏联和日本的方法来对付中国，那么对外需要坚持中美关系是中国最重要的对外关系的认知。习近平多次强调：我们有一千条理由把中美关系搞好，没有一条理由把中美关系搞坏，宽阔的太平洋，容得下中美两个大国。中国的关键是适应"竞争大于合作"的新常态，不必谈"美"色变，同时也要保持对美博弈的底线、战略耐心与全民毅力，不惧怕美国，"斗而不破"，也不仇恨美国，"竞合并行"，不能受到美国挑衅而过度回击，导致落入"美国敌人"陷阱，更不能像一些人主张的那样与美国"脱钩"，当然也不能凡事都被美国的对华政策牵着鼻子走，导致自身发展的节奏被打乱；对内坚持发展是硬道理的路线不能变，不折腾，不气馁，不骄傲，不犯颠覆性的错误。

（三）统筹安全和发展，化解"卡脖子"难题

安全和发展二者相辅相成，互相促进，缺一不可。统筹发展与安全是应对全球化"渐冻"、实现中华民族伟大复兴的一体之两翼、驱动之双轮。

没有安全的发展只能是为他人作嫁衣裳。安全是发展的前提，没有安全就谈不上发展。没有安全的发展是脆弱的、不稳定的、难以为继的。安全是国运之所系、民众之所望。中国共产党要巩固执政地位，团结带领人民坚持和发展中国特色社会主义，保证国家安全是头等大事。因此，保障国家安全就必须安不忘危、存不忘亡、乐不忘忧，时刻保持警醒，不断振奋精神，保持战略定力，认识和把握发展规律，发扬斗争精神，树立底线思维，准确识变、科学应变、主动求变，善于在危机中育先机、于变局中开新局，抓住机遇，应对挑战。

发展是化解一切矛盾和冲突的基础和关键，也是维护国家安全的保障。发展是硬道理，没有经济社会的快速发展，就不能确保国家长治久安、社会安定有序、人民安居乐业。因此，新时代的关键是发展，只有推动经济社会可持续发展，才能筑牢国家繁荣富强、人民幸福安康、社会和谐稳定的物质基础和安全屏障。不发展是最大的不安全，没有发展的安全是短暂的、不可持续的。

统筹安全于发展，最重要的是要把粮食和关系到国家安全的高科技产品牢牢掌握在自己手中。中国是一个具有14亿多人口的大国，粮食事关国家的安全，大豆、油菜籽之类的非主粮可以进口，但大米、小麦等主粮市场绝不能对外开放；芯片、精密仪器、高能计算机、航空航天、核电之类的高科技是用钱买不来的，是外国卡中国脖子的工具。俄乌冲突后美国等西方国家对俄罗斯的制裁，以及美国对中国高科技企业的打压就可以看到，没有关系到国计民生等战略性物质的安全和保障，就只能是别人砧板上待宰的羔羊。

（四）推进"一带一路"倡议，构建人类命运共同体

美国以意识形态、政治正确划线，搞团团伙伙，组小圈子，将世界分为"我群""你群"，拉一些国家打击另一些国家，顺我者昌逆我者亡，人为地将全球化推向"渐冻"状态。中国追求平等、包容、多元，摒弃非黑即白、零和博弈的思维，坚持竞争多赢，彼此相互尊重、相互欣赏、相互借鉴、相互成就，走对话合作之路，构建人类命运共同体，从而赢得世界上大多数国家的认同。

推进"一带一路"倡议，是中国应对全球化"渐冻"的重要举措，很多人可能短期内不理解，但从长远来看，这是以习近平同志为核心的党中央对全球治理的一个伟大构想，一方面它可以打破西方在世界上的话语权高地，另一方面也有利于中国争取更多的支持者，打破西方围堵中国的企图，同时也是应对美国一些政客动辄要与中国"脱钩"、要分裂瓦解威胁中国的战略对策。可以说，这是中国在国际关系上继"和平共处五项原则"之后的又一大贡献。

（五）大力推进人民币国际化，打破美元霸权和垄断地位

美国将美元作为武器，动辄制裁这个制裁那个，俄乌冲突后美国甚至公开冻结、没收俄罗斯的美元资产；美国是世界上最大的债务国，但美国人却毫无顾忌地享受着世界上最高的生活品质，滥印滥发美元绿纸，凭借美元的"世界货币"地位，剥削全世界。因此，打破美元的垄断地位，是终结美国世界霸权的关键一招。

加快人民币的国际化，扩大人民币在国际贸易中的结算范围，尽管中国还有很长的路要走，但在目前人民币已经被世界银行锚定为储备货币的基础上，持续不断地发展经济，未来前景非常光明。人民币在国际经济中的地位与中国的国际地位远远不相称，中国要适时将人民币锚定黄金，在上海建立"石油期货交易所"和大连建立"钢材期货交易所"的基础上，进一步扩大

人民币结算的范围，加快数字人民币建设和应用，吸取俄罗斯被踢出环球同业银行金融电讯协会国际结算系统的教训，联合建立中国自己的结算系统，使人民币走向国际化的步伐行稳致远。

（六）加强国防能力建设，按照不对称原则，发展高精尖武器设备

　　国防是一个国家的硬实力，落后就要挨打，这是颠扑不破的真理。中国作为世界大国，工业革命以来的很长时期都处于被西方列强任意宰割的地步，只是在中国共产党执政、新中国成立以后，才真正摆脱挨打被欺负的境地。但至今中国仍然是联合国 5 个常任理事国中唯一没有实现统一的国家，而且是遭受围堵、遏制最严重的国家。

　　因此，追踪世界科技前沿，打造一支敢于打硬仗、打胜仗的钢铁之师，建设一支强大的军队和国防力量，实现祖国完全统一，打破美国等西方列强对中国的各种围堵和制裁，成为应对全球化"渐冻"、世界并不太平的基石。

新冠肺炎疫情与技术进步双重影响下的全球化趋势*

王 栋 贾子方**

新冠肺炎疫情已经成为重大全球公共卫生和生物安全危机,并且仍然在全球层面持续。2020 年 11 月,中国已经基本控制了境内疫情,生产生活趋于正常,经济开始复苏,疫情对社会与个体的冲击基本平复。然而,全球疫情并未显出减缓趋势,截至 2020 年 11 月 24 日,全球累计确诊人数超过 5871 万,死亡人数大约 138.9 万。① 其中,美国确诊人数累计超过 1242 万,死亡人数约 25.8 万。② 欧洲各国秋冬季确诊人数重新快速增长,第二波疫情已经到来,确诊病例总数亦较高。亚洲、非洲和拉丁美洲的部分发展中国家确诊总数高,并且缺乏检测能力、统计能力以及医疗与防控能力,这可能使全球疫情持续时间延长。疫情导致人员和物资的全球流动受限,对全球化造成巨

---

* 本文系北京大学新型冠状病毒感染肺炎防控攻关专项课题(项目编号:7100603061)成果。

** 王栋,北京大学国际关系学院教授、北京大学中外人文交流研究基地执行主任;贾子方,外交学院国际关系研究所讲师。

① World Health Organization, "WHO Coronavirus Disease (COVID – 19) Dashboard," https://covid19.who.int/. [2020 – 11 – 24].

② John Hopkins Coronavirus Resource Center, "COVID – 19 Map," https://coronavirus.jhu.edu/map.html. [2020 – 11 – 24].

大冲击。在这种情况下，不同领域的技术进步及其广泛应用成为人类应对疫情挑战的直接手段之一。技术本身是影响全球化的关键要素，技术持续的进步与变革一直以来影响着全球化进程。在疫情期间，技术进步增强人类社会应对生物安全挑战的能力，促进物资与人员全球流动的恢复，从而影响全球化趋势。因此，新冠肺炎疫情以及技术进步，均对当前的全球化趋势产生影响。对此需要研究的问题是：在新冠肺炎疫情的冲击和技术进步的驱动造成的双重影响下，全球化的趋势将如何演化？本文将分析疫情与技术进步对全球化双重影响的内涵及其内在联系，提出全球化趋势演进的方向与特点。

一、新冠肺炎疫情对全球化的冲击

全球化趋势在新冠肺炎疫情之前就显现出问题，疫情更是直接对其造成了负面影响。一些研究者指出，考虑到疫情前保护主义的重现，新冠肺炎疫情导致经济全球化的趋势可能出现的变化之一是主要大国各自为政、关门抗疫，拒绝国际合作，世界抗疫打成持久战，全球化进程将会受到严重影响。[①]并且，新冠肺炎疫情是全球化趋势发展到新阶段的一次警钟，在人类共生系统和世界互联互通的社会生态圈已经形成的时代，全球性的公共安全危机随时可能出现在"地球村"中。短时期之内经济全球化可能出现某种倒退、分化或断裂，但长期而言仍将继续深入发展。[②] 有中国学者指出，新冠肺炎疫情对全球化进程的冲击，主要表现在两个方面：一是疫情对全球供应链和价值链造成强烈冲击；二是受疫情影响，全球资本和人员流动出现了大幅萎缩。疫情暴露出基于全球化的经济增长模式面临的挑战，表明以全球价值链为代表的全球化进程存在脆弱性。[③] 亦有学者提出，新冠肺炎疫情导致经济全球化

---

① 参见戚建国：《新冠肺炎疫情对世界的主要影响》，载《世界社会主义研究》2020 年第 7 期。
② 参见裘援平：《新冠肺炎疫情下国际形势的变与不变》，载《世界社会主义研究》2020 年第 7 期。
③ 参见刘宏松：《新冠肺炎疫情下的全球化与全球治理的强化路径》，载《上海交通大学学报（哲学社会科学版）》2020 年第 5 期。

进程受到严重冲击，全球产业链、供应链受到显著影响，全球化出现了回归"经济主权"时代的趋势，可能变为"有限的全球化"。① 当前有研究者认为，新冠肺炎疫情是"熔断"本已陷入困境的全球化的强制性力量，② 可能是压垮经济全球化的"最后一根稻草"。③

在"百年未有之大变局"中，新冠肺炎疫情影响国际政治的不同方面，从而对全球化趋势产生间接影响。从国际关系研究视角出发，百年未有之大变局包括权力结构、世界秩序、全球治理和科学技术等方面的深刻变化。④ 所谓"百年之变"，是系统性的变化，其中不同要素都会进一步影响全球化趋势。

以世界秩序为例，不少战略分析家提出疫情改变了世界秩序。如美国前国务卿基辛格认为，新冠肺炎疫情将引发持久的政治和经济动荡，并且挑战了自由主义世界的基本原则，因而将永久改变世界秩序。⑤ 有分析者认为，新冠肺炎疫情对于世界秩序是一个历史性的分野，此前的世界可以被称为"新冠前"，此后的世界则是"新冠后"。⑥ 亦有美国学者撰文指出，疫情通过削弱世界对全球化的支持，并且削弱美国与西方，从而影响当前的世界秩序。⑦

---

① 参见张弛、郑永年：《新冠肺炎疫情、全球化与国际秩序演变》，载《当代世界》2020 年第 7 期。
② 参见刘贞晔：《全球化"熔断"及其历史大转折》，载《国际政治研究》2020 年第 3 期。
③ 参见 Robin Niblett, "The End of Globalization as We Know It," in "How the World Will Look After the Coronavirus Pandemic," *Foreign Policy*, https：//foreignpolicy.com/2020/03/20/world-orderafter-coroanvirus-pandemic/.［2020 - 03 - 20］。
④ 参见朱锋：《近期学界关于"百年未有之大变局"研究综述》，载《人民论坛·学术前沿》2019 年第 7 期；凌胜利：《百年未有之大变局：学术争论与战略意涵》，载《亚太安全与海洋研究》2019 年第 6 期。
⑤ 参见 Henry A. Kissinger, "The Coronavirus Pandemic Will Forever Alter the World Order," *Wall Street Journal*, https：//www.wsj.com/articles/the-coronavirus-pandemic-will-forever-alter-the-worldorder-11585953005.［2020 - 04 - 03］。
⑥ 参见 Thomas Friedman, "Our New Historical Divide: B. C. and A. C. —the World Before Corona and the World After," *The New York Times*, https：//www.nytimes.com/2020/03/17/opinion/coronavirus-trends.html.［2020 - 03 - 17］。
⑦ 参见 Amitav Acharya, "How Coronavirus May Reshape the World Order," *The National Interest*, https：//nationalinterest.org/feature/how-coronavirus-may-reshape-world-order-145972.［2020 - 04 - 18］。

过去的全球化明显基于自由主义世界秩序，这一秩序是西方主导的，秩序本身与主导者正处于衰微之时，又遭受了新冠肺炎疫情的巨大冲击，未来世界秩序"漂流"过程的不确定性显著增加。因此，疫情通过影响世界秩序间接影响了全球化趋势，导致其存在不明朗、不确定性增加的一面。

此外，大国关系方面，新冠肺炎疫情加剧了中美之间由于经贸摩擦、科技"脱钩"所积累的矛盾，增加了双方意识形态和政治制度层面的对立。① 这可能使过去的全球化，特别是经济全球化的模式，难以持续。国内政治方面，新冠肺炎疫情凸显并加剧了西方主要国家内部的经济不平等，加深了其中不同人群之间的信息鸿沟，增强了政治极化现象。② 2020 年 5 月底开始，美国国内多地针对种族歧视和暴力执法的抗议活动也因为疫情造成的经济和社会影响而在烈度和广度上远超以往。疫情还可能增强国家的权力并强化民族主义。③ 上述各国国内政治现象和问题，在中短期内都可能助推业已存在的逆全球化现象，并推动相关政策的出台。

既有研究表明，新冠肺炎疫情对全球化的冲击，既包括直接影响，又包括间接影响。这些负面影响呈现非线性的特点，未来可能引发政治、经济和社会的更多变化。这是系统性的复杂过程，其底层逻辑在于：新冠肺炎疫情

---

① 参见陈琪：《全球新冠肺炎疫情对百年未有大变局的影响》，清华大学社会科学学院网站，2020 年 4 月 21 日，http：//www. sss. tsinghua. edu. cn/publish/sss/8393/2020/20200422091630909116577/202004 220916309091 16577_. html。

② 社会的不平等以芝加哥为例，根据美国当地时间 2020 年 4 月 28 日的数据，非裔和拉丁裔美国人占据该城市新冠肺炎感染者的 72.0%，显著高于所占人口比例。这显然反映了疫情面前的社会不平等。数据来自芝加哥市政府官方网站："City of Chicago：Latest Data," https：//www. chicago. gov/city/en/ sites/covid – 19/home/latest-data. html. ［2020 – 04 – 28］经济不平等的案例是，有报道称，2020 年 3 月 18 日至 4 月 10 日，美国的亿万富翁（billionaires） 的财富增加了大约 9.5%，与此同时有 2200 万美国人失业。参见 Saloni Sardana, "America's Billionaires Added ＄282 Billion to Their Total Wealth in 23 Days during the Coronavirus Crisis, a Report Claims," https：//www. businessinsider. sg/the-billionaires-whosewealth-grew-despite-covid-19 – 2020 – 5. ［2020 – 05 – 01］。

③ 参见 Stephen M. Walt, "A World Less Open, Prosperous, and Free," in "How the World Will Look After the Coronavirus Pandemic," *Foreign Policy*, https：//foreignpolicy. com/2020/03/20/worldorder-after-coroanvirus-pandemic/. ［2020 – 03 – 20］。

冲击了人类社会运行的基本模式，从而从根本上阻碍全球化要素的流动，影响全球化的趋势。

人类社会运行的基本模式是在人员聚集的状态下从事生产并分工合作，因此产生了城市、王朝、民族国家和帝国，进而产生了战争、贸易、国内政治和国际关系，在此基础上产生了全球化。人员、物资、资本和信息的全球流动，将全世界大多数人联结成巨大的网络。这种由人员聚集而形成网络的模式在瘟疫冲击下易于遭受损失，并不安全。

回顾历史，数千年来，人类和微寄生物（病毒、细菌、寄生虫等）总体上保持了在动态平衡中的共生，但瘟疫永远在不同时期内对特定的文明造成巨大冲击。① 相对于历史上的瘟疫，新冠肺炎疫情的特殊之处在于，新冠肺炎病毒本身传染力强，变异较快，但重症和致死率低于 SARS 病毒，还存在无症状感染者，因而影响范围极大，容易导致医疗体系超负荷运转，无法有效医治患者，进而造成严重的经济与社会后果。疫情造成严重后果的社会根源在于 2020 年是全球化、信息化社会，更加精密而系统化。相对于黑死病流行的 14 世纪中叶、霍乱流行的 19 世纪初，以及 H1N1 流感初次暴发的 1918 年。现代社会的运行，更依赖基于专业分工的合作以及聚集人员提供的产品与服务。并且，现代社会运行的重要机构，例如学校、医院、银行等，都和现代国家的技术人口一起聚集在城市之中。② 全球化和技术进步前所未有地增强了人的聚集和基于专业分工的相互依赖。因此，现代社会的复杂体系一旦被瘟疫或其他危机击溃，整个体系就难于继续运转。并且，防控疫情需要的严格隔离与社会运转和生产生活需要的"聚集"相矛盾，这直接增强了新冠肺炎疫情对当代社会基本运行模式的冲击。

总之，新冠肺炎疫情对全球化的负面影响，其底层逻辑在于影响人类社会运行的基本模式。在这种负面影响下，推动全球化的复苏，基本需求不仅

---

① 参见〔美〕威廉·H. 麦克尼尔：《瘟疫与人》，余新忠、毕会成译，北京：中国环境科学出版社 2010 年版。

② 参见〔美〕亨利·基辛格：《核武器与对外政策》，北京编译社译，北京：世界知识出版社 1959 年版，第 65—66 页。

在于在"隔离"的情况下维持当代人类社会的运行和发展，而且在于在全球化要素流动的过程中使人类社会面对瘟疫等生物安全挑战时损失更小，进而在疫情持续的条件下推动全球社会和经济发展。危机创造新需求，而新需求将成为全球化变革进程中重要的驱动力。应对这种新需求的最直接选项是技术进步及其应用。

二、技术进步如何应对新冠肺炎疫情对人类社会运行的冲击

技术是实现人的目的的一种手段。① 技术进步及其应用是减弱新冠肺炎疫情对人类社会运行冲击的重要且直接手段。其针对全球危机创造的新需求，使人类社会能够控制疫情危机的范围和影响并持续运行，从而影响全球化趋势。具体而言，技术进步的影响表现在人类个体和人类组织两个层次。

（一）技术进步使人类个体面对生物安全风险时更加安全

人类个体在社会中生产生活，必然面对感染病毒的风险或其他生物安全风险。风险的高低受到不同因素的影响，既包括免疫力等生物性因素，也包括经济和社会性因素。不同领域的技术进步有利于降低个体层面的风险，使其更加安全。最直接的案例来源于生物医学领域。疫苗的研发和应用有助于人类个体获得免疫力，以应对微寄生物对人类健康的损害。根据中国国家卫健委介绍，在本次疫情中，中国采用了五条技术路线同步推进的方式研发新冠病毒疫苗：灭活疫苗（灭活新冠病毒）、重组基因工程疫苗（直接生产抗原S蛋白）、腺病毒载体疫苗（用腺病毒表达抗原）、核酸疫苗（用mRNA或

---

① 参见〔美〕布莱恩·阿瑟：《技术的本质：技术是什么，它是如何进化的》，曹东溟、王健译，杭州：浙江人民出版社2014年版，第26页。

DNA 表达抗原）和减毒流感疫苗作为载体的疫苗（在其上增加新冠病毒的蛋白）。① 只有在生物医药技术长期进步的前提下，人类才可能采用这种"饱和式"疫苗研发方式。也只有在技术总体进步的前提下，人类才能够以更快的速度研发针对新冠病毒的疫苗。疫苗的效果显而易见：截至 2020 年 11 月 18 日，已有近一百万人接种中国国药集团的灭活病毒疫苗，无一例严重不良反应，5.6 万接种后出境者无一例感染。② 显然，疫苗技术的进步及其在科学指导下的广泛应用有助于进一步控制新冠肺炎疫情。

当然，技术的总体进步不限于生物医学领域的进步，信息技术的进步同样有助于增强人类个体的安全。当前的技术革命使技术本身变得越来越复杂和系统化，这是工业革命以来技术发展的必然结果。每一项应用技术的创新，都依赖大量的基础科学研究以及其他领域的先进应用技术。看似不直接相关的技术进步同样有助于降低个体的生物安全风险。例如，冷冻电镜对蛋白质三维结构的解析有助于生物医药技术的发展，人工智能技术的进步进而为此提供了新的路径——2018 年深思（DeepMind）公司开发的阿尔法折叠（AlphaFold）系统成功根据基因序列预测出蛋白质的三维结构。③ 在这次新冠肺炎疫情之中，已经有研究者成功利用基于深度学习的人工智能技术预测了新冠肺炎病毒 S 蛋白的结构。④ 这是进一步开发疫苗和药物的重要基础。基于深度学习的人工智能技术同样可以使人类更快地实验针对新冠肺炎病毒的药物。另一个例证是，2020 年 5 月，中国科研团队发表预印本论文指出，甘草甙（Liquiritin）能抑制新冠肺炎病毒在特定细胞中的复制，尽管这并不意味着可以将其直接运用于临床治疗，但为进一步药物开发提供了重要的参考。在发

---

① 央视网：《国家卫健委：开发疫苗的 5 条技术路线同步加快推进》2020 年 2 月 21 日，http://news.cctv.com/2020/02/21/ARTIWwsWwKUhddYAB4d7KMTK200221.shtml?spm=C94212.P4YnMod9m2uD.ENPMkWvfnaiV.47。

② 澎湃新闻：《国药集团董事长：近百万人紧急使用新冠疫苗，无严重不良反应》2020 年 11 月 19 日，https://www.thepaper.cn/newsDetail_forward_10055328。

③ Andrew Senior, et al., "AlphaFold: Using AI for Scientific Discovery," https://deepmind.com/blog/alphafold/. [2002-01-15]。

④ 密歇根大学的相关研究见网页：https://zhanglab.ccmb.med.umich.edu/COVID-19/。

现这一科学现象的过程中，研究者使用了基于人工智能技术的药效预测平台无限表型（Infinity Phenotype），预测 3682 种药物和天然产物中潜在药物的疗效，最终得出结论。[①] 此外，量子信息科学同样有助于增强人类个体的安全，量子计算的硬件及其算法，更适用于生物化学研究领域需要的巨量数据计算，量子计算机的开发因而有助于生物医药技术的进步。[②] 总之，尽管技术和知识不会改变人的生态位，不会改变人和微寄生物共生的模式，[③] 但在当前的技术革命进程中，技术进步使人类个体面对生物安全风险时更加安全。

（二）技术进步使人类组织面对生物安全挑战时更加安全

人类社会中的组织，面临新冠肺炎疫情及未来可能的生物安全挑战时，易于受到冲击，遭受经济社会损失，其根本原因在于人员聚集以从事生产的基本模式，以及社会各部分形成的相互依赖的复杂网络结构。而技术进步可以改变组织的形态和性质，降低其面对疫情风险时遭受损失的可能性。

其一，信息时代的技术进步使人类组织初步具备了在防控疫情所必需的隔离环境下持续"低能耗"运行的可能性。一个直观的案例是中国，特别是湖北省在 2020 年 1 月至 4 月的防控疫情行动。信息基础设施建设、移动互联网的普及、网络购物和移动支付的便利，使得面对病毒感染风险的人群可以利用信息时代的技术进步，在保证有效隔离的情况下消费、学习、办公。这充分降低了个体外出和聚集的风险，不仅有效切断了病毒传播途径，而且有效遏制了疫情蔓延势头。信息技术的进步和广泛应用是新冠肺炎疫情在中国

---

① Jie Zhu, et al., "An Artificial Intelligence System Reveals Liquiritin Inhibits SARS-CoV-2 by Mimicking Type IInterferon," https://www.biorxiv.org/content/10.1101/2020.05.02.07402 v1.［2020 - 05 - 02］.

② 参见杨莉萍：《量子计算及其在生物化学问题中的应用研究》，博士学位论文，华中科技大学，2018 年，第 I 页。

③ 参见〔美〕威廉·H. 麦克尼尔：《瘟疫与人》，余新忠、毕会成译，北京：中国环境科学出版社 2010 年版，第 174 页。

能够快速得到初步控制的基本原因之一。如果对比 2002 年至 2003 年的 SARS 疫情，信息技术进步在"隔离"状态下保证个人生活和社会秩序，从而对防控疫情的意义更加显著。

其二，技术进步可以增强对生物安全风险的监测和预测能力。在新冠肺炎疫情期间，中国使用的健康码正是一项直观例证。除此之外，技术进步及其普遍应用的作用在此次疫情防控的诸多环节中都有所体现。例如体温检测是疫情防控的重要环节，但对于人员密集且流动性高的公共场所，如地铁站、火车站等，使用额温枪等手段测温速度较慢，会造成人员聚集，增加交叉传染风险。而利用人工智能技术和红外线热成像技术的体温检测方案，可以同时快速测量人流中多人的额头温度，并具备快速筛选和预警功能，提升了体温检测效率，对检测者和被检测者也更加安全。这一解决方案已在北京市部分公共场所投入使用。① 当前的信息技术和其他技术的进步同样有助于提升感染者排查、人员流动趋势检测等工作的效率。总之，从长远来看，信息技术和其他技术的进步可以提升对生物安全领域数据的监测、获取、处理能力，并借助相应算法预测风险。对当前的疫情和未来的风险掌握的信息更多，国家就可以更高效地防控疫情及其他生物安全风险。

其三，技术进步同样有助于提升供应链的安全。疫情冲击下，全球供应链布局可能面临巨大调整。对于中国这既是挑战，也是促进产业链现代化的巨大机遇。② 疫情对人类社会基本运行模式的冲击，使人类社会前所未有地需要信息化、数字化、智能化程度更高的供应链，以保障全球经济的平稳运行。而供应链的发展，需要第五代无线通信技术（5G）、云平台、物联网、服务器、移动终端等新型信息基础设施和大数据、云计算、区块链等技术能力的支撑，其高效运行还需要大量新型应用工具、设施和装备的支撑，例如各类供应链管理软件、资源交易与匹配平台、智能仓库和货柜、自动化和网络化

---

① 参见《百度 AI 多人体温测量》，百度安全官方网站，2020 年 5 月 6 日，https：//anquan.baidu.com/ page/61。

② 参见黄群慧：《重视供应链安全，推动产业链水平现代化、价值链高端化》，2020 年 4 月 3 日，http：// sike. news. cn/statics/sike/posts/2020/04/219555429. html。

的配送服务体系等。① 这些技术的进步将催生更先进的供应链，有利于协同上下游伙伴企业，聚集各类生产要素，促进资源高效配置和供需精准匹配，② 从而在面对新冠肺炎疫情、生物安全风险乃至更广泛的全球性风险时增强供应链弹性和安全性，提升其效率和抵御风险的能力。

其四，技术进步可以降低中介和中层组织在社会运行中的必要性，可以驱动组织形态发生部分变革，增强其抵抗生物安全挑战的能力。例如，第五代无线通信（5G）技术速度更快，带宽更宽，延迟更低，精确性更高，能耗更低。该技术投入使用后，能够为工业和服务业机器人、民用无人机、无人驾驶汽车、远程手术设备、远程操作设备和虚拟现实设备等在物联网中的应用提供通信基础，进而驱动"万物互联"，新的人机交互技术也将在其中发挥作用。相对于当前的远程办公和教学，基于"万物互联"的生产有望进一步改变社会的组织形态。技术的进步使得身处社会生产进程中的人并不必须在物理空间内聚集，社会形态也不再完全是聚集的人群构成的网络，而是空间上适度分散的人通过技术手段实现更高效的互联从而构成的高度信息化网络，这在理论上大幅减少了微寄生物在人与人之间传染的可能性。这是通过技术进步降低人类社会面临生物安全挑战易受损失特性的中长期手段。此外，技术进步还可以通过促进社会和经济发展，增强其应对不确定性的能力，改善经济与社会的不平等，从而降低人类组织面对疫情等生物安全挑战时遭受的损失。总之，技术进步及其在人类社会中的普遍应用可以改变社会运行和个体互动的方式，使未来的人类社会成为由技术驱动的更加分散化的网络。这种新的网络在面临生物安全挑战时运行更加安全，防控疫情能力更强，因而整体上能够在疫情的挑战下避免系统运行停滞。在可预见的未来，其不会完全取代人类社会以"聚集"为特征的传统运行和互动方式，而是与之并行，总体上提升人类社会的安全程度。在更安全的人类社会中，物资和人员等全

---

① 参见王微：《加快新基础设施建设，推动供应链复苏与智能创新》，载《物流技术与应用》2020 年第 4 期。

② 参见刘如、陈志：《新冠肺炎疫情对我国产业供应链的影响与对策》，载《科技中国》2020 年第 3 期。

球化要素的全球流动将逐渐恢复。技术进步应对疫情危机中人类社会持续运行的需求,这是疫情期间技术进步影响全球化趋势的物质基础。

三、疫情与技术进步双重影响下全球化趋势的演变

新冠肺炎疫情冲击人类社会运行的基本模式,对全球化产生负面影响。而技术进步针对疫情危机创造的需求,使人类社会面对生物安全挑战时更加安全,为全球化的复苏提供基础。在新冠肺炎疫情和技术进步的双重影响下,全球化将以新的形式进入复苏的轨道,全球化趋势将呈现多中心化的特点。

(一) 逆全球化现象与政策对全球化趋势的影响将会减弱

新冠肺炎疫情暴发之前,对于全球化的主要挑战之一是逆全球化现象与部分国家的逆全球化政策。英国脱欧、美国采取贸易保护政策并退出各种多边国际机制、西方国家国内政治的右转、不同国家的保护主义,[1] 以及民粹主义、经济发展不均衡和地区冲突,这些逆全球化的现象和政策给全球化的发展带来不确定性。而新冠肺炎疫情对全球化的冲击,导致世界经济增长乏力,国际贸易和投资持续萎缩,全球制造业产出大幅下降,服务业受到拖累,人员流动、货物贸易、全球供应链等遭到冲击。[2] 这使研究者和政策制定者意识到逆全球化的风险及其对全球化的负面影响。然而,历史经验表明,重大的全球危机之后,全球化都以更快的速度向前发展。一方面全球资金、物资、信息和人员的流动需求仍在,整体上仍然是全球化的基本驱动力;[3] 另一方面,从技术视角而言,疫情及其经济社会影响增进人类对技术进步的共识,

---

[1] 参见徐坚:《逆全球化风潮与全球化的转型发展》,载《国际问题研究》2017年第3期。
[2] 参见姜跃春、张玉环:《新冠肺炎疫情不会中断经济全球化进程》,载《世界知识》2020年第7期。
[3] 参见刘宏松:《新冠肺炎疫情下的全球化与全球治理的强化路径》,载《上海交通大学学报(哲学社会科学版)》2020年第5期。

特别是在危机之后,人类往往更加重视技术对于人的社会互动的方式、社会的结构组织关系、国家间的互动关系以及整体国际关系的塑造,人类社会也更加容易接受技术进步带来的变革。因此,在整体需求和技术进步驱动下,后疫情时代世界并不会跌入逆全球化的陷阱。① 全球化整体进程不会受到逆全球化现象与部分国家短期内逆全球化政策的更多影响,并在经历疫情冲击之后仍将持续发展前行。

(二) 全球化趋势将呈现更明显的地方化、区域化特点

地方化和区域化特点的含义是在疫情控制更好的国家及其周边地区,物资、资金和人员的跨区域流动会更快地恢复到接近疫情之前的水平。在经济领域,出于分散供应链风险的目的,企业的经济活动会呈现更多地方化和区域化特点,即在本国或靠近本国、与本国政治关系较好的国家开展生产经营。这种"就近生产"的模式存在商业、技术和社会的内在动力。② 从技术视角来看,这是应对疫情的技术普遍应用于全球之前的必然现象。新冠肺炎疫情期间,各国科学技术水平、工业生产能力、经济发展水平、组织动员能力和国内政治状况均不相同,研发和应用技术的能力因此具有一定差异。应对疫情危机的技术,其发展进步速度和应用广度在全球必然是不均衡的。而像中国这样推动技术进步并率先应用相关技术的国家,能够更好地应对甚至控制疫情,从而更早进入经济复苏的轨道,因而成为全球化复苏的领跑者。在其他国家和地区新冠肺炎疫情仍然严峻的情况下,中国经济增长和技术进步的外溢效应,无疑将首先带动周边国家和地区的全球化复苏。

例如,考虑到疫情对全球供应链的影响,中国生产通信设备和家用汽车的企业在 2020 年和 2021 年必然要考虑更多以日本、韩国生产的零部件替换

---

① 参见王栋、王怡旺:《新冠肺炎疫情下的逆全球化?再全球化?》,载《中央社会主义学院学报》2020 年第 3 期。

② 参见赵明昊:《欢迎来到后疫情世界》,澎湃新闻,2020 年 4 月 29 日,https://www.thepaper.cn/newsDetail_forward_7196944。

美国和欧洲的同类产品。2020年11月,中国、日本、韩国、澳大利亚、新西兰和东盟十国共同签署了《区域全面经济伙伴关系协定》(RCEP),这也是全球化趋势呈现地方化、区域化特点的重要案例。目前这个世界上最大的自由贸易协定的签署对于推动疫情之后本地区经济的发展和新的全球化趋势具有明显作用。总之,全球化趋势中的地方化和区域化特点,意味着在地理空间意义上,未来的全球化趋势将呈现多中心化的特点。不同的地理中心并非全球化时代之前相互依赖有限的孤岛,而是全球化在后疫情时期复苏的源泉。

(三) 中国引领的"再全球化"进程的作用将上升

"再全球化"本身是以中国为代表的新兴国家对全球化进程的改革,以及这种改革所产生的模式升级与扩容效应,也是中国以"补位者"身份提供公共产品,主动供给全球治理,推动人类命运共同体建设的进程。[①] 新冠肺炎疫情期间中国向全世界提供了大量公共卫生领域的公共产品,例如重要的抗击疫情经验和专业知识,以及援外医疗队,中国还向世界各国出口了大量防疫物资。中国在疫情期间供给的公共产品证明了中国引领的"再全球化"模式具有包容共享的特质。

更为重要的是,中国通过自身的组织动员能力、统筹协调能力、贯彻执行能力,不仅率先实现了对新冠肺炎疫情的初步控制,而且在实践中证明了技术进步及其普遍应用可以提供控制疫情必需的手段,驱动人类社会在面临生物安全挑战时向更加安全、更不易遭受损失的形态演进。这意味着中国将在技术领域更好地提供公共产品和提供经济社会驱动力,通过"再全球化"推动全球化的复苏。

一方面,中国作为在相关技术的研发和应用上领先的国家,将进一步向

---

① 参见王栋、曹德军:《"再全球化"视野下的中国角色:以全球公共产品供给为例》,载《中央社会主义学院学报》2017年第2期;王栋、王怡旺:《新冠肺炎疫情下的逆全球化?再全球化?》,载《中央社会主义学院学报》2020年第3期。有关再全球化的系统讨论,参见王栋、曹德军:《再全球化:理解中国与世界互动的新视角》,北京:社会科学文献出版社2018年版。

世界输出一系列技术：降低个体面临生物安全风险的疫苗和制药技术以及用于疫苗药物研发的先进技术、支持远程工作和信息互联互通的通信技术（特别是无线通信基础设施）、监测生物安全风险的"一揽子"技术、推动"万物互联"的一系列信息、通信和先进制造技术等。中国证明了疫情冲击下技术进步的重要意义，而技术的进一步扩散将成为中国在疫情期间引领"再全球化"的重要路径和物质基础。

另一方面，在新技术提供的物质保障之下，中国将进一步通过自身的经济增长拉动全球的供给与需求复苏，进而通过自身的治理经验和人类命运共同体理念，全面引领"再全球化"路径下的全球化复苏。总之，经济规律和技术进步决定了全球化并不会终止，以原有的全球化扩容升级为标志的"再全球化"将在疫情中加速到来。[①]

中国引领的"再全球化"进程的作用上升意味着另一个层面上的多中心化全球化趋势。新冠肺炎疫情之前的全球化，尽管物资、资金、人员和信息的流动在地理上是全球性的，生产和消费的组织和个体也分布在全球不同国家和地区，但自工业革命以来不断演进而形成的全球经济"中心—边缘"结构仍然是以西方为单一中心的，这也是全球化时代中全球不平等的重要结构性因素。而中国引领的"再全球化"进程并非简单创造了新的中心，而是突出了新兴国家的作用，使全球经济结构更加均衡、开放、包容。新冠肺炎疫情冲击下，技术进步与普遍应用为中国引领"再全球化"进程提供技术手段和物质保障。总之，"再全球化"进程作用的上升，意味着在全球体系结构意义上，未来的全球化趋势将呈现多中心化的特点。

（四）多中心化的全球化趋势依然面临风险与挑战

在疫情和技术进步的双重影响下，全球化新趋势并非水到渠成，特别是当前疫情在全球层面远未平息的情况下，其依然面临不同层面和不同领域的

[①] 参见王栋、王怡旺：《新冠肺炎疫情下的逆全球化？再全球化？》，载《中央社会主义学院学报》2020年第3期。

风险与挑战。从技术层面而言，全球化能否按照多中心化的趋势持续复苏，主要取决于两个因素。

其一是技术的进步和普遍应用速度。当前，全球性挑战特别是难于预测的"黑天鹅"式挑战，发生频率依然逐年增加。如果技术本身进步速度不够快，导致各国无法及时且有效地应对全球性生物安全挑战，下次全球公共卫生事件甚至本次疫情在全球层面的持续，仍然会对全球化造成持久的冲击。针对新冠肺炎疫情的各领域技术，其普遍应用依然受到世界各国国内政治的影响，不同国家能否以科学理性主导下一步的抗疫行动，也依然是全球化复苏面临的问题。在技术进步和普遍应用速度不够快的情况下，全球物资和人员的流动将更难恢复到疫情之前的水平。

其二是技术进步整体上能否通过市场上的盈利而实现自我持续。一项或一类技术发展之初主要依靠国家投资和市场不计回报的投资，但其广泛应用并发挥社会效应，更需要在市场上的盈利，这样才能进一步吸引投资和人才，才能使技术进步持续。信息时代的主要民用技术都具备这一特征，互联网技术正是其中的典型领域。因此，更多停留在概念阶段、实验室阶段和小规模应用阶段的技术必须尽快寻找盈利模式。当然，多中心化的全球化新趋势需要的主要大类技术，包括生物医学技术、信息技术、通信技术、先进制造技术等，当前的应用已经部分证明了这些技术可以通过市场上的盈利获得进一步投资而持续发展进步。

新冠肺炎疫情首先对本已存在问题的全球化进程造成负面影响，技术进步则在一定程度上抵消其影响并进一步推动了人类社会的演进，使人类社会面临生物安全风险时更加安全，人员和物资可以在全球层面高效而安全地流动。以中国为代表的国家率先高效利用技术引领和推动全球化的复苏，使全球化在地理空间层面和全球体系结构层面呈现出多中心化的趋势。这种多中心化的全球化趋势，有助于人类在未来构建更加均衡与安全的全球化。

在推动新的全球化趋势的进程中，中国将进一步发挥引领作用。中国具有的组织优势、国家主导的投资模式、人才储备，以及与之匹配的理念，都是通过技术路径推动全球化趋势的关键优势。组织优势不仅在于中国可以利用国家组织促进大类技术的整体进步并推进重大技术项目，而且在于中国可以为技术相关产业的发展制定引导性政策，并利用政策推动其落地应用。2020年广受关注的中国人民银行发行的数字货币电子支付工具（DCEP）正是一个具体例证。国家主导的投资模式使得中国在技术革命中可以具备战略性投资的优势，在盈利模式尚未成熟之前通过国家主导、多方参与的投资推动先进技术在发展初期的整体进步。人才储备指中国不仅训练了大量理学、工学和医学领域的高素质人才，而且也正在训练国际组织和全球治理领域的管理人才。最后，中国的重要理念特别是人类命运共同体理念，在疫情时期展示了更为重要的世界性意义，有利于世界各国基于共同理念达成深度合作，从而共同推动技术进步和全球化的新趋势。

经济全球化及其发展前景

胡必亮　张怡玲*

美国在特朗普执政期间，一方面大肆退群，另一方面不断地发起与其他国家之间的贸易战尤其是发起了强力打压中国的贸易战。由于美国和中国分别是世界第一大经济体和第二大经济体，因此美国发起的美中贸易战给全球经济发展带来了显著的不利影响。紧接着，新冠肺炎疫情全球大流行导致世界各国之间在货物、人员等的流动严重受阻，全球产业链、供应链因此而不得不大幅收缩。而就在世界各国奋力抗击疫情的重要时刻，俄乌冲突出乎人们的意料，居然演变成了十分惨烈的冲突，美国、欧盟、加拿大、日本、韩国等随之对俄罗斯实施了多达几千项的经济金融制裁，俄罗斯则展开报复性反制裁，又一次严重地打击了全球供应链、价值链，甚至导致在有些国家和地区的某些行业出现了供应链产业链断裂的情况。这些变化给世界所造成的不利影响是巨大的，也是综合性的，涉及全球发展的方方面面，其中一个十分重要的方面就是这些变化对全球化带来了致命打击。很多人因此对全球化持非常悲观的态度，相当多的人认为目前处于逆全球化发展时代，甚至有些人认为全球化已死。鉴于此，很有必要在目前形势下对全球化的未来发展做

---

*　胡必亮，北京师范大学一带一路学院执行院长、经济学教授、博士生导师；张怡玲，北京师范大学经济与资源管理研究院、一带一路学院研究助理。

些探讨。由于全球化涉及面很广，本文仅限于对经济全球化及其发展前景进行初步讨论。

一、经济全球化的是与非

要想看清经济全球化的未来发展前景，我们必须先弄明白经济全球化的由来与发展，了解经济全球化为什么会产生，经济全球化对人类社会发展起到了什么样的客观作用以及它又表现出了哪些缺陷与不足等基本问题。

（一）经济全球化的由来与发展

据英国社会学家罗兰·罗伯逊等的考证，"全球化"一词20世纪80年代开始流行，90年代被世界所普遍地接受，成为当时最为时髦的词语和媒体广泛使用的高频词。① 国际货币基金组织认为，经济全球化是通过货物和资金流动、技术与信息和文化交流等而实现世界范围地经济调整与融合发展，主要表现形式为国际贸易、国外直接投资和技术转让等。② 根据世界银行的说法，全球化指的是一种一体化现象，即世界各国的经济、社会发展所表现出的高度渗透、融合并最终形成一个统一体的状态。③ 经合组织前首席经济学家大卫·亨德森认为，全球化是指商品、服务、劳动力和资本的自由流动，从而在全球范围内创造一个统一的投入—产出市场。④

经济全球化具有相当长的历史进程，最早可以追溯到距今4000年前的美索不达米亚平原从事的跨地区贸易，但那个时候从事贸易所跨区域非常有限，

---

① 参见〔英〕罗兰·罗伯逊、〔英〕扬·阿特·肖尔特主编（英文版），王宁主编（中文版）：《全球化百科全书》，南京：译林出版社2011年版。

② International Monetary Fund (IMF), 2019. *World Economic Outlook*. Washington D. C.

③ World Bank. *Entering the 21st Century*. Oxford University Press, 2000.

④ 参见〔英〕马丁·沃尔夫：《全球化为什么可行》，余江译，北京：中信出版社2008年版，第12页。转引自 David Henderson, 1999. *The MAI Affair: A Story and its Lessons*. Royal Institute of International Affairs。

远远达不到"全球"的水平,因此真正意义上的经济全球化始于15世纪的"地理大发现"。由于"地理大发现",加上15世纪到16世纪的资本主义和商品经济在欧洲有了初步发展,新生的资本主义迫切地需要黄金和贸易伙伴,而造船技术的进步和罗盘的普遍使用,引发了开辟新航路的热潮,进而各大洲相互独立的局面被打破,东西方之间的贸易交流逐渐频繁起来,迎来了真正意义上的经济全球化。

一般认为,18世纪中叶至19世纪中叶是经济全球化发展的第一阶段,在此期间全球贸易额持续以高于世界GDP的增长速度增长,资本和人口的自由流动也得到了一定程度的发展。接着从19世纪下半叶到20世纪初,被认为是经济全球化发展的第二个阶段,这一阶段多个资本主义发展领先的国家都大力推进第二次工业革命,因此各种新技术、新发明层出不穷,生产力水平得到很大提高,资本和商品的国际流动大幅加强。

据统计,1900—1914年,世界对外投资总额翻了一番;[①] 1913年,已有155个国家和地区参与了国际贸易。[②] 随后,第一次世界大战和第二次世界大战相继爆发,经济全球化基本处于停滞状态。第二次世界大战之后,为了稳定全球秩序,恢复全球经济,美国主导建立了联合国、世界银行、国际货币基金组织等国际组织。这些国际组织的建立对经济全球化的发展起到了非常重要的保障作用。

20世纪70年代至今,被认为是经济全球化发展的第三阶段。随着布雷顿森林体系瓦解,各国开始实行浮动汇率制,跨国投资飞速发展。这一时期,全球经济迅速增长。按现行美元汇率核算,1970年,世界总的GDP仅有2.99万亿美元,而2019年世界总的GDP达到了87.57万亿美元。[③] 全球货物贸易总额也从1970年的0.65万亿美元增长到了2019年的3.83万亿美元。[④]

[①] 参见刘卫东:《"一带一路":引领包容性全球化》,载《中国科学院院刊》2017年第4期。

[②] 参见〔英〕戴维·赫尔德等:《全球大变革》,杨雪冬等译,北京:社会科学文献出版社2001年版。

[③] https://data.worldbank.org/

[④] https://unctadstat.unctad.org/wds/TableViewer/tableView.aspx?ReportId=101

（二）经济全球化促进全球经济发展

从实际情况来看，经济全球化给世界带来了很多好处，其中最重要的就是给全球经济增长提供了新动能，促进了全球经济发展。

首先，促进了全球经济增长。经济全球化源自资本拓展更大市场以获取更多利润这一动因，因此经济全球化的过程就是资本不断地扩展投资范围的过程。发展中国家可以因此而获得自身比较稀缺的资本，而资本就是经济增长的重要动力。外国资本一般有利于推动东道国工业化发展进程，从而增加非农业部门和城镇的就业机会，也有利于拉动经济增长。切纳里和斯特劳特提出的"两缺口"理论，很好地解释了外商直接投资有助于补充发展东道国经济起飞所必需的"资本缺口"和"储蓄缺口"，从而提高东道国的投资水平，对资本形成起到重要的促进作用。另外，国际投资还可以为东道国带来先进的技术，提升东道国的人力资本，并且随着外商投资企业的增加，东道国国内市场竞争加剧，倒逼本土企业加快技术进步，从而也有助于促进经济增长。[1] 德梅隆的研究发现外商直接投资通过技术提升和知识外溢等途径是可以促进东道国经济增长的，但促进程度取决于外商直接投资与国内投资之间的互补性及挤出的程度。[2]

除国际投资外，通过国际贸易的方式也同样有利于促进经济增长，因为国际贸易促使世界各国形成一个统一的大市场，统一的大市场促使各个国家发挥自身的比较优势，譬如说石油、天然气以及矿产资源丰富的国家通常都会将相当数量的这些资源出口到其他各国赚取外汇，然后进口工业制成品；劳动力资源丰富的国家一般都会发展劳动密集型产品并出口，同时进口技术和设备，提升其工业化层次和水平。除发挥比较优势外，世界大市场的发展

---

[1] 参见 Chenery, H. B. and Strout, A. M., "Foreign Assistance and Economic Development". *American Economic Review*. 1966. 56。

[2] 参见 De Mello, Luiz R., "Foreign Direct Investment in Developing Countries and Growth: a Selective Survey". *The Journal of Development Studies*, 1997. vol. 34。

也有利于促进分工。亚当·斯密早在《国富论》中就论证过,只有市场足够大时,才能够产生精细的分工,而分工越细,劳动生产率则越高。弗兰克和罗默通过构建基于双边贸易的引力模型,实证检验出开放经济下的国际贸易对经济增长具有显著的促进作用。还有许多学者通过实证分析,也得出了同样的结论。①

其次,经济全球化对全球减贫也起到了很大的积极作用。对于经济全球化如何影响贫困,国内外学者也做了一系列的研究。斯托尔伯—萨缪尔森定理是较早解释经济全球化与贫困之间的关系的定理。该定理认为非熟练劳动力是发展中国家最丰富的要素,而当这个发展中国家进行国际贸易时,非熟练工人的真实工资水平将增加,熟练工人的实际工资将减少。因为穷人大部分是非熟练工人,因此经济全球化是有利于缩小贫富差距的,也就是对穷人是有利的。格瑞尼斯发现,经济全球化还可以帮助非熟练工人获得额外的技能以应对不确定性。② 布吉尼翁的研究结果表明,经济全球化降低了消费品的价格,可以显著地提高穷人的实际收入。③ 哈里森和麦克米兰的研究说明贸易全球化可以改变消费者和生产者的相对价格,从而提高穷人的福利水平。④ 费尔鲍和高斯林认为经济全球化通过促进发展中国家的工业化发展,缩小了全球收入差距。⑤ 高柏和帕尼维克发现,经济全球化通过影响工资、就业、技术、生产和消费等多种渠道消减贫困。⑥ 安德里亚斯和特雷斯通过1988—2007年100个国家的面板数据,

---

① 参见 Frankel, J. A. and Romer, D., "Does Trade Cause Growth?" *American Economic Review*. 1999, 89。

② 参见 Greenes, T., "Creative Destruction and Globalization". *Cato Journal*, 2003, 22。

③ 参见 Bourguignon, F., "The Poverty-Growth-Inequality Triangle". *Indian Council for Research on International Economic Relations*, Working Papers, 2004。

④ 参见 Harrison, A. E. & Mcmillan, M. S., "Dispelling Some Myths about Offshoring". *Academy of Management Perspectives*, 2006, 20 (4)。

⑤ 参见 Firebaugh, G. & Goesling, B., "Accounting for the Recent Decline in Global Income Inequality". *American Journal of Sociology*, 2004, 110 (2)。

⑥ 参见 Goldberg, P. K. & Pavcnik, N., "Distributional Effects of Globalization in Developing Countries", *Working Paper No.* 12885, *National Bureau of Economic Research*, 2007。

实证检验出经济全球化与贫困存在显著的负相关关系。①诺贝尔经济学奖得主斯蒂格里茨的相关研究也表明经济全球化将提高全世界所有人的生活水平，尤其是贫穷国家的居民生活水平。通过经济全球化，比较贫穷的国家的产品有更多机会进入国际市场，同时通过引进外资可以降低生产成本。除此之外，不发达国家的居民还可以到国外学习或者工作，并将钱汇入国内资助他们的家庭。当然，经济全球化对减贫的作用大小非常依赖于制度条件是否完善。良好的社会安全网络和配套政策是有利于穷人在经济全球化过程中获得更大益处的。②

（三）经济全球化也带来了全球性问题

在看到经济全球化给世界带来好处尤其是促进全球经济繁荣的同时，我们也发现，经济全球化也带来了一些全球性的问题。

第一个值得关注的问题就是经济全球化加剧了不平等。首先是财富分配的不平等。资本和劳动均为重要的生产要素，一般而言，劳动报酬占国民总收入的三分之二，资本报酬占国民总收入的三分之一。③然而，第三次经济全球化以来，由于资本在更大范围内配置资源，并从事多样化的套利活动，而劳动力无法像资本一样自由流动，因此资本的回报率越来越高，劳动的回报率相对而言越来越低。再叠加上一批超大规模跨国企业的诞生及其生产自动化水平的提高，劳工的议价能力也越来越低，被取代的压力越来越大。这样，经济全球化的红利基本上都被资本家拿走了，占人口绝大比重的劳动力只分享到很小部分好处，有些甚至处于更加艰难的境地。其次是地区发展的不平等。作为经济全球化的主导者和规则制定者，美欧核心国家通过控制全球产业链价值链，牢牢地占据微笑曲线两端，将增加值低的产业或者夕阳产业转

---

① 参见 Bergh A, Nilsson T. "Globalization and Absolute Poverty-A Panel Data Study". *Social Science Electronic Publishing*, 2013.

② 参见 Bhagwati, J. & Srinivasan, T. N., "Trade and Poverty in the Poor Countries". *American Economic Review*, 2002, 92 (2).

③ 参见〔法〕托马斯·皮凯蒂：《21世纪资本论》，巴曙松等译，北京：中信出版社2014年版。

移到发展中国家，导致发展中国家被迫处于依附地位，形成了不平等的"中心—外围"世界体系结构。最后是阶层收入的不平等。发达国家由于经济全球化导致国内经济过度金融化和虚拟化，由此造成不同阶层的收入差距持续扩大。根据瑞士信贷发布的《2021 全球财富报告》，到 2020 年年底，处于金字塔底层 55% 的人拥有的财富总量为 5.5 万亿美元，仅占全球财富比重 1.3%；而 10% 的富裕阶层的人却拥有全球 82% 的财富，其中最富有的 1% 群体就拥有近一半（45.8%）的全球财富。逐渐扩大的财富差距不仅不利于经济长期稳定增长，更严重的是会造成一系列的社会问题。

第二个值得关注的问题是经济全球化加剧了全球经济发展的不稳定。世界经济一体化最直接的结果就是各经济体不能独立于其他经济体之外，各经济体之间相互影响相互依赖，牵一发而动全身，这就加大了全球经济的整体风险。在全球化大背景下，世界上绝大部分国家都参与到了世界经济体系之中，国家、区域之间的贸易、投资关系错综复杂，只要有一个国家的经济出现问题，其他国家也会受到不同程度的波及。作为"世界大工厂"，中国的产业链供应链稳定对于世界经济发展而言至关重要。美国苹果公司的手机、戴尔公司的电脑产品在全球共有 700 多家供应商，其中近一半都在中国，一旦中国的出口因为突发事件如新冠肺炎疫情影响而出现困难，那么苹果手机、戴尔电脑也无法进行正常生产。还有一个很大的潜在风险就是经济全球化背景下的金融全球化可能带来的金融危机风险。随着各国金融领域的不断开放，各国的货币市场、债券市场、股票市场、外汇市场等已经形成了一个巨大的全球性的交易网络体系，再加上金融工具的不断增加，尤其是各种各样的衍生品的出现，巨额资金短期内跨越国家边界，进行大规模的套利和投机活动，就容易造成全球金融体系震荡，发生区域性乃至全球性金融危机，如 1997 年爆发的亚洲金融危机、2008 年爆发的全球金融危机等。

第三个值得关注的问题是经济全球化造成了部分污染向有些发展中国家的转移，导致这些国家生态环境遭到破坏。有些发达国家为了保护本国生态环境，把一些高污染产业转移到发展中国家，将这些国家作为"污染天堂"。比如，皮特等对 113 个国家 57 个经济部门的碳排放进行分析后发现，在 1990

年到 2008 年,签署《京都议定书》的发达国家碳排放很快就稳定下来了,但同时发展中国家的碳排放很快就翻了一倍。造成反差的部分原因在于,发达国家将碳排放压力转移到了发展中国家,即碳集中商品的生产在发展中国家,最终消费却是在发达国家。数据显示,从 1990 年到 2008 年,发达国家通过贸易累积向发展中国家转移了 160 亿吨二氧化碳排放。这一数字超过了发达国家自身减排的二氧化碳。[①]

二、经济全球化发展的客观趋势

由于国际环境的快速变化,加上新冠肺炎疫情和俄乌冲突的影响,经济全球化发展目前出现了比较严重的问题,这是不可否认的基本事实。但是,这并不意味着经济全球化发展大趋势就会发生逆转。正好相反,当前的经济全球化发展受阻的情况是一种特殊现象,并不能改变经济全球化持续向前发展的历史大势。

(一)经济全球化发展进程受阻

第二次世界大战后,全球化进入加速推进阶段,尤其是冷战结束以后,加上中国于 2001 年加入世界贸易组织,成为一股推进经济全球化的巨大力量,全球化发展呈现出前所未有的强劲势头。

但是,随着 2010 年中国经济总量超过日本成为世界第二大经济体、中国制造业增加值超过美国成为世界第一大制造强国,美国开始从经济上打压中国,2018 年正式发起了针对中国的贸易战,并通过推行"再工业化""高端制造业回流"等计划,召回在中国的美国企业,大力推进各项与中国经济"脱钩"的政策。同时,美国不顾世界各国反对,先后退出巴黎气候协定、联合国人权理事会、世界卫生组织等多个国际组织;英国经过多年的谈判、公

---

① 参见 Glen P. Peters, Jan C. Minx, Christopher L. Weber, and Ottmar Edenhofer., "Growth in emission transfers via international trade from 1990 to 2008". *PNAS* 108, 2011, pp. 8903–8908。

投、协商，于 2020 年 1 月 31 日正式脱欧。这些保护主义措施以及美国、英国主动"退群"的行为都直接打击了经济全球化的发展。

2000 年以来的新冠肺炎疫情全球大流行，使全球供应链和产业链受到严重冲击，有些国家和地区甚至出现了完全断裂的情况，因此使得全球化发展出现了一些新的变化：一是表现出更多的区域性而非全球性；二是更多的局部性而非全面性；三是更多的碎片性而非整体性；四是更多的本土性而非国际性；五是更多的边缘性而非协调性；六是更多的分化性而非统一性。[①] 总而言之，新冠肺炎疫情使得全球供应链和产业链在受到严重冲击的情况下，出现了大肆收缩的情况，表现出更多的本土化、区域化特征而并非国际化、全球化的特性。很显然，这也在很大程度上使得经济全球化发展进一步受阻。

当整个世界都还在与新冠肺炎疫情作斗争时，俄乌矛盾演变成大规模军事冲突，西方世界集体对俄罗斯实施十分严厉的经济制裁，俄罗斯也对有关国家实施报复性反制裁，使全球经济、金融、能源、粮食、工业等的发展都受到严重不利影响，目前的经济全球化发展更是雪上加霜。

（二）经济全球化发展大势不会发生根本性改变

从以上的形势来看，经济全球化发展目前确实遭受着巨大的压力。那么，经济全球化的未来发展是不是就会像有些人所担心的那样发生彻底的逆转，或者彻底消亡呢？关于全球化发展目前严重受阻的情况，是一个基本事实，大家都是认同的，但这只是一个相对短期的阶段性过程。从经济发展的基本规律来看、从长期发展趋势来看，经济全球化持续向前发展的大趋势不会改变。

首先是资本的逐利性不会改变。资本是重要的生产要素，实现价值增值是资本固有的天性，这个天性从根本上讲是不会变的。可以说正是由于资本运行的基本逻辑推动了经济全球化进程的不断发展。当资本在本国不能获取

---

① 参见胡必亮：《推动构建更加美好的全球化世界》，载栾建章主编：《百年大变局遇上百年大流疫》，北京：当代世界出版社 2020 年版。

更高利润时，就会流向其他国家以谋取更高的回报，即使处于政治上的考虑，资本的这一天性在一定时期被抑制，但政治不可能长期地扭曲资本的本性。譬如说，特朗普政府2018年年中对中国发起贸易战，但当年中美双边贸易进出口总值仍然高达6335.2亿美元，同比增长8.5%；尽管接下来的2019年的中美双边贸易受到一定影响，同比下降10.7%，但在2020年就出现了反弹性增长，同比增长8.8%；2021年的中美贸易额同比更是增长了28.7%，高达7556.45亿美元。中国对美国的贸易顺差在美国的强力打压下，不仅没有减少，反而不断增加，从3000多亿美元增加了近4000亿美元了。投资的情况也是类似的，近年来外资对中国的直接投资不仅没有减少，反而每年都在增加，2019年，流入中国的外国直接投资为1381.4亿美元，同比增长2.4%；2020年增至2120亿美元，同比增长14%，尽管当年全球外国直接投资下降38%；2021年流入中国的外商直接投资为1734.8亿美元，同比增长20.2%，中国超过美国成为全球最大外资流入国。毫无疑问，从2018年到2021年，既是美国打压中国最严厉的几年，后来两年也是新冠肺炎疫情全球大流行最严重的时期，为什么不论是贸易还是外资，中国仍然保持强劲增长势头呢？这就是资本的本性发挥作用的结果。一方面由于中美处在不同的经济发展阶段，互补性很强，因此在两国之间从事进出口贸易能够赚到钱；另一方面是由于中国在控制新冠肺炎疫情方面比美国做得好，因此更多的资金就流入中国而不是流入美国。这充分说明了资本的本性就是获取更大的利益，不会为了迎合政治而承受经济损失。摩根士丹利日前发布数据说，2022年，众多经济体面临疫情持续和通胀高企等压力之际，全球投资者正涌向中国，把中国市场当作投资避风港。可以说只要资本的本质不发生变化，资本的国际流动就不可能停止，经济全球化的内在动力就不会消失。

其次是国家间的自然资源禀赋差异。早期的资本主义国家为了实现自身的发展，依靠殖民扩张、军事掠夺等暴力手段侵占其他国家的领土，抢占其他国家的资源。而现在的国家地理位置都是固定的，国家间的自然资源禀赋客观上又存在巨大差异。例如在俄罗斯拥有十分丰富的天然气资源，英国石油公司（BP）发布的2021年度报告认为，目前俄罗斯已探明天然气储量共有

37.4万亿立方米，约占全球总量的20%。阿拉伯国家则拥有丰富的石油资源，阿拉伯货币基金组织发布的《2021年阿拉伯经济报告》称阿拉伯国家已探明石油储量占全球石油已探明储量的55.7%。而有些国家的某些自然资源则比较稀缺，譬如中国的铝储量就非常少，已探明总量约为世界总量的3%，但铝是重要的工业原材料，因此我国每年都要进口大量的铝土矿；石油的情况也是这样，我国每年石油消费量的70%左右依靠进口。没有任何一个国家的自然资源是全面且充足的，国家间自然资源禀赋的差异自然就促成了国际贸易的发展，某些自然资源禀赋富足的国家会选择将自己的这些自然资源出口变现以换取其他的资源，从而保障其他产业的发展和居民生活的正常运行。以卡塔尔为例，卡塔尔的自然资源品种十分单一，主要是原油和天然气。但其依靠原油和天然气出口赚取大量外汇，人均GDP位于世界前列。据统计，2019年，卡塔尔商品出口贸易额占GDP比重为41.4%，主要都是油气出口。国家间的自然资源禀赋存在差异，凭借国际贸易，各国可以进行优势互补，任何贸易保护的措施都不能改变这一基本事实。

最后是科学技术的高速发展。伴随着第四次工业革命的到来，信息无疑成为最重要的生产力，得益于5G、人工智能、大数据、区块链等技术，信息的传播速度越来越快，传播范围越来越广，传播费用越来越低。拿区块链来说，区块链技术可以通过保证交易对象的可信度，大大降低交易成本和信任成本，从而加速数字货币、支付清算、权益证明、征信服务等领域的数字化进程。现如今，我们可以用ZOOM免费开一场线上国际会议，可以在海淘网站上购买世界各地的商品，可以在脸书（Facebook）上浏览各国网民的生活动态……我们与世界互动的障碍越来越小。有些国家采取了一些管制措施，例如印度和美国就以维护国家安全为由对抖音（Tik Tok）进行封禁。但是管制互联网信息流通的成本很高而且成效甚微，长期来看，一切的管制和封锁都是不可持续的。不可否认，科学技术的发展能够把"地球村"越变越小，让人们的距离越来越近。虽然经济全球化不是科学技术的目的，但是科技提升的结果是减少了经济全球化的障碍。实际上，疫情带来的冲击在很大程度上推动了科学技术特别是数字技术更加快速的发展。世界经济论坛发布报告指出，疫情期间，全球贸易正在经历技术变革，贸易技术推动知识密集型产品和服务跨境流动。因此，经济全球化在面临历史新挑战的同时，也迎来了由更加快速的技术变革所带来的新发展机遇，推动经济全球化朝着正确方向进一步向前发展。

三、中国与经济全球化发展前景

中国自从2001年加入世界贸易组织以来，积极参与经济全球化过程，一方面从全球化中获得了很多好处，促进了自身经济的快速发展；另一方面，中国不断地对外开放市场，不断地改革和提升营商环境，大量外商投资企业进入中国，中国的企业也越来越多地投资于世界各国，也为推动经济全球化发展进程起到了重要的积极作用。

（一）中国在新一轮经济全球化中作用凸显

随着中国经济实力的大幅增强，加上中国进入新时代后提出了推动构建人类命运共同体的新理念，中国对外开放的门越开越大，都将对推进新一轮经济全球化起到越来越重要的作用。

1. 经济全球化进入新发展阶段

当前的国际环境与几十年前相比发生了很大的变化，经济全球化已经进入了新的发展阶段。首先是参与经济全球化的主体发生了改变。过去的经济全球化主要是由少数西方发达国家主导推动的，中国和其他发展中国家只能在已经制定好的规则下适应性发展，但如今中国的经济实力大幅提升，已成为全球第二大经济体、第一大制造国和货物贸易国、第一大外汇储备国，在国际社会有了更大的话语权，有比较强的经济实力以更加积极主动的姿态融入世界经济。加上2008年后部分新兴市场国家和发展中国家群体崛起并伴随着部分西方国家的经济衰退，越来越多的国家作为主体参与到经济全球化中，并在其中拥有越来越多的话语权。第二个变化是经济全球化呈现出比较明显的区域经济一体化特征。虽然当前单边主义、贸易保护主义等逆全球化浪潮接连不断,但区域经济一体化却取得了诸多进展,尤其是于2022年1月1日正式生效的《区域全面经济伙伴关系协定》(RCEP),将为充满活力的亚洲经济注入更强动能,推动区域经济一体化高质量发展。

2. 中国成为推动新型经济全球化的重要力量

虽然经济全球化的发展是大势所趋,是历史潮流,但个体因素也是推动经济全球化发展的重要力量。在过去的半个多世纪,美国对经济全球化的发展起到了至关重要的推动作用,美国主导的国际金融体系和国际贸易体系等多边机制,构建起了国际经济合作的基本秩序和标准,有效降低了国际经济合作的成本,加速了经济全球化进程。在新一轮经济全球化进程中,必须有新的力量加以引导和推动。与某些发达国家谋求"脱钩"不同,中国一直积极践行合作共赢理念,不断深化对外开放,务实推动贸易和投资自由化和便利化,并乐于向世界分享发展机遇。在新型经济全球化中,中国将发挥不可忽视的作用。

首先,中国的全球化理念更加反映现实情况。2013年3月,习近平在莫斯科国际关系学院发表演讲时,第一次向世界传递了他对人类文明走向的基本判断:"这个世界,各国相互联系、相互依存的程度空前加深,人类生活在同一个地球村里,生活在历史和现实交汇的同一个时空里,越来越成为你中有我、我中有你的命运共同体。"[①] 随后又相继提出了构建亚洲命运共同体、中非命运共同体、中拉命运共同体、海洋命运共同体、网络空间命运共同体、人类卫生健康共同体、全球发展命运共同体等理念,使得命运共同体的理念得到了广泛的传播和认可。人类只有地球这一共同的家园,人类共同生活在一个地球上,每个民族和国家的命运都是紧密相连的,世界各国人民理应风

---

① 习近平:《顺应时代前进潮流 促进世界发展和平——在莫斯科国际关系学院的演讲》,载《人民日报(海外版)》2013年3月24日。

雨同舟、勠力同心，共同迎接挑战，共同谋求发展。

其次，中国的全球化原则更加符合各国诉求。全球化是全球参与的集体行动，应该是大家共同推动其向着更好的方向发展。过去几十年，在推动全球化过程中，美国一直处于绝对领导地位，中国和其他发展中国家在其中的影响力很小，这当然与经济实力是密切相关的。但随着中国和一批新兴市场国家和发展中国家的崛起，进一步的经济全球化应该是世界各国共同推动的结果，而不应该再是极少数国家主导的独角戏。因此，中国提出了构建新型经济全球化的目标和原则，那就是开放、包容、普惠、平衡、共赢和共商、共建、共享，最终目的就是通过世界各国人民的共同努力，致力于建设一个持久和平、普遍安全、共同繁荣、开放包容、清洁美丽的世界。

另外，中国也已倡导构建了一个完全开放的国际合作平台，那就是"一带一路"。围绕政策沟通、设施联通、贸易畅通、资金融通、民心相通这五通建设，已有一大批建设成果务实开展。在疫情期间，"一带一路"也为全球抗击疫情、实现经济复苏、保障全球产业链供应链稳定做出了巨大贡献。"一带一路"以加强互联互通为核心，为参与共建国家自身经济发展、为国家之间的贸易、资金、人员往来提供了良好的条件。随着"一带一路"国际合作的深入开展，"一带一路"将成为进一步推进经济全球化的重要力量。

还有一点也非常重要，那就是中国在抗击疫情中的表现令世界瞩目。随着 2020 年 4 月 8 日武汉解封，各地复工复产，中国的各项经济活动很快恢复到了正常运转状态，中国很好地向世界展示了国家治理能力和治理水平，很好地向世界展示了中国共产党的领导和中国特色社会主义制度的优越性，也很好地体现了中国人民在灾难面前的团结精神，使世界上越来越多的国家和人民相信和认可中国对于促进全球发展、推进新型全球化持续发展的积极伟力。

（二）共建"一带一路"成为促进新一轮经济全球化的重要力量

经济全球化发展具有客观必然性，即使目前遇到了一些现实阻力，但最终还会是继续向前发展的。但很显然，从今以后的新一轮经济全球化发展，肯定与此前的全球化有很大的不同，其中一个很重要的原因就是共建"一带一路"在推进新一轮经济全球化过程中必将起到十分重要的特殊作用。

1. 共建"一带一路"为新一轮经济全球化提供新的经济增长和财富创造机会

中国通过倡导和积极推进共建"一带一路"而更加深入地融入全球经济体系，为共建"一带一路"国家提供更加完善、优质的交通、能源、产业基础设施，以更好地促进这些国家的经济增长和创造更多就业机会。为了做到这一点，中国已经做出了多方面的巨大努力。

从资金方面来看，中国政府成立了有 400 亿美元及 1000 亿元人民币规模的丝路基金；中国人民银行与非洲开发银行、国际金融公司、泛美开发银行等多边机构设立了多个联合融资基金；中国国家开发银行积极参与组建了中国—阿联酋共同投资基金、中国拉美产能合作基金、中非发展基金等基金项目，等等。这些"一带一路"专项投资基金弥补了共建"一带一路"国家的资金缺口，有力撬动了当地投融资。

在技术支持方面，中国与共建"一带一路"国家积极开展技术合作。中国的北斗卫星导航系统已经开始在共建"一带一路"国家特别是非洲国家落地应用，对促进这些国家的智慧农业、矿业开采、数字经济发展正在发挥越来越重要的作用；中国与俄罗斯在"国际月球科研站"开展积极合作；中国与埃及合作开展智能灌溉技术研发，促进埃及沙漠农业发展；中国在共建国家特别是在非洲用科学方法选育良种，提高了粮食产量；中国与葡萄牙共同创建了星海"一带一路"联合实验室，等等。

通过产业园区建设，不仅有利于提供相关国家的工业化水平，还可以给相关国家政府和人民带来实实在在的好处。根据商务部的统计，截至 2021 年年末，纳入商务部统计的分布于 46 国的境外经贸合作区，已累计为当地人民提供了 39.2 万个就业岗位，还给东道国上缴税费 66 亿美元。

从贸易和投资来看，2013—2021 年，中国对"一带一路"沿线国家的双边贸易额持续增长，出口总值从 6.46 万亿元增长至 11.6 万亿元，年均增长

7.5%，占同期我国外贸总值的比重从25%提升至29.7%；中国对近150个共建"一带一路"国家的直接投资累计已达1万亿美元左右。

除这些能够直接推动经济增长的动力外，"一带一路"倡议还通过促进全球互联互通来带动其他方面联动增长。基础设施建设是"一带一路"倡议的重点，聚焦六廊六路、多国多港的主骨架，一大批标志性的项目纷纷落地，有些已经顺利完工运营，例如蒙内铁路、亚吉铁路、中老铁路、瓜达尔港、海法新港、雅万高铁、匈塞铁路等，这些基础设施建设项目极大地促进了资源要素跨区域流动，对于优化全球资源配置、降低贸易成本具有重要意义。运行于中国与欧洲国家之间的中欧班列也已成为支撑全球产业链供应链的重要力量，尤其是在疫情期间，中欧班列的稳定、可靠、高效运行，为"一带一路"沿线国家的抗疫斗争做出了积极贡献。

世界银行发布的《"一带一路"经济学》报告指出，"一带一路"是"深化区域合作、促进跨大陆互联互通的宏伟举措，将改善交通基础设施、提升地区经济环境水平，从而大幅降低贸易成本，促进跨境贸易和投资，显著推动沿线国家和地区乃至全球经济的增长"。根据这项研究，"一带一路"将使沿线国家和地区的实际收入增长1.2%—3.4%，全球实际收入增长0.7%—2.9%，从而促进实现全球共同繁荣发展。①

2. 共建"一带一路"为新一轮经济全球化提供新模式

逆全球化浪潮产生的根本性原因是现有的全球化模式有其根深蒂固的弊端，例如使全球贫富差距被进一步拉大，也降低了有些国家经济发展的稳定性，给发展中国家造成了环境破坏等。当这些弊端遇上和平赤字、发展赤字、治理赤字时，就激化了已经比较尖锐的矛盾，因此一些人试图通过逆全球化、搞保护主义的方式来解决现实困难与问题。回顾历史，我们可以发现，经济全球化的发展历程一直伴随着逆全球化力量的存在，有时候这股力量会比较强大，能够在某一段时间中断经济全球化的发展进程；但我们同样发现，每

---

① 参见世界银行：《一带一路经济学：交通走廊的机遇与风险》，世界银行，2019年中文版。

一次经济全球化中断或出现逆流，都会带来经济和全球发展的倒退，因此逆全球化不是解决问题的办法，只会破坏人类社会合作的成果，给全球发展制造更多的麻烦和问题。因此，我们不能走错误的逆全球化道路，而是要根据时代的新发展，探索出一套新的经济全球化模式，这一套新的经济全球化模式不仅能够克服旧模式的弊端，同时能够解决全人类面临的新问题和新挑战。

共建"一带一路"以共商、共建、共享为原则，以和平合作、开放包容、互学互鉴、互利共赢的丝绸之路精神为指引，以打造命运共同体和利益共同体为合作目标，创新性地提供了一种开放、包容、普惠、平衡、共赢的经济全球化模式。这种新型经济全球化模式有利于促使更多国家凝聚共识，加强合作，形成合力，促进共同发展。因此，共建"一带一路"为破解当前种种矛盾、继续推进经济全球化发展提供了一种有效的"中国方案"。

（三）新一轮经济全球化发展前景展望

由于受各种复杂因素的影响，当前在推进经济全球化过程中遇到的困难是第二次世界大战以来最为严峻的一次，因此这次经济全球化"逆流"所延续的时间也会相对较长。如果中美关系持续恶化，经济全球化受阻的时间就会更长一些。但随着中国在2030年前后成为世界第一大经济体，经济实力的进一步提升将直接有利于中国在新一轮经济全球化过程中更多地发挥其积极作用。因此我们预计未来的10年是经济全球化推进最为艰难的时期，之后就会逐渐出现转机，缓慢恢复到比较良好的发展状态。

我们说从现在开始的未来10年左右是经济全球化推进最为困难的历史时期，并不是说经济全球化就必然地停滞不前或者说是前进得很慢，主要将表现为形式上的变化，更多地表现出区域化的特征。广义而言，区域化也是全球化的重要表现形式，只是更聚焦于推进本区域的经济一体化发展进程而已。

从目前的情况来看，三个新的区域经济一体化推进速度会比较快：一是2022年1月1日开始正式运行的《区域全面经济伙伴关系协定》（RCEP）所覆盖的以东盟国家为主的新自贸区（经济区），2022年3月已经生效实施的国家有12个国家（新加坡、泰国、越南、老挝、柬埔寨、文莱、中国、日本、新西兰、澳大利亚、韩国、马来西亚），以后还会陆续有国家开始生效实施，最终世界上最大的自贸区形成并为促进全球经济发展注入新动能。二是在《全面与进步跨太平洋伙伴关系协定》（CPTPP）框架下的日本、加拿大、澳大利亚、智利、新西兰、新加坡、文莱、马来西亚、越南、墨西哥和秘鲁11国所形成的新的自由贸易区，已于2018年12月30日正式生效运行。我国也已于2021年9月正式提交申请加入CPTPP。三是非洲大陆自贸区（Af-CFTA）已于2021年1月1日正式启动运行，非盟已有54个成员国签署了加入该自贸区的协议，这对于促进非洲国家内部贸易发展具有重要意义。

此外，欧盟（EU）作为一个非常成熟的经济一体化区域以及同样也很成熟的北美自由贸易区（NAFTA）也将在新一轮的区域一体化快速推进发展过程中得到新发展。还有一些新的经济区如欧亚经济联盟（EEU）等也将在未来10年的区域一体化发展方面取得重要进展。

如果共建"一带一路"继续顺利推进的话，基于共建"一带一路"国家的供应链、产业链、价值链也会在未来10年左右逐渐形成一个比较清晰的框架，经过进一步的努力，相关国家很有可能共同构建一个"一带一路"全球供应链、产业链、价值链新体系，从更广的范围推进基于共建"一带一路"的新型区域一体化发展，从而推动新一轮经济全球化继续向前发展。

对"逆经济全球化"的质疑

马传景[*]

2017年以来,随着美国对外经济政策的重大调整,中美经济关系恶化,世界贸易组织作用的下降,特别是新冠肺炎疫情暴发,持续给国家之间经济联系带来了严重阻碍,俄乌冲突严重冲击了国际经济秩序,"逆经济全球化"的观点越来越流行,在国内甚至成为一种主流观点。

正确研判世界经济发展的主要趋势,不仅是一个极其重要的学术问题,而且必然影响中国对外经济政策的基本走向,不能出现严重误判从而导致决策上犯颠覆性错误。我认为,从导致经济全球化产生与发展的根本逻辑、主要因素来观察,敏锐发现和准确把握经济全球化出现的新变化、新形式,就会得出世界经济发展的根本趋势并没有改变、经济全球化仍然在继续发展的结论,"逆经济全球化"可能是一个重大误判。

一、经济全球化不会逆转:基本逻辑分析

经济学研究经济问题时有一个基本方法,就是提出一个基本的逻辑假定,

---

[*] 马传景,经济学博士,中国铁建股份有限公司独立非执行董事,中国国际工程咨询有限公司外部董事。

如果满足了一定的条件，逻辑上必然会出现预定的结果。这些逻辑假定就是我们所说的经济学原理。新的经济现象会不断出现，但经济现象之间的必然逻辑关系不会改变。按照这种逻辑分析经济现象，也有可能出现例外，甚至推翻这种逻辑假定。但是，如果违反这种逻辑框架去分析经济问题，则根本没有可能得出正确的结论，我们离真相会更远。近一个时期以来，国内外学术界对经济全球化趋势出现的误判，从根本上说是一些经济学者或者忘记了经济学的基本逻辑假定或基本原理，或者放弃了这些基本原理。

研究经济全球化也要坚持采取一定的逻辑分析框架，看看决定经济全球化走势的基本要素是否发生了根本改变。如果推动经济全球化的基本要素和主要力量依然存在，并且在不断增强，我们就可以做出判断，经济全球化趋势依然强劲，仍将继续发展，而不是会发生逆转。

（一）新一轮科技革命和产业革命必然有力地推动经济全球化进一步发展

经济全球化形成与发展的原因是社会分工的发展，而分工不断纵向深化和横向扩展的根本动力是科学技术的不断进步及其在经济活动中的运用。经济全球化之所以在20世纪80年代中期真正形成，是因为发生了以信息技术为代表的科技革命，大大促进了国际分工的深化。当前，新一代信息技术进一步发展，如大数据技术、物联网、人工智能获得了重要突破；生命科学和生物技术的发展，预示着人类在不久的将来会破译生命的秘密，大大延长人的寿命，提高生存质量；同时，外层空间技术、新材料、新能源等领域都出现了发生革命性突破的苗头，我们正面临着一场新的科技革命和产业革命。这些新的科技突破本身就是各国科学界、产业界合作努力的结果，换句话说，是全球化的结果，而这些科技成果的产业化更离不开国家之间的合作协同。比如芯片研制和生产就是许多国家共同协作的结果，非一国之力可以完成。可以预见，新一轮科技革命和产业革命将使国际分工进一步深化，各国之间在经济上、技术上更加相互依赖、相互渗透，经济技术联系更加紧密，因而将推动经济全球化进一步深入发展。科技进步和分工发展不可逆转，经济全球化就是大势所趋，不可逆转。

（二）贸易、生产、金融等领域全面的全球化，使得经济全球化进一步发展成为压倒性的力量，不可能发生经济全球化的全面逆转

国家之间关系的恶化、一些国家因短视而实行贸易保护主义政策等人为行动，可以在短期内引起国际贸易规模的波动，影响贸易的全球化，却难以改变贸易、生产、金融等领域全面全球化的事实，难以改变经济全球化的趋势。生产函数的变化比需求函数的变化要慢得多，因为这涉及设备的专用性、人力资源的专用性难以改变，涉及投资方向的调整和设备重置等。这就决定了一个国家产业体系的重构和全球供应链重构都不是一朝一夕可以实现的，国与国之间实行经济脱钩存在重重困难。金融领域的全球化更难以逆转。因为在当前的国际经济框架下，美国主宰着世界金融体系，可以靠美元的强势地位对世界经济施加重大影响，并从中获得巨大利益。破坏经济全球化，不符合美国的国家利益，更不符合华尔街大亨的利益。上述分析告诉我们，经济全球化全面发展的格局一旦形成，就具有一种巨大的惯性。要克服这种惯性，使经济全球化出现全面逆转，是非常困难的事情。

（三）经济全球化的经济利益驱动力没有消失和改变

随着经济全球化的发展，经济理论早已做出了相应的反应：国家之间发生经济联系，包括国际贸易，不仅是因为各国资源禀赋不同，不仅是因为各国之间比较成本优势不同，而且是国家和企业提高市场竞争力的需要。因为国际分工、国际贸易有利于降低成本，提高一国和企业的竞争力，获得更丰厚的利润。这就揭示了经济全球化的经济驱动力。需要强调指出的是，国际分工、国际贸易对提高企业的市场竞争力至关重要，因而企业参与经济全球化的动力更强劲，事实上跨国公司越来越成为经济全球化的骨干力量。只要经济全球化促进国家和企业竞争力、增加利润收入的作用没有改变，推动经济全球化的动力依然存在，多数国家就会继续支持经济全球化，企业更会千

方百计利用自己的影响力，阻止逆经济全球化真正发生。即使一些国家的政府出于某种政治目的下决心要倒行逆施，在法治国家里强迫企业放弃国外市场、投资和合作伙伴，也不是一件容易的事。

以上三点分析表明，促进经济全球化的几种主要动因不仅没有消失，而且有不断增强的趋势，必然强力推动经济全球化进一步深化和扩展，因而经济全球化的趋势不可能逆转。

需要指出的是，由于发生了新型冠状肺炎这样的全球性突发事件，短期内严重扰乱了经济秩序，暂时割断了不同国家之间的经济联系和产业链上下游的联系，人员来往和国际物流严重受阻，会导致世界各国之间经济相互依存度的下降甚至导致国际经济联系的暂时中断。但是，这只是暂时现象，而不是国际经济生活的常态，短期内会对经济全球化造成不利影响，但不会影响经济全球化的长期发展趋势，不能根据疫情的影响得出经济全球化逆转的结论。

二、经济全球化发展的新变化、新形式：现实层面的实证研究

观察现实的世界经济活动和中国经济情况也可以发现，经济全球化并没有发生逆转，而是在继续发展，只不过随着科技进步和世界经济环境发生了新的变化，近年来经济全球化采取了一些新的表现形式。

（一）新的国际贸易体制安排正在部分取代国际贸易组织发挥作用

近年来，国际贸易组织发挥的作用和影响正在下降，有的学者认为这是"逆经济全球化"的重要表现。他们没有看到若干新的国际贸易制度安排正在逐步形成，并得到越来越多的国家认可，越来越取代了世界贸易组织的作用。如 CPTPP（中国政府已正式申请加入）、RCEP，包括了中、日、澳、新西兰、新加坡等 15 个亚太国家，2020 年 11 月正式签订。要看到，随着近年来科技

进步的突飞猛进，国际分工和经济全球化的进一步深入发展，国际贸易组织的一些贸易规则已经不能适应国际贸易发展需要和维持全球产业链高效正常运转。在国际贸易组织规则下，虽然进口关税税率并不高，但由于科技进步导致的分工细化和分工链条的延长，进出口环节急剧增多，税负叠加起来已经变得企业不能承受。正因如此，新的国际贸易制度安排大多以实行零关税为目标，就是针对这种过时的贸易规则提出来的。比如，RCEP规则规定，将对93%的商品进出口取消关税。最近美国和欧盟在华盛顿签订的自由贸易协定，以及之前生效的日欧自由贸易协定，也都明确要建立零关税贸易区。适应新的科技革命深入发展和国际分工的进一步深化，制定新的国际贸易规则，形成新的国际贸易制度安排，克服国际贸易组织原有规则对国际贸易发展的障碍，有利于国际贸易和经济全球化的进一步发展，不应当视为经济全球化的逆转。

（二）区域贸易、双边贸易发展正逐步取代多边贸易成为国际贸易的主要形式

同样的原因，由于国际贸易组织规则不能满足经济全球化新发展的要求，而要改变国际贸易组织的贸易规则需要全体成员国一致同意，是一场耗时费力的持久战。"多哈回合谈判"的旷日持久而收获甚少就是例证。为了顺应经济全球化发展的新趋势、新要求，当然也为了相关国家和地区的经济发展，近年来多个地区贸易协定和双边贸易协定生效。这些双边贸易协定和地区贸易协定生效后，全球贸易、多边贸易增长可能放慢甚至下降，但地区贸易额、双边贸易额却呈现快速增长趋势，成为新形势下经济全球化的新表现。如近几年北美国家之间，美国与欧盟国家之间，东盟与中国、日本、韩国等国家之间均已签订或酝酿签订新的贸易协定，彼此之间的贸易额不断增加。

（三）一些发达国家与中国经济往来减少的同时，同其他国家的经济往来却愈益扩大

由于美国等国意欲打压中国，实行与中国经济某种程度的脱钩，也由于

国内生产成本逐渐提高，从增量看，中国来自境外的直接投资增幅下降；从存量看，一些外国投资企业正逐步从中国境内撤出。要看到，由于政治和经济原因，美国等国家与中国经济关系疏离的同时，加强了与其他国家特别是中国周边国家之间的经济联系，外资撤离中国后，转而在周边国家投资设厂。数据显示，2021年，美国大型制造商从墨西哥供应商采购化工原料、生产及建筑材料等商品是2020年的6倍。同时，2021年，中国供应商对美国的供应数量下降了9%。原来在中国境内生产的电子、服装、鞋帽、玩具等很大一部分转移到了越南、孟加拉国、印度尼西亚及南美国家、非洲国家。尤其是越南近年来积极承接国际产能转移，正在迅速崛起为新的"世界工厂"。目前，三星超过50%的手机出口和三分之一的电子产品出货量，都由越南生产；耐克50%的鞋类产品以及30%的服装产品，都在越南生产；美国市场上有三分之一的鞋类产品和五分之一的服装，都在越南加工制造。我们不能说其他国家之间经济关系的扩大，就不是经济全球化的发展，发达国家与中国经济关系的恶化等同于经济全球化的逆转。

  需要指出的是，数据资料表明，经济全球化特别是国际贸易，并没有像有的专家所说的那样由于某些国家经济政策调整和新冠肺炎疫情暴发而持续萎缩。2021年11月16日WTO发布的《2021年世界贸易报告》指出，2020年新冠肺炎疫情突如其来，确实严重扰乱了国际贸易体系。但2021年以来，国际供应链迅速适应了这种新情况，通过增加关键医疗用品、食品和消费品的贸易，全球贸易强劲复苏，并带动了全球经济恢复。2021年11月15日，国际贸易组织预计当年全球商品贸易增长10%以上，高于3月预测的8%的增幅，远高于5.3%的经济增长速度。这说明全球供应链和贸易具有极大的韧性，经济全球化并没有因为经济政策影响和新冠肺炎疫情而逆转。同时我们也看到，中美最高领导人始终保持着直接沟通机制，强调管控冲突。最近美国释放了不向中国进口美国产品加征关税的信号。这也有利于中美经济关系发展处于可控范围，有利于经济全球化的发展。

三、努力避免与世界经济脱钩的局面：
新形势下的战略抉择

从经济逻辑和现实层面进行的分析表明，经济全球化仍然在继续发展和深化，依然是当今世界经济发展的主要趋势，只不过发生了新变化，采取了新形式，呈现出新特点，不存在趋势性质的经济全球化逆转。为了推动中国经济继续向前发展，必须贯彻落实中央关于扩大对外开放的战略决策，进一步全面和深度参与和融入经济全球化。为此，必须积极采取措施，努力避免出现中国经济与世界经济脱钩的不利局面。

目前来看，中国经济与世界经济脱钩、脱离经济全球化潮流的主要危险来自两个方面：一是由于对世界科技经济发展趋势和我国科技经济发展状况的错判，幻想通过国内大循环实现中国经济更大发展，因此主动地与国际分工合作体系脱钩，主动自外于经济全球化进一步发展的时代潮流；二是被一些国家排斥于经济全球化潮流之外，被动地与国际分工合作体系脱钩。为了中国经济的进一步发展，实现现代化建设的战略目标，要制定和采取有力的战略措施和政策措施，做出各方面努力，努力避免这两种情况的出现。

（一）保持清醒头脑，绝不主动与世界经济脱钩

目前国内存在一种主动与世界经济脱钩的危险倾向。有的人提出主要通过国内大循环，主要靠自力更生，在主要产业建立完整的产业链，实现自给自足，从而实现中国经济更大发展，实现中国现代化。这种认识和倾向既不现实，也很危险，违背了中央"两个大循环"的重要战略决策。

第一，与世界经济脱钩将带来的严重后果之一，是会使我国与新一轮科技革命和产业革命失之交臂，使我国丧失一次大发展的难得机会。近年来，中外科技界和经济界人士都反复指出，目前重大科技突破在多个领域集中发生，预示着新的科技革命和工业革命真的要来到了，会因此带来新一轮世界

经济增长，预示着一个新的经济增长的康德拉季耶夫长周期开始。从这一次科技革命的情况看，无论是新科技成果的发现，还是这些科技成果的产业化，都不是任何一个国家可以独立完成的，必须通过与其他国家联合协作才能完成。以我国目前的科技实力和经济总体实力，试图单打独斗，就可能与新的科技革命和工业革命失之交臂。如果我们主动地与世界经济割断联系，我们就会失去新的科技革命带来的难得的新的历史机会，就像第一次、第二次科技革命发生时的情况一样。

第二，主动置身经济全球化潮流之外，不符合我国经济科技发展实际，不利于我国经济发展和实现现代化。一些人高调提出与世界经济脱钩，主要原因一是不愿意吸取历史教训，二是缺乏对世界经济科技发展状况和我国经济科技实力的全面认识和清醒判断。从历史上看，中国发展不能离开世界。明清两代，闭关锁国，片帆不得下海，几百年时间内中国小农经济始终占主导地位，仍然停留在传统社会，而欧洲则经历了两次科技革命和工业革命，进入了近现代经济发展阶段，基本实现了现代化。实行改革开放以前的几十年，中国同样实行闭关锁国政策，欧美战后经济科技则进入新的快速发展时期，到我国实行改革开放前夕，多数国家进入了后工业化社会，在发展水平上把我国甩了不止一条街。而我国改革开放以来经济高速发展，一个重要的原因是实行了对外开放的基本战略，融入了经济全球化的时代潮流。从当前和未来一个时期的情况看，中国的发展也离不开世界。我国经过几十年经济持续快速发展，科技和工业发展水平确实有了很大提高，但与发达国家比，还有很大差距。无论是工业共性技术和工艺水平，还是关键技术、关键设备、关键元器件、关键原材料等，有些我国自己还不拥有，不能生产，大部分还要依赖进口。比如近年来我国芯片进口每年要花3000多亿美元，超过了原油进口所花费的金额。正确认识中国科技和生产现状，关键是要建立"替代"概念。我国现在生产的大部分产品其他国家都能生产，不一定非在中国生产，转移到东南亚、非洲国家，也能生产，而且成本更低，是可以被替代的，比如一些电子产品、服装、鞋帽、玩具等。发达国家生产的一些高技术产品，我们则没有能力生产，如高性能芯片、高水平航空发动机、一部分工业用钢、高档精密机床、精密医疗器械、检测设备等，对于我们来说是不可替代的。为了国家现代化和人民的利益，必须保持清醒头脑，任何时候都不可轻言与世界经济脱钩。必须顺应经济全球化发展的大趋势，坚持扩大对外开放不动摇，积极参与国际竞争与合作，继续积极学习引进国外先进技术和管理经验，大力利用国外资金和人才，扩大国际市场份额，促进我国经济继续发展。

（二）主动管控冲突，力求避免与世界经济脱钩

随着国际经济环境变化和各国实力对比发生变化，国与国之间的政治经济关系也经常处于变动之中，产生这样那样的摩擦和冲突，由友好变得不那么友好，这都是正常的。中国在作为大国崛起过程中也遇到了这样的情况。为了国家利益和人民福祉，应当尽量避免被排除在经济全球化之外，争取有利于我国的情况出现。这就涉及如何管控冲突的问题。2005年度诺贝尔经济学得主托马斯·谢林的冲突理论值得我们注意，他的重要著作《冲突的战略》中提出的管控冲突的方略值得我们认真研究和借鉴。

主流经济学一直告诉我们，在交易过程中，追求自我利益最大化的经济人，通过一只"看不见的手"的引导，不仅增进了自己的福利，而且增进了公共福利，给人类勾画了一幅没有冲突而且不断进步的市场社会图景。谢林的"冲突理论"则撕毁了这一美好图景。他注意到现实世界中冲突无所不在。在冲突的世界中，自利行为并不能增进集体福利，相反一方在冲突中多得一份福利，意味着另一方丧失同等份额的福利；更极端的情况是，自利的选择最终会导致双输。当然还有一种情况，人们可以通过管理冲突，通过讨价还价达成协议。不论产生了哪种协议，都比没有达成协议要好，都对利益相关方有利。这种冲突理论更接近于现实世界的实际，对人们解决国与国之间的政治冲突和国际经济矛盾都有指导意义。一个时期以来，中国政府在管控中美关系方面做出了努力，采取了比较明智的做法。特朗普上台后挑起与中国的贸易战，中国政府积极与美国沟通，尽量达成协议，减少对我国经济发展的损害，而不是一味以牙还牙、针锋相对，使局面失控，避免了对我国经济

发展造成更大的损害。今后，我们应继续运用好冲突管控理论，多与美国等发达国家沟通和协商，努力寻找利益的共同点，尽力放大共识，淡化分歧，求同存异，避免激烈冲突，尽可能保持经济上的联系，防止中美经济脱钩以及中国经济与世界经济脱钩。

对反全球化浪潮的双重逻辑批判：价值哲学的视野[*]

晏　辉[**]

如果不以时间为思考维度，而以事件为考量标准，真正的全球化始于第二次世界大战。

第二次世界大战所波及和涉及的国家和地区，几乎占到了整个地球的大部分，有61个国家和地区、20亿以上的人口被卷入战争，作战区域面积2200平方公里。然而这是非人道的、"显失公正"的全球化。以和平的、互惠互利的方式开启的全球化，则始于20世纪70年代末，其标志性的事件是中国开启的建构社会主义市场经济、全面推进改革开放，冷战思维的结束。只有彻底打破横亘于社会主义与资本主义之间的"天幕"，真正的全球化才能到来，资本主义代言人和社会主义代表各自放弃了冷战思维，从而开启了恩恩怨怨式的贸易往来和冲突不断的文化交流。时至今日，全球化业已成为人们必须正视和重视的世界性事实，无论是全身心地拥抱还是全面拒斥，全球化都以它不可阻挡之势向人们走来。然而，全球化似乎天生就是一个悖论性

---

[*] 本文是国家社科基金重点项目"转型期中国伦理基础变迁及其重建研究"（课题编号：16AZX018）的阶段性成果；国家社科基金重大招标项目"当代中国道德观念史与道德实践史研究"（批准号：20&ZD038）的阶段性成果。

[**] 晏辉，上海师范大学哲学与法政学院教授，博士生导师。

的存在，既给每个民族和国家乃至个人带来了前所未有的机遇，也产生了诸多无法预测的风险。欧美国家在殖民主义观念指导下，在殖民主义政策推动下，给其他民族和国家制造了持续的人道主义灾难；而面对日益快速发展起来的中国和其他新兴国家，欧美国家又百般阻挠，制造各种摩擦，设置各种障碍，以显示和实现欧美国家的优先战略。近年来始自欧美国家的反全球化浪潮，使这种风险陡然增加，这就从根本上决定了人们对待全球化的态度与立场，全身心拥抱和全面拒斥便是这种态度和立场的两种极端形式。如何从价值哲学的角度反思、批判全球化过程及反全球化浪潮，乃是一个极为重要的理论工作。创价与代价并存、机遇与风险相伴、冲突与和解共在，这就是我们的存在，一种"世界历史性的"存在，是我们进行认知和行动的逻辑起点。

一、在事实逻辑与价值逻辑之间：沉思全球化的两个维度

表面看来，价值哲学是关于价值现象的哲学沉思，但更深层次的问题则是对价值、无价值甚至反价值之物理事实、社会事实和精神事实之原始发生及其演变的哲学沉思，是对价值判断何以成立的哲学追问。价值哲学必须坚持两个沉思原则，即建构性原则和范导性原则。除此，价值哲学还要充分运用系统论奠基和生成论奠基这两种方法，系统论奠基的理论旨趣在于寻找一个价值系统得以生成的本体，以及本体的展开方式；生成论奠基的理论旨趣在于揭示人们创造价值、享用价值之活动的原始发生；价值哲学的实践诉求在于沿着问题—冲突—消解的路径，给出一个相对为好的解决方案。

人类在改造自身的自然以及身外自然以求得自身的生存与发展过程中，究竟能够获得多大可能性空间，似乎难以量化，却可以明确指出两个限制性条件来，这就是自然的限度和人性的限度。在这两个限制性条件之内，人类不断地实现科技创新、制度创新和观念更新，起始于15世纪下半叶的现代化运动就是这种创新之一，且达到了前所未有的广度、深度和高度，在某种意

义上，时至今日，全人类都在享受和忍受这种现代化运动带给人类的创价和代价。现代化运动就像一块银币的两面，创价与代价并存，机遇与风险相伴。只要创价和机遇而规避代价和风险的想法只是一种既缺少主观根据又缺少客观根据的幻象。依照事实逻辑和价值逻辑反思全球化的原始发生及其人类学后果，便会得出相同、相似、不同乃至相反的结论，理性地看待全球化的历史，宽容地对待各种结论，是我们尽可能公正地认识和理解全球化的观念基础。

若把事实逻辑和价值逻辑有机地结合起来，并以此看待全球化的原始发生，那么一个基本的事实是，全球化是在一个极不对称的境遇下发生的。在此，我们无意还原一个具体的全球化过程，而着力于全球化之正当性基础的分析和论证，这便是历史合理性和世俗合理性的论证方式。所谓历史合理性是指从整个人类历史进步的角度看，一种能够体现人类目的之善的全球治理、国家治理和社会管理模型被创制出来，并在越来越广的范围内被推行开来。但人类至今尚未创制出付出极少代价而获得最大价值的治理模型；相反，任何一种被人类发现并广泛运用的治理模型，都使得社会中的不同人群付出了代价，即通过牺牲一部分人的机会和利益而求得整体进步，这便是世俗合理性问题。世俗合理性所描述的乃是在特定历史场域下，满足特定阶层的利益具有相对的合理性。但从人类社会的整体性来看，似乎任何一种历史合理性都是以世俗的不合理性为代价的。世界化、全球化就是一个历史合理性与世俗不合理性相伴而生的过程。从创价的角度看，全球化产生了三个不可否认的价值，其一是经济意义。由资本的世界运行逻辑所推动的经济全球化，使得生产资料和生活资料的生产、分配、交换和消费变成了世界性的行为，从而形成了一个世界性的需求体系和依赖关系，世界依赖每一个人，每个人依赖所有人。而在交往和生活的意义上，全球式的消费无须身份的确认和正当性基础的论证，使得生产资料、生活资料、信息、科技可以在世界范围内，根据市场规则进行配置，在公共卫生危机爆发、持续和扩展的非常状态下，联合起来的国家、地区、民间组织，可以集体攻关，分享或共享抗疫药物和技术。世界市场的形成产生了马克思笔下的四大市场原则在世界范围内的确立与运行："劳动力的买和卖是在流通领域或商品交换领域的界限以内进行的，这个领域确实是天赋人权的真正伊甸园。那里占统治地位的只是自由、平等、所有权和边沁。自由！因为商品例如劳动力的买者和卖者，只取决于自己的自由意志。他们是作为自由的、在法律上平等的人缔结契约的。契约是他们的意志借以得到共同的法律表现的最后结果。平等！因为他们彼此只是作为商品占有者发生关系，用等价物交换等价物。所有权！因为每一个人只支配自己的东西。边沁！因为双方只顾自己。使他们连在一起并发生关系的唯一力量，是他们的利己心，是他们的特殊利益，是他们的私人利益。正因为人人只顾自己，谁也不管别人，所以大家都是在事物的前定和谐下，或者说，在全能的神的保佑下，完成着互惠互利、共同有益、全体有利的事业。"① 如果说，商品生产与交换的四大原则起初是在不同个体、组织、地区和民族之间运行的，那么世界市场的形成则使这些原则在全球范围内运行。其二，政治意义。由资本的世界运行所导致的国际间的政治交往也逐渐普遍化和持续化，这种政治交往可能以互惠互利的经济往来为目的，国家成了经济主体，但其意义却绝不能仅止于经济的考虑、利益的计算，更重要的是以主权形式出现的国际间的政治观念、政治制度和治理模式之间的博弈。一种被证明是最能体现人类共同价值的政治观、权力观、制度、体制、设置、规范体系将会成为人类共同的精神财富；相反，那种只顾自己利益、损人利己、损人不利己的观念和行为，只能是一种零和博弈，终将被人类抛弃；一种符合人类共同利益的全球治理和国家治理模式会被不同的文明体系和制度体系的人们所借鉴和吸收，进而修正和完善自己的制度和体制。其三，文化意义。世界历史交往形式的形成，为各种文化体系的交流提供了经济基础、政治保障和科技支持，真正产生了文化多样化的面貌。只有多元的而不是一元的文化才会使整个人类社会的发展充满动力和活力。

经济、政治和文化意义是全球化带给人类的公认的积极意义，无论是主动还是被动地加入或参与全球化进程，都会或多或少地获得积极价值，一种

---

① 马克思：《资本论》（纪念版）第一卷，北京：人民出版社2018年版，第204—205页。

真正的"互惠互利、共同有益、全体有利"的全球化乃是人类共同的价值诉求。然而，全球化进程中的这种历史合理性是以世俗不合理为代价的。在初始性的现代化、全球化进程中，全球化的上游国家通过军事侵略、资本控制、政治威胁和文化殖民方式，将其他国家和地区变成自己的附属国或殖民地；在全球化的中段或中后段，西方之间、东西方之间的经济、政治、科技和文化往来，都是在极不对称的境遇下进行的，其不平等、不正义性突出地表现在资本、技术、政治、文化和观念由先发国家向发展中和不发达国家流动，而稀缺性资源和劳动力则以低廉的价格流向欧美国家；垃圾、污染、土地和水资源的大量耗费都以平等交换的形式流向、留存在不发达国家。这就往往使国际规则的制定、修正的话语权牢牢地掌握在先发国家手里；国际冲突和冲突的自由裁量权、责任的归属，也常常取决于发达国家的意愿和意志。国际间这种"显失公正"的交流和交往，逐渐使得西方国家确立起了优势地位和优势心理，诸种"显失公正"的世俗不合理也被主动地、被动地视作"历史合理性"；而持续不断的军事威胁、政治移植和文化殖民又进一步地维持和强化着诸种"显失公正"。宗教激进主义、恐怖主义和民族主义的持续存在正是这种"显失公正"所造成的直接后果。如马克思在评价资本主义历史作用时所指出的那样："资产阶级除非对生产工具，从而对生产关系，从而对全部社会关系不断进行革命，否则就不能生存下去。反之，原封不动地保持旧的生产方式，却是过去的一切工业阶级生存的首要条件。生产的不断变革，一切社会状况不停的动荡，永远的不安定和变动，这就是资产阶级时代不同于过去一切时代的地方。一切固定的僵化的关系以及与之相适应的素被尊崇的观念和见解都被消除了，一切新形成的关系等不到固定下来就陈旧了。一切等级的和固定的东西都烟消云散了，一切神圣的东西都被亵渎了。人们终于不得不用冷静的眼光来看待他们的生活地位、他们的相互关系。不断扩大产品销路的需求，驱使资产阶级奔走于全球各地。它们到处落户，到处开发，到处建立联系。资产阶级，由于开拓了世界市场，使一切国家的生产和消费都成为世界性的了。"[①]

---

① 《马克思恩格斯文集》第2卷，北京：人民出版社2009年版，第34—35页。

依据马克思给出的事实性描述，必须肯定的是，经济形态的全球化无疑是由那些比其他人群有着更高、更强的求名欲、统治欲和权力欲的资产阶级推动的。毫无疑问，马克思笔下的人们的"世界历史性的"存在，乃是资产阶级的强大和普遍的统治欲和权力欲在世界范围内的扩张。人们的"世界历史性的"存在，尽管不是所有人都主动参与资本主义生产方式的生产和扩大再生产——私有制基础上的生产—分配—交换—消费，但却深深地改变了人们的认知与行动。更加重要的是，由被资产阶级主导而创造出来的"世界历史性的"存在，却客观上成了外在于人的意志和行动的异己性力量。

如果说马克思恩格斯在 19 世纪中叶所看到的还是地区性的、国家之间的、洲际性的资产阶级的扩张，一种世界历史性的存在还只是一种趋势，世界市场的建立还处在初级形态中，那么，将近二百年之后的今天，已是真正的世界性存在了。

始自 20 世纪下半叶的东方现代化运动，使得亚洲某些地区和国家迅速崛起；而肇始于 20 世纪 70 年代末的中国改革开放，又在西方资本主义框架之外，创造出了社会主义市场经济体系。新的经济世界中心的逐渐形成，从根本上改变了世界经济结构，加速了世界历史交往形式的形成过程，甚至可以说，形成了具有足够广度和深度的世界历史性存在；世界市场的初步确立和完善，使得生产—分配—交换—消费成了真正意义上的世界现象，现代生产逻辑也逐步地具有了哲学人类学的性质。

然而，经济全球化所产生的意义却不止于经济意义一种，更是具有了政治和文化的意义。首先，起始于商品交换和贸易往来中的"平等、自由、所有权和边沁"原则越来越超出了经济领域而渗透到政治和文化领域。商品和货币是天生的平等派，自愿和等价交换乃是市场经济的基本规则，在反复进行的国际间的商品交换和贸易往来，所能产生的最大业绩就是世界贸易组织及其规则体系；这些规则使得国际间的经济往来具有了可预期的性质；更为重要的是确立起稳定的信用体系和公正的旁观者观念体系。所谓的"公正的旁观者"乃是指两种意义上的行动者，一个是有理性且无偏见的观察者，一个是既相信自己更相信他者的契约者。只有成为有理性且无偏见的观察者，才能对重大的国际事务作出正确的判断,表达公正的立场,从而可以在全球治理的国际事务中确立起可供遵守和公度的价值体系来。所谓契约者乃是就有人称和无人称的订约者和守约者;经过双方或多方之间的反复博弈确立规则的过程,就是有人称的订约者和守约者,而这种有人称的订约是以无人称的订约为基础的,亦即,我坚信他者如我一样拥有相同的共同感、共通感,能够同意订约并信守诺言;或他者坚信我如他一样信守诺言。或许,每一个信守诺言者对于遵守规则毫无兴趣,而对信守规则的收益之考虑有兴趣,但这根本无法否认规则体系的普遍有效性。正是客体性形态的规则体系和主体形态的"公正的旁观者",才真诚构成了看待和对待全球治理中各种国家事务的伦理基础。其次,这种起始于经济往来而成的规则体系和公正的旁观者理念,会越出经济领域而进入政治和文化领域,因为从不存在纯粹的经济行为,毋宁说,经济人类学才是经济行为的本质,虽以互惠互利为目的,但平等、民主、自由的行为法则必然要超出经济的性质而成为政治和文化上的相互尊重和主权无涉原则。然而,这种源自经济活动而扩展到政治和文化事务中的平等、自由、尊重原则,却与欧美国家所一贯坚守的、根深蒂固的观念相违背的,亦即它们所坚守和践行的民主、自由和尊重原则只对它们自身有效。当他们不再能够利用过往的强势地位和优势心理化解因普遍性的平等、民主和尊重原则而产生的矛盾和冲突时,便坚定地运用所谓的优势地位和优势心理解构全球化的规则基础,要么推出依然有效的各种协定,要么重新制定规则,借以阻止其他发展中国家进入世界经济体系中心;要么抛出所谓的利益优先的国家主义,以代替全球主义;或用极具个人色彩的国家意识形态攻击另一种类型的政治制度体系和政治观念体系,或者妖魔化,将社会主义和共产主义视作造成人类衰败、腐败的原因。越来越普遍化和持续化的反全球化或逆全球化行动,使爱好世界和平、追求全球正义、实现共同发展的人们产生怀疑和忧虑;质疑逆全球化行动的合法性与合理性,忧虑极端民族主义和国家主义行为的哲学人类学后果。

首先,历经多年共同努力建立起来的国际秩序会因单边主义、国家主义的独断行为而受到破坏,使过往的规则体系和公正的旁观者理念被单边主义的一意孤行而解构。在市场化、全球化已成历史趋势的历史场域下，世界历史性的存在将成为人们共同分享的财富时，依照人类的共同意志，个人利己主义、集团利己主义似乎逐渐失去了存续的社会基础，虽然各种形式的利己主义始终存在。然而，在逆全球化、反全球化浪潮中，出现了全球最大的国家利己主义。以单边思维为指导、以独断意志为支撑的国家利己主义行为，直接造成了现代生产逻辑的断裂、供给与消费链条的中断，使充满流动性的全球化过程停滞下来，使企业家和消费者瞬间失去信心，集团和国家失去信用，解构性的行为阻止了建构性的努力。

其次，单边主义或国家利己主义使得一个或几个国家与众多民族和国家处在对立甚至敌对状态。更为令人担忧的是，单边主义的策动者、国际秩序的破坏者、各种人道灾难的制造者，或者是尚未意识到，或者是在自知、自明的条件下一意孤行，成为互惠互利、共同有益、全球有利的事业的破坏者，既无深刻反思的意愿，更无集体智慧对一意孤行的行为进行改正、修正和矫正。在全球性的对单边主义的谴责与批判中，一意孤行的最高决策者，既无意愿也无智慧，努力地使自己成为一个公正的旁观者、正确的言说者和正当的行动者；相反，倒是表现出了孤行到底的意愿和决心。看来，基于人类共同利益之上的整体性的观念上的反思和行动上的矫正，还显得遥遥无期。由单边主义开启的贸易战使得政治、经济、社会、科技、文化领域中的诸种风险急剧增加，各种报复行为乃至相互攻击行为此起彼伏，整个世界似乎进入了充满自然危险和人为风险的无序状态。

最后，我们不能陷入逆或反全球化浪潮的愤怒的情绪、娱乐性的讽刺之中，也不能停留在对逆全球化浪潮行为的梳理和统计中，而必须在学科高度和问题深度上，发掘逆全球化浪潮的人性基础和政治逻辑；从事实与价值的历史复杂性中判断一个相对为好的全球化如何才是可能的，这就是对反全球化浪潮的双重逻辑论证。进一步的任务就是要发掘反全球化浪潮的人性根源和政治基础。

二、对反全球化浪潮的双重逻辑批判

人们可以从不同的角度如日常意识和日常观念以及各种学科视野对反全球化现象进行反思和批判，借以重新认识和界定全球化。但反全球化行为只是后果主义的，其背后起支撑作用的则是双重逻辑变奏，这就是人性根据和政治基础。

在全球治理、国家治理和社会管理中，政治观念、制度、体制和行动乃是最核心的要素。被历史证明为好的政治体系应该是最有利于实现三种目的之善的体系，这三种目的之善便是：（1）有利于社会财富的创造并公平地分配财富；（2）有利于社会自治能力的提升，也就是使每个人的力量得以充分发挥，每个人的意志得到合理的表达，个别性在普遍性的约束下得以充分实现；（3）有利于每个人出于意愿且有能力过整体性的好生活。为着实现这三种目的之善，政治体系应该被设计成如下一种安排：它能够将三种目的之善先行标划出来，作为目的论意义上的始点予以确定和规定，并把这种标划确立为坚定的信念；拥有最基本政治德性的民众和选举制度，能够将那些既有理智德性又有道德德性的人推选为政治领袖，并组成拥有实践智慧的政治精英集团，道德德性保证了领袖及政治精英集团愿意将实现三种之善作为初心和使命，理智德性保证了他们能够实现初心和使命。这里的风险在于，在被选民选为领袖的过程中，人们通常是依照他已有的表现而判断一个人是否适合成为领袖的，然而选民们无法预先看到一个人一旦拥有了最高的政治权力是如何进行政治思考、判断和行动的，亦即被人们普遍接受的政治观念、制度、体制和行动是不会自动实现的，它们必须借助政治权力拥有者的具体思考与行动而呈现和实现出来，于是公共权力必须个人化。这就存有这样一种可能性，即一个拥有最高权力的人可以绕开被证明是合理的政治体系的约束而完全依照自己的理解和判断率性而为；被证明为普遍有效的政治体系必须经过权力拥有者的理解、改造、意志和行动，虽然存有权力拥有者可能超出人们的预期而治理好国家、管理好社会，但通常情况下则是低于人们的期望，因为权力拥有者的德性与理性是有限的，有限政府以有限德性和理性为基础。另一种情形倒是权力拥有者的"任性"。政治权力和公共职权的拥有者在行使权力的过程中，反复出现"显失公正"，政治体系应有强大的约束力予以干预，对"显失公正"行为予以纠正、矫正。政治观念、政治制度和政治体制的优劣问题，实质上是在个人意志与个人意志、个人意志与公共意志之间完成的一种复杂的博弈过程。政治学家和政治哲学家给出的理论体系只是一种"理想类型"，而政治家或政治精英集团通常不会根据政治学家给出的方案治理国家和管理社会；相反，政治家或政治精英集团的政治观念、情感结构和思维方式才是他们进行决策、支配权力、借政治权力实施支配的源初性力量，而这一切都与他们的经历以及所受的教育密切关联。

如若由一个存有严重人格缺陷和极端利己主义的执掌国家权力，那会是怎样一种后果呢？

资本家的商人思维何以能够，又是如何支配世界秩序的？这是价值哲学反思反全球化浪潮所必须正视和重视的问题。在此，我们无意去全面而深刻地论证商人思维、性格及其行为，而是深刻批判由其所造成的全球性后果，并对全球治理和国家治理的正当性基础作出判断。

首先，将资本逻辑置于政治逻辑之上的危害性问题。在全球治理和国家治理中，如下四种权力会嵌入在一起共同起作用，这就是政治权力、军事权力、经济权力和社会权力。在正常思考的阈限内，经济权力无疑是最基础的力量，却不是核心的力量。在全球治理和国家治理中，政治权力才是最核心的支配性力量。在国别史的意义上，在国家治理中，存在着三种治理模式：权力逻辑、资本逻辑和政治逻辑。权力逻辑是把政治权力和公共职权作为一种能够排除各种抗拒以贯彻其意志而不问正当性基础为何的支配性力量，被贯彻的意志可能以国家的名义予以表达，其实可能是权力的拥有者或使用者的意志。如果将资本和政治统合到权力之下加以运行，则会导致三种后果：其一，政治权力和公共职权的分割与运行缺少清晰的边界；存有将权力兑现成资本和知识的风险，借助资本和知识实施单方支配；其二，将权力变成某地利益、地位、身份和机会的工具；其三，形成根深蒂固的官僚政治和政治官僚。①

而权力社会又会锻造出畸形的人格结构，即主人与奴隶相混合的双重人格结构。在财富匮乏的社会场域下，权力逻辑主要集中在依靠权力而实施支配所产生的快乐上；当社会处在财富相对增长而产生财富剩余时，权力逻辑则又表现为权力资本化、知识化以及支配的快乐的多重组合。资本逻辑会导致商人思维、性格和行为的普遍化和持续化，而商人思维一经形成又会将资本与权力组合起来，去追求利益的积累和支配的快乐，继而把个人利己主义变成集团利己主义，又借助政治权力发展出国家利己主义。具有商人思维的政治家会把权力逻辑变成实现资本逻辑的工具，商人的利益最大化思维和把握商机的易感性或敏感性人格特征，把个人的多疑多变、利益算计、随机应变、性情不定、朝令夕改变成了国家行为的变化多端。由于政治权力具有迈克尔·曼所说的强制性、权威性、广泛性和弥散性特征，会把商人思维、性格和行为发展到极端。具有商人思维的政治家不会专门、更不会深思熟虑地思考政治的"是其所是"，即国家的核心利益以及人类的共同命运，唯利是图是他永恒的原则。黑格尔说："国家是伦理理念的现实——是作为显示出来的、自知的实体性意志的伦理精神，这种伦理精神思考自身和知道自身，并完成一切它所知道的，而且只是完成它所知道的。"② 如果一个政治家不愿意也不能够知道"国家是伦理理念的现实"，不去体悟也不能实现国家的伦理精神，而是一味地依照利益最大化原则进行全球治理和国家治理，那么，人类行动的基本法则都将不复存在。

其次，用资本逻辑替代政治逻辑，会导致病理学意义上的双重动机人格，

---

① "官僚政治一语，通常应用在政府权力全把握于官僚手中，官僚有权剥夺普通公民自由的那种政治制度上。那种政治制度的性质，惯把行政当作例行故事处理，谈不到激动；遇事拖延不决，不重实验。在极端场合，官僚且会变成世袭阶级，把一切政治措施，作为自己图谋利益的勾当。"（王亚南：《中国官僚政治研究》，北京：商务印书馆2017年版，第6—7页）在官僚政治统治下的社会状况下，政治官僚是必然的、普遍的，但在近现代以来的追求民主、自由的政治制度下，政治官僚也可能存在，如排除各种抗拒以贯彻其意志而不问其正当性基础为何的政治行为和管理行为，把官僚政治和政治官僚作适当区分，对于分析和论证当代之全球治理和国家治理中的任性行为是有益的。

② 〔德〕黑格尔：《法哲学原理》，范扬、张企泰译，北京：商务印书馆1979年版，第253页。

或双重偏好的嫁接。人的欲望无论有多少类型，但从性质上看无非两大类，即占有与表达。如若拥有资本的商人意欲占有和表达，就必须遵循最基本的市场规则，即等价交换和诚实守信原则，或遵循马克思笔下的"自由、平等、所有权和边沁"原则。占有了社会财富及其符号化形式即货币，也就生发了借助被占有的财富和符号进行表达的欲望，此种表达既可以表现为对更多财富和符号的占有，还可以表现为将资本的权力扩张到政治权力和知识结构领域，以获得更加广泛的支配力量。而无论哪种表达都取决于消费者的质疑和同意，它无法通过强制手段迫使他者同意。当商人无法用他的产品、服务和符号迫使消费者服从他的意志时，于是便试图借助政治权力的力量而完成生产和扩大再生产，实现等价交换领域里的强制"买卖"。如若具有根深蒂固之商人思维的"政治家"，遇到其商业困难时，就会把他的占有和表达的意愿推到极致，而不再顾及他者乃至绝大多数人的质疑、反对和抗拒，任性、个性就会借助强制性的权力而成倍地表现出来，权力似乎很难将一个人的优点突出地表现出来，倒是可以使人们的缺点异乎寻常地凸显出来。这就是资本和权力的魔力，它们会使人的占有和表达（求名欲、统治欲、占有欲）无限地扩张和持续地膨胀；会使资本和权力的拥有者失去理智而沉迷于占有、支配和控制的亦真亦假、亦实亦虚的享用中，他不在具备反思和批判能力，也不愿意反思和批判；最为可怕的是，即使不再有占有、支配和统治的机会，却也依旧沉浸在往日的因支配和统治而来的满足和快乐中，甚至用不反思和批判自己的过失，反而对自己的所谓"功绩"乐此不疲式地沾沾自喜。以此可以说，单个人的理性是多么地不周全和脆弱，当拥有最高权力的个体将自身的非理性变成广泛而持续的支配和统治时，一种集体无理性也就快要到来了。在世界化或全球化朝向人类共同利益演进时，欧美一些国家的政治家和政治精英集团正在非理性地将他们的单边主义、独断专行推行到诸种国际事务中，反全球化浪潮已经淹没了资产阶级曾经在资产阶级革命初期所具有的反思的、批判的和建构的理性精神，他们在朝着与黑格尔所说的"世界理性"之相反的方向行进。

以此看来，逆或反全球化浪潮乃是主张和推行单边主义、绝对中心主义的国家，以阻止全球化进程的形式维系其长期所处的支配地位的一种努力。人类历史的进化、人类社会的进步并不完全采取理论家所坚信的进化论所主张的道路，进步和发展都是相对的，每一种进步似乎都以某种代价为条件。

三、重新界定和确定全球化：
两种可能的道路

全球化本身就是一种哲学性的存在，当人们用所谓被通常理解的哲学去反思、批判和重构全球化时，其实质不过是作为全球化自身之哲学性的存在借助哲学家的概念、话语和逻辑澄明出来而已；人类的理性原则与世界的客观法则具有某种亲缘性，哲学作为理性原则的最高形式，其使命就是要把世界法则呈现在表象里、把握在意识中，以理论的方式把握全球化场域下的理性原则和世界法则。

"道"为体，"路"为用，体用结合方为型。"道"为一，"路"为多；道不变，路易变；不易、变易和简易，乃是理性原则和世界法则的三大规律。通往成功的"道（路）"只有一条，而导致失败的路却有千万条。"道"意义上的全球化乃是那种各个民族和国家之间的互惠互利、共同有益、全体有利的过程、状态及其后果，为着这个"道"，各个国家和民族在相互交换、交往和交流中，就必须矫正、修正甚至放弃那些不利于这个"道"的观念、制度和行动。在致力于"道"的路上，约有两种可能的观念和文化，以及观念和文化指导下的实践。关于自由的哲学或关于自由的哲学观念，是一个朝向整体之善的全球化过程所不可缺少的哲学基础，而不同形态的现代化则是它的行动基础。

（一）先行于全球化过程而形成的哲学观念

假如我们确定全球化是一种总体性意义上的善，体现了最高的人类精神即自由，那么就要先行建构一个为着实现这个总体善而必需的理念，如果由人的观念和行动构成全球化非但没有使人、个体充分地、合理地实现了自己的意志，反而被各种异己的力量置于更加奴化的地步，那么全球化就不可能是总体意义上的善，亦即每个人没有实现总体上的自由。事实上，自由并非由人的思考与行动充分实现了之后才获得的业绩，毋宁说自由就是人的思考与行动自身，是不同形态的主体遵天人之道而行、照人伦之道而动、守心性之道而思。自由就是不同形态的主体从单一的自我肯定经由主体间的相互否定—肯定回到现实的肯定的自我的过程；真正的全球化是哲学性的，必须以正确的自由观念和道德观念作为哲学基础。

当发展中国家和后发国家日益发展和强大起来，形成了接近的或势均力敌的情境时，由欧美主导的先发国家却不愿意放弃长期以来所处的优先和优势地位，要么修改规则，要么否弃契约，以国家资本主义或国家利己主义形式阻止以实现全球正义为原则的社会主义新型现代化。反全球化浪潮甚嚣尘上，其实质是资产阶级在革命时期所创造、秉持和坚守的价值观念体系，已经变成了欧美国家在全球化背景下不断制造冲突、灾难、贫穷、落后观念论基础；如若真正实现全球正义，就必须实现一场观念的革命、制度的变革和行动的转向；谁能为走向全球正义的全球化提供体现世界理性和人类精神的观念、制度和行动，谁就是全球正义的言说者和践行者。所有这一切，虽然不是康德、黑格尔和马克思所经历过和设想过的，但康德的人格理念、目的王国理念，黑格尔的"自我理念"和充分辩证关系的建构，马克思的共同体理念，都是重构现代化、走向全球正义所不可或缺的正确观念。我们能够也应当做的是提供实践哲学意义上的行动方案。

（二）重构现代性：中国智慧与中国道路

在哲学思维指导下重新界定和确定现代性、在实践智慧基础上重构现代性，内在地蕴含着相互关联的三个方面的诉求，即认识论的、实践论的和价值论的；依照康德的哲学方法，又可分为理论理性和实践理性，前者要把已然、实然和应然的全球化把握在意识中，用理论把握世界的方式呈现全球化的原始发生及其历史演变；后者是通过我们的行动而重构现代性，寻找行动的正当性基础。而真正决定认识和实践的价值诉求则在于重新定位或确定我们在全球化进程中的正确位置，实现意志表达和表达意志。

1. 直面基础性问题：深化和完善社会主义市场经济

这属于经济哲学的范畴。创造财富、分配财富和享用财富，永远都是人类的基础性问题，社会事实和精神事实都立于经济事实之上。"世界市场"的确立是生产、分配、交换和消费世界化的直接后果，这就意味着，若没有丰富且独具特色的产品、科技和服务，便不可能积极参与国际间的交换、交往和交流。于是，问题就变成了我们能否找到一种持续地创造财富并合理分配财富的经济组织方式；而在寻找经济增长方式的过程中，则又必须充分选择实体经济和虚拟经济的适当比例关系，只有虚拟经济是无法真正进入并占领国际市场的。在这个意义上，社会主义市场经济在什么意义上和多大程度上比资本主义制度具有更大的可能性空间。如果把市场经济视作一种资源配置方式，而不是将其视作一个复杂的社会设置，进言之，将其与社会的政治和文化的关系割裂开来，那么它就极有可能被两只看得见的手所控制，那就是资本和权力，即被资本家和权力拥有者所控制。亚当·斯密的那只看不见的手只有在底层的经济生活和高层的资本家集团之间的领域才会起作用；即便如此，在天赋地位和自致地位都存在差别的条件下，市场仅仅向那些能够进入市场并通过市场规则而获益的人群有效，亦即在初始性分配中，处于弱势或边缘地位的人群便无法分享到同一种制度安排所能带来的益处。于是，在后续的市场竞争中，处在弱势或边缘地位的人群就会永远失去进入市场的机会。这就是说，市场经济自身就存在着导致不同社会阶层出现贫富差距、两极分化的风险，如若市场规则被权力和资本牢牢掌控在少数人那里，那么社会阶层概念就会演变成社会阶级概念。社会主义经济制度绝非仅仅创造财富这一种诉求，如何公平地分配财富才是它的本质特征；而无论是采取市场分配、政府税收，还是具有道德性质的第三次分配，都是纯粹的经济制度和经济行为所不能解决的，于是，如何以政治的方式解决共同富裕问题，就变成了根本性的任务。

2. 正义与平等：朝向根本性问题的政治设计

这属于政治哲学的范畴。对当代中国而言，如何定位和确定自身在"世界历史性的存在"中的位置，在政治哲学的意义上，具有双重任务，这就是国家治理和全球治理过程中的政治逻辑。除去极端的战争状态，在尚可以博弈的情境下，政治解决国内和国际问题的方式，是最佳的一种。首先，国家治理中的政治逻辑。可有本体论设定和方法论设计。追问和追寻的"是其所是"构成了政治逻辑的本体论内涵，即政治之终极之善的预设，是目的论意义上的始点，社会主义制度的优势就是由这个始点决定的。政治是相关于每个公民之根本利益的所有方面，这就是社会财富的积累和平等分配；社会自治能力的提高，每个公民都有意愿和机会且合理地表达自己的政治意志；令每个人有能力和机会、出于自愿地过整体性的好生活。社会主义政治制度如能最大限度地实现这三种目的之善，那它就被证明是最好的制度。为着实现目的之善必须找到手段之善，这是实践论意义上的始点，它具体表现为将人民视作主体、目的的政治观念，在差别意义上的平等和人道意义上的平等之间找到一种趋向平衡的制度安排，采取将人们的美好生活作为最终目的的政治行动。其次全球治理中的政治逻辑。如果说在国家治理中，政治逻辑体现为在国家政治观念、制度和行动指导下最大限度地实现公共善的过程，那么在全球治理中则表现为以国家为基本单元而在国际事务中完成的合理的政治表达。政治是解决国际冲突的最好的方式，体现的是世界理性和人类精神，是基于每个国家的主权、个别利益而又超越于狭隘的国家利益而指向人类的共同利益，并将人类的共同命运作为确立人类共同价值的客观根据。

3. 自由与幸福：朝向终极之善的全局性问题

这属于精神哲学的范畴。如若"世界历史性的存在"不能扩展每个人的自主选择的空间、提升自我选择的能力，不对个体及人类整体的福祉有所增益，那么全球化就是不值得努力的事情。同样，如若反全球化浪潮非但没有增加个人的福祉和人类的整体性进步，反而制造了贫穷、矛盾、冲突，甚至是灾难，那它一定就是反人类的。于是，每个民族和国家能否对构造一个朝向目的之善的全球化作出贡献，就在于它能够供给一个更加体现效率与公平、正义与平等、自由与幸福原则的政治观念、制度和行动。中国式的现代化既是对反全球化浪潮的矫正，又是对一种朝向终极之善的全球化的重构。它将经济哲学、政治哲学和精神哲学融合为哲学思维和实践智慧，贡献的是中国智慧和中国方案。

全球化与民族国家：关系的再审视

郭忠华[*]

2020年以来的新冠肺炎疫情凸显了两大基本主题：一是全球化，二是民族国家。一方面是疫情的全球肆虐，历史上从来没有哪一次疫情像此次新冠肺炎疫情那样迅速而高效地扩散至全球。在全球两百多个民族国家或准国家组织中，免于新冠肺炎疫情肆虐的几乎凤毛麟角。[①] 就20世纪末以来出现的诸种全球化现象而言，此次新冠肺炎疫情无疑也是其中最重要的一种。另一方面则是作为疫情抗击者的民族国家。面对肆虐的疫情，民族国家无疑是全球抗疫主体中的最重要行动者，迄今为止尚没有任何个体或其他组织能够取而代之。新冠肺炎疫情既彰显了全球化的力量感和问题性，也彰显了民族国家的中坚性和坚韧性，为思考全球化与民族国家的关系提供了契机。

一、全球化与民族国家：彼此终结者？

其实，自20世纪末全球化成为重要潮流以来，两者的关系就一直是学术

---

[*] 郭忠华，南京大学政府管理学院教授，博士生导师。
[①] 截至2022年4月，新冠肺炎疫情零感染的国家只有四个，分别是：朝鲜民主主义人民共和国、土库曼斯坦共和国、瑙鲁和图瓦卢。它们或者因为管理上的极度封闭，或者因为地理上远隔重洋而很少有外人进入，从而将病毒御于国门之外。

界争论的焦点，诸多思想家对此表达过自身的看法。比如，在齐格蒙特·鲍曼看来，全球化将打破民族国家的樊篱而使世界进入一个中心缺失、控制台缺失、董事会缺失和管理机关缺失的高度不确定状态，全球化是"新的世界无序"的别称。① 言下之意，在全球化的狂浪冲击下，以民族国家为支点的政治秩序将成为历史。鲍曼的观点并不孤单。比如，于尔根·哈贝马斯认为，全球化这一引人注目的潮流正在改变政治、经济、社会在同一民族国家内一定程度上齐步成长的历史格局，民族国家的经济体系正在脱离其政府管控而演变成一种跨国经济，国家不再构成全球交换关系网络中的要点。② 马丁·阿尔布劳认为，全球时代的来临意味着民族国家理论的更新，这是一种把人民、民族、社会、经济诸要素专断地包含在特定领土边界范围内的概念框架，它只与特定的历史时期相关，已无法再适应全球时代的状况。③ 日本学者大前研一则出版《民族国家的终结》《没有国界的世界》《超越国界》等系列著作，一再为民族国家签发终结告知书。

面对晚近数十年出现的一系列变化：互联网、大数据、人工智能、区块链等全新事物，以及全球金融危机、全球新冠肺炎疫情、全球气候变暖、全球恐怖主义等全球性问题，我们的确有理由夸大全球化的力量感，有理由感知民族国家的脆弱性。正如丹尼尔·贝尔所指出的，在加速行进的全球化进程中，民族国家"对生活的大问题来说太小，对生活的小问题来说又太大"④。除此之外，还完全有理由加上，对生活中的瞬息万变来说又太笨重、太官僚。⑤ 给民族

---

① 参见〔英〕齐格蒙特·鲍曼：《全球化：人类的后果》，郭国良、徐建华译，北京：商务印书馆2001年版。
② 参见中国社会科学院哲学研究所编：《哈贝马斯在华讲演集》，北京：人民出版社2002年版。
③ 参见〔英〕马丁·阿尔布劳：《全球时代：超越现代性之外的国家与社会》，高湘译、冯玲译，北京：商务印书馆2001年版。
④ 转引自〔英〕安东尼·吉登斯：《现代性的后果》，田禾译，南京：译林出版社2000年版，第57页。马克思恩格斯在《共产党宣言》中指出："资产阶级，由于开拓了世界市场，使一切国家的生产和消费都成为世界性的了。"此即有关经济全球化现象的经典论述。
⑤ 参见〔英〕安东尼·吉登斯：《全球时代的民族国家》，郭忠华选编，南京：江苏人民出版社2010年版。

国家签发终结告知书并不难，但问题在于，全球化似乎不但没有终结民族国家，时至今日，民族国家似乎反而更加坚挺，由此，又出现一批全球化的"怀疑论者"，他们或者怀疑全球化从来就没有出现过，或者认为，当今时代正处于"逆全球化"发展的时代。在怀疑论者看来，全球化论者过于夸大了20世纪中后期以来的全球化现象，实际上，全球化现象在人类历史上历来就存在，传统社会中跨越大洲旅行的情况并不在少数。进入18世纪以后，如马克思所指出的，资本主义的生产和销售已经变得具有全球化的性质了。① 新航路的开辟、资本主义生产方式的世界扩展，以及世界殖民体系的建立，这些都是全球化的重要表现。今天的全球化与历史上的全球化并无特别之处，因此不值得将其额外夸大。逆全球化论者尽管不反对全球化的存在，但对当前阶段的全球化走势持悲观的态度，认为一度高歌猛进的全球化势头正在被扼杀，民族国家势力重新成为主导。就如此次新冠肺炎疫情以及此前特朗普主义的兴起等现象所表明的，民族国家不仅没有被全球化浪潮拍死在沙滩上，反而对全球化形成明显的反冲作用。

显然，上述有关全球化与民族国家之间的关系过于浮于表面而没有真正深入两者关系的内部。事实证明，全球化与民族国家之间并非如上述思想家想象的那般简单，对于两者关系的理解不能仅看一时之现象，两者在历史上尽管各有消长，但彼此或许并非非此即彼、此消彼长的对立关系。民族国家不会随全球化而终结，全球化也不会因为民族国家作用的加强而终结。我们更应当从两者相互共生而又彼此矛盾的角度来认识两者间的关系。但在理解这一问题之前，有必要首先搞清楚讨论的概念基础。

二、何谓全球化？何谓民族国家？

要理解全球化与民族国家之间的关系，首先有必要理解何谓全球化、何谓民族国家。目前学术界已出现了诸多有关全球化的定义，体现了对全球化的认识的不断深化。早期学者主要从现象学角度来定义全球化，比如把全球化主要

---

① 参见《马克思恩格斯选集》第1卷，北京：人民出版社2012年版，第404页。

看作"经济全球化",体现在商品、技术、信息、服务、货币、资金、管理经验等的全球化上,全球化使世界经济紧密联系成一个整体,跨国企业则被看作经济全球化的主要推动者。国际货币基金组织、经济合作与发展组织(OECD)在这方面的观点具有代表性。比如,国际货币组织对于全球化的定义:"经济全球化是指跨国商品与服务贸易及资本流动规模和形式的增加,以及技术的广泛迅速传播使世界各国经济的相互依赖性加强。"经济合作与发展组织对于全球化的定义则是:"经济全球化可以被看作一种过程,在这个过程中,经济、市场、技术与通信形式都越来越具有全球特征,民族性和地方性在减少。"[1] 这种观点在学术界也不乏追随者,比如,考克斯认为,全球经济一体化导致了民族国家在世界舞台上的角色转换,即国家的驱动因素不再构成全球交换关系网络的要点,经济一体化的全球网络不再赋予国与国间的关系结构。[2]

除经济维度的理解外,也存在从交往、政治、文化等其他角度做出理解的情况,包括晚近流行的从数字角度所做出的理解(经常被称作"数字全球化")。在这些理解中,比较有代表性的是吉登斯对于全球化的定义。吉登斯把自己定位为全球化概念的最早提出者。[3] 他主要从"时空关系"角度来定义全球化。在他看来,全球化本质上是"时空关系"的一次根本性改变,即由于网络等新技术的兴起而导致"时空距离"的消失。他把这些变化概括为"时空伸延""时空分离"和"时空融合"等词汇。[4] 吉登斯的观点并不孤单,此后,鲍曼和赫尔德等学者也从类似的角度做出分析,把全球化看作"时空压缩"的体现。[5] 从时空角度作出理解,反映了对全球化认识的深化,它表明

---

[1] 冯芸、吴冲锋:《经济全球化:测度理论》,上海:上海交通大学出版社2005年版。

[2] 参见 R. Cox: "Economic Globalization and Limits to Democracy", in A. Mc Grew (ed.): *The Transformation of Democracy*? Polity Press, 1997, pp. 49 – 72。

[3] 参见安东尼·吉登斯:"序言",载郭忠华:《现代性理论脉络中的社会与政治:吉登斯思想地形图》,上海:上海人民出版社2010年版。

[4] 参见〔英〕安东尼·吉登斯:《现代性的后果》,田禾译,南京:译林出版社2000年版。

[5] 参见〔英〕齐格蒙特·鲍曼:《全球化:人类的后果》,郭国良、徐建华译,北京:商务印书馆2001年版;参见〔英〕戴维·赫尔德、〔英〕安东尼·麦克格鲁主编:《全球化理论:研究路径与理论论争》,王生才译,北京:社会科学文献出版社2009年版。

人类生存定位中的"里面与外面""这里与那里""附近与远处"等传统划分的消失，本地信息可以与全球任何地方实现即时共享。

显然，全球化不是仅反映在某个单一维度上，而是一个包括经济、政治、文化、交往等复合维度的范畴。对于全球化的认识，关键在于如何穿透现象的迷雾而看到其本质。在这一方面，全球化诚然涉及时间和空间的两个维度：一是时间上的"即时性"，即如何打破地域之间的时间差而实现全球共享。数据的传输越瞬时、全球共享能力越强，全球化程度也就越高；二是空间上的"透明性"，即如何实现对空间范围内事物的完全理解，对空间范围内信息的掌握越全面，空间便越透明。时下兴起的大数据、云计算、人工智能、区块链等技术，在促进即时性和透明性方面无疑大有裨益，使全球化的两大特征变得更加显著。

与全球化概念一样，有关民族国家的界定也可谓众说纷纭。概括起来，大致可以划分为以下主要视角：一是从"民族"角度所做出的界定。该视角重点考察作为统一的"国族"是如何超越族群而得到建构。这方面的显著例子体现在本尼迪克特·安德森的《想像的共同体》一书上。在他看来，民族本质上是通过报纸、通讯等媒介而建立起来的一种特殊的文化人造物。[1] 除此之外，也有不少学者从单一民族如何挑战国家一体化的角度来做出理解，其中包括苏联、南斯拉夫等国家如何沿着民族的界限而被分解成若干单一民族国家的事实。[2] 与民族角度的分析相对应，也有大量作者从"政权"角度做出分析，重点考察统一国家政权如何得到建立，涉及众多的分析角度。比如，梯利、吉登斯等大批学者从"战争"角度分析欧洲近代战争如何促进了统一国家税收的形成、统一公民身份的建立、行政监控能力的升级、现代军事技

---

[1] 参见〔美〕本尼迪克特·安德森：《想像的共同体：民族主义起源与散布》，吴叡人译，上海：上海人民出版社2016年版。

[2] 参见郭忠华、谢涵冰：《民族国家建构的方式与轨迹——基于联合国会员国的分析》，载《探索与争鸣》2018年第11期；Philip G. Roeder, *Where Nation-State Come From: Institutional Change in the Age of Nationalism*, Princeton University Press, 2007.

术的出现等。① 此外,与以往的城邦国家、帝国等国家形式不同,民族国家还是一种具有明确领土边界的国家类型。领土边界是如何不断走向明确的,这也成为部分学者解释民族国家兴起的角度。②

无穷列举有关民族国家的定义视角显然不是本文的目的。纵观当下有关民族国家的定义,大部分都是在韦伯定义的基础上进行延展。韦伯对国家的界定主要集中在四个构成性要素上:一是国家是一套功能分化的制度和人事;二是国家具有集权性,即政治权力是由中心向外辐射的;三是国家的控制范围具有明显的领土划界;四是在这个区域内,国家通过垄断暴力手段而拥有了具有强制约束力规则的制定权。韦伯定义的核心在于,把国家看作一个在明确的领土边界范围内通过垄断暴力资源而进行排他性管理的组织,官僚制、暴力垄断和合法性是韦伯国家"理想类型"的三大构成要素。③ 在韦伯定义的基础上,民族国家被看作一种基于下列要素基础上的国家类型:清晰的领土边界、明确的成员身份、独立的国家主权、排他性的行政管理。与此前的国家类型相比,民族国家的显著特征之一在于,它发展出史无前例的"反思性监控能力",能够对领土边界范围内的任何事物实施细密的行政监控。④

对全球化与民族国家关系的分析,涉及民族国家的诸多变量,比如反思性监控、清晰领土边界、独立国家主权等。民族国家是一个在国际舞台上具有一定自主性的政治行动者,出于政治统治的目的,它的许多举措成为推动全球化兴起的力量。同时,全球化的兴起与民族国家的相对自主性之间又形

---

① 参见 Andreas Wimmer, Brian Min, "From Empire to Nation-State: Explaining Wars in the Modern World, 1816 – 2001", *American Sociological Review*, 2006 (6); Peter B. Evans, Dietrich Reuschmeyer, Theda Skocpol (eds.), *Bringing the State Back In*, Cambridge: Cambridge University Press, 1985; Anthony Giddens, *Nation-State and Violence*, London: Polity Press, 1985; Brues Porter, *War and the Rise of the State*, New York: Macmillan, 1994。

② 参见 Friedrich Kratochwil, "Of System, Boundaries, and Territoriality: An Inquiry into the Formation of the State System". *World Politics.* 1986 (1)。

③ 参见〔德〕马克斯·韦伯:《经济与社会》下卷,林荣远译,北京:商务印书馆1997年版。

④ 参见 Anthony Giddens, *Nation-State and Violence*, London: Polity Press, 1985。

成内在矛盾性。这一观点成为接下来将要论述的核心观点。

三、全球化与民族国家：共生与悖论之处

从全球化与民族国家的上述界定不难看出，两者之间存在着一种内在亲和性：民族国家的政治特性促进了全球化的发展。

从根本上说，民族国家对于即时性的信息获取和透明性的空间结构具有内在的兴趣。出于国家安全、权力行使、发展规划等目的，民族国家不仅追求能最大限度地掌握自身领土边界范围内的所有信息，而且对边界范围外的信息也追求尽可能详细的掌握。也就是说，作为全球化基本特征的"空间透明性"，也是民族国家的内在追求。吉登斯把民族国家的这种追求称作"反思性监控能力"，并把它作为民族国家区别于此前国家类型的基本标志。[①] 与城邦国家、帝国等主要建立在军事暴力等物质性资源的国家类型不同，民族国家的统治主要建立在信息统计等权威性资源的基础上，军事暴力尽管依然重要，但已然转向国家的外部，对内统治则主要依赖于对各方面信息的详细掌握。较之于以往的国家类型，民族国家实现了所谓"内部绥靖"。以日常生活中的暴力现象为例，在传统国家，对于罪犯的惩罚和处决主要在人流密集的公共场合进行，企图通过公开的暴力展示来达到威慑社会的目的。但在民族国家时代，这种公开的暴力展示已远离了人民的视野，政治权力从公开的暴力展示转变为弥漫性权力规训，它无时不在、无处不有，并从外在作用转变为心理规训，这种规训遍及于人们生活中哪怕最细微的环节。民族国家发展得越是纯粹，内部绥靖的程度也就越高。但是，这种内部绥靖是建立在无微不至的信息收集和快捷的信息处理能力基础上的。

从信息流转的即时性角度衡量，承载民族国家统治方式的技术条件与承载全球化的技术条件之间同样不存在本质性差异。由于信息传输和加工能力

[①] 参见〔英〕安东尼·吉登斯：《民族国家与暴力》，胡宗泽、赵力涛译，北京：生活·读书·新知三联书店1998年版，第七章。

的差异，传统国家的权力表现为从中心向边缘的"梯度递减型"模式：离首都或者中心城市的距离越近，便越可以感知到权力的存在，反之，则越难感觉到权力的存在。在民族国家出现以前的各种传统国家形态中，信息的储存和传输或者依赖于人脑和口口相传，或者依赖于文字书写和印刷技术，无论何者，国家对地方社会的整合能力都相对低下，政治权力中心很难详尽和即时性地掌握地方社会的信息，地方社会基本上处于自在、自治的状态。但民族国家的权力行使模式则表现为领土边界范围的"均匀平铺型"模式，即无论是否远离政治权力中心，政治权力都在领土边界范围内均匀地发挥着效果。同时，只要有需要，任何地方信息也能即时性地进入中央的视野。民族国家权力行使方式的这一变化，与现代通信技术的兴起息息相关。电报、电话等现代通信技术的出现大大提升了民族国家对于社会的整合能力，而晚近时代兴起的计算机、互联网、芯片、大数据、云计算、人工智能等新技术，则使民族国家的信息收集和加工能力达到了史无前例的地步。从这一角度而言，传统的国家与社会划分已经丧失意义，因为在民族国家的条件下，并不存在真正意义上的独立社会，而是无时不笼罩在行政权力的监控之下。

从这一角度而言，承载全球化的关键要件同样为民族国家的所亟须。现代通信技术帮助塑造了民族国家的政治面貌和治理方式，但反过来，民族国家的内在追求也促进了信息存储、传输、加工能力的发展，从而使全球化获得加速发展的动力。从这一角度而言，全球化的动力不仅来自资本的逐利本性，更得益于民族国家的政治本性。正因如此，吉登斯认为，全球化不仅没有终结民族国家，而且使民族国家脱清与传统国家形式的藕断丝连而进入一个典型的民族国家时代。[1]

但是，我们不能由此就认为，全球化与民族国家之间只存在亲和性的一面，同时还必须看到两者关系的另一面，即矛盾的一面。对于民族国家而言，全球化也像是其用符咒所呼唤出来的魔鬼，不断给自身造成致命冲击；对于

---

[1] 参见〔英〕安东尼·吉登斯：《全球时代的民族国家》，见郭忠华编：《全球时代的民族国家》第一部分，南京：江苏人民出版社2010年版。

全球化而言也一样，民族国家像是一个强大的制动器，不时给凯歌奋进的全球化进程打上一连串缓冲符。

有关全球化给民族国家造成冲击的情况，在学术界已经广泛的论述，并由此形成了前文已经指出的民族国家"终结论"的观点。在20世纪中后期全球化狂飙突进的时期，经济全球化给民族国家带来的致命冲击主要体现在以下几个方面。第一，经济危机给民族国家所造成的打击。经济危机是依附在资本主义生产方式上挥之不去的幽灵，自资本主义来到这个世界，经济危机就与之始终如影随形。其中，给民族国家造成最大冲击的莫过于1929—1933年发生的遍及整个资本主义世界的经济大危机。即使在晚近二十年前后，也先后出现过两次大的冲击：先是1997年东南亚金融危机，其次是2008—2013年的全球金融危机。每一次经济危机都使民族国家的经济遭受致命打击。其次是全球恐怖主义给民族国家的安全所造成的冲击。这一点集中体现在2001年"9·11"事件上。此后，全球恐怖主义成为威胁民族国家安全的关键要素，世界各国很少不遭受恐怖主义的威胁。最后，全球社会问题给民族国家所造成的冲击，比如全球气候变化、全球新冠肺炎疫情等。在所有上述全球性问题中，其中的任何一种都足以给单一民族国家造成致命的打击，并且在大部分时候，这些问题是结合在一起的，由此给民族国家造成的冲击变得更具致命性。也正是在这种背景下，不少思想家认为，民族国家这一国家类型业已过时，并提出了种种有关民族国家去向的设想，欧盟则承载着最为厚重的期望。①

显然，时至今日，民族国家不但没有如部分思想家所预期的那样消失，反而表现出一系列强劲的反弹。这可以通过两个方面得到解释。一方面是民族国家直接对全球化所做出的反击。全球化是各种类型的资源在全球化范围内所做的重新配置，这种资源首先体现在经济资源上，但同时也会体现在政治、文化等其他资源上。正因如此，在全球化发展的过程中，有不少国家受

---

① 参见〔德〕于尔根·哈贝马斯：《后民族结构》，曹卫东译，上海：上海人民出版社2002年版。

益,但也有不少国家损失惨重,从而出现了对于全球化的不同态度。美国在历史上曾经是全球化的最积极推动者,但近年来随着美国在全球市场上不断出现贸易逆差、技术外流、劳动力失业等问题,美国的反全球化势力也明显抬头,其中最明显者莫过于2016年以来出现的特朗普主义。特朗普主义直接打出"美国至上"的旗帜,将美国的国家利益凌驾于世界共同体之上,退出一度建立的各种全球合作组织,经济上则直接采取贸易保护主义政策。美国显然不是孤例,英国、土耳其、俄罗斯等一系列其他国家也有类似的表现。近年来以美国为代表的贸易保护主义、国家利益至上等思维被概括为"逆全球化"浪潮。它反映了民族国家对全球化所发出的反向冲击。另一方面,民族国家作用的强化还体现在应对全球化所带来的问题上,民族国家的联合行动明显加强。比如,面对全球气候变化、全球恐怖主义、全球金融危机、全球新冠肺炎疫情等所带来的冲击,世界民族国家也积极联合起来,共同应对这些问题所带来的挑战。尽管在这些联合行动中始终飘忽着国家利己主义的影子,但不可否认,这些联合行动在促进全球问题的解决方面也发挥了良好的作用。

四、结语

基于前文的论述,本文提出关于全球化与民族国家之间关系的如下观点。

首先,需要从辩证的立场来看待两者之间的关系。从本质上说,民族国家与全球化之间并不是一种"非此即彼"的关系,而更多是一种"共生与矛盾"的关系:民族国家的政治特性促进了全球化的发展,全球化的发展也使民族国家变得更加纯粹,使领土、主权等因素更加得到加强;但另一方面,全球化也给民族国家带来了一系列重大的挑战,同时,民族国家也不断给全球化进程画上休止符。不论是"民族国家终结论"还是"全球化终结论"的观点,实际上都只看到了两者之间的排斥性。

其次,必须从更长周期的角度来审视全球化与民族国家之间的关系。通过短时间或者拍快照的方式来认识两者的关系,将不可避免地导致前文已论述过的彼此终结的观点。但实际上，民族国家终结论只看到20世纪中后期以来全球化对民族国家的冲击，全球化终结论则只看到晚近民族国家对全球化的强劲反弹。实际上，从较长的周期来看，两者之间并不是谁取代谁的问题，而是呈现出一种互有起落、交错发展的轨迹。由于难以逾越的国家主权、不断强化的国家能力等原因，民族国家在相当长时间内将很难被取代。同时，全球化也不会因为民族国家的一时反弹就退出历史舞台，不仅如此，还将随着大数据、人工智能等新技术的出现而进一步向纵深推进。

最后，必须从全面的角度来审视两者间的关系，不能因为全球化或民族国家给对方造成的某方面冲击就否定其整体存在的可能性。实际上，两者在经受对方冲击的同时，也从对方那里汲取了大量的养分，从而使自身进一步变得强大。中国通过加入全球化浪潮而取得了长足发展，但也经受过和经受着全球化的重重考验。正确认识两者间的关系，学会与全球化共存，对于中国下一步发展而言可谓至关重要。

反思性全球化:一个政治哲学考察

余明锋*

全球化并不是一个新题目。早在20世纪90年代末、21世纪初,特别是我国加入WTO前后,国内已有诸多讨论。在国际上,20世纪六七十年代以来,全球化就是一个思想和学术的大热点,涌现出多种全球化理论。这个概念的传播史甚至本身也成了最为显著的全球化现象之一。如全球史家奥斯特哈默所言:"'全球化'这个概念在20年内所实现的成就,另一个可资比较的范畴——'现代性'要用两百年的时间才能做到。"①

重提全球化问题大有必要,因为全球化到了一个新阶段,面临着新问题,甚至可以说当下世界现实的首要问题是全球化是否已经走到尽头,是否面临着地方化的回潮甚至半球化的风险。本文尝试提出"反思性全球化"的概念,借此对全球化做一种政治哲学的考察。

一、"反思性全球化"之为时代诊断

事实上,早在20世纪末,在全球化概念成为最热门的"热词"的时候,

---

* 余明锋,同济大学人文学院副教授。
① 〔德〕于尔根·奥斯特哈默:《全球史讲稿》,陈浩译,北京:商务印书馆2021年版,第46页。

已然有着许多质疑的声音。值得注意的是，围绕全球化的争论不仅批判全球化的现实，而且同时针对全球化这个词语。英国社会学家齐格蒙特·鲍曼在《全球化：人类的后果》（1998）一书开篇处就断言，"'全球化'挂在每个人的嘴边。这个风靡一时的字眼如今已迅速成为一个陈词滥调。"① 英国政治学家戴维·赫尔德等在《全球转变》（1999）中同样批判性地指出，"全球化"这个词语，"如果还没有变成我们时代的'陈词滥调'，那么它就正处于这样的危险之中，这个所谓的大观念包含一切，但实际上它并没有真切地探究当代人类的状况"②。左派学者甚至强调，"全球化还是一个极其政治化的概念"，诺埃尔·卡斯特利等人文地理学家在《工作空间》一书中进一步将之称为"全球化神话"。③ 所谓"全球化神话"指的主要是"民族国家消亡"和"廉价劳动力"的神话。《工作空间》的作者们因此主张用"全球资本主义"这一原为传统的术语来替代"全球化"这一具有神话色彩的概念。④

有关全球化概念的各式批判不无道理。这个概念的运用确实有着泛滥的倾向，某些过于乐观的全球化话语也着实染上了一层神话色彩。显然，民族国家并未过时，而廉价劳动力的神话大大忽视了全球化的可能后果。但是，当论者用"全球资本主义"来取代"全球化"概念的时候，我们可以清楚

---

① 〔英〕齐格蒙特·鲍曼：《全球化：人类的后果》，郭国、徐建华译，北京：商务印书馆2020年版，第1页。

② 转引自〔英〕诺埃尔·卡斯特利等：《工作空间：全球资本主义与劳动力地理学》，刘淑红译，南京：江苏凤凰教育出版社2015年版，第17页。

③ "'全球化'这一术语产生的意思以一系列神话的形式表现出来。这些神话有一点真实性，但是重要的是这点真实性被夸大得远远超出使得它存在的事实了。"（《工作空间》，第20页）书中并且详细总结了这个神话的六个方面：（1）"第一个神话是我们生活在一个越来越'无国界'的世界"；（2）"第二个相关的神话就是全球化是一种远远高于不同地方和人群的不可抗拒的力量"；（3）"第三个神话是全球化意味着民族国家的消亡"；（4）"全球化破除了一个世纪以来对于工人权力的信念"；（5）第五个神话是与第四个相关的"廉价劳动力神话"；（6）"今天雇佣工人必须扩大他们的行动范围以争取更好的报酬、条件和权利"的神话。（《工作空间》，第20—23页。）

④ "我们反而更倾向于用一个比较老的术语'全球资本主义'——这是20世纪60年代到80年代末期社会科学家比较常用的一个术语。我们认为这一概念可以帮助我们更深入地分析问题。全球资本主义告诉我们，关于我们生活和劳动的这个世界，我们真正需要了解的东西是什么。"（《工作空间》，第18页。）

地看到，全球化概念仍然被作了过于狭隘的理解，即仅仅被理解为经济全球化。

一方面，经济全球化固为全球化的基本动力机制，可乌尔里希·贝克提出的"风险社会"的概念提醒我们，当下世界几乎所有重要的生存性议题都是全球性的。如萨弗兰斯基所言，"自从有了原子弹，就有了一个面对威胁的全球共同体。"① 在原子弹之外，病毒、粮食、能源、生态危机等关系到每一个人和每一个民族国家的议题都是天然的全球议题。另一方面，虽然全球治理仍然缺少全球主体，可全球公共领域已经形成。比如，随着现代传播技术的发展和普及，世界杯、奥运会成了全球共同关注的事件。诺贝尔奖也是一个发生在全球公共领域内的科学和文化事件。更重要的，还有各式国际机构充当全球公共领域的协商机制，这是当下应对全球风险的重要设置。进而，我们也不能简单地以自然状态或丛林法则看待当下的国际政治。全球公共领域有着基本的道德约束："与20世纪中叶以前有所不同，现在已经有制度性的保障，能让丑行暴露在'世人眼前'并遭到谴责。"②

简言之，全球化不是我们想要摆脱就能摆脱的概念操弄，不仅是新自由主义的意识形态迷雾，而是当下世界的一个基本的生存现实。这个生存现实与现代技术条件、与现代交往形式等深层要素相关，可谓技术时代的生存处境。而在经济全球化之外，风险全球化同样是强有力的全球化引擎，一个全球公共空间的形成也让全球化有了基本的协商机制，有了不可忽视的政治和道德维度。

不过，我们仍然要提出反思性全球化的概念。因为无论以上哪个方面，都存在着亟待反思的要素。全球化概念如果缺少反思性转向，如果没有对这个概念一开始所带有的新自由主义底色展开自我批判，如果仅仅局限于经济全球化的狭隘理解，那就会导致我们的全球化讨论无法入于问题深处，无以

---

① Rüdiger Safranski, *Wieviel Globalisierung verträgt der Mensch?*, Carl Hanser Verlag, 2003, S. 11.
② 〔德〕于尔根·奥斯特哈默：《全球史讲稿》，陈浩译，北京：商务印书馆2021年版，第79页。

面对当下社会的基本现实。反思性全球化因此首先是一种时代诊断,强调全球化之为基本生存现实。从这样一种视角来看,当前表现出来的"逆全球化"趋势与其说是全球化的衰退,不如说是全球化的变形。因为只有从全球化出发,才能理解这些新现象。①

其次,反思性全球化是一个强调层次性、纵深性和批判性的概念。这也是反思性全球化之为时代诊断的另一方面意涵。在这个意义上,反思性全球化首先意味着不再盲目乐观地、单方面地推进经济全球化,而是充分考虑到经济全球化所带来的种种社会后果和系统风险;其次意味着在经济全球化之外,充分考虑到风险全球化的现实意义,同时意识到风险全球化并未自动地导向贝克所谓的"焦虑性团结"。② 于是,在经济全球化和风险全球化之外,全球化仍然需要一只有形的手。可反思性全球化在意识到全球公共空间的现实和必要之外,同样需要批判性地看到,现有的全球公共空间受民族国家和资本主义双重逻辑的干扰,既没有足够的"公共性",也暴露出极为脆弱的特点。缺少治理主体的全球治理注定是一个成问题的概念。

无论如何,对全球化概念做一种反思性改造,是当代政治哲学不可忽视的一项重要任务。这个词语如今不免蒙上一层晦暗的色彩,可仍然是我们直面当下现实之际不得不运用的一个基本概念,是一个有效的分析框架。

二、反思性全球化之为政治现象学

无可否认的是,全球化概念的提出起初带有一种明显的历史进步论色彩,而后恰恰因此激起了反全球化论者的义愤和悲观。全球化概念由此成了一个左右博弈的意识形态战场。而反思性全球化概念的提出,意在以一种政治哲学的反思眼光,悬搁其中的进步论和反进步论要素,批判其单一化倾向,从

---

① 有关于此,笔者曾在《数字全球化与数字主权》一文中就区域化现象做了简要的分析。参见余明锋:《数字全球化与数字主权》,载《国外社会科学》2021 年第 5 期。

② 参见余明锋:《病毒与全球化》,载《国外社会科学》2020 年第 5 期。

而将这个概念提纯为一个有效的分析框架。于是，从政治哲学角度提出的反思性全球化概念就会有一个清晰的政治现象学维度。

所谓政治现象学，简单来说，首先是对何谓政治的现象学考察，其次是对隐匿在其他现象之中的政治现象的揭示和描绘，最后还是对抽象的政治范畴作现象层面的直观校验。① 政治现象学对于今天的政治哲学反思来说，具有十分重要乃至极为根本的意义，因为如今的政治现象不再是单纯的城邦政治、帝国政治或现代民族国家政治，而是错综复杂地交织在一起。全球化尤其加剧了这一早已变得混乱不堪的政治现象领域。于是，一种政治现象学的澄清就显得尤为必要。

举例来说，一名沙特阿拉伯的建筑工人在 20 世纪 90 年代失业了。为了养活五个孩子，他不得不前往波兰谋生。这样一个简单的事实，背后却是一个时代的全球化故事。首先，20 世纪 80—90 年代，得益于石油出口，城市扩建就需要建筑工人。可是，"90 年代后期石油价格下降，加上利雅得供过于求的商业住宅房产，建筑业开始萎缩"②。这就是他何以成为建筑工人而又何以失业的原因，背后是全球石油市场的波动。其次，"波兰这一前共产主义国家正在迅速融入资本主义世界经济。外国公司之所以将工厂建在格但斯克这样的城市，是因为它们可以利用这些城市的电子流水线和机械工厂这些行业里熟练但劳动力成本相对低廉的工人。结果这些工人对新住房的需求激发起建筑业的小高潮"③。这是他何以能够前往波兰谋生的原因，背后是全球政治和经济的新图景。可是，如果我们不采取一个极宏观的全球化视角，那就看不清这种跨度极大的现实，更看不到这样一个日常的个体性遭遇实为那时代突出的政治现象的一种具体表现。

---

① 有关政治现象学的基本路径的考察，参见余明锋：《施米特、施特劳斯与政治现象学》，载《现象》，北京：商务印书馆 2021 年版，第 71—87 页。

② 〔英〕诺埃尔·卡斯特利等：《工作空间：全球资本主义与劳动力地理学》，刘淑红译，南京：江苏凤凰教育出版社 2015 年版，第 4 页。

③ 〔英〕诺埃尔·卡斯特利等：《工作空间：全球资本主义与劳动力地理学》，刘淑红译，南京：江苏凤凰教育出版社 2015 年版，第 4 页。

在现象之政治意蕴的揭示中,反思性全球化的政治现象学分析,尤其要揭示各种反全球化、逆全球化现象实为全球化本身所带来的后果和反应。换言之,只有从全球化内在的结构性问题出发,才能澄清这些现象,也只有从全球化的语境或坐标出发,才能厘清当下纷乱的政治话语。

鲍曼在《全球化:人类的后果》中着重指出,全球化是全球范围内的要素重组,而其分化的效应不亚于联合的效应。流动性于是具有了突出的政治意义。首先,全球经济的生产要素具有截然不同的流动性。在资本、人力和土地三要素中,真正可以在全球高速流动的只有资本:"在所有对公司经营有发言权的人中,只有'投资者'——即股票持有者才根本不受空间约束。"① 于是,全球化的收益大部分被最有话语权的资本获得,可全球化的后果将主要由地方来承担。② 其次,流动性也带来了新的阶层区分:"我们中的有些人成了名副其实的'全球人';而有些人却被固定在其'本土'——在这个由'全球人'定调和制定人生游戏规则的世界中,这是一个既不愉快又不能容忍的处境。在一个全球化的世界中处于本土化,这是被社会剥夺和贬黜的标志。"③ 于是,这就造成了政治共同体的分裂,本土化的受剥夺者占据了人口大多数,他们唯有借助民族国家的主权性力量,来与不受国家限制的高度流动性相对抗,才能维护自身的利益。而民族国家也会在反全球化中看到自身政治主张强大有力的民众基础。

夹在上层的全球化取向和下层的反全球化取向之间的,是部分享有全球化利益又不得不承担全球化后果的"新中产阶级":"'流动'对新等级制度中的上层人物和底层人物分别具有迥然不同的、完全相反的意义,而人口的主体——在这两极间摇摆的'新中产阶级'——则在那对立中首当其冲,经

---

① 〔英〕齐格蒙特·鲍曼:《全球化:人类的后果》,郭国良、徐建华译,北京:商务印书馆2020年版,第8页。

② "避免为后果负责任是新的流动性带给自由流动、不受地方限制的资本的最令人垂涎、最珍贵的好处。这样一来,在计算投资效益的时候,处理后果的成本就无须考虑在内了。"(《全球化:人类的后果》,第9页。)

③ 〔英〕齐格蒙特·鲍曼:《全球化:人类的后果》,郭国良、徐建华译,北京:商务印书馆2020年版,第2页。

受着严峻的生存不确定性、焦虑和恐慌。"① 鲍曼的分析以发达资本主义国家为原型（可发达国家的中产阶级在过去一段时间也因为全球产业转移而日益陷入贫困化），对于发展中国家而言，"焦虑的中产"更是占据少数，真正的大多数仍然是底层。随着全球化后果的显现，保守主义甚至民粹主义的回潮因此是片面全球化所必然带来的反应。反思性全球化对于政治现象的全球化维度的揭示，因此可以有效揭示当下政治机制的底层逻辑。

可我们要注意的是，全球化不能因此被简单地抛弃或妖魔化。如经济学家皮凯蒂所言："参与全球经济体系本身并没有错，闭关自守从未带来繁荣。"② 反思性全球化在揭示全球化的政治现象之时，因此也有着一层规范性内涵，既不是美化全球化，也不是简单拒斥全球化，而是充分揭示其动力机制和必然后果，并且表明只有更好地解决全球正义问题，克服全球化的阻力，才能有一种健康的全球化形态、一个更好的全球化的未来。

由于全球化后果的充分显现，"反全球化"在当下西方世界甚至成了相当一部分左翼和右翼的共识。可如果细加分析，就会发现，在反对全球化的大合唱中，右翼更多地是出于国家安全、文化认同和本地就业的担忧，而在左翼的反全球化立场中，除了劳工的福利之外，环保等其他考虑占据了更为突出的位置。所以，乍看上去的共识，实为反思性全球化的不同表现，并且这些担忧和考虑就其本身而言无疑都是正当的，都应当被纳入全球化理论的视野中来，而非简单地以新自由主义的道德傲慢将"反全球化"一律作妖魔化贬低。在立场之争变得日益坚执的当下，反思性全球化因此也有一种启蒙的意义，让我们看到各种立场的形成机制，理解其成因和走向，从而避免各式意识形态的陷阱。

三、反思性全球化之为政治范畴论

面对当下世界的剧变，我们常常感到一种言说的困难，甚至陷于某种无

---

① 〔英〕齐格蒙特·鲍曼：《全球化：人类的后果》，郭国良、徐建华译，北京：商务印书馆2020年版，第4页。
② 〔法〕皮凯蒂：《21世纪资本论》，巴曙松等译，北京：中信出版社2014年版，第71页。

可奈何却又分外焦虑的失语。究其原因，在于现象的演变早就超出了原先的言说方式。反思性全球化着眼于全球化和反全球化所带来的当下世界的变形，考察由此带来的政治现象乃至政治概念的演变，于是具有一种政治范畴论的意义。

哲学思考尤其着重于范畴论，也就是着重于我们理解世界、表达自我的基本言说方式。相应地，政治哲学的思考应当尤其着重于政治范畴论。可当下的政治哲学话语、我们言说政治的基本范畴，大体在17世纪形成于西欧，尤其是最早完成现代国家建构并一度称霸世界的英国。那个时代的基本主题是主权国家的建立和群己权界的划分，霍布斯和洛克是这个时期的代表性思想家。① 主权国家的建立和群己权界的划分相当程度上仍是发展中国家的主题，特别是过去一百年的主题。可当下的主题已经发生重大变化，至少在全球化（尤其是数字全球化）的语境之下，主权问题的现实情形发生了重大变化，群己权界的问题也发生了重大变化。以大数据和数字全球化为例，当数据本身成了像石油一样的资源，主权者对于个体隐私的保护就有了和产权保护同样的意义，甚至有着更为严重的急迫性。总之，如果我们还用17世纪的哲学话语来谈论21世纪的现实，恐怕只能错失真正的现实。

在这个意义上，我们还可以把"反思性全球化"理解为一种政治哲学的方法论，意在从全球化的现实出发，反思政治哲学的基本范畴（比如主权范畴、人权范畴等），考察其在当下语境中的重要变形。② 有关主权范畴，鲍曼在《全球化：人类的后果》一书中观察到一个至为有趣的现象："现在有那么一些国家，在根本没有人强迫它们放弃其主权的情况下，却主动积极、千方百计地献出主权，乞求它们的主权被夺去而融入超国家的编队中。"③ 这种现

---

① 严复用"群己权界"来翻译 liberty 至为精当，点出了这个概念的真正要害，远甚于含混的"自由"概念。Sovereignty［主权］和 Liberty［群己权界］是早期现代政治哲学的两个关键词，霍布斯的《利维坦》确立了前者，而洛克的《政府论》通过确立后者限制了前者的范围。

② 有关于此的初步考察，参见余明锋：《数字全球化与数字主权》，载《国外社会科学》2021年第5期。

③〔英〕齐格蒙特·鲍曼：《全球化：人类的后果》，郭国良、徐建华译，北京：商务印书馆2020年版，第61页。

象初听上去匪夷所思，可是在欧洲尤其已然司空见惯。东欧国家纷纷申请加入欧盟和北约，正是为了在全球化语境中赢得更多的主动而"主动出让主权"的政治行动。只有从反思性全球化出发，我们才能恰切地理解这种看似悖谬的主权行动背后的政治逻辑。

除了既有的政治哲学概念，我们所面临的能源和生态危机，病毒和核灾难等风险全球化要素，也促使我们反思现代性规划本身，将原本被排除在政治视野之外的概念纳入政治哲学的考察。比如，"病毒"在多大程度上是一种社会存在，而"自然"概念在多大程度上已经并不自然？"自然"甚至可以是一个高度政治化的概念？在当下的政治哲学探索中，法国思想家拉图尔另辟蹊径，反思现代政治在多大程度上简化了自然。他提出"政治生态学"，并且试图从这样一个新的眼光出发重构政治哲学的基本概念："迄今哲学家们只是给政治生态学穿上现成的服装。我相信，值得为它定制新装：或许它会发现自己少受些限制，并且多少感到更舒适一些。"① 这就是一种政治范畴论的反思。拉图尔的政治生态学虽然不是从全球化问题出发的考察，可是他的视野本身已然是全球化的。并且，只有纳入反思性全球化的视野中来，他的政治生态学恐怕才能有真正的效力，因为生态问题注定了是一个全球问题。拉图尔对政治哲学的"人类中心主义"视野的反思尤为值得注意："政治哲学一直专门聚焦于人类政治的世界，仿佛此外更无他事，它把大部分问题不屑一顾地放在其他地方秘密解决，以一种非人类客体的集合来进行神秘操作，以决定是什么构成了自然，以及我们人类与自然形成了什么样的统一体。"② 无论如何，未来的全球化除了强调全球治理和全球正义，还需要提出一种人与自然和谐共处的文明观。反思性全球化还需要反思现代性以来人类对于自身力量的过度自信，反思我们以主体的姿态把握客体自然的概念方式，转而从生态圈的整体视角出发，反观人类的经济活动和政治纷争。这个意义上的反

---

① 〔法〕拉图尔：《自然的政治——如何把科学带入民主》，麦永雄译，郑州：河南大学出版社2016年版，第12页。

② 〔法〕拉图尔：《自然的政治——如何把科学带入民主》，麦永雄译，郑州：河南大学出版社2016年版，第104—105页。

思性全球化乃是一种深切的现代性反思，由此而发展出来的政治范畴论不仅有助于我们更为恰切地、周全地言说当下现实，还有助于我们预先思考并不遥远的将来。

四、结语

全球化虽然进入了一个危机四伏的时刻，可全球化仍在中途，有关全球化的论争也远为结束。本文提出反思性全球化的概念，不仅是要容纳种种反全球化的论述，从而提出一个更为复杂、多元，更具有现实性的全球化概念，而且试图反思政治哲学本身的概念框架和现象视域，意在开启一种全球化的政治哲学。当然，这是一个十分宏大的论题，本文只是一个开启的尝试，这篇"政治哲学考察"只是初步的勾勒，更为详尽的工作只能留待未来。

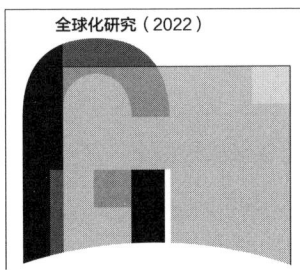

全球化与全球治理

全球发展的不确定性与中国的治理实践[*]

吴志成[**]

当今世界正在经历百年未有之大变局,经济全球化继续发生深刻复杂变化,人类社会再次处于历史的十字路口,大发展大变革大调整和不稳定不确定成为新时期全球发展的显著特征。特别是新冠肺炎疫情的全球肆虐给世界各国人民的生命健康安全造成了严重威胁,也成为影响当下全球治理体系变革和全球发展进程的最大不确定因素之一。在这次疫情的持续影响下,一些国家的保护主义、单边主义、霸凌主义、地缘政治博弈逆流而动,世界经济陷入深度衰退,国际贸易和投资大幅萎缩,俄乌冲突引发欧洲战火重燃,世界秩序变革与转型快速推进,全球治理赤字、信任赤字、和平赤字、发展赤字有增无减,世界面临的不稳定性不确定性更加突出。中国作为具有重要影响力的世界大国,坚持站在历史正义的一边,在世界乱局中保持战略定力、在全球变局中抓住历史机遇,以负责任的大国担当和实际贡献,积极应对和化解各种风险和不确定性,为分化变动和充满不确定性的全球化世界努力提

---

[*] 本文源于 2021 年 12 月 18 日在北京师范大学全球化与文化发展战略研究院举行的"全球化:现在与未来"学术研讨会上的发言。应本次会议论文集刊的约请和允许,作者对会议发言记录稿和此前发表的相关研究成果"保持战略定力应对全球治理的不确定性变化"进行了整合和补充,以供会议论文集收录,也期进一步深化和拓展目前相关主题的研究。

[**] 吴志成,中共中央党校(国家行政学院)国际战略研究院副院长、教授。

供维护和平稳定的正能量，增加和创造促进全球合作发展的稳定性和确定性，不断推动全球治理砥砺前行。

一、当今全球发展面临的不确定性

确定性与不确定性是一组相对概念，犹如一枚硬币的两面，两者相伴相生，相互作用，构成了世界运动发展的常态。从自然科学的角度看，确定性是事物发展过程中出现的确定不移的运动状态和趋势，是人们对事物运动状态和发展趋势的确切预知性，具体表现为事物运动发展的既定性、必然性和规律性。从本质上说，无论是研究分析，还是政策制定，人们的目标通常都是基于确定性的前提，努力追求和掌握确定性，进而采取措施削减不确定性或有效管理不确定性风险。不确定性是人们根据物质运动的确定和已知状态，难以有效推测确认或理性断定未来即将出现的状态、趋势与结果。即使做出某些判断和预测，其结果也可能出现预想不到的意外情况，或呈现出多种可能状态。确定性既是普遍存在，也是人类认识、观察和分析世界所追求的目标和结果，是一种预期的理想状态。不确定性则是现实世界中事物运动变化的普遍现象和日常状态，只是大多数情况下处于隐性和背后状态。在现实的物质世界中，事物的发展变化是无限的，其结果和趋势通常具有诸多可能。但是，人们的认识能力和知识技术本身是有限的。不仅客观环境和外部条件本身复杂多变，而且人的主观认识不完整，掌握信息不充分，技术方法不先进，往往难以准确、客观、全面地认识客观现象。此外，现实世界的各种事物和过程本身就具有不确定性，通过人们的认识和实践活动，也会造成或加剧人类在认识过程中的不确定性。正如古希腊哲人赫拉克利特提出，一切皆流，无物常在；太阳每天都是新的，等等。这些论述和观点都说明了客观世界的一切事物都处在不断变化发展过程中，不确定性是现实世界的本性。

不确定性不仅是人类社会普遍存在的情形，而且也是个人或群体（如家庭、企业或国家）进行行为选择时必须考虑的问题。① 在人类社会发展的历史长河中，任何国家和民族都是循着曲折的道路向前发展的。在这一过程中，既有决定历史发展大势的必然规律性和确定性，也存在大量的偶然性和不确定性，这种偶然性有时在某些历史阶段、某些社会领域和某些特定情况下甚至还占据主导地位，发挥决定作用。但是，一种社会活动、一系列社会过程，越是显得受到纯粹的偶然性的摆布，它所固有的内在规律就越是以自然的必然性在这种偶然性中去实现自身。在常规历史条件下，人类通常只是感受、认知和接受处于主导状态的稳定性和确定性，很少在意被确定性掩盖的不确定性。其实，从整体上看，这种不确定性和不稳定性虽然属于历史偶然性范畴，但是它也是人类历史发展进程中的正常现象和重要特征，在重大历史转折或变革时期这种状况尤其如此。正是在这种不确定、不稳定的发展及其应对中，人类的自主性、能动性和创造性才得以不断发挥作用，人类的本质才得以更加真实地得到彰显，客观存在的历史规律和确定性才得以不断地被人类发现、把握和遵守，人类历史的车轮才得以滚滚向前。

随着百年大变局的加速演进和国际形势的深刻变化，不确定性已经成为当前国际问题研究和社会政策话语中出现频率极高的热词，也成为观察和分析国际政治经济形势的常用话语。在国际问题或全球发展研究领域，不确定性通常是指国际关系和全球治理中的那些难以确切认知或不可有效预测、没有规律和必然性可循的现象、状态、结果和趋势。② 进入新世纪新时期，科学技术迅猛发展，全球化进程不断深化，国际形势风云变幻，世界发展更加呈现出大变革大调整大转型的鲜明特征，变革转型和不确定性成为国际社会发展的常态。由于不同国家的利益偏好和战略选择不同，人们的研究探索当然期待发现一种可以把握和预知的全球发展的必然性、规律性、确定性，预测全球治理演进的确切状态、结果和趋势。但是，由于国际形势和全球发展事

---

① 参见田野：《关于国际政治经济中不确定性的理论探讨》，载《国际论坛》2000 年第 4 期。
② 参见吴志成：《保持战略定力应对全球治理的不确定性变化》，载《中国党政干部论坛》2020 年第 10 期。

实本身具有社会属性和系统属性，许多社会观念的作用和人为因素的影响难以直接观察感知，一些系统效应的复杂后果也不能准确认知，因此信息的不充分、不完备和推论结果的不确定性就不可避免。① 就近年来国际社会出现的诸多"出乎预料"现象和重大不确定性事件看，全球发展中的"黑天鹅""灰犀牛"事件不时发生，使国际关系和全球治理面临着诸多巨大的风险和挑战。比如，2016年发生的英国全民公投决定"脱欧"成为全球化行进历史进程中民族国家退出区域合作联盟的先例，在分化欧盟团结、延缓一体化进程的同时，它所折射的反一体化和民粹主义、国家主义抬头，不仅削弱了欧盟的国际地位和全球影响力，也使区域合作治理和全球化进程遭遇挫折。2017年特朗普当选执政后，固守本国利益至上原则，推行"美国优先战略"，强权政治、霸权主义、冷战思维依然嚣张，任性"退群"毁约，漠视和推卸国际责任，蓄意挑起与中国等国家的贸易争端，阻碍全球多边治理机制改革，美国与西方传统关系的裂痕与分歧曾一度扩大，世界大国之间的竞争博弈升温，全球治理赤字与不确定性更加凸显。新冠肺炎疫情是百年来人类遭遇的影响范围最广泛的全球性流行病，各国确诊病例和死亡人数目前仍在持续攀升，这一疫情的全球迅速蔓延，不仅给国际社会造成严重恐慌和危害，还加剧了地缘政治博弈和大国关系紧张，放大了全球化和全球治理的短板与缺陷。此外，世界经济发展不充分不平衡严重，地区冲突和热点问题此起彼伏，传统安全威胁与非传统安全威胁相互交织，自然资源过度消耗使人类生态环境岌岌可危等，这些问题的叠加作用都进一步加剧了当今全球发展的不确定性。

二、全球发展不确定性凸显的重要原因

不确定性的存在与发生既是人类社会发展进程中的正常现象，也是新世纪新时代大发展大变革特征的重要表现。具体考察当今全球发展中频频发生

---

① 参见李少军：《国际关系研究中的确定性与不确定性》，载《世界经济与政治》2015年第6期。

的不确定性现象，可以发现，这些不确定性的凸显是多种因素共同作用的结果，其中，既有自然灾难等人类难以预测和抗拒的各种自然因素，也有人类在治理全球问题、应对风险挑战过程中自身行为的作用和影响。①

一是百年未有之大变局与全球治理体系转型的阵痛。"当下，世界之变、时代之变、历史之变正以前所未有的方式展开，给人类提出了必须严肃对待的挑战。"② 国际关系发展历史表明，由于不可预见因素多，大国力量加速分化组合，国内国际政治交织影响，世界格局重大变革和全球治理体系转型常常伴随着各种不稳定性和不确定性，甚至还可能引发严重冲突。这种不确定性不仅源于国际格局调整本身，表现为权力转移导致国际局势错综复杂、大国关系动荡不稳、地区秩序变乱不定、全球化进程曲折起伏，也可能源自全球性挑战日益增多，各国感知不同、措施迥异，全球合作治理更加艰难。一方面，随着全球化进程的深化和科学技术的发展，各国之间的经济社会联系日益密切，人类已经成为"你中有我、我中有你"的命运共同体，安危与共、休戚相关使国际关系变得高度敏感和脆弱。另一方面，冷战结束以来，随着以中国为代表的新兴国家群体性崛起，世界经济结构发生深刻调整，国际力量对比态势正在发生"东升西降""南升北降"的变化，自由主义国际秩序陷入危机。与此相应，近代以来世界权力在少数西方国家之间"倒手"的局面走向终结，并开始向非西方世界转移，西方国家主导国际政治、把持国际秩序的历史正在发生改变，传统全球治理体系陷入制度性困境，转型与变革成为大势所趋。面对这种历史发展大势，少数守成大国特别是美国并不甘心接受，甚至任性脱钩孤立，蜕变为全球化的"麻烦制造者"和国际秩序的破坏者，当今许多行之有效的全球治理机制也因美国搅局而运行困境，全球治理体系面临失序危险。

二是西方一些国家逆全球化倾向的涌动抬头。全球化是一柄"双刃剑"，

---

① 参见吴志成：《保持战略定力应对全球治理的不确定性变化》，载《中国党政干部论坛》2020年第10期。

② 习近平：《携手迎接挑战，合作开创未来》，载《人民日报》2022年4月22日。

在推动全球发展、造福人类社会的同时,全球发展失衡加剧、贫富差距和分配不公增大、国内社会矛盾激化、国家冲突风险上升、国家治理危机和风险全球化加重等负面影响也日益显现,给全球发展带来许多新的不确定性。尤其是 2008 年国际金融危机爆发后,经济全球化进程遭遇强大阻力,逆全球化思潮及其政策导向在一些西方国家强势泛起,世界发展的不确定性明显增加,特别是发展中国家的外部环境尤为复杂严峻。贸易保护主义不断升级,多边自由贸易和海外自由投资推进艰难。政治保守化内顾倾向加重,参与国际合作的意愿减弱,美国甩锅诿过推卸责任,国家干预和管制增强。民族主义极端化,开始实行本民族至上和排外的经济社会政策。这种逆全球化思潮和政策不仅反映了经济全球化负面效应的扩散,阻碍了国家之间经济联系的深化,导致国际贸易摩擦与冲突增多,造成全球经济波动不稳,而且还可能激化国家间矛盾,冲击和割裂国际政治关系,特别是加深了发达国家与发展中国家的分裂和战略互疑,给国际社会的和平合作发展和全球治理造成严重危害。①

三是世界主要国家之间的矛盾与博弈加剧。在国际行为体互动层面,全球发展不确定性增加的重要原因就是世界主要国家之间的战略博弈与利益争夺。国家利益的矛盾既源于脆弱的全球体系,也来自国家目标或地缘政治或意识形态的相互冲突,这些都有碍国际社会合作应对全球危机的努力。冷战结束时国际社会对国际安全困境的化解和世界新秩序的期望过于乐观,实际上 21 世纪国家在政治安全领域所面临的不确定性不亚于冷战时期。一方面,美国与被其视为对手的国家之间存在着战略不信任,这些国家的发展被认为挑战和威胁美国的霸权地位,损害美国的国家安全。因而美国与这些国家的关系长期处于合作与对抗的交织之中,双方互信的缺失构成了不确定性的客观基础。其他国家间也因领土争端、宗教矛盾、资源开发等问题存在安全困境,加大了全球合作治理的难度。另一方面,由于经济发展失衡与资源稀缺,以市场为导向的国家之间、投资国之间、投资国与目标国之间也会产生尖锐的利益摩擦。近年来美国以及西方国家对中国对外投资,特别是推进实施

---

① 参见吴志成、吴宇:《逆全球化的演进及其应对》,载《红旗文稿》2018 年第 3 期。

"一带一路"倡议十分警惕,甚至在相关议题上极力刁难,蓄意抹黑和遏制打压中国。这些矛盾和分歧无疑破坏了全球体系的稳定性,增加了全球发展的不确定性。

四是部分国家治理体系与治理能力不足。国家治理危机是外部不确定性的内在根源,突出表现为公共政策减效失灵,国家治理能力、制度活力和创新不足。在不断变化的时代条件下,近年来西方一些国家陷入治理危机,具体表现为经济发展总体乏力,民主政治体制失范,原有治理制度安排僵化不变,其内在运行已经达到某种超载,而且与时俱进的适应性和改革意愿下降,特别是在面对非法移民、族裔冲突和恐怖袭击等严重冲击时,越来越难以有效应对和处置,也不能回应和协调好本国民众的诉求。这些国家无法限制并消除政治资本化的严重危害,也难以承担政府应有的政治责任和社会正义作用,因而激起普通民众对决策精英和制度体系的不满,激化社会矛盾和政治不稳定。这些危机的产生和持续,既有资本主义制度体系自身的弊端,也有具体国家内部机制、结构、政策等存在的不足或失误,进一步暴露了资本主义经济的结构性失衡、民主政治体制的秩序性衰微和社会文化秩序的认同性危机。英国公投脱欧与特朗普逆袭上台就充分凸显了西方国家的民主政治乱象,精英阶层与普通民众两极分化,部分国家治理出现了危机或失效。这种国家治理体系的低效和治理能力的低下,必然导致各种破坏性的社会政治运动,引发社会分裂、动荡与失序,甚至挑动全球性的政治与社会危机。

五是个别大国的霸权任性和责任感丧失。冷战结束后,苏联的崩溃解体使得美国成为世界上唯一的超级大国,但是也难以掩盖其实力地位和全球作用的相对下降趋势,其主导世界秩序的战略愿望与实施能力之间差距不断扩大。特别是特朗普政府在国际事务中崇尚本国利益至上和狭隘国家主义,国际责任观念和人类命运情怀淡薄,在全球发展上急功近利,追求本国利益最大化,其战略和行为霸道任性,给全球治理秩序造成严重伤害。随着经济实力的相对衰落,美国的霸权任性和国际责任缺失更加展露,特别是面对国内经济下行和种族矛盾累积叠加的重重压力,美国的一些极端势力为了一己私利大搞政治操弄,不断突破国际关系底线,不遗余力瓦解全球治理体系和国际多边合作，将抗疫、科技和经贸异化为政治工具，妖魔化中国和中国共产党，甚而胁迫其他国家选边站队，拉帮结派组建国际反华联盟，蓄意制造所谓"新冷战"，挑起新的阵营对抗，强行关闭我驻美总领馆和孔子学院，变本加厉对中国实施全方位遏制打压。一时间，国际形势山雨欲来，黑云压城，国际社会单边主义与多边主义、强权与反强权、霸凌与反霸凌的较量空前突出。美国对世界和平发展合作局势的挑战和对中美关系发展历史潮流的悖逆行径，进一步加剧了我国外部发展环境的不稳定性不确定性，全球发展的整体情势更加艰难。

三、为不确定的全球发展增加确定性

21世纪是一个治变复杂交织、充满不确定性的世纪，不确定性的上升是当前全球发展中出现的重要动向，也是全球化不充分不均衡发展长期累积的集中爆发。作为新时代中国特色社会主义的重要历史使命，中华民族伟大复兴绝不是轻轻松松、敲锣打鼓就能实现的，在这一伟大征程中必然会遇到各种可以预见和难以预见的风险挑战，也必然会出现各种难以把握的不确定性。但是，不管世界发生什么样的变化，也无论全球发展环境多么复杂，我们都必须在一个更加不稳定不确定的世界中寻找确定性、创造确定性，有效应对和化解各种不确定性，不断谋求我国持续稳定发展，促进全球共同发展。

一是始终保持坚定信心和战略定力。"我国仍处于发展的重要战略机遇期，但面临的国际形势日趋错综复杂。我们要清醒认识国际国内各种不利因素的长期性、复杂性，妥善做好应对各种困难局面的准备。"[①] 这是习近平对我国经济社会发展阶段的重大战略判断，充分体现了高瞻远瞩的战略眼光和处变不惊的决策定力。"千磨万击还坚劲，任尔东西南北风。"形势越是波诡云谲，越是面对风险挑战和不确定性，越要坚定理想信念，保持坚定信心，越要强化战略思维，涵养战略定力，掌握历史主动，夯实战略支撑，把握和

---

① 《习近平谈治国理政》第3卷，北京：外文出版社2020年版，第77页。

用好战略性有利条件，也越要坚持从战略全局来观察、思考和处理发展中出现的各种困难和问题。要强化辩证思维，看到我国具有制度优势显著、治理效能提升、经济长期向好、物质基础雄厚、人力资源丰厚、市场空间广阔、发展韧性强大、社会大局稳定等有利条件，不断增强战胜困难的必胜信心，运用制度优势应对风险挑战冲击，把体制制度优势转化为发展优势，朝着既定目标奋力前进。要统筹好两个大局，把我国发展置于全球发展大局中思考和谋划，提高防范化解重大风险的能力，准确识变、科学应变、主动求变，努力在危机中育新机，于变局中开新局。要发挥中国共产党治国理政的优势和经验，用中长期规划指导经济社会发展，推动形成以国内大循环为主体、国内国际双循环相互促进的新发展格局，在把握战略全局中推进各项工作，营造长期稳定可预期的制度环境。

二是加快推进国家治理体系和治理能力现代化。国家始终是全球治理最重要、最有效的组织者和行为体。全球发展的实践证明，全球治理根植并有赖于国家治理，全球治理的不确定性也反映了国家治理的危机，凸显了推进国家治理体系和治理能力现代化的重要性和紧迫性。因此，集中精力办好自己的事情，加快推进国家治理体系和治理能力现代化，提高国家治理的确定性有效性是应对全球治理不确定性的重要法宝。国家治理是由国家、社会和市场三种力量持续互动所形成的相对平衡的整体结构，现代国家治理不仅意味着完整的政治秩序、社会秩序和市场秩序并实现相互平衡，还要求实现政府治理、社会治理与市场治理的良性互动。国家治理现代化的关键在于优化国家治理能力，加强法治建设，提升治理制度化水平，并推进民主政治发展，提高执政党科学执政、民主执政、依法执政水平，提高国家机构的履职能力。要以辩证思维充分认识新时代我国发展面临的新机遇新挑战，特别是经济社会深度转型带来的新矛盾新问题，通过对内全面深化改革和高质量发展，对外进一步扩大高水平开放，打造国际合作和竞争新优势，建设更高水平的开放型经济新体制，持续稳步增强国家综合实力，成为世界乱局中的稳定器、变局中的正能量。

三是推动建设新型国际关系和大国关系。长期以来，由于一些国家突出强调本国权力和利益得失，国际关系的发展主要体现为现实主义导向和权力争斗形式。这种倾向不仅削弱了国家之间共同合作的基础，也不符合全球化时代国家之间相互深度依赖的客观现实。在现实主义权力观的支配下，传统的国家间关系始终难以挣脱弱肉强食的"霍布斯丛林"，世界总是处于不稳定不确定甚至冲突对抗之中。中国提出构建"相互尊重、公平正义、合作共赢"的新型国际关系，走对话而不对抗、结伴而不结盟的国与国交往新路，① 将平等性、包容性和公义性置于国家间交往的突出位置，以国际合作的普惠性和共享性取代丛林法则。特别提倡积极发展全球伙伴关系，推进大国协调合作，构建总体稳定、均衡发展的大国关系框架，通过加强国际危机管控，扩大大国利益交汇点，增加双边多边关系的确定性，为全球秩序回归正轨注入巨大信心和稳定，给当前动荡不安的国际社会带来稳定性和正能量。尤为重要的是，作为世界前两大经济体和具有世界影响力的大国，中美两国是维护世界稳定和全球秩序的压舱石，两者的良性竞合将深刻塑造未来世界面貌，两国的对抗冲突也将是世界和平发展的灾难。因此，中美两国更应该担负起全球大国责任，建立完善沟通机制，及时处理分歧，有效管理危机，防止意外事件对两国关系产生破坏性影响，共同为人类发展做出新的更大贡献。

四是积极引导全球化的发展走向。"经济全球化确实带来了新问题，但我们不能就此把经济全球化一棍子打死，而是要适应和引导好经济全球化，消解经济全球化的负面影响，让它更好惠及每个国家、每个民族。"② 新冠肺炎疫情的全球蔓延极大地助长了逆全球化态势，国际社会对经济全球化前景表现出极大担忧，也急切呼唤构建符合时代需求的新型全球化。必须认识到，经济全球化是人类社会发展和科技进步的必然结果，是不可阻挡的历史潮流，国家之间的互联互通和交往合作仍是世界发展的客观要求，逆全球化、反全球化绝非解决问题之道。新型的全球化意味着参与更加平等、进程更有活力、

---

① 参见习近平：《决胜全面建成小康社会，夺取新时代中国特色社会主义伟大胜利——在中国共产党第十九次全国代表大会上的报告》，北京：人民出版社2017年版，第58页。
② 习近平：《共担时代责任，共促全球发展》，载《人民日报》2017年1月18日。

竞争更加包容、发展更加持续、结果更加共享、文明更加互鉴，特别是要消除全球化进程中蕴含的等级化、不平衡和掠夺性等负面因素，通过公正合理的战略安排和规则体制，修正缺乏节制和规制的全球化模式。作为经济全球化的受益者、推动者和贡献者，中国将更加积极参与国际规则的制定，特别是充分利用"一带一路"倡议所秉持的互联互通理念和共商共建共享原则，促进贸易和投资自由化便利化，推动经济全球化朝着更加开放、包容、普惠、平衡、共赢的方向发展。

五是有效加强全球治理能力建设。随着中国在全球治理中地位和作用的提升，积极参与全球治理体系改革和建设成为中国维护国家核心利益、促进全球有效治理的必然要求。基于目前我国参与全球治理的现状，必须从全球治理战略优化、公共产品有效供给、合作理念转变、专业人才培养等多方面着力，切实加强国家的全球治理能力建设，积极推动全球治理体系朝着更加公正合理的方向发展。以解决全球问题和营造有利的外部环境为优先目标，以提高我国和发展中国家在全球治理机制中的话语权为主要内容，优化全球治理战略设计，稳健推进全球治理战略实施。增强全球公共产品的有效供给能力，坚持从国家实力和身份定位出发，量力供给物质型公共产品，加强制度和理念型公共产品的供给，着力增强国际机制创设能力和国际话语塑造能力。秉持共商共建共享的全球治理观，倡导互利共赢、险责共担的新型合作理念，推进开放的全球多边治理机制建设。为适应我国参与全球治理实际需要，完善全球治理人才培养体系，培养更多熟悉党和国家方针政策、了解我国国情、具有全球视野、熟练运用外语、通晓国际规则、精通国际谈判的复合型人才，切实增强我国在重要国际组织中的代表性、话语权、影响力。

六是推动构建人类命运共同体走深走实。全球新冠肺炎疫情和世界经济受到严重冲击证明，在全球化时代，面对各种全球性风险挑战和更加凸显的不确定性，必须用全球化的方法在全球层面团结合作解决，只有构建人类命运共同体才是人间正道。人类命运共同体意识，强调人类整体命运与利益休戚与共，倡导各国人民同心协力，建设持久和平、普遍安全、共同繁荣、开放包容、清洁美丽的世界。构建人类命运共同体，反对单边主义、保护主义，摒弃冷战思维和强权政治，已经得到国际社会的广泛认同，成为世界各国人民的共同目标和普遍共识，也是国际社会携手合作在不确定性中创造和把握确定性的最有效路径。人类命运共同体首倡于中国但属于世界，顺应历史立足现实更面向未来，是一个内涵极其丰富的多元复合共同体。它基于命运共同体本源，超越地理范围、问题领域与政治制度，将情感共同体、理念共同体、目标共同体、利益共同体、责任共同体、行动共同体融为一体。推动构建人类命运共同体，必须始终坚持人类主体，凝聚理念共识，激发共同情感，设定共同目标，融汇共同利益，担当共同责任，实施共同行动，进一步聚合世界各国人民的智慧和力量，共同促进世界人民的健康福祉，努力创造一个更加美好的新世界。①

---

① 参见吴志成：《积极参与全球治理的中国视角》，载《国外社会科学》2021年第5期。

后疫情时代全球治理危机与中国全球化机遇

王辉耀[*]

一、全球化进入新的调整期

全球化是一个多维度动态交融过程。从经济视角看,全球化意味着资本超越民族国家边界在全世界自由流动,资源在全球范围内配置,因此经济全球化的根本动力也被归结为市场的发展。综合来看,笔者尝试将全球化界定为:全球化意味着由人、企业、国家、国际组织等多维度行为体构成的人类社会在知识与技术发展的推动下,通过全球贸易、全球投资、全球移民、全球治理等多元表现形式,所形成的影响世界发展进程的经济、文化、社会等现象与秩序。

大航海时代以来,世界进入以人员、货物、资本、信息等要素全球性流动为特征的全球化时代。500多年来,人类技术进步所催生的三次工业革命带来了巨大的社会变革,也使全球化发展形态和速率出现变化。近年来,国家间及国家内部贫富差距和不平等的不断拉大使民粹主义和逆全球化思潮不断抬头,新冠肺炎疫情更是一度使全球化发展遭遇重大挫折,全球化发展水平

---

[*] 王辉耀,中国与全球化智库(CCG)理事长。

出现倒退。

从 20 世纪 90 年代至 2008 年全球金融危机爆发前，是全球化发展的黄金期。以苏联解体为标志，两个阵营被打破为统一世界市场创造了良好的政治环境，国际贸易达到空前繁荣的阶段。但繁荣发展与不平等是既往全球化发展的一体两面。新自由主义思潮将市场奉为圭臬，极大地便利也放任了资本在全球摄取利益，同时弱化了国家及政府管控并平衡经济社会的作用。由此，市场原教旨主义推动下的经济一体化对福利社会造成了巨大的压迫，无论是福利体系完备的发达国家，还是发展不足的发展中国家，都没有在资本全球性流动中充分获益。2008 年国际金融危机以来世界经济增长乏力，部分国家国内工作岗位流失激发了这些国家的蓝领群体及收入减少的中产阶层反对，多国为刺激经济回暖纷纷推行多样化贸易和投资保护措施也使全球化发展出现倒退。

经济全球化是生产力发展背景下生产要素全球性流动的必然结果，是资本逐利和科技进步的必然结果，符合多数国家和民众的发展利益，是不可逆转也不会终结的。实际上，许多反对全球化的人士也并不真正反对全球化本身，而是反对资本逐利下全球化导致的产业空洞化、失业率上升、社会福利下降、贫富差距拉大、不合理国际规则秩序、生存环境恶化及文化渗透等。

全球化语境下，主权有边界，问题跨国界。人员经贸往来日益密切的全球化时代出现了越来越多超越国界的全球性问题，国内问题国际化、国际问题国内化的态势愈加明显，全球治理的重要性也愈发凸显。然而，近年来现有全球治理机制在应对全球性问题方面愈加显得力不从心，新的全球治理体系又尚未形成。同时，第二次世界大战后逐步建立的国际体系仍旧是一个以话语权和经济实力来分级的等级体系，西方列强处在它的最高处，对广大发展中国家而言其话语弱势地位并未从根本上改变。中国等新兴国家的崛起改变了国际格局的力量对比，原有的全球化规则越来越不适应当下国与国之间的关系。2020 年暴发的新冠肺炎疫情持续蔓延更是加速了国际格局演进趋势及国际战略力量分化组合。

二、人类面临新的布雷顿森林时刻①

全球治理的出现是全球化发展的产物，是随全球化发展不同阶段不同需求而不断完善变革的。全球治理本质上是为缺乏世界政府的国际社会建构运行秩序和法规制度，避免世界陷入无序和混乱。全球治理可以深刻影响世界从重大灾难中复苏的方式，而公正健康的国际秩序也是世界繁荣发展的重要保障。

20 世纪初，在遭受第一次世界大战和 1918—1919 年西班牙大流感的双重悲剧之后，新成立的国际联盟无法阻止民族主义、保护主义和经济困难的恶性循环，导致三分之二的国际贸易被摧毁，世界陷入大萧条，并最终埋下了引发第二次世界大战的种子。为构建更加稳定有效的国际政治经济秩序，同盟国元首 1944 年 7 月在美国召开布雷顿森林会议，筹建包括国际货币基金组织（IMF）和国际复兴开发银行（世界银行前身）等在内管理战后国际货币体系的国际机构，并确立了美元对国际货币体系的主导权，构建了战后国际货币体系的新秩序。随后，经过逐步完善，以联合国为核心包括世界三大经济组织在内的国际体系构成了第二次世界大战后"全球治理 1.0 版"。

基于联合国和布雷顿森林机构的全球治理体系虽然远非完美，但在两次毁灭性战争带来的艰难困苦中建立了一个较为系统和相对稳定的国际体系，成功地防止了世界陷入另一场全面冲突，有助于产业资本在全球范围内合理流动，也催生出了开放、贸易、繁荣和稳定的良性循环，在很大程度上推动了经济全球化的发展进程。随着国家间贸易壁垒降低，从 1950 年到 1970 年，全球外国直接投资增长了 8 倍，到 21 世纪初全球进出口贸易总额已占到了全球 GDP 的 50%。1950 年全球进出口贸易总额为 610 亿美元，到 2021 年全球贸易总额达到创纪录的 28.5 万亿美元，增长了 466 倍之多。

---

① 2021 年 3 月 22 日，笔者应邀在"北大汇丰金融前沿讲堂"发表演讲中探讨分析了新布雷顿森林时刻与中国开放新格局。参见 https：//m. thepaper. cn/baijiahao_11932384，2021 年 3 月 29 日。

2020年暴发的新冠肺炎疫情加速了国际格局多极化、区域经济一体化、人类命运共同体等发展趋势,也使世界进入一个更加动荡、充满更多不确定性的时期。新冠肺炎疫情本应是全球治理显著发挥作用的机会,然而新冠肺炎疫情下国际互信合作不足,非但没有展现出多边主义的优势,反而暴露了当前全球治理体系的缺陷和脆弱。新冠肺炎疫情就像一场全球性战争,夺走了数百万人的生命,给世界各地人民的生活和经济造成了极大的破坏。疫情的影响将持续多年,联合国警告称,各国发展将面临"失去的十年"。

但这场疫情也引发了关于全球化和全球治理的严肃讨论,同时也扩大了未来的可能性。国际货币基金组织总裁克里斯塔利娜·格奥尔基耶娃认为我们面临新的"布雷顿森林时刻",可能需要重新调整全球性机构,以适应我们时代的要求。① 联合国秘书长安东尼奥·古特雷斯也呼吁从根本上重新思考和改革全球治理,以建立更强大、更包容的多边主义。

三、俄乌冲突使全球化面临新拐点

2022年2月俄乌危机爆发使欧洲地缘政治格局和安全体系面临重置,第二次世界大战后建立的世界秩序遭受重创。冲突爆发后,俄罗斯与美欧关系迅速恶化,西方全面制裁俄罗斯,并加强对俄乌冲突军事干预推动战事升级,使俄乌冲突出现长期化趋势,日德等国纷纷表示考虑增加军费开支。同时,俄乌危机使因新冠肺炎疫情冲击而陷入严重衰退的世界经济雪上加霜,众多发展中国家因能源及粮食价格上涨而受到影响。联合国秘书长安东尼奥·古特雷斯撰文指出,这场危机可能将17亿人口抛入贫穷、贫困和饥饿,其规模之大,数十年未见。②

俄乌冲突持续之下,在布雷顿森林体系确立半个多世纪后,人类再次笼

---

① 参见 https://www.imf.org/zh/News/Articles/2020/10/15/sp101520-a-new-bretton-woods-moment. [2020-10-15]。

② 参见 http://column.cankaoxiaoxi.com/2022/0418/2476393.shtml. [2022-04-18]。

罩在战争阴霾下。除了人类与病毒的世界大战，近几年来中美之间爆发的贸易战、科技战，俄乌冲突下的军事交锋，以及美俄之间甚至整个西方与俄罗斯之间的网络战、舆论战、信息战及全方面制裁等，也让我们窥见21世纪的战争形态不再是像两次世界大战中的大规模军事冲突，而是综合运用一国政治、经济、军事、技术、传媒、情报等领域优势对对手施加全方面压力，通过不战或小战达到目的的混合战争。

作为2022年首个"黑天鹅"事件，俄乌危机爆发被广泛视为象征着一个新时代的到来。美国前任驻华大使、尼克松访华首席翻译傅立民认为，我们正在见证后冷战时期的结束，第二次世界大战后和布雷顿森林体系时代的过去，以及其他世界秩序的历史性转变。① 此外，面对世界分裂和对抗明显加强，一些西方人士评论认为21世纪一二十年代看起来很像20世纪30年代，而关于俄乌危机是否终结全球化、是否是新冷战或第三次世界大战开端等也被广泛讨论。

就俄乌危机对全球化冲击而言，美国黑石集团董事长拉里·芬克警告说，俄罗斯对乌克兰的入侵将重塑世界经济，结束了我们在过去30年中所经历的全球化，并通过促使企业从其全球供应链中撤出而进一步推高通货膨胀。《纽约时报》也刊文认为全球化已经结束，一场全球文化战争正在打响。文章指出，全球化作为贸易的流动将继续下去，但全球化作为世界事务的驱动逻辑似乎已经结束，经济竞争现在已经与政治、道德和其他竞争已经合并为一场全球主导地位的竞争。② 的确，过去30多年来，国际自由贸易高度繁荣且在某种程度上成了一种信仰和全球化的象征。就此而言，当前世界政治军事分裂对抗加剧确实使既往超级全球化下繁荣发展的自由贸易遭受阻碍。

新冠肺炎疫情叠加百年变局下，全球化作为一种经济技术发展必然趋势或许不会就此停摆，但全球化发展形态正在出现新变化，国家间冲突对抗与

---

① 参见 https：//mp. weixin. qq. com/s/fTFS01l55Xg40A0afBD87g. ［2022 - 04 - 19］.
② 参见 https：//www. nytimes. com/2022/04/08/opinion/globalization-global-culture-war. html? _ga = 2. 206915219. 1200963127. 1650273468 - 1306997612. 1644894996. ［2022 - 04 - 14］.

不信任下将是不充分的、有限的全球化。对此，新加坡财政部部长黄循财在美国智库彼得森国际经济研究所（PIIE）2022年宏观周上发表专题演讲时指出，新冠肺炎疫情和乌克兰战争等因素加剧了全球在增长、包容和可持续发展三方面的结构性挑战。全球化的趋势预计不会扭转，但世界正进入新的"脱钩性全球化"时期。① 清华大学战略与安全研究中心学术委员、国际关系研究院院长阎学通也认为，乌克兰局势将加剧去全球化，大大削弱全球供应链。②

近年来，我们看到随着国际力量格局演变国际军事同盟的作用在增强。如北约五次东扩，美国通过与日本、韩国、澳大利亚、印度等国双多边军事同盟欲打造亚洲小北约，美英澳成立新的印太安全联盟等。从俄乌危机爆发可以看出，军事上联结对抗并不是好的解决方案，与政治军事联盟对抗会造成军备竞赛及隔绝猜疑，容易引发地区冲突白热化威胁地区安全与稳定相比，世界更需要的是世界贸易组织、国际货币基金组织等带来的繁荣与发展。

从建设性的角度来看，俄乌冲突爆发给世界带来的不安全性不确定性恰恰也说明了，第二次世界大战后布雷顿森林体系所构建的注重国际经济贸易发展的经济全球化秩序对维护数十年来世界繁荣发展与和平稳定是不可或缺的。俄乌危机爆发是人类自第二次世界大战以来面临新布雷顿森林时刻的又一体现，警示着各国要再度团结合作起来打造新的国际经贸秩序，以经贸合作缓解国际政治军事矛盾，避免国家间军备竞赛及冲突白热化，并为新一轮经济全球化高潮到来奠定新的制度基础。据英国金融时报报道，美国财政部部长珍妮特·耶伦2022年4月在华盛顿的大西洋理事会发表讲话时也呼吁建立新的布雷顿森林体系框架，并对国际货币基金组织和世界银行机构进行改革。③

美国著名学者查尔斯·金德尔伯格在20世纪30年代提出了一个著名的论断：20世纪30年代的灾难起源于美国取代英国成为全球最大强权国，但又未能像英国一样承担起提供全球公共产品的责任，结果导致了全球经济体系

---

① 参见 https://www.zaobao.com/realtime/singapore/story20220418-1264046.［2022-04-18］。
② 参见 http://intl.ce.cn/qqss/202204/12/t20220412_37482265.shtml.［2022-04-12］。
③ 参见 http://www.ftchinese.com/interactive/68414？full=y&exclusive.［2022-04-18］。

的崩溃。简言之，就是世界权力的转移会引发国际公共产品的供给缺失，并给世界带来灾难性后果。当前，在美国相对衰落及大国竞争加剧背景下，世界或再度陷于"金德尔伯格陷阱"，而避免世界因国际公共产品缺失陷入混乱便需要大国发挥领导力推动重构世界新秩序。

四、中国可引领全球化发展的新路径

全球化作为一个基本趋势，并没有发生根本性的改变。特别是中国已经广泛融入全球供应链，无论是过去还是现在，中国的发展都是贸易和投资全球化的重要推动力量。

当前全球治理面临的时代困境，究其根本在于现有全球治理体系与世界政治、经济、社会发展现状存在一定脱节和矛盾，从而导致既有治理机制不能很好地发挥作用，也限制了既有机制改革完善及新型全球治理机制创新创建。而目前全球治理机制之所以屡屡失灵，领导力缺失是主要短板。成功的多边主义实践，大国发挥领导力是关键。中国是近几十年经济全球化的受益者，后疫情时代在推动打造更加包容可持续全球化上，日益崛起的中国可反哺全球化，在国际社会发挥更大引领性作用。

（一）推进"一带一路"多边化机制化发展

作为中国提出的最重要全球性倡议之一——"一带一路"，不仅连通亚太和欧洲经济圈，还穿越非洲、环连亚欧，成为世界上跨度最长、最具潜力的合作带，还是当今世界范围最广、规模最大的国际合作平台。日前，中国已成为130多个国家最大贸易国，中国发起的"一带一路"倡议也得到了140多个国家和地区的积极响应和参与。通过促进国家间互联互通及贸易投资自由化便利化程度，"一带一路"为全球贸易和投资增长创造了大发展机遇，对促进沿线国家特别是发展中国家加快工业化和经济增长、维护社会和平稳定具有重要意义。

进一步提升"一带一路"国际影响力、扩大"一带一路"朋友圈,可推动"一带一路"多边化机制化发展,将"一带一路"打造为新时代更具多边化全球化色彩的新型公共产品,更好发挥"一带一路"作为新型全球治理平台作用,推动"一带一路"走深走实机制化发展。第一,可搭建组织架构和决策管理的多边机制,并将其常态化,强化"一带一路"国际公共产品属性。如成立"一带一路"国际委员会、多边指导委员会,建立"一带一路"全球治理、区域治理的新秩序,参照东盟中心模式在北京设立"一带一路"国际秘书处并邀请"一带一路"沿线国家积极参加。还可依照G20、APEC等在各国轮流举办"一带一路"年会,各国定期聚在一起讨论"一带一路"相关议程,开展广泛交流和协商,并通过协议、规划、机制、项目等方式共同推进"一带一路"在各个阶段的循序发展。其中,中国作为"一带一路"倡议国可更多发挥引领作用,如引导议程设置,对协商议题深入研究并提出建设性意见建议等,通过机制设置在推动"一带一路"多边化同时确保较高话语权。

第二,可吸引联合国系统下国际组织机构对接参与"一带一路"倡议项目,开展主题合作等。可推动联合国成立"一带一路"合作机构,充分发挥联合国的桥梁作用和国际影响力,最大限度利用增效作用,促进"一带一路"参与国之间的对话。同时,可发起成立"一带一路"国际组织联盟,还可吸引联合国系统机构参与"一带一路"项目,将"一带一路"相关理念与联合国开发计划署、联合国教科文组织、世界贸易组织等机构议程对接起来,使"一带一路"理念成为这些国际组织的相关议程。

第三,吸引更多发达国家开展第三方市场合作。第三方市场合作强调优势互补,可将中国的优势产能、发达国家的先进技术和广大发展中国家的发展需求有效对接,协同发挥个体差异化优势,为高质量共建"一带一路"提供新的路径模式,也是推动"一带一路"多边化发展的有效方式。

第四,中国可考虑稳慎加入巴黎俱乐部。"一带一路"项目涉及巨额贷款,中国放贷如按照国际通行规则,可大大解除国际社会对"一带一路"倡议的疑虑。中国作为新兴债权大国,尚欠缺有效管控外部债务风险的经验。巴黎俱乐部是主要债权国常规沟通机制,中国可考虑加入巴黎俱乐部,遵循透明、可行、可持续借贷国际贷款规则,成为负责任的债权国。此举也有助于防范中国所面临的外部债务风险,保障全球金融稳定。

除建立多边化机制外,还可搭建"一带一路"多层次公共合作与服务平台,如建立"一带一路"国际企业联盟、建立"一带一路"专业人士联络服务平台、成立"一带一路"国际开发银行合作联盟、建立统一的预警机制或者信息共享机制等。"一带一路"作为一个国际合作平台,其参与主体是多层次多元化的。对于非国家主体来说,通过搭建"一带一路"多层次公共合作与服务平台,借助制度化或非制度化机制开展交流合作、制定标准规则等,可有效提高合作效率,也可为"一带一路"项目开展提供切实助力。中国政府可在机制建立上积极发挥倡议引导、传播支持作用,政策鼓励我国企业、组织机构及个人等积极参与并在其中发挥建设性、主导性作用。同时,可欢迎邀请"一带一路"国家相关主体参与进来,使"一带一路"多边机制更好体现多层次多元主体及国际化特点。

(二) 以基础设施为抓手推进国际开发银行合作

基础设施投资是一个全球性的需求,除了"一带一路"国家,拉美、非洲发展中国家以及美欧发达国家也存在大量基础设施建设需求。根据20国集团(G20)旗下全球基础设施中心(GIH)发布的《全球基础设施建设展望》报告,2016年至2040年,全球基础设施投资需求将增至94万亿美元,年均约增长3.7万亿美元。而资金供给不足、供需匹配难度大是国际开发性金融领域多年存在的结构性难题。2008年全球经济危机以来,世界经济发展缺乏动力,主要国家在基础设施上的投资一直不足,甚至一度达到历史最低水平。

在帮助成员应对疫情和经济复苏方面,亚洲基础设施投资银行(简称亚投行)也已走在了前列。亚投行是发展"一带一路"倡议的重要抓手,自2015年12月成立到2021年10月底,其成员从初期的57个发展到104个,成员人口总数超全球79%、GDP总量超全球65%,成为仅次于世界银行的全球第二大多边开发银行。在新冠肺炎疫情持续蔓延下,亚投行设立了130亿美元的"新冠肺炎危机恢复基金"(COVID – 19 Crisis Recovery Facility, CRF)

用来帮助有需要的成员建设卫生基础设施和购买疫苗及经济复苏。2022年3月，亚投行将"新冠肺炎疫情危机恢复基金"融资申请期限延长至2023年年底，其规模也由原来的130亿美元扩大至200亿美元，以帮助成员继续应对仍然严峻的全球疫情形势和经济复苏挑战。

未来，随着发展中国家和新兴市场的经济体量逐渐壮大，融资需求在规模上进一步扩大、地域覆盖上进一步扩展，条件成熟情况下或可将亚投行升级为世界基础设施投资银行，加强中国与各大洲国家合作，扩大其基础设施投资领域和地域，为世界各地符合条件基础设施投资项目提供资金等支持。

现阶段，可由亚投行牵头，联合世界银行、亚洲开发银行、欧洲复兴开发银行、欧洲投资银行、伊斯兰开发银行、非洲开发银行、美洲开发银行等打造一个以国际多边开发银行为主的全球基础设施建设项目贷款共同体，形成国际多边开发银行共同贷款、共同发包、共同招标的国际化、规范化、公开透明运作体系，从而调动世界各国及跨国公司积极性，实行共商共建共享。这不仅有利于"一带一路"项目，也有利于其他大洲的基础设施建设，有利于亚洲和其他大洲互联互通。目前在抗疫和经济复苏上，亚投行已经与世界银行和亚洲开发银行合作放贷，应在此基础上，邀请更多多边银行加入，尝试开展更广泛的多边机构合作，共同促进全球基础设施建设和满足抗疫需求。

实际上，中美在基础设施建设方面合作空间巨大。中国在基建方面存在大量过剩产能，在桥梁、高铁等基建建设上也具有相对优势。美国大量基础设施老旧需维修换新，加强基础设施建设是美国两党共识。美国总统拜登2021年3月签署了1.9万亿美元规模的经济救助法案，后又推出规模逾2万亿美元的一揽子基建和经济刺激计划，主要针对基础设施建设、气候变化等领域。尽管中国参与美国基础设施建设面临投资审查、国家安全、"政治化"及处理联邦、州和地方政府关系等问题，但中美尤其是中美地方基建合作仍不失为撬动中美关系大局的一个抓手。

中美可尝试提出并推进"一带一路"倡议与B3W（"重建更好世界"英文缩写）等美欧基础设施建设倡议对接，加强第三方市场合作，合作共建第三国尤其是发展中国家基础设施，共同为世界提供国际公共产品。① 开展第三方市场合作有助于中国企业与各国企业优势互补，也将为第三国产业发展、民生改善及基建完善提供更大助力。同时，在此过程中也有助于"一带一路"行稳致远，实现多边化机制化发展，成为国际多边合作与全球治理持久稳定的国际化机制化平台。

2022年1月，在笔者与美国知名经济学家、克林顿政府时期的财政部部长、哈佛大学荣誉校长劳伦斯·萨默斯就2022年全球经济和中美关系发展进行视频对话时，萨默斯也认为，美中可在金融领域特别是国际金融领域进行紧密合作。他指出，当前国际复兴开发银行（IBRD）等全球性或者区域性开发银行的投融资存在效率和方向性问题，未来IBRD应将重点集中在绿色基础设施和可持续发展投融资方面。未来，美国和中国应致力于创新全球开发银行体系，不仅要接纳相关的开发银行，还要接纳开发银行的合作伙伴进入这一体系，寻求共同的议程合作。美中在这一领域的合作本身也是习近平"新型大国关系"里提到的重要部分。他表示，希望看到有一天美国也能加入亚投行。②

（三）尽早加入CPTPP，推进亚太区域一体化

近年来，随着全球贸易规则的日渐混乱，一系列区域协议已成为深度自由化的工具。美国、墨西哥和加拿大之间的新自由贸易协定《美墨加三国协议》（USMCA）于2020年生效，随后非洲大陆自由贸易区（AfCFTA）于2021年年初开始实施。亚洲因其独特位置成为区域多边主义的中心。在美国退出后，修订后的《跨太平洋伙伴关系协定》（TPP），即《全面与进步跨太平洋伙伴关系协定》（CPTPP）重获新生，并于2019年年初正式生效。全球

---

① 2022年2月28日，国务委员王毅在《上海公报》发表50周年纪念大会上的讲话时也指出："我们对美方参与共建'一带一路'倡议和全球发展倡议持开放态度，也愿考虑同美方'重建更好世界'倡议进行协调，向世界提供更多的优质公共产品。" https：//world. huanqiu. com/article/470vAHzEcSo.［2022－03－01］。

② http：//www. ccg. org. cn/archives/58435.［2022－01－26］。

覆盖范围最大的自由贸易协定——区域全面经济伙伴关系（RCEP）2020年11月签署，并于2022年1月1日正式生效，成为亚太经济一体化的重要进展。

2021年9月，中国正式申请加入《全面与进步跨太平洋伙伴关系协定》（CPTPP）。作为一个高标准的地区经贸协定，美国退出后中国申请加入被西方媒体广泛解读为是中国寻求与美国伙伴和盟友发展经贸关系，削弱美国团结盟友共同遏制中国的手段。在亚太地缘政治紧张加剧背景下，CPTPP可在增进中国及相关国家对接沟通中成为亚太地缘关系协调新平台，从而推动重塑亚太地缘政治形态，实现以地区国家间经贸互惠互利对冲地缘政治以意识形态划分阵营的做法。

目前客观来看，中国与CPTPP的标准仍有差距，中国加入CPTPP也不会一帆风顺，但申请加入CPTPP是中国推动内部更深层次改革的新机遇。中国要加入CPTPP需要得到各成员国同意，在中国与美国、日本、澳大利亚、加拿大等相关成员国关系紧张背景下，中国申请加入CPTPP将为中国与CPTPP各成员国协调对话开辟新渠道。相较于隔空对峙、相互制裁、断绝接触等矛盾激化行为，对话显然为缓和地缘关系紧张打开了新的大门。

从奥巴马时代的"重返亚太""亚太再平衡"战略到特朗普时代的"亚太稳定计划""印太战略"，再到拜登时代重塑亚太战略、重新打造盟友关系，亚太是美国对外战略重要一环。尽管美国白宫新闻秘书在新闻发布会明确表示拜登政府不会加入CPTPP，但美国加入CPTPP符合其在亚太根本利益，美国当前表示不会回到CPTPP并不代表美国日后不会回归。通过进一步深化开放，加强知识产权保护、改善营商环境，提升对数据跨境流动和人才国际流动等新兴全球治理领域的研究探索等，中国可再度以对外开放倒推国内改革，进一步促进国内改革开放深化进程。中美未来或可在CPTPP框架下开展更多经贸对话，而更多经贸协商对话也可起到缓和中美紧张关系的作用。

同时，在印太地区，美欲打造美日印澳四国联盟，但印方强调组建美日印澳四国机制是为增强经济合作。对此，在中印加强经贸合作基础上，中美或可加强在亚洲及太平洋地区经济合作。在条件合适情况下，印太机制或可考虑建成一个经济机制并邀请中国参加，与各方共同就地区经贸合作进行协商，以拓展合作空间，增进相互理解与互信。

（四）积极参加全球数字治理

当前，全球连通性日益加深，最明显的例子就是跨国数据流动和全球数字经济的兴起。数字经济是传统经济与数字技术融合的产物，已成为世界经济发展的关键引擎和重要趋势。然而，在数据成为21世纪贸易增长命脉的同时，自20世纪90年代以来全球贸易规则几乎没有改变。缺乏管理数据流的全球通用规范情况下，各国纷纷出台法规规范数据使用、保护国家安全和公民隐私。但这些规则错综复杂的性质正在加剧国家之间的摩擦，并让企业运作环境变得更复杂。

当前，一些双边和区域组织已开始建立这种共同标准。如CPTPP允许成员以基于规则的方式来监管数据流，从而最大限度上减少贸易壁垒。2020年6月12日，新加坡、智利、新西兰三国线上签署《数字经济伙伴关系协定》（*Digital Economy Partnership Agreement*，DEPA），这是首个专门用于规范各国间数字经济领域的协定，致力于构建数字系统的信任体系。2021年11月1日，中国正式申请加入DEPA。在国际数字贸易规则竞争加剧背景下，中国申请加入DEPA是中国积极参与数字经济国际合作，维护和完善多边数字经济治理机制的重要体现。

数字化给当前的全球治理框架带来了压力，但也产生了新的合作需求——特别是需要建立一个能够支持全球数字经济安全健康增长的新框架，建设数字基础设施，使所有人都能从数字经济增长中受益。对此，首先，可推动完成世界贸易组织（WTO）正在进行的关于电子商务的谈判。这些谈判的目的应是为数据设定全球基本规则和例外情况，同时保持世贸组织体系在的中心地位。其次，20国集团可以《大阪数字经济宣言》为基础进一步探讨制定数字贸易相关法规。美国可允许华为、抖音、微信等企业在美运营，中国也可考虑开放谷歌、脸书、推特等美国数字经济企业进入中国，与中国企业开展竞争与合作。

此外，还可考虑建立由世界上最大的20家数字经济公司组成的"国际数据联盟"（D20），协助20国集团在数字经济领域更好推动全球治理。世界前20的数字经济企业大多位于美国和中国，其合作建立全球标准的行业共识和最佳实践方式，有助于中美在科技领域保持对话。在建立"国际数据联盟"时，可会集官产学研及非政府组织人士，制定切实可行跨国界的数字经济领域企业规范。为确保各国数据安全，世界需要明确的标准来判断什么构成安全数据管理实践。可鼓励各国使用ISO 27000信息安全标准等国际标准作为国内方法的基准。

五、总结

第二次世界大战后，在美国主导推动下，现有全球治理体系逐步建立完善，经济全球化掀起新的高潮，人类也在70余年间避免了新的世界大战。然而，近年来逆全球化潮流抬头，曾在全球化中获得巨大利好的美国也扛起了贸易保护主义和单边主义的大旗。从特朗普时期接连"退群"，在货物贸易、技术流动、跨境移民等多个方面设置壁垒，到拜登政府对经济全球化实施国内国际管制，打造新的政治军事同盟以围堵中国，再到俄乌冲突爆发后美国通过军事支持、金融制裁、影响舆论等方式加剧了冲突和对抗。俄乌冲突下世界发生了划时代剧变，变得更加分裂更加不安全，人类面临着新的世界大战风险。

在这一新的布雷顿森林时刻，如何避免世界政治军事对峙升级并触发第三次世界大战，或许国际社会可吸取第二次世界大战后各国合作打造布雷顿森林体系、建立健全全球治理体系，通过构建战后国际经济金融秩序深化国际经贸合作促进世界和平发展的历史经验。两次世界大战历史及北约不断东扩引发俄乌冲突激化已说明军事联盟和对抗会威胁地区安全、经济发展和民生福祉，给世界带来动荡不安及人道主义灾难。

未来，要弥合新冠肺炎疫情及俄乌危机下世界的分裂和对抗，避免更大规模和世界性战争爆发，仍然需要在重塑全球治理体系中增进国家间经济联合，要以再经济全球化对冲军事全球化危机。经济合作及区域联盟作为经济全球化新的发展趋势和表现形式，更加符合世界发展利益与需求也更加长远可持续，会带来国家间融通发展和互信友好。

  近年来，随着中国不断崛起及美国相对衰落，中美在全方面竞争激化同时也面临"金德尔伯格陷阱"。中国作为经济全球化受益者和贡献者近年来不断扩大对外开放，将自身发展与世界各国发展相联系，已成为世界经济的稳定器和全球化发展的重要推动力，如倡议并推动落实"一带一路"、推动建设亚投行、连续举办中非合作论坛、加入《区域全面经济伙伴关系协定》、签署中欧投资协定、申请加入《全面与进步跨太平洋伙伴关系协定》及《数字经济伙伴关系协定》等。未来，或许中国可在构建新的国际秩序和推动全球化发展上发挥更大引领性作用，为国际社会提供更多国际公共产品。

全球化发展中的结构性矛盾与中国对新型全球化的引领

刘雪莲[*]

近些年来，关于全球化将如何发展成为人们关注的焦点问题，特别是在特朗普政府提出贸易保护主义等逆全球化主张，以及新冠肺炎疫情暴发对全球化带来严重影响之后，人们更加关注全球化的现状与未来。总体来讲，人们关于全球化的讨论，大体分为两个方面。一方面是关于全球化的悲观看法。认为像美国这样的主导性大国采取逆全球化政策，同时，新冠肺炎疫情又对整个全球的产业链和价值链有很大冲击的情况下，全球化很难再推进，甚至有人提出"全球化终结"这样的观点。另一方面的看法则相对比较乐观。认为全球化是整个世界发展的大趋势，是很难改变、很难逆转的。虽然美国等一些西方国家提出了一些逆全球化的政策，但是也不能从根本改变全球化发展的大趋势，因为整个世界的经济已经连为一体了，世界处于相互依存的整体性发展状态之中，任何一个国家都不可能孤立地去发展。同时，人们也看到了像中国等一些新兴国家在努力推动着全球化向前发展。因此，全球化不仅不可能终结，反而会以一种新的形式继续。人们开始期待一种新型全球化的到来。

---

[*] 刘雪莲，吉林大学行政学院教授。

一、关于全球化核心内涵的理解

虽然关于全球化的有关问题已经讨论几十年了,但是关于全球化的理解与界定仍然是仁者见仁、智者见智。而无论是探讨以往全球化的特征,还是展望未来全球化的发展,都必须基于对全球化本身内涵的深刻理解。

考察21世纪以来的研究成果,全球化可以说是学术界一直关注的焦点话题,并早已经从经济学领域扩展到了哲学、政治学、社会学、法学、历史学等诸多领域,在不同侧面、不同阶段、不同层次上被展开。这些不断积累起来的探讨不仅使我们关注到全球化整体的综合性发展状况,也使我们看清楚许多细节层面的问题,为进一步观察和研究全球化奠定了基础。

从国际关系的视角来看,研究者对全球化的理解众说不一。总体上可以归纳为三个主要的方面。一是从世界经济发展的角度来理解全球化,认为全球化主要是指经济的全球化,是指经济要素的全球性流动和统一市场的形成。比如国际货币基金组织给全球化下的定义:"全球化是指跨国商品与服务交易及国际资本流动规模和形式的增加,以及技术的广泛迅速传播使世界各国经济的相互依赖性增强。"[1] 二是从国家的角度来定义和理解的,认为全球化是超越了国家的一种发展趋势,甚至是以国家的消失为代价的。比如乌尔里希·贝克对全球化的阐述,他说:"全球化描述的是一个相应的发展进程,这种发展进程的结果是民族国家和民族国家的主权被跨国活动主体,被他们的权力机会、方针取向、认同与网络挖掉了基础。"[2] 有的学者甚至认为,全球化创造了一个新的世界,这个新的世界就是"地理的终结",特别是"国家的终结"[3]。三是从世界体系角度来看,认为全球化就是一种新的世界体系。比

---

[1] 国际货币基金组织:《世界经济展望》,北京:中国金融出版社1997年版,第45页。

[2] 〔德〕乌尔里希·贝克:《什么是全球化》,祖尔卡姆出版社1997年版,第28—29页。转引自张世鹏:《什么是全球化》,载《欧洲》2000年第1期。

[3] Peter Stalker, *Workers Without Frontiers: The Impact of Globalization on International Migration*, International Labour Organization, 2000, p. 2.

如美国著名的外交事务专栏作家弗里德曼认为,"后冷战世界已经终结……一种新的国际体系现已明确取代了冷战体系,这就是全球化。……全球化不只是一种经济趋向,也不只是一种时尚。与所有旧的国际体系一样,它直接或间接改变着差不多所有国家的国内政治、经济政策与外交政策。"① 他强调,全球化体系建立在民族国家间的协调平衡、民族国家与全球市场间的关键平衡以及个人与民族国家间的协调平衡三个相互重叠、相互影响的平衡基础之上。② 以上三个角度是国际关系领域对于全球化理解的主要方面,在冷战后和21世纪初全球化迅速推进时期,西方学者的观点很有影响力,因为全球化主要还是由西方国家来主导和推动的。

  国际关系领域对全球化内涵的理解,实际上体现了全球化发展中的核心点,虽然在每一个方面还有着程度不同的分歧,不同时期有程度不同的变化,但是这些核心点是始终存在的,并关系着全球化的进程。首先,全球化最初就是在经济意义上被阐发的概念,随着生产和资本超越国家界限在全球范围内大规模流动,世界经济越来越成为一个整体。世界各行为体之间"你中有我、我中有你"的相互依赖关系的建立都有赖于世界经济的普遍联系,这是全球化发展的内在动力。广大发展中国家通过改革开放加入到全球化发展的大潮中,就是源于这种经济发展的动力,而这种动力反过来又进一步扩展了全球化规模。其次,全球化与主权国家的对立统一关系贯穿于全球化发展的始终。一方面,全球化从来都不是一个纯自然的发展过程,全球化需要国际行为主体特别是国家主体的推动。而另一方面,全球化的发展对国家自主性的冲击也很明显。西方国家为推进全球化,提出了"国家界限模糊论""主权让渡论"等观点,意图打破主权壁垒;而发展中国家在主权问题上则比较谨慎,提出"主权让渡"与"主权共享"相结合、"主权行使方式变化"等观点,力图在参与全球化进程的同时也要维护好国家主权。这两方面就构成了

---

① 倪世雄等:《当代西方国际关系理论》,上海:复旦大学出版社2001年版,第480页。
② 参见刘金源、李义中、黄光耀:《全球化进程中的反全球化运动》,重庆:重庆出版社2006年版,第7页。

全球化与主权国家之间的对立统一关系，这也是全球化的核心内涵。再次，全球化改变着世界原有的体系结构。全球化带来了世界的整体性发展，使原有的国家间政治、国际关系体系发生了巨大变化，很多学者提出了全球化时代国际政治范式转变的观点，即从国家间政治向世界政治的转变，认为由于全球化的发展，过去以国家为中心的国际体系已经向以整体世界为出发点和着眼点的世界体系转型，它使每个国家成为体系中的一分子，都不可能是一个"孤立的存在"。这种体系的变化在理念层面上引发了关于全球主义与国家主义的讨论，深刻地影响着全球化的未来。

2008年金融危机之后，全球化进程开始遇到阻碍。虽然在全球化发展过程中始终存在着一股反全球化的力量，但是总体来说，其反全球化的主体是弱小的、分散的。而2008年的金融危机是全球化发展的一个转折点，它使美国等西方国家感受到了全球化所带来的力量发展的不均衡，并逐步开始对新兴国家特别是中国改变政策。2010年美国的亚太再平衡战略，表明美国的对华政策有所转变，从"接触促演变"到"接触+遏制"。特朗普上台之后，更是采取了贸易保护主义政策，在"美国第一"的口号下，2017年开始与中国进行贸易战、科技脱钩，明确将中国作为竞争对手，并通过印太战略强化对中国的遏制。

这些变化使全球化的几个核心点的矛盾性被凸显出来。首先，世界经济的整体性发展在大国之间的贸易战背景下受到影响，而突如其来的新冠肺炎疫情加剧了世界经济的割裂性。其次，在全球化与主权国家的矛盾中，国家主义强势回归，以应对越来越严重的世界局势的不确定性。以往人们主要思考的是在全球化大趋势之下，国家如何去适应的问题，而当前人们更加关注的是从国家视角如何去看待全球化的变化问题，国家在全球化中的主动性变强。再次，在大国竞争日益凸显的形势下，以发展为核心的全球化的世界体系开始重新转向以竞争甚至对抗为主导的国家间体系。但是，这些变化对全球化来讲到底意味着什么呢？是全球化的"曲折"（量的变化）？还是全球化的"终结"（质的变化）？未来全球化的命运到底应该是怎样的呢？带着这样的问题，我们从历史和现实的视角对全球化做更进一步的分析。

二、以往全球化的发展阶段及其矛盾特征

要进一步了解全球化的本质与特征,我们需要把全球化放到历史的长时段中去考察,因为当前的全球化或者说冷战后的全球化都是从历史发展的进程中走过来的,不可避免地带着历史的遗迹和思维的惯习。同时,全球化的主体、客体以及全球化中所体现的价值理念等也都有一个历史演进的过程,需要我们有清晰的认识。这些历史性的变化就是我们分析全球化本质与特征的基础。

(一)全球化的发展阶段及其特征

关于全球化的发展阶段,学术界有不同的认识,但是无论如何划分阶段,通常都是为了更好地去总结全球化发展的特征,完全可以仁者见仁、智者见智。以1492年哥伦布发现新大陆作为全球化的起点,我们将其视为全球性联系的开端。在这漫长的500多年的历史长河中,全球化大体可以分为三个大的发展阶段,每一个阶段都呈现出不同的内涵与特征。[①]

第一个阶段是从1492年到第二次世界大战结束,这是地理大发现以及早发的资本主义国家向亚非拉落后国家殖民扩张的时期。15世纪到17世纪的地理大发现,极大地刺激了欧洲的早发资本主义国家到海外去攫取财富和更大利润的兴趣,奠定了经济全球化发展的空间基础。而资本主义的殖民扩张,改变了世界经济发展的历史轨迹,促使资本、物资和人员超越了地域空间的限制而延伸到世界各个角落,从而在全球范围建立起资本主义体系下世界经济的普遍联系。正如马克思恩格斯在《共产党宣言》中所描述的那样:"资产阶级,由于一切生产工具的迅速改进,由于交通的极其便利,把一切民族甚至最野蛮的民族都卷到文明中来了。……它迫使一切民族——如果它不想灭

[①] 参见刘雪莲:《政治与全球化》,北京:中国社会科学出版社2011年版,第19—28页。

亡的话——采用资产阶级的生产方式；它迫使它们在自己那里推行所谓文明制度，即变成资产者。一句话，它按照自己的面貌为自己创造出一个世界。"①这一时期全球化的主要特征表现为三个方面。第一，它基本上是一个单向作用的过程。全球化的进程主要是由发达资本主义国家单向性的推动，而广大的落后国家被迫加入到了资本主义发展体系之中。第二，军事战略发挥着主导作用。这个时期全球化的推进往往伴随着血与火的军事扩张，资产阶级在开创世界历史进程中，是用"火与剑载入人类编年史的"。第三，这时的全球化是严重不平等的全球化，充斥着发达资本主义国家对落后国家殖民式的剥削和掠夺。

第二个阶段是从第二次世界大战结束到冷战结束，这是全球化趋势不断加深的时期。对于全球化进程来说，这一时期有两个大的变化，推动了全球化的进展。一是殖民地半殖民地国家的独立。这使全球性的普遍联系开始建立在主权国家之间的相互交往之上，新独立的国家虽然在国际上还很弱小，但是在主权的意义上有了独立性和自主性。二是一些全球性和区域性的国际组织建立起来，推动了世界范围的政治、经济、安全等领域的协调。比如1947年10月23个国家签署了《关税与贸易总协定》，推动了贸易的自由化进程，到20世纪80年代，美国、欧共体、日本的进口关税分别降至4%、5%、3%，贸易管制逐渐放宽。② 这一时期全球化的主要特征表现为三个方面。第一，全球化不再是单向度了，而是主权国家间双向的交流与合作。虽然这一时期全球化在结构上仍然没有摆脱经济不平等的性质，南北问题仍然很突出，但是原有的殖民地国家开始独立，并且以自主的身份加入国际交往之中。这是一个根本的变化。第二，世界经济得到了恢复和进一步的整合。两次世界大战对世界经济造成了巨大的破坏，第二次世界大战后通过国际货币体系、世界贸易体系的建立，世界经济得到了协调和整合。第三，这个时期的全球化又是不完整的。在冷战对抗的形势下，世界经济被人为地分割成计划和市

---

① 《马克思恩格斯选集》第1卷，北京：人民出版社1972年版，第255页。
② 参见宋则行、樊亢：《世界经济史》，北京：经济科学出版社1998年版，第303页。

场两个平行而对立的体系,而到了20世纪80年代之后,随着冷战局势的缓和,东西方国家之间的交往才开始逐渐弥合着世界经济的分裂状态。

第三个阶段是从东欧剧变、苏联解体开始,全球化进入了一个崭新的阶段。1992年联合国秘书长加利在纪念哥伦布发现美洲大陆500周年的大会上宣称:"第一个真正的全球性的时代已经到来。"随着东欧剧变和苏联解体,第二次世界大战后一直持续的以对抗为主导的冷战体系瓦解了,伴随着发展中国家和社会主义国家的改革开放政策的实施,世界经济发展逐渐趋于一体。这一时期全球化得到迅猛的发展,不只是经济发展的动力,而且科技的进步、国际合作的增强、政府间和非政府间国际组织的广泛建立等都成为全球化推进的力量。这一时期全球化的主要有四个特征。第一,世界经济开始在统一市场的基础上运行。冷战结束后,占有世界市场1/3的原有的社会主义国家积极推进改革,开始实行市场经济体制,世界各国开始遵从统一的市场经济的游戏规则而进行经济交往,世界经济的整体性开始形成。第二,科技革命和信息技术的发展使全球更紧密地联系在一起,变成了一个"地球村"。20世纪90年代以来,以数字化、网络化为代表的信息技术使世界经济的交往进一步超越了时空的限制,给世界的生产方式、消费方式和流通方式都带来了巨大的变革。第三,世界贸易组织、国际货币基金组织、世界银行等全球性国际组织在世界经济的运行和协调中发挥着越来越重要的作用。在这些国际经济组织的促进下,各国经济的相互依存性越来越显著。第四,冷战结束之后,世界局势的总体和平环境为国际合作的开展创造了条件,有力地推动了全球化的深入,并使其从经济领域向其他领域渗透和扩展。然而,还应该看到的是,在全球化不断繁荣向前的表象之下,始终隐藏着全球化内在的矛盾,这些矛盾既有历史的延续,也有现实的呈现,并随着全球化的进程日益凸显,终究要爆发出来。

(二) 全球化发展中的内在矛盾

从以往全球化的主要进程和特征来看,全球化的发展始终伴随着几个结构性的矛盾,这些矛盾存在于全球化内在发展之中,实质上体现着全球化核心点的变化，深刻影响着全球化的推进。

1. 全球化主体方面的结构性矛盾

在资本主义殖民扩张时期，世界的整体性发展在于资本主义在世界范围内拓展殖民地、掠夺财富的过程，在这一过程中，发达资本主义国家是推动者，而广大落后国家是被动接受者，是被剥削、被奴役的对象，因而全球化在主体结构上呈现的是极不平等的状态。在第二次世界大战之后，虽然殖民地国家获得了政治上的独立，但是在经济领域仍然没有摆脱依附的地位，正如沃勒斯坦的世界体系理论所描述的那样，在"中心—边缘"的体系结构中，西方发达国家占据着世界经济的中心，而广大发展中国家和落后国家仍然处于边缘的位置。

冷战结束之后，社会主义国家和发展中国家为了发展的需要，纷纷加入全球化进程中来，也成为全球化的有力推动者，但此时的全球化仍然是发达资本主义国家为主导的全球化，发展中国家只能在发达资本主义所制定的全球化规则中寻求自己的发展空间，并逐步在实力增强的基础上努力去维护自身的利益。然而，随着全球化的进一步推进，主体之间的结构性矛盾日益凸显出来，当发达资本主义国家意识到新兴国家的发展可能会威胁到他们的主导地位的时候，他们就开始对新兴国家采取经济上打压、科技上封锁等政策，甚至不惜大打贸易战，阻碍全球化的进一步推进。应该说，西方发达国家的逆全球化不是单纯反对全球化，本质上是阻止全球化给新兴国家带来的发展机遇，以维持西方发达国家在世界经济上的主导地位。

2. 全球化与主权国家之间的结构性矛盾

在全球化进程中，始终伴随着一种深刻的内在矛盾性，那就是全球化与本土化的矛盾问题，或者说是全球化与民族性的矛盾问题，这是全球化发展中的一个悖论。而这个普遍性的悖论由于全球化主体结构的不平等使本土化的选择有时更加突出，演变成以国家为主体的对全球化的抵制。同时，在这个悖论中不仅包含着国家与市场之间的经济方面的矛盾，而且深刻蕴含着全球化与政治方面自主性之间的矛盾。在全球化发展的初期阶段，是资本主义国家单向性的推动，广大殖民地国家没有自主性，被迫成为资本主义体系中的一部分。而在第二次世界大战后，广大殖民地国家独立后，在努力摆脱对发达国家的经济依附的同时，更主要的是巩固和维护自身在政治上的独立自主，对西方国家主导的全球化采取了抵制和批判的态度。

冷战结束，发展中国家为了追求更快的发展，既要利用全球化来最大限度地增加国家利益，又要在全球化中努力保有自身的自主性和民族性，甚至全球化越发展，这些国家的民族性越增强。有学者将这种现象称为"反应性的民族主义"①。这是因为西方国家在推进全球化的同时，也在向世界扩展自己的价值观念。如美国前总统克林顿所讲的："某些人把这种不断增加的国际相互依赖视为对我们的国家和我们作为美国人的价值观的威胁。但事实几乎恰恰相反。在世界上影响不断加强的正是美国的价值观——自由、自决和市场经济。从国际贸易的迅速发展中获益最多的正是美国公司。"② 因而，在许多西方学者的眼中，全球化就等于西方化甚至美国化。在这种情况下，"当新自由主义全球化在亚洲加快步伐的时候，与这种力量相对的社会与政治运动（它们抵制市场化、私有化、自由化与劳动标准恶化的当前趋势）则也在行动。'非政治化'社会变化进程的经济全球化力量自身包含着内在的反制力量，即日益兴起的'重新政治化'的必需。这是全球化的政治的辩证法"③。因此，在全球化进程中，在国家与市场矛盾的背后，还蕴含着西方与非西方国家间政治上的矛盾。

3. 全球化中分配结构的矛盾

全球化从 1492 年为开端，历经 500 多年的发展历程，期间虽然有很多进

---

① 庞中英：《全球性与民族性：世界和平与发展面临挑战》，载《当代世界与社会主义》1999 年第 3 期。

② 〔美〕比尔·克林顿：《希望与历史之间：迎接 21 世纪对美国的挑战》，海口：海南出版社 1996 年版，第 117 页。

③ 〔英〕吉尔斯：《全球化与妇女》，转引自庞中英主编：《全球化、反全球化与中国》，上海：上海人民出版社 2002 年版，第 70 页。

步性的变化，但是有一个方面是没有改变的，就是全球化以资本逻辑来进行收益的分配。在西方资本主义国家占主导地位的全球化中，实际上形成了"中心—边缘"的结构关系，在资本原始积累时期，发达国家凭借着经济优势和殖民掠夺，掌控着资本剥削的红利；而在第二次世界大战后以及全球化发展的今天，虽然发达国家对世界经济体系的控制力减弱了，但是由于发达资本主义国家在全球化中仍然处于主导地位，资本逻辑仍然在全球化推进过程中发挥着效能，而资本逻辑的本质是增殖逻辑，造就了资产者在利益分配领域天然的优势地位，从而造成了富者愈富、贫者愈贫的两极分裂状态，必然导致全球越来越加深的贫富差距。

瑞士信贷发布的2021年《全球财富报告》显示，全球的贫富差距仍然在大幅上升，全球最富有的10%人口拥有82%的全球财富，其中最富有的1%人口拥有45%的全球财富。① 这种贫富差距的存在及其不断的扩大，成为国际社会的一个"定时炸弹"，不仅阻碍着世界共同发展目标的实现，而且会带来世界的不稳定性，威胁世界整体的安全。而造成这种状况的根本原因就在于全球化中的资本逻辑的存在，这是资本在竞争中单方取胜的逻辑，是契合西方国家利益偏好的逻辑，形成了"在中心与边缘、资本与劳动关系方面有利于前者驾驭后者……后者的财富向前者流动"② 的局面。因而资本逻辑不改变，就很难解决全球化中分配结构的矛盾问题。

总之，我们看到，全球化发展到今天，蕴含在全球化核心层面的诸多的矛盾仍然存在，这说明现实中反全球化、逆全球化的出现不是偶然的。正是由于这些结构性矛盾的存在，当某些阶层、某些国家或国家集团感受到全球化所带来的利益冲击的时候，对全球化的态度就必然发生改变。因此，全球化要继续向前推进，就必须克服甚至彻底解决这些结构性的矛盾问题。

---

① 《2021瑞信全球财富报告：疫情加剧贫富差距》，https://baijiahao.baidu.com/s?id=1704594766093049969&wfr=spider&for=pc. [2022-04-08].

② 李晓霞：《"一带一路"倡议推动全球经济治理变革的逻辑根源——基于发展逻辑与资本逻辑的比较分析》，载《东北亚论坛》2021年第1期。

三、新型全球化的特征与中国的作为

面对全球化发展中的种种矛盾,以及全球化在现实中所遭遇到的挫折,如何认识全球化,如何推进全球化继续发展,是新时代必须思考和解决的问题。新型全球化的提出就是适应了这一时代的需求,要在全球化进程中追求主体的平等性、政治的包容性以及分配的公平性,就是要充分关注到全球化进程中所有参与者的平等地位,让每一个主体在全球化发展中都能够获得利益,用发展逻辑取代资本逻辑,从而实现以人民为中心的世界共同发展。

(一) 新型全球化的主要特征

所谓新型全球化是最近几年才提出来的新概念,主要是由中国学者提出来的概念,是以中国为代表的一些新兴国家所呼吁和推动的全球化。[①] 新型全球化主要是针对以往全球化发展中的结构性矛盾而提出来的,那么新型全球化具备什么样新的特征呢?

1. 新型全球化在全球化的主体结构方面追求平等性

以往的全球化,无论是西方发达国家的单向推动、霸权支配,还是其占据主导地位,都体现出主体的不平等性。随着新兴国家的群体性崛起,新兴国家以及发展中国家的主体地位开始上升,它们希望打破西方发达国家单一主导全球化的局面,更多地关注新兴国家和广大发展中国家的发展诉求。

冷战结束之后,新兴国家成为全球化的重要推动力量。随着全球化的发展,新兴国家在全球化中的地位和影响力都在提升。从中国来看,2010年,中国的GDP超过日本,成为世界第二大经济体,到2020年,美国的GDP增

[①] 有的学者提出"再全球化"的概念,也包含了新型全球化的内涵。参见袁堂卫、张志泉:《逆全球化、再全球化的马克思主义分析》,载《马克思主义研究》2019年第9期。

长到 20.89 万亿美元，中国达到 14.72 万亿美元；2021 年，美国超过了 23 万亿美元，中国达到 17.7 万亿美元。① 中国与美国之间的差距在逐步缩小，中国的 GDP 总量占美国的比重已超过 70%。从金砖国家来看，金砖五国是世界上主要的新兴经济体，其中俄罗斯、印度、巴西、南非的国家力量都不可小觑，金砖国家总体在世界经济以及国际体系中的影响力不断提升。此外，还有一些地区性强国也在崛起，比如伊朗等。这些主体之间力量结构的变化，就要求改变西方国家单方主导全球化的局面，新兴国家的崛起需要有新的地位与之相对应。在全球化发展中，新兴国家希望在未来的"游戏规则"的制定中拥有更多的话语权，以及世界经济交往中能够体现出更多的平等性。这是新型全球化追求的首要目标。

2. 新型全球化需要建立与经济全球化相匹配的政治多元化

我们所说的全球化，首先是经济的全球化。冷战结束以来，全球化在经济领域遵循着共同的规则，实现了经济方面全球性的普遍联系。但是在经济全球化发展的背后实际上还存在着国家之间政治方面的分歧。在全球化中占主导地位的西方发达国家往往习惯用西方的标准来看待世界，将世界分成西方和非西方，从而使世界在政治方面处于一种割裂甚至是对抗冲突的状态。特别是在新冠肺炎疫情暴发后，西方和非西方国家之间在政治方面的冲突性更加显现出来。这种政治方面的割裂和对抗性与全球化在经济方面的整体性发展相冲突，形成全球化发展中的悖论，并强化了全球化进程中固有的矛盾。

新型全球化倡导政治的多元化和政治的包容性，以适应经济全球化的发展大势。新自由主义作为全球化的理论基础和意识形态，被西方国家推广到世界各地。然而，不管它叫"休克疗法"也好，叫"经济结构改革"也好，"实际上是忽视国家、民族间的差异，从而将全球纳入一个被西方'同质化'

---

① 《世界 3 大经济体 GDP 来了，有啥新变化？人均 GDP 又如何呢？》https：//baijiahao.baidu.com/s？id=1727373622427200461&wfr=spider&for=pc.［2022－04－08］。

的危险模式，致使一些发展中国家陷入经济与政治的'泥潭'之中"[①]。新型全球化反对同质化模式的推广，倡导根据自己国家的国情走出一条符合本国特色的发展道路，以政治的包容性推动经济的合作和整体性发展。全球化进程的历史经验也告诉我们：只有在政治方面求同存异的基础之上，才能够有效推动经济全球化的稳定与健康的发展。

3. 新型全球化要在分配结构方面实现全球正义

以往全球化的发展都表现出一种不平等以及不均衡的发展状态，冷战后，人们对全球化的发展寄予了很大的期望，以为全球化的发展可以带来整个世界的共同发展，使每一个国家、每一个地区以及每一个人都能够获益。但是，实际上全球化的发展在资本逻辑的作用下，带来了整个世界贫富差距的进一步拉大，造成了世界发展的进一步的不均衡。

新型全球化要逐步抛开资本逻辑对经济发展的束缚作用，倡导以公平制度和发展逻辑来实现全球正义，以促进世界的共同发展。从客观来讲，资本逻辑在历史上推动了世界的发展，但是它的核心问题是不能实现世界的公平发展，在资本逻辑中资产者是主导的，因而资本逻辑也不能实现以人民为中心的发展，而新型全球化就是要在现实中实现"共同发展"和"人民发展"两个方面目标。

（二）中国如何引领新型全球化

全球化是世界整体性的发展趋势，而新型全球化是带着人们美好愿望的、真正解决全球化结构性矛盾的发展趋势。为什么说中国可以去引领新型全球化的发展？主要原因有以下几个方面。

第一，新型全球化是中国所倡导的全球化，代表了新兴国家和发展中国家的利益诉求。新型全球化主要是反对西方发达资本主义国家的霸权支配，

[①] 参见李丹：《反全球化运动研究——从构建和谐世界视角分析》，北京：九州出版社 2007 年版，第 170 页。

反对世界经济发展中的不平等，特别是对落后国家和发展中国家发展权利的忽视。世界的发展不可能是发达国家单一的发展，而必然是世界各国整体性的发展。中国所倡导的新型全球化绝不是要建立一个以中国为主导的全球化，而是着眼于新兴国家和广大发展中国家的利益，是为世界大多数国家谋权利。

要实现每一个国家都能够在全球化发展中获得平等权利，就必须摆脱"中心—边缘""先进—落后"的结构束缚，打破单一模式的支配作用，不屈从于发达国家的压力，不盲目照搬西方发展的"华盛顿共识"。将来，要以新兴国家的力量去改变世界经济中原有的圈层式结构，在"中心—边缘"结构中增加新的力量。从 G7 到 G20 实际上就体现出世界体系结构的转变，其中新兴国家的力量不可忽视；要倡导各国在自身国情基础上去探寻符合自身特色的发展道路，以体现全球化发展中的多元价值。中国改革开放后发展道路的成功探索，可以为其他发展中国家提供借鉴，走自己的路，才能显示出发展的自主性，从而摆脱对他国的依赖，甚至是依附。全球化中的主体平等的地位，不是等来的，而是要靠自身的发展争取来的，只有使自己成为平等的强者，才能以平等的姿态参与到全球化的发展之中。

第二，中国是推进新型全球化的主要动力。实际上，在整个全球化的发展进程中一直都存在着两种力量，一种是全球化的推进力量，另一种是全球化的抵制力量，全球化是在这两种力量的相互较量中向前推进的。在美国等西方国家采取贸易保护主义等逆全球化政策的时候，中国一直在努力地推进全球化。尤其是在疫情期间，中国仍然通过举办国际进口博览会等方式进一步开放市场，在美国用"退群""脱钩"等方式来阻遏他国发展，维护"美国优先"的国家利益的时候，中国在用自己不断开放的市场来维系和推动全球化的发展。

全球化在发展进程中始终包含着国家、跨国公司等的推动，因为"全球化就像以往涉及市场和贸易的其他发展一样，是一项政治工程……是一种由政治意愿而决不是命运所决定的发展"[1]。中国在改革开放之后，特别是加入

---

[1] 〔德〕格拉德·博克斯贝格、〔德〕哈拉德·克里门塔：《全球化的十大谎言》，胡善君、许建东译，北京：新华出版社 2000 年版，第 45—46 页。

WTO之后，利用先进国家的管理经验、资本和技术获得了飞速的发展，中国体会到了全球化发展可以给世界以及发展中国家带来的好处，所以有意愿进一步推进全球化。同时，中国也看到了全球化发展中的问题，为了给世界大多数国家拓展发展空间，要推进新型的全球化。

第三，中国有推进新型全球化的制度和理念的基础。实现世界的公平、正义是中国社会制度所一贯追求的价值，中国的社会主义制度拥有一套不同于西方资本主义国家的价值范式，尤其倡导平等，反对剥削和压迫。在现实发展中，中国的体制始终倡导共同富裕，而不是两极分化。中国将自己的发展理念贯彻到国际关系的实践当中，在"一带一路"倡议中，中国秉持共商共建共享的理念，将"一带一路"打造成国际公共产品，努力促进中国与沿线国家的各种形式的合作关系，以实现中国与沿线国家的共同发展。中国的制度也决定了国家无论是安全还是发展都是"以人民为中心"的。党的十九大报告中强调，人民是历史的创造者，是决定党和国家前途命运的根本力量；必须坚持人民主体地位，坚持立党为公、执政为民，践行全心全意为人民服务的根本宗旨。这些阐述都充分体现了制度的价值取向。发展的逻辑和人民的逻辑才是未来新型全球化的基本逻辑。因此，中国社会主义制度中所蕴含的公平、正义、平等、繁荣以及人民主体的价值追求，能够改变以往全球化发展中扭曲的状态，实现各国对美好的全球化的向往。

从理念上来看，新中国自成立时起就主张求同存异，主张政治上的多元化和相互尊重、相互包容。在全球化发展进程中，中国更是提出新型国际关系和人类命运共同体的理念，以民主和互利共赢的精神去推进全球化。这些理念不是空泛的、理想化的，而是中国在国际交往中切实去实践的。求同存异可以让未来的全球化更具包容性，中国历来主张不干涉他国内政，尊重不同国家的道路和制度选择，新型全球化必然是包容性的全球化，不会有僵化的标准和单一的模式去剪裁各国丰富的发展实践。新型国际关系和人类命运共同体理念则是全球化推进中的原则和方向。全球化是为了世界整体的发展，而不是西方国家制造的"小圈子"；全球化更倡导的是合作而非对抗，是为了实现整个人类的进步与繁荣。

总之，新型全球化符合全球化发展的大趋势，符合促进世界共同发展共同繁荣的总目标。中国努力引领新型全球化是造福世界的事情，是顺应时代发展潮流的举动。在这一过程中，我们并不否认西方发达国家在全球化发展中的推动作用，也不想用新型全球化与西方发达国家相对抗，而是要和包括西方发达国家在内的世界各国一道，去追求全球正义的实现，去共创全球化社会的美好未来。

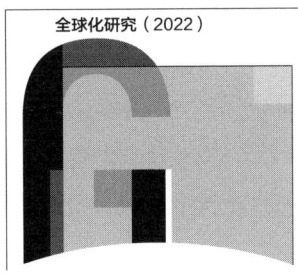

全球化研究（2022）

| 全球化与人类命运共同体

人的全球化核心价值观：人类命运共同体[*]

王义桅[**]

顾名思义，全球化概念源自地理大发现——人类证实了地球是圆的，树立了"全球"观。追根溯源，地理大发现是被迫的，因为1453年奥斯曼帝国攻陷君士坦丁堡，后来打到了维也纳，基督教文明到了最危险的时候，必须向外扩张寻找同盟军，这是全球化的最初原因。原本东西方是通过欧亚大陆的丝绸之路连接起来，现在只好通过海上进行。由于技术—工业革命和资本的力量，为基督教文明的扩张插上翅膀，全球化从被动到主动，基督教文明的底色从未改变。美欧近年讲"对华接触政策失败了"，甚至把中国视为"制度性对手"，就是因为中国强调"四个自信"，做中国梦了。"接触"其实应该译成"铆合"，有基督教"皈依"的含义。

冷战结束后，美国学者福山提出"历史终结"论，就代表基督教文明扩张的使命成功了。面对儒家文明和伊斯兰文明的复兴，亨廷顿则称会导致"文明的冲突"，不是一般意义的不同文明的冲突，而特指与基督教文明的冲突，原因就是以前都是以文明的名义进行基督教—资本主义扩张，将其他文

---

[*] 中国人民大学习近平新时代中国特色社会主义思想研究院党的十九届六中全会专项课题"全人类共同价值与人类命运共同体研究"（项目批准号：21XY15）阶段性成果。

[**] 王义桅，中国人民大学习近平新时代中国特色社会主义思想研究院副院长，当代政党研究平台研究员，国际关系学院教授，欧洲问题研究中心/欧盟研究中心研究员、主任。

明说成"野蛮",不以"文明的冲突"叙事,代之以"人类学"的发现。今天中华文明、伊斯兰文明开始复兴,挑战基督教文明的主导地位。而人类步入工业4.0时代,以华为公司为代表的中国企业在5G时代领先了,触发了美国白人至上的种族主义神经。① 同时,中国加入世界贸易组织带来的全球化红利逐步耗尽,全球化的负面作用日益显现,向源头倒灌,西方出现反全球化、逆全球化运动,视中国为替罪羊。

作为唯一连续不断没有被西方文明殖民掉的文明——中华文明,成为西方的威胁,就是因为中国既崛起还复兴,不仅开创了中国式现代化,而且正在开创以"一带一路"倡议、人类命运共同体为标志的人类文明新形态。

中华民族伟大复兴,把中华优秀传统文化和全球化相结合,成就中国特色社会主义市场经济;与马克思主义结合,成就中国特色社会主义制度;在新时代,又为全球化转型提供中国方案和中国智慧。

一、中华民族伟大复兴的全球意义:
从资本的全球化到人的全球化

从大历史观看,中华民族伟大复兴告别庸俗全球化,开启真正的全球化。

中华民族伟大复兴克服了西方文明的三大悖论:

第一,休谟悖论:衰落了不可能再复兴。古典经济学家休谟在《人类理解研究》曾经预言,艺术和科学在一个国家达到至真至善的时候,艺术和科学将不可避免地走向衰微,至少不会在同一个国家得到复兴。

---

① 美国前总统特朗普的首席战略顾问班农在2017年11月15日的第十二届族群青年领袖研习营演讲称,中国对美国构成五大威胁:中国制造2025、5G、"一带一路"、人民币国际化、中国模式。2021年12月20日,中国外交部原副部长、前驻美国大使崔天凯在中国国际问题研究院和中国国际问题研究基金会联合举办的2021年国际形势与中国外交研讨会上《关于中美关系的几点思考》专题发言时提醒,"美国对华政策中是有种族主义因素的,只不过有的人不说罢了。美国势必千方百计、不遗余力甚至没有底线地对华打压、遏制、分化、围剿"。参见 https://www.ciis.org.cn/xwdt/202112/t20211224_8341.html。

第二，黑格尔—雅斯贝尔斯悖论：德国哲学家雅斯贝尔斯提出四大"轴心文明"说，认为春秋—战国时期的中华文明与古希腊—古罗马时期的欧洲文明等量齐观。差别在轴心时代之后。在《历史哲学》一书中，黑格尔称中国是早熟的文明，秦统一后一直停滞不前，只有王朝循环并未有文明进化。

第三，亨廷顿的"文明的冲突"悖论。异质文明的复兴引发与基督教文明的冲突——冷战的意识形态冲突只是过渡。全球化是基督教文明扩张，真正遇到对手——伊斯兰文明复兴导致西方内卷——伊斯兰教、基督教、犹太教是亚伯拉罕诸教，中华文明复兴界定西方基督教文明扩张的边界。

中华民族伟大复兴更深远的历史意义是以人本主义传统文化融入全球化价值体系，开创人的全球化核心价值观。

"中国共产党为什么能，中国特色社会主义为什么好，归根到底是因为马克思主义行！"[①]《中共中央关于党的百年奋斗重大成就和历史经验的决议》（以下简称《决议》）指出，马克思主义行，是因为"两个结合"："坚持把马克思主义基本原理同中国具体实际相结合、同中华优秀传统文化相结合"[②]。所以，"我们坚持和发展中国特色社会主义，推动物质文明、政治文明、精神文明、社会文明、生态文明协调发展，创造了中国式现代化新道路，创造了人类文明新形态"[③]。

人类文明新形态是相对于西方文明旧形态而言。中国共产党领导实现中华民族伟大复兴，超越了西方的宗教革命和启蒙运动。近代人文主义建立在人—神关系契约基础上：（1）神与王的契约：把恺撒的给恺撒，把上帝的给上帝；（2）王与贵族的契约：大宪章；（3）贵族—政府契约：代议制；（4）政府—人民契约：社会契约论。而中华文明认为人与天不是契约关系，更没必要

---

① 习近平：《在庆祝中国共产党成立100周年大会上的讲话》，载《人民日报》2021年7月2日。
② 习近平：《中共中央关于党的百年奋斗重大成就和历史经验的决议》，载《人民日报》2021年11月17日。
③ 习近平：《中共中央关于党的百年奋斗重大成就和历史经验的决议》，载《人民日报》2021年11月17日。

经历天—神—王—贵族（政府）—人的分化，天底下有诸神（诸神相爱而非诸神之战），主张敬鬼神而远之，反对装神弄鬼，无法无天，从而实现天人合一。中国共产党将传统中华文化的天人合一思想上升到党与人民合一："江山就是人民，人民就是江山"①，超越了人—神观基础上的近代政治文明。

中国共产党以人本主义超越了人文主义。② 中国共产党将传统中华文化的天人合一上升到党与人民合一，借鉴西方政治文明并实现本土化、时代化、大众化。林肯总统讲的是of the people（民有）、by the people（民治）、for the people（民享），为孙中山先生所吸收发展为三民主义，而中国共产党更进一步，强调in the people（人民中心），还是before the people（先锋队），因为吃苦在前；还是after the people（公仆），享受在后。因此，中国共产党不是传统意义上的西方政治政党，更不是中国古代的政党概念，它追求人类公平正义，倡导人本主义。所以要从天—人关系的人本思想而非西方神—人观的人文主义理解中国，理解中国共产党。③

人本主义价值观的全球化逻辑就是人的全球化。

新冠肺炎疫情暴发后，以"华盛顿共识"为特征的超级全球化走向终结，全球化正在进入人的全球化阶段。④ 人们所熟知的资本的全球化，即资本驱动的全球化，追求的是利润最大化；而人的全球化，是所有人的全球化，追求

---

① 习近平：《在党史学习教育动员大会上的讲话》，载《求是》2021年第7期。
② 虽然《易经》里就有"人文"一词，但是人文主义（humanism）一词来自西方，是近代文艺复兴尤其是启蒙运动以来的以人自身的经验为中心来看待一切的一种世界观——英国学者阿伦·布洛克指出："作为文艺复兴和启蒙运动之产物的现代话语中的，humanism，其基调就是一种以人类为中心的世界观，以人本的世界观区别中世纪神本世界观。"（〔英〕阿伦·布洛克：《西方人文主义传统》，董乐山译，北京：生活·读书·新知三联书店1997年版，第12页。）所以吴宓最初把它译成"人本主义"，后来才被胡先骕译为"人文主义"。笔者认为，中华文化考究人和天的关系，区别于西方人和神的关系，西方一神教的God与其他文明的神也不是一回事，所以笔者提出人类命运共同体是人本主义世界观，是人类文艺复兴。
③ 参见王义桅：《世界之问，中国之答：构建人类命运共同体》，长沙：湖南人民出版社2021年版，自序"人本主义世界观：人类命运共同体"。
④ 参见王义桅：《全球性问题呼唤构建人类命运共同体》，载《经济日报》2020年4月14日（理论版）。

的是人的身体健康与生命安全。资本的全球化是有边界、关税等一系列概念的，是世界上部分人群所关注的；而人的全球化则表现为地球村的概念，是全世界所有人都需要关注的。疫情正在全球蔓延，没有人或者国家能独善其身，这是全人类与病毒之间的战争。疫情背景下世界各国的关系，不再是"你与我"的关系或者国与国之间博弈的关系，而是人类与病毒的关系，只有共同战胜疫情，人类才能安全，更加凸显了人类是一个休戚与共的共同体。

人的全球化逻辑是：①

——我健康，你才健康；你安全，我才安全。中国秉持人类命运共同体理念，既对本国人民生命安全和身体健康负责，也对全球公共卫生事业尽责。

——世界安全，中国才安全；中国安全，世界更安全。对于国外发生新冠肺炎疫情，中国感同身受，主动对有需要的国家提供力所能及的帮助。中国已对一百多个国家以及世卫组织、非盟等国际组织提供紧急援助，包括检测试剂、口罩等医疗物资；已经建立新冠肺炎疫情防控网上知识中心，向所有国家开放。

——国际合作不是选择而是必然。面对疫情，国际社会最需要的是坚定信心、齐心协力、团结应对，全面加强国际合作，凝聚起战胜疫情强大合力。

需要看到的是，长期以来，我们生活在国家单元的国际关系思维里，对人的关注不够——人只是劳动力、旅游者等"生产—消费"因素而已。而面对人的全球化，我们需探索建立以人为单元的全球秩序，而这应基于以人为中心的国家治理理念。全球公共卫生治理也不能只思考谁来治理、治理什么、如何治理等问题，更要思考为谁治理、靠谁治理等问题。中国坚持以人民为中心的发展思想，同时在国际上推动构建人类命运共同体，这是极为重要的中国方案、中国智慧。

人的全球化正在呼唤构建人类命运共同体。正如 2020 年 3 月 12 日晚，习近平主席在与联合国秘书长古特雷斯通话时所说的，"新冠肺炎疫情的发生再次表明，人类是一个休戚与共的命运共同体。在经济全球化时代，这样的

---

① 参见王义桅：《时代之问，中国之答：构建人类命运共同体》，长沙：湖南人民出版社 2020 年版，自序。

重大突发事件不会是最后一次,各种传统安全和非传统安全问题还会不断带来新的考验。国际社会必须树立人类命运共同体意识,守望相助,携手应对风险挑战,共建美好地球家园。"①

从大历史观来看,人类命运共同体正在克服庸俗的全球化,迎接真正的世界历史、真正的全球化,改变庸俗全球化乃基督教文明——资本主义扩张造成的中心—边缘体系,迎来分布式、网格状互联互通的新体系,迎来各种文明的共同复兴,克服"安全靠美国、经济靠中国"的世界悖论,克服全球化不可能三角——主权、民主、资本——不可能兼顾,推动形成各国命运自主—命运与共—命运共同体。

二、"一带一路"如何开创人的全球化

如何开创人的全球化?国内以人民为中心,国际上构建人类命运共同体,其主要连接点就是"一带一路"。世界上八成以上的人生活在发展中国家。如何实现共同发展,正是"一带一路"国际合作及全球发展倡议所聚焦的。全球化将来怎么样,取决于"一带一路"将来干得怎么样。"一带一路"推动全球化朝向开放、包容、普惠、平衡、共赢的方向发展,目标是构建人类命运共同体。人类命运共同体、"一带一路"就是伟大复兴的中华民族给全球化提供的中国智慧、中国方案。

习近平主席在博鳌亚洲论坛 2021 年年会开幕式上的视频主旨演讲指出,共建"一带一路"追求的是发展,崇尚的是共赢,传递的是希望。截至 2021 年年底,145 个国家、32 个国际组织与中国签署了 200 多份共建"一带一路"合作文件。这充分说明,共建"一带一路"应潮流、得民心、惠民生、利天下。这就是"一带一路"倡议的全球化逻辑。

20 世纪 80 年代,里根·撒切尔夫人推行的新自由主义,推动了贸易自由化、生产国际化、资本全球化、科技全球化为主要特征的经济全球化飞速发

---

① 《习近平同联合国秘书长古特雷斯通电话》,载《人民日报》2020 年 3 月 13 日。

展，并最终帮助西方阵营赢得了冷战。美国人一度认为全球化就是美国化，宣称"历史的终结"，"世界是平的"，政治上推行普世价值和西方民主政治，在经济上推行资本主义世界经济体系，试图让全球在政治、经济等各方面按照西方模式实现标准化。然而，全球化的"双刃剑"也在解构美国霸权，政治多极化、经济全球化、文化多样化、社会信息化加速发展，产生去中心化效应。美国耗费了大量实力并未实现全球西方化的目标，而经济全球化让财富和权力更快地集中到顶层资本所有者手里，同时也掏空了工业基础，扩大了贫富差距。事实是西方的上层操弄了全球化，而社会的底层民众却把目标对准了全球化和中国这样一些全球化中的成功者，试图彻底打击和抛弃全球化。全球化开始走向碎片化。

冰冻三尺非一日之寒。这种现象的产生可以追溯到全球化的起源、演进、本质，最终酿成全球化悖论。

（一）单向度全球化

全球化的命运其实是与丝绸之路的兴衰分不开的。历史上的丝绸之路非常辉煌。欧洲传教士盖群英在漫长的丝绸之路旅程中如此记述："宽而深的车辙分分合合，犹如江面上的涡流。在这条路上，无数人走过了几千年，形成了一条永不止息的生命之流……" 1453 年，奥斯曼帝国崛起，把东西方贸易文化交流的桥梁切断了（史称"奥斯曼之墙"），欧洲人被迫走向海洋，从而改变了整个世界格局，变成了西方中心的时代，海洋主导的世界，开创了海洋型全球化。按照世界银行数据，当今世界产出的六成来自沿海地区的一百公里的地带，因为地球 71% 面积被海洋覆盖，90% 贸易通过海洋进行。这种西方中心的海洋型"全球化"其实是"部分全球化"，或曰单向度全球化，正如《共产党宣言》描绘的："正像它使农村从属于城市一样，它使未开化和半开化的国家从属于文明的国家，使农民的民族从属于资产阶级的民族，使东方从属于西方。"[①]

[①]《马克思恩格斯选集》第 1 卷，北京：人民出版社 1997 年版，第 26—31 页。

（二） 中心—边缘模型分工体系

从殖民时代开始，人类社会的发展总是以部分国家的牺牲为代价的，其根本原因是资源有限性和分配不公，传统全球化模型中由于发达国家掌握了资本和核心技术，在中心—边缘模型分工体系下，它们攫取了大量的非对称利益。

传统全球化形成了一套"世界分工体系"，极大地整合了全球产业链效率。这种分工体系基本上是跨国公司的全球市场配置形成的。跨国公司发展促进了生产、资本、贸易、技术的全球化，而跨国公司绝大多数是西方的。

（三） 文明等级秩序[①]

全球化由西方发达国家引导，这个国家群的主体文明是基督教文明，基于"一神教"的特性，基督教文明（尤其是新教文明）拥有相当强的征服性和排他性，所以，传统贸易、资本的全球化也带来了西方中心主义价值观的全球化，其表征就是推广所谓"普世价值"和输出"民主革命"。这本质上形成文明等级秩序，伊斯兰极端恐怖主义的扩散化就是这种矛盾下的产物之一，而基于文明/宗教价值观的矛盾在现有制度安排下几乎是不可调和的。

（四） 区域化与全球化悖论

传统全球化理论认为，区域一体化是全球化的初级阶段，全球化是区域一体化的终极阶段。但在实际操作中，凡是区域一体化程度高的超国家组织会自然出现一种"圈子化"的内化性，从而抵触进一步全球化，最典型的例子就是欧盟。在本轮世界经济危机之前，欧盟80%以上的"外贸"都是在成

[①] 参见刘禾：《世界秩序与文明等级》，北京：生活·读书·新知三联书店2016年版。

员国之间进行的,这种"自闭"当然不利于全球化的发展。英国脱欧表明通过欧洲地区一体化推进全球化的逆转,不惜以退出欧洲单一市场的硬脱欧方式更好拥抱全球化。

如何克服上述全球化悖论?如何改革全球化使之获得可持续发展?

今天是世界常常被称为"地球村"。打开《夜晚的世界》图可以发现,只有那些生活在日本、北美和欧洲发达国家沿海地区灯火辉煌,证明实现了现代化,而在世界的其他地方卫星上看不到灯光,依然生活在"贫困的黑暗"之中。

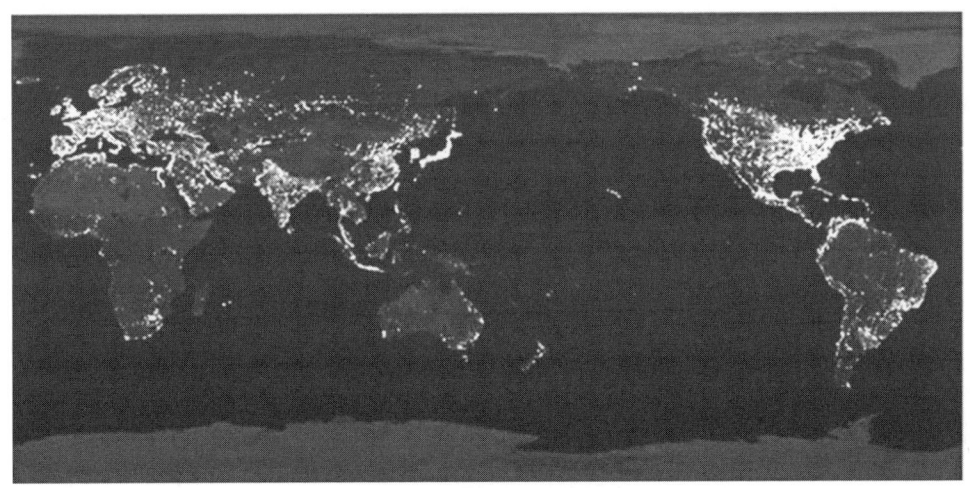

图1 世界夜晚灯光①

如何让黑暗的地方灯亮起来?如何让占世界人口80%的发展中国家不输在起跑线上?如何帮助内陆地区寻找海洋,帮助南方国家实现工业化,助推人类文明共同复兴?这是全球化时代的重大课题。

令人忧虑的是,近代以来西方中心的全球化局面,今天不仅没有改变,反而有所强化。世界互联网分布更加剧了美国的优势地位,因为技术创新让强者更强、弱者更弱。

---

① NASA公布地球夜间灯光分布图(高清组图),中国新闻网http://gb.cri.cn/27824/2012/12/06/782s3950184.htm#none.[2012-12-06]。

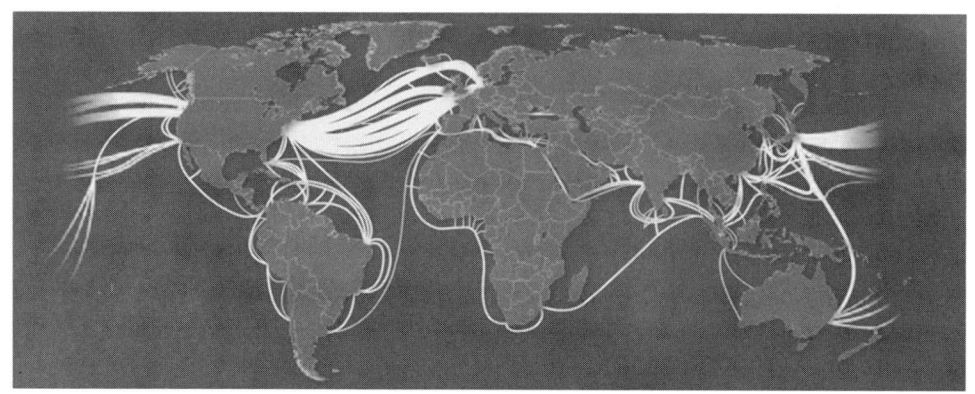

图 2　世界海底光缆分布①

由图 2 可以看出，世界海底光缆集中在跨大西洋两岸，广大发展中国家要通过美欧而连接在一起。麦肯锡全球研究院 2016 年 2 月发布的报告《数字全球化：一个全球流动的新时代》指出，数据流动产生了比全球货物贸易更多的价值。尽管光纤电缆覆盖了世界大部分地区，却没有一条光缆直接连接亚洲与南美洲。拉丁美洲国家和中国的互联网通信需要途经北美洲。而如今南南经济交流胜过南北经济交流，这种状况亟待改变。

更一般地说，技术与信息的非对称性及其让强者更强、弱者更弱的设计，形成巨大的信息壁垒和数字鸿沟，这是导致当今世界贫富差距、冲突不断的重要根源。

是该改变历史演变逻辑的时候了。

"一带一路"就是要让所有人在晚上都有电，见到光，这才能搞工业化。我们需要更多的互联互通，帮助内陆地区寻找海洋，帮助南方国家实现工业化，助推人类文明的共同复兴，打造更包容的全球化。

如果我们把作为古代东西方贸易与文明交流之路的丝绸之路称为全球化 1.0 时代：其单元是文明，载体是欧亚大陆，动力是贸易—文化，遵循的"和平合作、开放包容、互学互鉴、互利共赢"丝路精神；近代西方开创的全

---

① http://submarine-cable-map-2013.telegeography.com/.

球化称为全球化2.0时代：以民族国家为单元，通过海洋实现全球贸易—投资扩张，确立西方中心世界；那么，"一带一路"是21世纪的跨洲际合作倡议，不只是打通历史上中断的丝绸之路，而是借助丝绸之路的历史概念，开创新型全球化——全球化3.0时代：秉承"万物互联"，运用3D打印机、大数据和智慧城市，开发和应用包容性技术——改变传统技术让强者更强、弱者更弱的状态，创新和实施包容性制度安排——推动国际贸易、投资规则更加公正、合理、包容，开创包容性全球化。

因此，"一带一路"旨在圆梦欧亚大陆互联互通的百年憧憬，携手开创全球化3.0版。（见表1）

表1 全球化形态[①]

	单元	载体	动力	法则
全球化1.0	文明	欧亚大陆	贸易+文化	丝路精神
全球化2.0	民族国家	海洋	贸易+投资	西方中心
全球化3.0	文明型国家	"一带一路"	互联互通	合作共赢

美战略家康纳在《超级版图》一书中提出，传统全球化——关税减让，最多能推动世界经济增长5%，而新型全球化——互联互通，将推动世界经济增长10%—15%。[②] 因此，"一带一路"给全球化提供更强劲动力，并推动改革传统全球化，朝向开放、均衡、包容、普惠方向发展。"一带一路"首先着眼于基础设施的互联互通。世界银行发布《"一带一路"经济学》研究报告指出，"一带一路"框架下的交通走廊项目有望帮助全球760万人摆脱极端贫困、3200万人摆脱中度贫困。[③] 按照世界银行前高级副行长林毅夫教授模型，发展中国家每增加1美元的基础设施投资，将增加0.7美元的进口，其中0.35美元来自发达国家。全球基础设施投资将增加发达国家的出口，为其创

[①] 王义桅：《世界是通的：一带一路的逻辑》，北京：商务印书馆2016年版，第43页。
[②] ［美］帕拉格·康纳：《超级版图》，崔传刚、周大昕译，北京：中信出版社2016年版，第19页。
[③] Belt and Road Economicsi Opportunities and Risks of Transport corridorj. https：//open knowledge. worldbank. org/handle/10986/31878.

造结构性改革空间。①

"一带一路"打造的包容性全球化，让老百姓在其中有更多的参与感、获得感和幸福感。可以说"一带一路"倡议是老百姓版本的全球化，是"南方国家"的全球化，这与跨国公司或少数利益集团把世界变成投资场所的全球化有本质的不同。

有学者将这种包容性全球化称为"中式全球化"（Chiglobalization）。②"一带一路"完成可能成为打造中式全球化的重要尝试，其有以下路径。

1. 文明的共同复兴

从人类文明史看，"一带一路"修订内陆文明从属于海洋文明、东方从属于西方的西方中心论，重塑均衡、包容的全球化文明，推动欧亚大陆回归人类文明中心地带。

"一带一路"肩负推动人类文明大回归的历史使命。

首先是推动欧亚大陆回归人类文明中心。近代以来，西方文明博兴于海洋，东方文明走向封闭保守，进入所谓的近代西方中心世界。直至美国崛起，西方中心从欧洲转到美国，欧洲衰落，历经欧洲一体化而无法根本上挽回颓势。如今，欧洲迎来了重返世界中心地位的历史性机遇，这就是欧亚大陆的复兴。作为"世界岛"的欧亚大陆一体化建设将产生布热津斯基《大棋局》一书所说的让美国回归"孤岛"的战略效应，和让亚欧大陆重回人类文明中心的地缘效应，重塑全球地缘政治及全球化版图。

其次是改变边缘型国家崛起的近代化逻辑。近代以来，葡萄牙、西班牙、荷兰、英国相继从海洋崛起，并通过地理大发现和海上殖民确立世界霸权，直至第二次世界大战后的美国称霸世界。然而，这些国家皆非处于人类文明中心地带的文明古国，而是作为世界岛的欧亚大陆的边缘国家或海洋国家，

---

① 林毅夫：《以"全球基础设施投资"应对全球经济挑战》，中新社重庆 2016 年 10 月 14 日电。
② Wenshan Jia（贾文山），"Chiglobalization? A Cultural Argument", in *Greater China in Globalization*, Rowan Littlefield, USA November, 2009.

故此称霸周期无一例外没有超过130年。"一带一路"推动大河文明和古老文明复兴，正在改变近代边缘型国家崛起的历史，纠偏海洋主宰大陆、边缘主宰核心的局面。

"一带一路"将人类四大文明——埃及文明、巴比伦文明、印度文明、中华文明，串联在一起，通过由铁路、公路、航空、航海、油气管道、输电线路和通信网络组成的综合性立体互联互通，推动内陆文明、大河文明的复兴，推动发展中国家脱贫致富，推动新兴国家持续成功崛起。一句话，以文明共同复兴的逻辑超越了现代化的竞争逻辑。

2. 开创文明秩序

"一带一路"开创以文明国为基本单元的文明秩序，超越近代以民族国家为基本单元的国际秩序，实现了国际政治从地缘政治、地缘经济到地缘文明的跨越，从三个方面创新了文明的逻辑。

一是以文明交流超越文明隔阂。交流的前提是平等。近代以来，西方以先进文明自居，凭借工业文明优势通过坚船利炮打开各国大门进而殖民世界，摧毁了各种古老文明，打乱了其他文明发展进程，造成巨大的文明隔阂和灾难。21世纪的今天必须开创有别于近代的合作模式。不同于近代以来西方的殖民主义、帝国主义和霸权主义，以国际掠夺、竞争为常态而合作、妥协为非常态，也不同于战后西方对外援助等各种名目的国际合作模式，"一带一路"依靠中国与沿线国家已有的双多边机制，借助既有的、行之有效的区域合作平台，高举和平、发展、合作的旗帜，主动地发展与沿线国家的经济合作伙伴关系，把中国现在的产能优势、技术优势、资金优势、经验和模式优势转化为市场与合作优势，将中国机遇变成世界机遇，融通中国梦与世界梦。

二是以文明互鉴超越文明冲突。互鉴的前提是尊重。尊重文明差异性在现实生活中的体现，就是尊重发展模式多样性，鼓励各国走符合自身国情的发展道路，建立文明伙伴关系，实现"美美与共、天下大同"。习近平主席2013年10月在印尼提出"21世纪海上丝绸之路"时就特别强调建立"海洋合作伙伴关系"。其后，在多个国际场合他都明确表示，"一带一路"不搞势力范围，而是推动大家一起加入朋友圈，编织互利共赢的合作伙伴网络。

三是以文明进步超越文明优越感。进步的前提是学习。"凡益之道，与时偕行。"学习其他文明，学习时代新知识，才能与时俱进，适应时代发展需要，否则就会故步自封，在自我为中心的优越感中被时代淘汰。当今世界，新产业革命和产业结构调整蓄势待发，国与国争夺的焦点在于创新，创新成为国家竞争力的来源和缩小南北国家差距的重要手段。中国逐渐成为创新领先者，所提出的"一带一路"着眼于21世纪的全球化，推动人类文明创新和各种文明的共同进步。

3. 陆海联通

从空间角度来讲，"一带一路"很大程度上帮助那些内陆国家寻找出海口，实现陆海联通，比如欧洲有"三河"（易柏河、多瑙河、奥得河）通"三海"（波罗的海、亚得里亚海、黑海）的千年梦想。"一带一路"激活了这一梦想，助推欧洲互联互通，形成中欧陆海快线、三海港区的大项目。另外一个是实现规模效应，现在欧洲越分越小，"一带一路"提出以后，能够把小国连通在一起，建立大市场，尤其把内陆和海洋连在一起，实现陆海联通。这是"一带一路"受欢迎的重要原因。

"一带一路"提出以后，推动中国重新建构世界经济地理版图，很多人把它称为"第二次地理大发现"。世界上71%面积被海水覆盖，其中70%也就是地球的近一半（49%）是国际海域、公海。人类合作具有巨大空间。这是"一带一路"倡导开放、包容、创新的基础。

4. 全球化的本土化

"一带一路"不是企业"走出去"，是"走进去"——要落地，跟当地国家的发展项目相结合。有的国家需要基础设施，有的国家需要贷款，有的国家需要教育——它首先需要什么你就给它提供什么。一定要一起商量，不要强迫，要一起建设，使对方有成就感。小米手机发展这么快，就因为消费者也是创造者。一起建设，一起维护，才能在安全上建立互信，最终形成一个命运共同体。相关服务也要"走进去",要适应当地的民俗、宗教,用当地人所希望的形式"落地生根",不再是简单地"走出去",而是"走进去",越来越多地是"欧洲生产,欧洲消费""非洲生产、非洲消费"……这就是企业抓住"一带一路"机遇的要旨。"一带一路"堪称新时期的长征,在21世纪播撒中国合作共赢的理念,引导企业往全球分工体系里最有潜力的市场走并落地生根、开花结果,开创全球化新模式,实现共同发展。

"一带一路"扬弃西式全球化,如能开创"中式全球化",其前景正在于:

一是打造开放、包容、均衡、普惠的合作架构。所谓开放:从发展中国家向发达国家开放,到相互开放。所谓包容:公平合理分享全球化成果,实现国与国、内陆与沿海之间的共同发展。所谓均衡:南北均衡、产业均衡、地域均衡。所谓普惠:让老百姓从全球化中有更多的获得感、参与感和幸福感。

二是创新合作模式、观念。作为对互联网时代的超越,万物互联、人机交互、天地一体的时代正在到来。"一带一路"的关键词不只是丝绸之路,而是21世纪;不是简单复兴古丝绸之路,而是借助古丝路记忆,在21世纪复兴丝路精神,推动中华文明转型,解决人类面临的普遍性问题。前者被称为"一带一路1.0",后者被称为"一带一路2.0"。"一带一路2.0"开创欧亚大陆时代2.0——陆海联通、海洋时代2.0——深海时代,从地理大发现到时空大发现。"一带一路"2.0时代空间拓展到赤道、北极,延伸到南美等,以开放包容精神,开创新的全球化,将中国传统"天地人"思维拓展到"天地人海空网",实现人机交互、天地一体,万物互联,打造21世纪人类新文明,推动中国成为新的领导型国家,通过再造世界而再造中国。①

三、人类命运共同体:人的全球化核心价值观

中国共产党领导中国从崛起到复兴,创造国内、国际模式新形态:国内

---

① 王义桅主编:《从大写意到工笔画:一带一路的理论与实践》,北京:清华大学出版社2021年版,"序"。

模式——有为政府+有效市场；国际模式——赋能—铸魂全球化：道德（向善），开创人类文明新形态1.0：中国式现代化；2.0：中国化全球化：从"被全球化"到"主场全球化"，再到"自全球化"；实现全球化的中国化：中国特色社会主义市场经济；中国化的全球化：一带一路、人类命运共同体。（见表2）

表2　人类文明新形态

	人类文明新形态1.0	人类文明新形态2.0
中国模式 (有为政府+有效市场)	中国式现代化	主场全球化 （一带一路、双循环）
全球化模式 (资本—人的全球化)	全球化的中国化 （中国特色社会主义市场经济）	中国化的全球化 （术：一带一路/道：人类命运共同体）

资料来源：作者自制。

党的十九大报告指出，"世界正处于大发展大变革大调整时期，和平与发展仍然是时代主题。世界多极化、经济全球化、社会信息化、文化多样化深入发展"。如何实现世界多极化、经济全球化、社会信息化、文化多样化四位一体？《中共中央关于党的百年奋斗重大成就和历史经验的决议》指出，"党领导人民成功走出中国式现代化道路，创造了人类文明新形态，拓展了发展中国家走向现代化的途径，给世界上那些既希望加快发展又希望保持自身独立性的国家和民族提供了全新选择。党推动构建人类命运共同体，为解决人类重大问题，建设持久和平、普遍安全、共同繁荣、开放包容、清洁美丽的世界贡献了中国智慧、中国方案、中国力量，成为推动人类发展进步的重要力量。"作为人的全球化核心价值观——人类命运共同体（理一分殊），由五大支柱组成：持久和平、共同安全、经济繁荣、开放包容、清洁美丽，实现经济全球化、政治多极化、文化多样化、社会信息化的四位一体，并上升到人与自然生命共同体的生态文明高度，构成人类命运共同体的五位一体。（见表3）

表3　人类命运共同体的五位一体

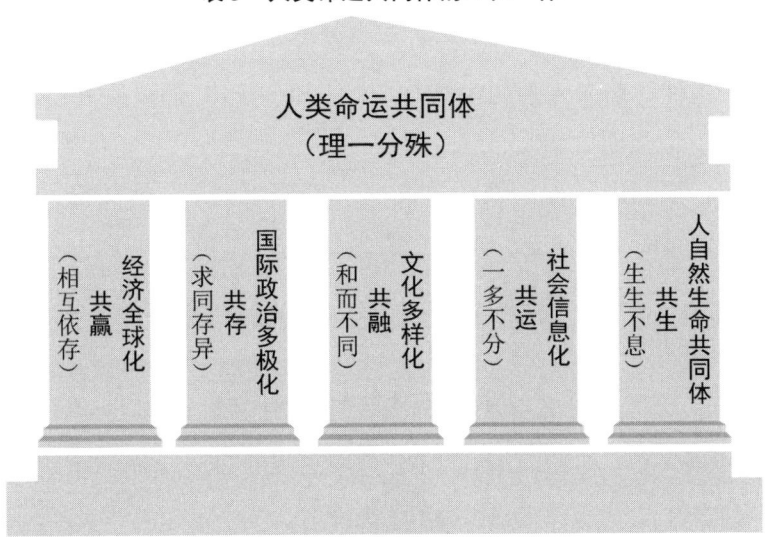

资料来源：作者自制。

人类命运共同体的价值基础是全人类共同价值。钱穆先生在《中国文化史导论》一书中指出，人类文化从源头看有游牧、农耕和商业三种类型。"游牧、商业起于内在不足，内在不足则需向外寻求，因此而为流动的、进取的。农耕可以自给，无事外求，并必继续一地，反复不舍，因此而为静定的、保守的。"① 在世界整体内在动力不足、可持续发展为唯一选择的全球化时代，游牧、农耕、商业乃至工业文化的差异消失了。世界面临共同的文明挑战。

著名汉学家、德国波恩大学东亚系教授沃尔夫冈·顾彬认为，中国是欧洲文明的"福分"，中华文化一直为西方文化提供滋养。但长期以来，西方人并不了解中华文化与世界文明的对话历史，更不了解中华文化对世界文明的影响。如果说20世纪的德国哲学是"我者"与"他者"的对话，那么今天的世界就是"我者"与"伙伴"的交流，开放对话为当今世界不同文化间互融互鉴、打造人类命运共同体打开了大门。②

一位西方学者曾经这样说过，人类的奇遇中最引人入胜的时候，可能就

---

① 钱穆：《中国文化对人类未来可有的贡献》，香港中文大学《新亚月刊》1989年12月号·刊。
② 参见《中外学者共话中华文明与世界文明》，载《中国青年报》2017年9月28日。

是希腊文明、印度文明和中国文明相遇的时候。希腊哲学强调人—自然关系，印度哲学强调人—神关系，而中国哲学强调人—人关系。①

今天，这种"引人入胜的时候"由"一带一路"倡议所开启，将三大世界级文明：中华文明（着眼于人—人关系，强调做人）、印度文明（着眼于人—神关系，强调做信徒）及西方文明（着眼于人—自然关系，强调做事）再次融通起来，以文明之合，超越文明之分，在21世纪再现古丝绸之路将中国的"四大发明"通过阿拉伯传到欧洲的文明历程，对接农耕文明、游牧文明和海洋文明的和合气象。（见表4）

表4　三大世界级文明

中华文明（人—人，做人）

印度文明（人—神，做信徒）　　　　西方文明（人—自然，做事）

资料来源：作者自制。

也有学者进行更细致的分类（见表5）：

表5　超越突破的四种基本形态 Four Different Transcendental Breakthroughs

内 In/外 Out	离开此世 That-worldly	进入此世 This-worldly
依靠外部的力量 Outside Power The Wholly Other	希伯来宗教对一神的皈依 （神 God Religion） 神的世界 vs 人的世界	古希腊理性对认知的追求 （理 Reason Philosophy）
依靠自己的力量 Immanent Self awareness	印度宗教对解脱的追求 （空 Emptiness） 此岸红尘　空间涅槃	中国对道德价值的追求 （圣 Sage） 人伦秩序　礼乐教化

雅斯贝尔斯——帕森斯——史华慈——杜维明
Benjamin I. Schwartz: Wisdom, Revelation, and Doubt: Perspectives on the First Millennium B. C., 1975.

---

① 印度文明缺乏正史记述，也有学者建议代之以希伯来文明，后衍生出基督教文明、伊斯兰教文明（犹太教、基督教、伊斯兰教被称为"亚伯拉罕诸教"）。西方文明的两大源头正是希伯来文明和希腊文明。参见〔法〕勒内·格鲁塞：《从希腊到中国》，常书鸿译，杭州：浙江人民美术出版社1985年版。

当然，中、西、印文化的命运观是不同的。西方的"destiny"（命运）观强调必然性。它起源于希腊人"moira"（命运）观，与早期的圣地空间结构相关，后来又与"logos"（逻各斯）联系起来，最后在理性化升级中，成为与"law"（自然规律）类似的东西。对西方文化来讲，命运建立在对必然性认识的基础上。印度的"pratītyasamutpāda"（命运）观，彰显的是偶然性。印度人的缘起型命运建立在印度哲学的空—幻结构中。它关注现象上的每一因素、条件，注重在时点上偶发的各种互动，即所谓的"samutpāda"（起），命运就在偶然的缘会中产生（起）互动。中国的命运观则体现了必然性与偶然性的统一。在中国人的气化万物中，具体之物因天地之气化而生，称为"命"；一旦产生就有了自己的本质，被称为"性"。产生之后，开始作为具体之物有了生、长、亡的过程。人的这一过程是在天地之间与天地互动而进行的，受天地运行影响，天地运行称为"运"。中国的"命运"内涵，既有宇宙必然生物的必然性的一面，又有产生之后在与天地的互动中而生的偶然性的一面，两者的合一，构成中国的命运观——既承认必然性，又注重灵活性。①

世界三大文明体系也可概括为：一神论、多神论、无神论。一神论虽也宣称多元一体但本质是同质性文化，主张普世价值，唯我独尊，造成宗教战争和文明冲突；多神论主张生命轮回观、价值相对主义，很难团结；无神论既世俗化又尊重不同信仰，利于大一统，能够实事求是，倡导"一多不分"的文化观："一"是目标，是灵魂，是人类命运共同体；"多"是形式，是手段。美国汉学家安乐哲教授指出，"印欧传统讲服从，讲两个世界，人的世界服从神的世界，是天人为二；中国讲相系不分，讲一个世界，讲天人合一。"与西方"分"的哲学观不同，"一多不分观"是表述中国传统的生生不息宇宙论的哲学术语，指的是天地万物"一"与"多"的不可分割关系，即任何单子个体同它所处情势环境的不间断延续性，以及在这个意义上其特殊性和

---

① 参见张法：《命运观的中、西、印比较：从"人类命运共同体"英译难点谈起》，载《南国学术》2019年第2期。

它所处环境的多样性的共生共存自然状态。这是一种关系特殊性与整体性的相融互通，是在人们一般价值、意愿和行为的不恰当性所造成的关系紧张状态之中产生的共享与和谐的自然动态。①

中国共产党强调"文化自信"，实现与传统文化的有机结合，以及创新性转化和创新性发展。群龙无首是《易经》乾卦的最高境界，乾卦又是《易经》的根本核心。群龙无首的"群"从个人修养而言是无为（道家）、无相（佛家）；从社会形态而言即人类命运共同体的最高境界——万物并育而不相害，道并行而不相悖，万类霜天竞自由，各自都是一条龙，相互关爱，没人出来称霸（无首）。我们已进入区块链、万物互联的技术时代，要去中心结构，去权威和霸权。中国共产党强调人类命运共同体，告别霸权时代，这是对人类文明的重要贡献。

四、结论

中国特色社会主义进入新时代，不仅开创了中国式现代化，也推动塑造人的全球化核心价值观：人类命运共同体，主要抓手就是"一带一路"倡议。

中国从参与到引领经济全球化，统筹政治多极化、社会信息化、国际关系民主化，提出"一带一路"倡议和人类命运共同体理念，不仅为全球化赋能、铸魂，而且正在开创全球化文明新形态，即告别基督教文明扩张式的中心—边缘体系，开创各种文明共同复兴、引领人类文明向数字文明、生态文明转型的新进程。疫情终结了以华盛顿共识为标志的超级全球化，开启人的全球化进程。人类命运共同体是人的全球化核心价值观，主体上将全球上升到人类高度，形态上从相互依存上升到命运与共的层次，法则上从"化"（扩张）上升到共同体境界。

---

① 参见郭薇、田辰山：《一多不分：安乐哲中国哲学海外话语建构路径分析》，载《郑州大学学报（哲学社会科学版）》，2020年第4期。

全球化时代的人类文化共同体建构*

——一种外国文学研究思路的设想

生安锋**

笔者一直从事外国文学尤其是美国族裔文学中的文化冲突与文化认同等议题的研究,近几年来又特别关注文化全球化这一问题。故此,本文将从文化共同体的角度简要谈谈笔者对全球化尤其是文化全球化的理解及其对外国文学研究的启示,谨供大家批评指正。

众所周知,虽然全球化一词直到 20 世纪 60 年代才正式出现,但全球化的萌芽意识和最初的进程是从 15 世纪开始的。初期的全球化活动包括 15 世纪初中国明朝的郑和下西洋和 15 世纪末、16 世纪初欧洲的哥伦布和麦哲伦等探险家在世界范围内的探险活动等,以及随之而来的西方国家的殖民主义行径,西方资本主义的迅猛扩张及其对海外资源掠夺和市场开拓等。20 世纪又发生了人类有史以来最为惨烈的世界性战争——第一次世界大战和第二次世界大战,以及随之而来的 20 世纪后半叶的冷战和 90 年代冷战的终结等,这

---

* 本文系国家社会科学基金重大项目"美国族裔文学中的文化共同体思想研究"(项目号:21&ZD281)、北京市哲学社会科学基金重点项目"后殖民主义、世界主义与中国文学的世界性研究"(项目号:18WXA002)、清华大学自主科研计划专项支持项目(项目号:2019THZWJC52)的阶段性成果。

** 生安锋,清华大学外文系长聘教授、博士生导师。

些国际性重大事件都对全球化造成了很大的或正面或负面的影响。在我们看来，全球化这一概念是人类社会发展到一定程度后出现的一种现象。在全球化时代，随着科学技术和交通运输技术及通信技术的迅猛发展，世界各国各地区之间的联系不断增强，而人类生活也在现代全球性规模上发展出了一种全球意识——"地球村"；国与国之间在政治、科技、经济、商贸、军事等领域内越来越变得相互依赖、互为依存。在当代，罗兰·罗伯逊、安东尼·吉登斯、伊曼纽尔·沃勒斯坦、小约翰·柯布、戴维·赫尔德、查尔斯·洛克、西蒙·杜林、阿里夫·德里克等文化理论家或全球化专家都对全球化及其与文化的关系做过阐释，国内学者如费孝通、薛晓源、王宁、陶东风、金惠敏等也都针对日益凸显的全球化问题提出了自己的理解和阐释。此不赘述。而相对于对全球化的总体性论述，我们对文化全球化这一概念的认识程度和重视程度都有待于进一步加强。

在笔者看来，文化全球化在当前并不是一种既成事实或者既存的现状，而是对未来世界范围内文化境况的一种愿景，或者说是一种对未来和谐社会和全球文化状况的期许。正如诺贝尔经济学奖获得者约瑟夫·斯蒂格利茨在讨论全球化问题时所指出的那样，由于种种原因，世界范围内的政治全球化并没有与经济全球化同步，没有跟上经济全球化的步伐。[①] 而在笔者看来，文化全球化也是如此。文化全球化既可以被看作关于全球化的一种理论，也可以被当作一种促进各国各民族之间文化交流和文明互鉴的行动纲领和策略。汉语中的"全球化"既是一个名词，又是一个动词。那么我们可以将文化全球化理解为"将文化全球化"，to globalize all the cultures on this globe 或者 globalizing the cultures。文化全球化也并不等于所有不同文化的同质化、统一化，也不是文化的同一化，而是文化的交流、包容、欣赏、互鉴。在这一过程中，我们尤其要注意平衡文化全球化与本土化之间的平衡，需要警惕由于对本土化的过分强调而带来的逆流和危险："过分强调文化的本土化，一味排斥外来

---

① 参见〔美〕约瑟夫·E.斯蒂格利茨：《全球化及其不满》，李杨、章添香译，北京：机械工业出版社2010年版，第 IX 页。

文化的影响，也容易滋长另一种形式的文化民族主义情绪，其结果必然使我们的对外文化学术交流停滞，甚至倒退，进而给我们的和平稳定的外部环境蒙上一层阴影"，故此，正确的态度是顺流而下，"与之沟通对话而非对立"，利用文化全球化以扩大中国文化在世界上的影响力，通过全球性交流和对话而使中国文化走出孤岛和封闭。[①] 文化全球化不仅是一个停留在纸上的空洞概念或者宏大理论，而是需要全球的有识之士去认识，去实践，去推广，去付诸行动的。

下面笔者将从"文化"一词入手简要阐释一下何谓文化全球化。自近代以来，人们对文化的定义多达二百余种。根据《现代汉语词典》，文化是指人类在社会历史发展过程中所创造的物质财富和精神财富的总和，又特指精神财富，如文学、艺术、教育、科学等。其实，文化一词在中国很早就有。《易传·贲卦》云："刚柔交错，天文也。文明以止，人文也。观乎天文，以察时变；观乎人文，以化成天下"；汉朝刘向在《说苑·指武》中说："凡武之兴，为不服也，文化不改，然后加诛"；南齐王融在《三月三日曲水诗序》中说："设神理以景俗，敷文化以柔远"，其含义就是"文治和教化"。进入近代以来，像梁启超、胡适、陈独秀等思想家也都提出了有关"文化"的定义。在西方，根据《新韦伯斯特英语百科大词典》，文化是指艺术上的或者知识性的追求和产品，或者是由某一群体所建立并代代相传的生活方式之总和，或作为某个特定的社会群体、种族群体或者年龄群体之特征的行为和信仰。[②] 英文中的 culture 一词最初来源于拉丁文的"Cultura"，意思包括耕作、培养、教育等；到了文艺复兴时期，思想家们提倡人文、反对神权，文化被借以说明人的形成和发展的过程；到了18世纪启蒙运动时期，文化与教养或教化发生关联并与原始民族所谓的"不开化"对立起来；到了19世纪70年代，英国著名人类学家爱德华·泰勒首次给出了文化的一个系统定义："就其人种学的

---

① 参见王宁、薛晓源主编：《全球化与后殖民批评》，北京：中央编译出版社1998年版，第2页。

② 参见 The New Webster's Encyclopedic Dictionary of the English Language, New York: Gramercy Books, 1997, p.166。

意义上而言，文化或者文明是指这样一个复杂的整体，它包括知识、信仰、艺术、道德、法律、习俗以及作为社会一员的个人所学到的任何其他能力和习惯。"① 另一个在当代流传颇广的文化定义是由美国著名文化人类学家爱德华·霍尔所提出的。他认为文化是为某个人类群体中所共有并历代传承的包括信仰、习俗、价值、行为、建制和交流模式等在内的累积物；文化又是人类的一种媒介，涉及方方面面的人类生活并形塑着该群体中人们的表达方式、思维方式、行为方式、城市规划、经济模式和政府管理模式等。② 根据《辞海》的定义，文化有广义和狭义之分。狭义的文化指社会的意识形态以及与之相适应的制度和组织机构，是在历史上一定物质生产方式的基础上发生的社会精神生活形式的总和；狭义的文化既是一定社会的政治反映和经济反映，又作用于该社会的政治经济。广义的文化则指人类在社会历史实践中所创造的物质财富和精神财富的总和，包括物质文化（指人类创造的物质文明，包括交通工具、服饰、日常用品等）、制度文化（指生活制度、家庭制度、社会制度）和心理文化（思维方式、宗教信仰、审美情趣，包括文学、哲学、政治等方面）三个方面；其中的精神财富则包括宗教、信仰、风俗习惯、道德情操、学术思想、文学艺术、科学技术、各种制度等。③ 综上，很多哲学家、社会学家、人类学家、历史学家和语言学家一直试图从各自的学科角度来界定文化的概念。可见，作为一种社会现象，文化是人类长期创造形成的产物，同时它又是一种历史现象，是社会历史的积淀；一个国家的文化是那些能够被后世传承和对外传播的国家/民族的思维方式、价值观念、生活方式、行为规范、艺术文化、科学技术等，是不同国家的人民之间一种可以相互交流的、普遍认可的意识形态。

  那么我们为什么要在这里大谈文化呢？或者说，我们采取文化的进路有什么益处呢？自从改革开放以来，我们社会比较流行有一种说法，叫作"文

---

① Edward B. Tylor, *Primitive Culture*, London: John Murray, 1871, p. 1.
② 参见 Edward T. Hall, *Beyond Culture*, Anchor Books, 1977, pp. 16–17; 也可参见 Hall, *The Dance of Life: The Other Dimension of Time*, Anchor Books, 1983。
③ 相关文化定义请参阅 https://www.cihaidaquan.com/hanyu/detail?id=172720。

化搭台，经济唱戏"，这句话就能很好地说明文化的作用。文化非常具有隐蔽性，借用康德的一句话说就是它符合"无目的的合目的性"[①]。那些通过政治方式或军事方式无法有效达成的目的，通过文化就很可能顺利达成。文化的进路不容易让其他国家、其他文化产生反感、警惕、排斥或者抗拒等消极情绪或者负面心理。文化具有渐进性，讲究循序渐进，能"随风潜入夜、润物细无声"。而长久看来文化又具有深刻性，有一个由浅入深、由表及里的过程，能够从量变引发质变，既天然地具有以柔克刚的特点，又具有水滴石穿的深远效应。因此无论是全球化研究者还是外国文学研究者，都应该敏锐地意识到文化的巨大作用和潜在的能量，充分利用文化的柔性、隐蔽性和渐进性等特点，抓住当前全球化的机遇，不断思考文化全球化和文化共同体的可能性，并注意剖析和挖掘外国文学中的文化共同体思想。下面笔者将简要回顾文化共同体一词的另一半"共同体"的来龙去脉和主要含义。

"共同体"一词的英文为 community，意为社会、社区；共同体；社会团体；生态群落等，也可以指国家间的共同体。共同体还有抽象的共有、共享、共同责任、一致性等意思。在一定意义上说，共同体就是一个联系更为紧密的社会群体，里面的前缀 com 有"共同，一起"的意思；而从词源学上来说，英文 community 一词来源于古法语 comuneté，该法语词复又来自拉丁语 communitas，原本含有公众精神或者社会、社区和共有的意思。在现代意义上，共同体所指的社会单位往往拥有共同的社会规范、宗教、价值观或者身份认同，等等。共同体在过去经常与地域相关，譬如一个国家、一个城镇或者一个村落等，但现在也可以包括通过网络平台而建立的虚拟社区。所以，共同体既可以指称一个村镇、城市等行政区或者民族国家，也可以指一个更大更宏观的群体，如区域性国家联盟乃至于全人类共同体等；在后者的意义上，主要是指一种"价值共同体"而非基于狭隘的地域或种族等观念的"实体性

---

① Immanuel Kant, "Critique of Judgment," in Hazard Adams and Leroy Searle (eds.), *Critical Theory since Plato* (third edition), Peking University Press, 2006. p. 419.

共同体"。德国学者斐迪南·滕尼斯指出,共同体就是一种基于自然意志如情感、习惯等,以及基于血缘、地缘关系而形成的社会有机体,是一种持久的、真正的共同生活,或者一种天然状态的人之意志的统一体;① 德国社会学家马克斯·韦伯(Max Weber)认为,在个别场合、平均状况下或者在纯粹模式里,如果社会行为取向的基础,是参与者主观感受到的共同属于一个整体的感觉,这时的社会关系就应当称作"共同体";这种共同体关系是指社会行动的指向建立在参与者主观感受到的互相隶属性之上的,是基于理性利益的动机以寻求利益平衡或者利益结合,并基于双方都认可的理性同意。② 英国当代思想家齐格蒙特·鲍曼认为,共同体是指基于主观或客观上的共同特征而组成的各种层次的团体、组织,既包括小规模的低层次的社区共同体也包括更高层次的政治性组织,既包括有形的共同体也有无形的共同体。③ 从生物学上来看,尽管不同人种之间在外形、语言、文化之间似乎存在着巨大差异,但实际上只要是人类,那么任何人种之间的差距都是微乎其微的。这就为我们所提出的全人类文化共同体奠定了基因科学上或者生物学上的基础。加之全球化时代的来临和信息技术,尤其是媒介技术日新月异的突飞猛进,全世界实际上已经变成了一个麦克卢汉于1964年所说的"地球村"④,不同民族、国家之间的经济交流、文化交流和政治交流日益频繁,因而人类文化共同体的倡导和建构不仅是全球各国人民继续发展、保持和平和社会稳定的一种需求,也是人类发展到一定历史阶段的必然理想。我们所说的共同体思想

---

① 参见〔德〕斐迪南·滕尼斯:《共同体与社会》,林荣远译,北京:商务印书馆1999年版,第58—94页。

② 参见〔德〕马克斯·韦伯:《社会学的基本概念》顾忠华译,广西师范大学出版社2005年版,第54页;同时也可参阅〔德〕韦伯:《经济与社会》,林荣远译,北京:商务印书馆2006年版。

③ 参见〔英〕齐格蒙德·鲍曼:《共同体:在一个不确定的世界中寻找安全》,欧阳景根译,南京:江苏人民出版社2003年版,第2—3页,同时也可参阅〔英〕鲍曼:《全球化:人类的后果》,郭国良、徐建华译,北京:商务印书馆2001年版。

④ 麦克卢汉指出:"经过三千年专业分工的爆炸性增长之后,经历了由于肢体的技术性延伸而日益加剧的专业化和异化之后,我们这个世界由于戏剧性的逆向变化而收缩变小了。由于电力使地球缩小,我们这个地球只不过是一个小小的村落。"请参阅〔加拿大〕马歇尔·麦克卢汉:《理解媒介:论人的延伸》,何道宽译,北京:商务印书馆2000年版,第22页。

其实也与源自西方传统的世界主义观念十分相关，而出自中国文化传统的"世界大同"理念也对近年来在中国语境中"人类命运共同体"的提出和阐发产生了不小的影响。① 当然，西方传统中的世界主义思想中也含有霸权性的东西如殖民主义、帝国主义意识形态和思维方式等，但我们可以汲取其中的正面的、积极的因素。另外，我们还可以汲取中国传统文化"世界大同"的理念，以及近年来国家领导人在中国语境中倡导的人类命运共同体思想，实际上无论是中国古代的大同世界思想还是西方的世界主义思想都对我们国家现在推行的人类命运共同体思想的提出产生过不小的影响。笔者曾经指出，就当今社会而言，世界主义就是这样一种信念或者理想：所有的人类都属于同一个社群或者共同体；在这个社群里面，不再有种族或者国家的分隔，世界上所有的人都崇尚相互尊重并希望能在同一个地球村里和谐平等地生活。② 当然，在我们人类社会发展的现阶段，这只是一种理想和蓝图。

应该说，由"文化"和"共同体"这两个词所构成"文化共同体"一词，近些年来在国内学术界出现的频率还是很高的，尤其是在21世纪开始之后。世界上对于"文化共同体"的研究开始于20世纪下半叶，但直到21世纪初，这一议题才引起学术界的广泛重视。从世界范围内来看，欧洲在传统上经常被当作一个"文化共同体"来看待，因为欧洲各国同根同源，文化上非常具有相似性，地缘上具有地理的毗邻性、相近性，所以经常被看作一个文化共同体。国内外有一些理论家做过关于文化共同体问题的研究，但通常是比较地缘化的，比如涉及"欧洲共同体""东北亚共同体""菲律宾文化共同体"等，都是非常具体的、地域性的研究，而不是全球性的。具体比如令狐萍、弗兰克·赫茨、西奥多·齐奥科斯基等，他们都从不同方面论述了诸

---

① 参见生安锋：《美国印第安文学中的世界主义理想》，载《云南师范大学学报（哲学社会科学版）》2019年第5期。

② 参见 Sheng Anfeng, "Derrida's Cosmopolitanism and the Chinese 'shijie datong'," *Derrida Today*, 11.1.2018。

如美国的华裔、菲律宾裔的地域性文化共同体等。① "文化共同体"一词在国内最早出现于1981年发表的一篇译文中，② 但在当时并未引起学界的太多关注。进入21世纪后，有关文化共同体的讨论才逐渐增多，但大多数讨论都是有关政治学、社会学、历史学、经济学、地缘政治领域的，跟外国文学基本上没有关系，这也是笔者想从外国文学的视域来探讨这个问题的初衷之一。经过笔者梳理，进入21世纪后国内学者对"文化共同体"的探讨主要分为五个方面或者主要涉及五个大的领域：（1）东亚或东北亚及中国传统文化圈为主的政治学讨论或是地缘政治性讨论；（2）讨论全中国范围内的民族中国文化共同体、中华文化共同体或华夏文明共同体；（3）讨论国内有关地缘性文化共同体，比如粤港澳大湾区或海峡两岸的文化共同体，以及乡村文化共同体、城乡结合文化共同体；（4）跨国界区域性民族共同体研究；（5）关于世界范围内的人类命运共同体建立相关人类文化共同体的论述。③

综合以上国内外相关文献我们可以初步看出，在过去半个多世纪里有关"文化共同体"的研究呈现出至少三个方面的特点。首先，无论是国际还是国内学界，对于文化共同体概念的关注是随着世界各国局势的变化和全球化程度的不断加深而越来越广泛和深入的。进入21世纪，学术界对文化共同体的关注意识更是显著增强，在各个领域的探讨也日益深入。其次，目前我国对于文化共同体的探讨多数限于对国内或者区域性文化共同体的探讨，国内现有的研究集中关注上述五个方面，研究领域有待于进一步拓宽。最后，对文化共同体思想的社会学、历史学和政治学层面的探索远远

---

① 相关论述可以参阅 Ling Huping, *Chinese St. Louis: From Enclave to Cultural Community*, Temple University Press, 2004; Frank Hirtz, "It Takes Modern Means to be Traditional: On Recognizing Indigenous Cultural Communities in the Philippines," *Development and Change*, First published Nov. 26. 2003. (https://doi.org/10.1111/j.1467-7660.2003.00333.x); Theodore Ziolkowski, "The Quest for Cultural Community," *Lit: Literature Interpretation Theory*, 16.4 (2005).

② 〔苏联〕Ю·В·勃罗姆列伊：《论历史文化共同体的基本类型及其发展趋向》，李一夫译，载《民族译丛》1981年第5期。

③ 关于这方面的文章，请在中国知网或者其他学术搜索引擎上搜索关键词或者主题"文化共同体"。因为所涉及文献有太多（中文文献2000篇左右，以英文"cultural community"则得到1000篇左右），兹不一一列举。

多于文学领域,从文化共同体角度对外国文学进行的研究更是少之又少;对文化共同体进行的理论性探索比之将其运用于对文学文本分析稍胜一筹,但都有待于在理论上和外国文学批评实践中继续深入开掘。笔者曾经使用文化共同体和世界主义等概念对美国少数族裔文学如印第安裔、华裔和韩裔等的文学做过粗略的分析并尝试发表了少许成果,有待于学界大家的批评指正。①

文化全球化是伴随着(经济)全球化的不断加深而到来和日益发展的,因此,全球化进程中的起伏波折也就会不可避免地影响到文化全球化的进程。我们知道,全球化时代的到来加速了不同国家、不同民族之间的文化交往,全球化时代科学技术尤其是通信技术和交通运输技术的突飞猛进对世界上各国各族人民之间的文化交流起到了极大的促进作用。但是,历史的进程从来就不是一帆风顺的,偶尔会有逆流甚至回流等各种文化异象、乱象,②但全球化进程却不会因为这些偶然的异象、乱象而停滞不前,所谓的"逆全球化"只是一小股暂时的逆流。在颇具争议性的著作《全球化及其不满》中,作者美国著名经济学家斯蒂格利茨深入探讨了全球化所带来的一系列严重问题和世界各地很多民众或者组织对全球化的"不满"、反对和抗议,但他同时也公允地指出,全球化是无论如何都在发生的现象,是无法也无人能改变的客观事实,而且"反全球化抗议本身就是这种全球连

---

① 相关文章请参阅生安锋:《美国印第安文学中的世界主义理想》,载《云南师范大学学报(哲学社会科学版)》,2019 年第 5 期,(该文后来经修改,以《走向一种人类文化共同体:美国印第安文学中的世界主义理想》为题收入文集,生安锋主编:《二十一世纪的比较文学与世界文学研究》,南京:南京大学出版社 2020 年版,第 308—325 页);英文论文:Anfeng Sheng and Seon-Kee Kim, "Identity Formation and Cosmopolitan Vision in Asian-American Literature," *Journal of Foreign Languages and Cultures*, 3.1.2019。

② 譬如从 2020 年开始的新冠肺炎疫情对全球文化交流和政治、经济、贸易等造成的巨大阻碍;某些大国掀起的政治单边主义、"退群"现象、贸易保护主义和贸易制裁的潮流对全球正常经济贸易的阻挠等;2022 年 2 月俄罗斯突然对乌克兰发动所谓的"特别军事行动"等,正在极大地影响着世界的全球化进程和文化全球化预期,未来也必将对全球化进程和世界政治、经济、金融、贸易、军事、外交、科技等领域的局势产生极为深远的影响,而其对文化全球化的巨大负面影响也毫无悬念。

通性的结果"①。历史地看，全球化大势是不可阻挡的，更不会逆转潮流。之所以说全球化潮流是不可阻挡的，是因为科技在不断发展，而不同国家、不同文化之间的交流与文明互鉴也在日益加深。此外，人类的认知模式也在改变，全球范围内的文化交流窗口已经打开，各国人民的文化交流心态已经开始形成，对不同文化和异域文明的耐受、包容甚至欣赏心态已经逐渐成为常态，不可能再回到或者安于以前那种老死不相往来的隔绝状态。另外，我们有很多全球性问题，比如世界和平、全球性流行病（如中世纪欧洲的黑死病、19世纪的霍乱、1918年的西班牙流感、近期的艾滋病、甲型H1N1流感、SARS、COVID-19等）、核武器、小行星撞击地球问题，以及气候异常、全球变暖、全球正义、南北差异加大和全球性贫富差距加大等诸多危及全人类的严峻问题，都需要全世界人民去共同面对、共商对策。我们的生活方式已经是不同程度地部分性地全球化了，如果再回到闭关锁国的环境，是没有多少人可以适应或愿意接受的。

此外，文化全球化不仅是"文化的全球化"，而也是一种"文化的全球本土化"进程，是世界上不同文化的全球本土化或者在地化（或本土全球化），正如王宁老师在本次大会主题发言中所指出的：文化的全球化尤其体现出一种"全球化—本土化"；它不是单一性而是多样性，不是趋同性而是差异性，不是单向度而是双向的。② 全球范围内的文化交流、文化协商、文化欣赏和文化互鉴等概念，必将为日渐增多的"地球村"居民所认可和接受。本土全球化的概念寓示着，文化全球化实际上并不强求文化同一，或者妄求世界上所有不同文化的同质化状态，而是追求一种文化共识；是求大同存小异；是用各民族的不同智慧和全人类的共同智慧去消除人类社会的矛盾冲突，尽量避免大规模战争，共创人类的和谐未来。由此在笔者看来，一方面，世界上全

---

① 〔美〕约瑟夫 E. 斯蒂格利茨：《全球化及其不满》，李杨、章添香译，北京：机械工业出版社 2010 年版，第 2 页。

② 请参见王宁在"北京师范大学全球化与文化发展战略研究院成立仪式暨'全球化：现在与未来'学术研讨会"上所作的大会发言：《新一波全球化的兴起：中国的领军地位及作用》，2021 年 12 月 18—19 日，广东珠海。

人类的文化共同体建构有着深厚的文化基础、历史基础和先天优势；另一方面，人类文化共同体的推动和建设有助于人类命运共同体理念在世界范围内的推行和实现。可以毫不夸张地说，人类文化共同体的建构是人类命运共同体建构的文化基础和文化内核；而文化全球化既是建构人类文化共同体的"肥沃土壤"和必要条件，又是推进和实现人类文化共同体源源不断的推动力。在现阶段，如果说文化全球化只是一种初步显现的现象、一种未来的趋势，那么建构人类文化共同体就是一个顺势而为的小目标，最终将会为促进全人类命运共同体的建立和实现发挥不可小觑的作用。

作为外国文学研究者或者学生，我们在阅读和研究外国文学时，一方面会涉及某国单一族群文学中的文化共同体问题，譬如美国文学中的印第安文化共同体、拉美裔文化共同体、亚裔文化共同体、犹太裔文化共同体、非洲裔文化共同体，等等，但我们也可以更进一步，去关注美国文学中超越种族的美国文化共同体，甚至是超越国界的全人类文化共同体。笔者认为，在外国文学研究中，只有超越种族和语言的界限，将眼光抬高至文化层面并超越国家之间的疆界，我们才能高屋建瓴地观察世界上不同种族、民族和不同国家、地区之间的文学与文化状况，求同存异，倡导一种多元包容的世界主义精神和一种天下大同的人类理想，为建构人类命运共同体做出贡献。

总之，在笔者看来，外国文学研究者应当结合外国文学中的少数族裔作家的文艺创作及其反映出的"下层的"或边缘化的文化诉求，对其进行深入的文本发掘和症候式阅读，警惕其中所隐含或者所反对的那种根深蒂固的欧美中心主义意识形态和文化帝国主义心态，剖析其文学（尤其是少数族裔文学）中的偏见与压迫，揭露种种文化现象背后所隐藏的权力关系及其运作方式，力所能及地抵制来自社群内外的文化霸权；同时也要指出加强文化交流、文化互信和文化包容的必要性。在外国文学研究中对少数族裔文学中的文化共同体思想的发掘、评析和研究，也有助于形成全球性的人类文化共识，有助于人类命运共同体理念的进一步推广，也有助于世界各国各族人民对这一理念的欣赏、接受和实行，最终会为实现这一宏伟的人类社会理念和人类共同理想而做出贡献。

"家国天下"伦理与人类命运共同体理念

田海平[*]

我们今天谈论中华文化"走出去",在价值哲学视域,特别是在价值观建设的维度,必然关涉到"家国天下伦理"的重诠和"人类命运共同体理念"的道德解释。

我们知道,"中华文化走出去"[①],有各种不同的形式。从它所涉及的文化方面看,从哲学、宗教、语言、文学、电影、艺术到工业设计、戏曲表演、中医药、中国饮食、中国服饰等各种文化样式,都可以成为文化"走出去"的样式。从它采取的形式看,中国近年来实施"一带一路"倡议和通过创办孔子学院,就是在探索文化"走出去"的集约形式。以孔子学院为例,有统计资料表明,到2015年12月,我国在134个国家和地区相继建立了500所孔子学院和1000所孔子课堂。[②] "自2004年全球第一所孔子学院成立至今,孔

---

[*] 田海平,北京师范大学哲学学院教授,国际价值哲学学会会长,北京师范大学价值与文化研究中心副主任,伦理学研究所所长。

[①] "中华文化走出去"的战略,可追溯到2004年9月召开的中共中央十六届四中全会通过的《中共中央关于加强党的执政能力的决定》。在这个文件中,首次明确提出"推动中华文化更好地走向世界"。2011年10月,中共中央十七届六中全会通过《关于深化文化体制改革推动社会主义文化大发展大繁荣若干重大问题的决定》,再次提出"推动中华文化走向世界",并对中华文化如何走向世界作了全面部署。"中华文化走出去"已上升到了国家战略的高度。

[②] 江畅、孙伟平、戴茂堂主编:《中国文化发展报告(2015—2016)》,北京:社会科学文献出版社2016年版,第23页。

子学院已然成为一个响当当的品牌。"① 而"一带一路"倡议的启动,更可看作为中华文化"走出去"奏响了前行的号角。②

然而,在中华文化"走出去"的国家战略和国家行动中,我们除了探索各种不同的文化"走出去"的形式,还需要进一步面对更为实质性的课题,即如何通过文化"走出去"的"姿态"或"表情"推进中国价值观的道德诠释,进而在"家国天下伦理"和"人类命运共同体理念"的建构中互释。

一、文化"走出去"的深层内涵和契机: 对中国价值观的道德诠释

2014年五四青年节,习近平在北京大学发表了重要讲话时指出:"核心价值观,其实就是一种德。既是个人的德,也是一种大德,就是国家的德、社会的德。国无德不兴,人无德不立。"③ 两年后,2016年5月17日,习近平在哲学社会科学工作座谈会上指出,坚定中国特色社会主义道路自信、理论自信、制度自信,说到底是要坚定文化自信,文化自信是更基本、更深沉、更持久的力量。上述两段讲话,内含两个相互关联的论断。前者提出了"核心价值观就是一种德"的重要论断,是从更高远的视角上指明了在当代中国语境下对中国价值观进行道德诠释的重要任务。后者提出了"文化自信是更基本、更深沉、更持久的力量"的重要论断,是从当今世界大格局和文明大视野出发,指明了文化建设的重要性以及中华文化"走出去"的前提和方向。

我们把上述两个论断关联起来,就会看到:文化"走出去"内含中国价值观的道德诠释,而中国价值观的道德诠释又关系到文化"走出去"所必须

---

① 江畅、孙伟平、戴茂堂主编:《中国文化发展报告(2015—2016)》,北京:社会科学文献出版社2016年版,第273页。
② 2015年3月28日我国正式对外发布《推动共建丝绸之路经济带和21世纪海上丝绸之路的愿景与行动》,标志着"一带一路"倡议的正式启动。"一带一路"是开放包容的,是沿线各国的大合唱,其核心理念是以经济为载体的文明互鉴以及不同文明之的平等对话。
③ 《习近平谈治国理政》,北京:外文出版社2014年版,第168页。

具备的文化自信。这两个方面是互为前提、相互关联的一个整体——实际上，两者密不可分。一方面，我们只有在中国价值观的道德诠释方面建构更基本、更深层、更持久的"文化自信"，才能更有力地推动中华文化"走出去"，为当代中国发展构筑更有利的"文化软实力"或"文化软环境"。这要求文化"走出去"的姿态和表情能够充分体现中国价值观的内在要求：以"我者"为根本，面向"他者"，融入世界，进而更好地（也是更根本地）回归"我者"。另一方面，我们只有在"坚定"文化自信的大前提下实质性地推进中国价值观的道德诠释，才能让中华文化"走出去"迈出更稳定、更坚实、更自信的步伐，为当代中国发展提供一种更具普遍性的"价值观向导"或"价值观引领"。这内含一种基本诉求，即要求任何一种成功的文化"走出去"的实践形式，都应该是对中国价值观最好的道德诠释形式。从上述两个方面看，中华文化"走出去"内含的重要使命，就是通过文明对话和文化理解的多种形式，以中国现代性为出发点，以"核心价值观"为立足点和方向指引，对中国价值观进行道德诠释。

什么是"中国价值观"？学术界有各种不同理解，存在一些争议，但有一点是确定无疑的：当前我们所说的"中国价值观"，就其主流形态而论，它就是指"社会主义核心价值观"。换言之，作为引领各族人民为实现中华民族伟大复兴的"中国梦"而奋斗的价值观体系，"社会主义核心价值观"就是多个层面的"中国价值观"[①]——既有国家层面的价值理念（富强、民主、文明、和谐），又有社会层面的价值原则（自由、平等、公正、法治），还有个人层面的价值规范（爱国、敬业、诚信、友善）。依此而论，对中国价值观进行道德诠释，我们就要回答三个方面的问题：第一，我们必须回答："我们生活于其中的国家是一个什么样的国家"；第二，我们必须回答："我们要建设的社会是一个什么样的社会"；第三，我们必须回答："和我们在一起工作、生活和劳动的人民是什么样的人民"。这些问题就其实质而言，涉及三种

[①] 参见韩震：《从历史走向未来：如何理解中国价值观》，载《当代中国价值观研究》2016年第1期。

"德"（"国家的德""社会的德"和"个人的德"）及其道德诠释的维度。人们可以在不同的层面、用各种不同的文化形式来回应这三个问题，但是，通过中华文化"走出去"的各种具体形式凸显这三个问题的重要性并对之做出相应的回应，无疑是一个不可或缺的重要维度，且在某种程度上是最为直接且最有说服力的形式。因为，中华文化"走出去"，其本身就应该被理解为是中华文化生命力"再次生发"的伟大进程，也是中华文化价值观"再次重构"的历史进程。它需要立足于中国现代性的伦理基础及其道德认知，由对传统文化资源的利用、转化和开发诠释中国价值观的历史内涵，从当今世界文明进程或现实生活出发回应现代性价值认同难题及其构建路径。

中国价值观的道德诠释[①]，既可以通过传统文化的现代转化的"内向"诠释形式进行，也可以通过文化走出去的"外向"诠释形式进行。它包括两个历史性的课题：**第一，我们如何对中华传统形态的价值观进行必要的现代性转化；第二，我们如何对人类共同价值观进行合理的中国诠释并寻求中国发展。**

第一，中国传统价值观的现代转化，是以"我者"为根本，在参照"他者"时描画"我者"之形象。对于中华文化之多元一体的复杂系统而言，所谓"古—今""中—西"之争，"内—外""我—他"之别，重点当不在"族群"之间，而在对作为文化价值观之"我者"的体认与感知上，并缘此重构体现中国现代性的"国族"价值理念。因此，中华文化在文化价值观上的自省和反思重构，不能缺少"他者"的参照。这是中华文化"走出去"的根本前提。如果离开了这个根本，文化"走出去"只能是一种没有生气的"博物馆的展览"，一种无所归依的"游魂"。在这个意义上，中华文化"走出去"就是要用活泼的中国文化的现代性去"平抑"（或者抵抗）西方现代性的话语霸权。它不是要与"西潮"在价值观上一较长短、一比高下，而是要为我们自己的文化价值观的道德诠释提供合理化根基和合理性论证，进而回答"我们拿什么走出去"的问题。从历史的维度看，中国现代性的重构虽然遭遇

---

① 本文对"中国价值观的道德诠释"的含义所作的初步解析在文章第二部分作为"补问"给出。

多重挤压，经历艰难曲折，但是在改革开放30多年后的今天，它已然成为我国社会主义核心价值观建构的主导方向，是今日中华文化的主流形态和中华民族伟大复兴的人文命脉之所系。我们只有在面对西方现代性的强大压力下推进中国传统价值观的现代转化，才能回答"我们拿什么走出去"的问题。

第二，人类共同价值观的中国阐释和中国发展，既是面向"我者"又是面向"他者"的道德诠释。当它在这两个方面进行内涵拓展时，其在今天更为重要的使命，是通过让"我者"主动地"走出去"并在向"他者"表征或展示"我者"时描画或塑造"我者"之形象。因此，这里要特别强调指出，"面向他者"并不是不要"我者"，也不是以"他者"来置换"我者"，而是在尊重他者、包容他者的前提下更好地展示和塑造"我者"。我们只有在"他者"中坚持"我者"，才能真正洞察到"我者"之"自由"并真正成就"自由"之"我者"。在当今互联网、信息化和全球化的时代，世界的融合以超出人们想象的方式推进。"我者中融入他者""他者中融入我者"的进程在加速进行。这前所未有地改变了今天这个世界的文化政治的"地理版图"，使得我们不可能再回到过去。中华文化"走出去"要避免成为一种"无墙博物馆之展览"，关键在于重新焕发中华文化的生命活力，使其成为中国现代性之建构和展现的重要的组成部分。因此，我们不能在"思古之幽情"的意义上定位中华文化"走出去"的价值取向或价值态度；不是"往昔的荣耀"或"逝去的美好"，而是"不断地展开的未来"，构成了中华文化"走出去"的根本动力。我们必须向前走，必须"走出去"，才能重新整顿和诠释我们文化中这一大片属于人类共同价值观和世界文明共同遗产的博大精深的内涵，积极融入人类未来的共同文化和共同价值观，俾使其内涵更丰富、视野更开阔。[①] 不可否认，西方现代性文明在其300多年的发展中业已暴露出西方个人主义、自由主义文化所固有的致命的痼疾。越来越多的有识之士转而从中华文化的精神资源中寻找启示或出路。中华文化强调整体和谐的整体主义和责任优先的

[①] 参见许倬云：《我者与他者：中国历史上的内外分际》，北京：生活·读书·新知三联书店2015年版，第140页。

伦理型特质，则无疑地展现出丰富和发展人类共同价值观的广阔前景。

以上两大课题表明，中华文化"走出去"需要在面对"他者"时反观我们自己，并通过在"他者"那里的自我坚持获得"我者"之自由。区别只是在于，如果我们仅仅专注于内向的道德诠释，并由此寻求传统的现代转化，虽然非常重要，更是文化"走出去"不可或缺的前提，但它的内向诠释的视野使得它不可避免地固守"我—他"之隔而落入"华—夷"之辨的窠臼。这使得文化受到"我者"本位立场过强的自我羁绊，不能真正进入文化价值观的反思建构。通过文化"走出去"以推进一种外向的道德诠释，则有助于摆脱自我中心论的束缚和文化特殊主义的"价值任性"的"浸染"。

不难看到，上述两个方面的结合，形成了"内向诠释"和"外向诠释"的互补，表征着中国现代性在文化的"拿来"和"走出"的互动中要努力营造和进入一种富有生机的文明对话和文化理解的良机之中。这是中华文化"走出去"内含的对中国价值观进行道德诠释的"合内外"之道。

二、从"家国天下"伦理到"人类命运共同体"理念

从中华文化的空间分布看，它既集中存在于几个东亚华人区域，例如中国以及东南亚的新加坡，又分散存在于世界各地的华人社区。从中华文化"走出去"的时态分布看，这是一个从历史走向未来的形态过程，是一个"未完成时"：它本身就有一个蹒跚而至的过去，关联着一个朝气蓬勃的现在，必将开启了一个充满希望的未来。"走出去"的复杂性表明，我们今天所提的中华文化"走出去"作为国家战略，与历史上一切文化融合和文明对话的形态是有着实质性的区别的。它是在综合其多形态空间分布和多时态的时间分布的基础上的一种"推动中华文化更好地走向世界"的国家行动，是彰显"文化自信"的国家战略。这赋予中华文化"走出去"以国家文化战略的意义，

进而产生了一种与日俱增、无法割舍的"伦理情结":① 即将个体与边界不断扩展的共同体整体(甚至作为人类命运共同体的整体)贯通起来的根本伦理诉求,这种文化战略是对中华文化的普遍性及其伦理精神的一种时代性吁求。

在此,我们回过头来追问一下本文预设的问题。"中国价值观的道德诠释"到底意味着什么?毫无疑问,中华文化"走出去"作为国家层面的文化战略和国家行动,有鲜明的文化政治功能、经济发展意义和意识形态色彩,因而蕴含着对中国价值观进行政治诠释、经济诠释、文化诠释等多种可能的诠释进路和诠释学效应。这些当然是必要的,也是必不可少的。在各种不同的诠释进路中,我们为什么特别强调"道德诠释"的重要性呢?关于这个问题,一种常见的普泛而论的理据就是:道德诠释是更根本、更深入、更实质性的诠释形式。它透过国家文化战略的总体布局,透过政治的、经济的、文化的、外交的等各种表象形式,旨在展现其中隐含的伦理道德前提。然而,除此之外,还有一种更值得我们关注的、更深层次的理据在于:"道德诠释"尽管存在多种多样的形式和因时而变的表现形态,但从总体形态看,"中国价值观的道德诠释"最为核心的关切,体现在对中华文化至关重要的"家国天下"四个字的道德诠释之中。

毫无疑问,"家国情怀"和"天下意识"是一种兼具了特殊性关切("家国")的伦理普遍性诉求("天下")。究其根本,"家国天下"是中华文化"走出去"始终不变的"主旋律"。无论走向何方,中华文化都不能割舍"家国天下"的道德前提和伦理情结,不能丢掉"家国情怀"和"天下意识"所

---

① 笔者这里使用的"伦理情结"的概念,是指个体对其实体性本质或普遍本质(包括类存在)的回归或复归,而个体为了回归或复归其实体性本质或普遍本质,它必须从其自在的状态"走出去"而成为自为的实存。因此,黑格尔说:"……伦理性的规定就是个人的实体性或普遍本质,个人只是作为一种偶性的东西同它发生关系。"([德]黑格尔:《法哲学原理》,范扬、张企泰译,北京:商务印书馆2011年版,第189页。)黑格尔的这种思辨的表达是将伦理诠释为一种客观精神。抛开这种神秘化的思辨表达,我们看到伦理情结具有现实性。比如说,个体只有在"走出去"之后,才会意识到它的本有的存在。人只有离开"家"之后,才会有乡愁或"回家"的路。同样,一种文化只有不断地"走出去",才会在比较或权衡中不断地走向回归。这种基于个体与其普遍性本质或整体之间的张力而产生的距离和亲近的内在关联、"去"与"回"的往返冲动,就是一种"伦理情结"。

呈现出来的"精神底色"。如果再稍作分析,不难发现,这四个字("家国天下")描绘了三种共同体或伦理实体以及它们之间的内在关联。第一,"家"或"家庭"作为社会的细胞,是本原意义上的伦理实体或最小意义上的"共同体",是中华文化所承诺的最直接意义上的伦理"普遍物",构成了对中国价值观进行道德诠释的出发点。第二,"天下"概念是中华传统文化独特的"世界"观,是具有最大普遍性的伦理实体或共同体,也是中华文化所承诺的最抽象的伦理"普遍物",构成了对中国价值观进行道德诠释的归结点。第三,在一种情感本体的意义上,中华传统文化赋予了"国"以"家"之扩大的内涵,名之曰"国家",同时又将其关联于一种超越性的世界之想象,名之曰"天下"。因而,"国"是一种最具现实性和存在感的伦理实体或政治共同体,是联结"家"与"天下"、"个人"与"世界"的权力纽带,构成了对中国价值观进行道德诠释的"中介"。

在这里我们看到,中国价值观的道德诠释在起点上不同于西方个体本位、个人主义或自由主义价值观的根本之处,就在于它所承诺的家庭本位或家庭主义。这种"家—体系"的价值承诺的最大特质,是强调整体和谐和伦理认同之优先性,因而内含两个方向的拓展:一是由"家—国"的价值关联构建伦理认同;二是由"家—天下"的价值承诺预设整体和谐。前者凸显中华文化的"家国情怀",后者彰显中华文化的"世界格局"。因此,"家国天下"本身就遵循由"家"到"国"、由"家"到"天下"的情感逻辑。这从根源上预设了由文化"走出去"来深化"我者"之自我理解和自我回归的一种开放性的道德诠释的进路。从这里,中华文化"走出去"的动机结构或文化无意识深处,在于它对"家"的伦理重要性的价值承诺。

总体把握中国价值观的道德前提和伦理基础,不能脱离中华文化所系缚的"家国天下"到"命运共同体"之不断延展的文化命脉。无论人们称之为政治共同体或经济共同体,还是"孝"共同体、"社"共同体或族群共同体,甚至想象的共同体等,我们寓居其间的社群或共同体无不负载着"家国天下"之命运。以这种方式看待"家"体系、"国"体系和"天下"体系,就是用一种关联性思想或"相互依系"的思维把个体与整体相贯通。这是中华文化中最为深层的"家—国—天下"的伦理观。中华文化"走出去"的精神实质，在中国价值观之道德诠释的意义上，就是强调用这种伦理观来"观"家、"观"国、"观"天下。以此观之，则一切人（无论是"家人""国人"，还是"天下人"）无不生活在一个相互关联、唇齿相依的"命运共同体"之中。"家国天下"的伦理情结本身蕴含了向"人类命运共同体"拓展的方向，是中华文化"走出去"且以"天下体系"为旨归的一种持久的伦理普遍性诉求。共同体的想象及其"由家及国而天下"的拓展，承载着中国价值观以"家"为始点、"国"为中介、"天下"为旨归的道德诠释进路。这表征了中华文化"广大和谐"的文化德性及其对外部世界秩序的政治想象和处置态度。

这里，我想到历史学家许倬云在《说中国》中提出的问题："中国究竟是什么？我们究竟是谁？"按照他的说法，"中国"这个共同体，与其说是国家，毋宁说是"天下"。"因为有多元并存的空间，中国体系容易接纳外来新因素，也因为没有阶级割裂，容许社会流动，易于进行内在的调适。"[①] 许倬云以历史学家的眼光洞察到"中国"这个不断变化的复杂共同体有两大精神气质：一曰能容纳，二曰能调适。他写道："我终于认知，这一复杂共同体，不能仅仅由国家、族群或文化，各单一角度讨论，却是看作三者的混合体。由于很早就凝聚了一个核心，才有不断转变与成长的依托：因能容纳，而成其大；因能调适，而成其久。这一共同体，经历了目前进行的全球化，应以其特性，融合各处人类，共同缔造人类共有的大同天下。"[②]

中华文化的精神深植于这种"大同天下"的价值拓展中。"家国情怀"是其坚实的核心，而"家国"之上，一种"天下格局"以其开放性不断扩展出一种"走出去"的世界意识。这使得中国人的价值观内蕴一种对人类命运

---

① 许倬云：《说中国：一个不断变化的复杂共同体》，桂林：广西师范大学出版社2015年版，第2页。

② 许倬云：《说中国：一个不断变化的复杂共同体》，桂林：广西师范大学出版社2015年版，卷首语。

共同体的伦理觉解。① 例如，儒家倡导的"天下为公""天下大同"，"以天下为一家，以中国为一人"，就是这种世界意识的比较早的经典表达。这个传统预设了中华文化"走出去"的文明路线和中国路径，可以把它写作："家—国—天下"②。中华文化"走出去"面临的价值论课题，不论是对中华传统形态的价值观进行现代性转化，还是对人类共同价值观进行中国诠释和中国发展，离不开从"家国天下"到"人类命运共同体"的拓展及其深蕴的伦理情结。这需要我们以"家—国—天下"的伦理情结和伦理思维来看待中华文化"走出去"的文化战略和国家行动。

中华文化"走出去"要以"中华民族的伟大复兴"和"全球化的世界新格局"为背景条件和诠释空间，把"家国天下"的情感逻辑诠释为人类命运共同体的世界意识。一方面，"中华民族的伟大复兴"是中华文化"走出去"的自身条件。我们的道德诠释必须立足于这个历史背景，把中国文化共同体至为坚实的情感认同与中华文化至为开放的世界意识贯通起来，重述"旧邦新命"之使命，使文化"走出去"切实地生发对中国价值观进行道德诠释的效应。另一方面，"全球化的世界新格局"是中华文化"走出去"的外部条件。"走出去"的中华文化只有通过回应全球化的文明发展或文明重建的课题，才可能成为构建人类命运共同体不可或缺的精神资源。中国价值观的道德诠释，也要以全球化为背景条件和诠释空间，在全球化的地平线上重构中华文化或中国价值观的世界图景。中华文化"走出去"的自身条件和外部条件，构成了一股强大而持久的合力，它在中华民族的伟大复兴和全球化新格局之影响的内外因的作用下，将我们的目光引向中国现代性的重构和"人类

---

① 在孔孟时代，"天下"的观念高于"国"的观念，"天下"是超越各诸侯国的更大的世界。这可举《大学》中将"修身""齐家""治国""平天下"看作层层扩展的道德实践领域作为例证。当然秦汉后推行郡县制，国与天下合一。但是，由于中国还需要面对中国之外的更为广大的世界，因此，儒家经典中"国"仍然不是最高的概念，国家体系之上或之外，有天下体系。有学者通过阐发此范畴，指认它是中国思想中有待开掘的世界意识，是中华文化中蕴含的"世界观"和"天下观"。参见赵汀阳：《天下体系》，南京：江苏教育出版社2005年版，第44页。

② "家—国—天下"的措辞法是强调三种不同伦理实体或共同体之间的既相互区别或独立又相互联系或贯通的内在张力。这是直接用"家国天下"的措辞在形式上所不具备的。

命运共同体"的伦理观的建构。

三、由文化"走出去"
推进中国价值观的道德诠释

对中国价值观进行道德诠释离不开文明对话。中华文化"走出去"的使命，就是要向自己也要向世界，讲述中国是一个什么样的国家、中国人民是什么样的人民。文化"走出去"的前提条件是要对我们自身的文化有正确的认识和清晰的概念，不仅要客观地评估我们自身的文化在中华民族伟大复兴的"中国梦"的建设过程中的重要作用，还要正确看待和评估中华文化在促进世界和平发展和人类命运共同体之繁荣昌盛的过程中应有的地位和独特的作用。因此，我们向世界讲述"中国故事"以及对中国价值观进行道德诠释的关键，在于通过"走出去"的文化催生一种积极的、建设性的文明之间的对话和文化之间的理解，从而在"家国天下"的伦理情结中拓展出一种基于"人类命运共同体"的价值共识。通过文化"走出去"推进中国价值观的道德诠释，是当今全球化时代中华民族走向伟大复兴过程中推行的国家文化战略的重要组成部分。它的重点是对"人"的理解（或诠释）的问题，是通过对"人"的理解来推进中国价值观的道德诠释；核心是共同体伦理，即通过"家国天下"到"命运共同体"的价值论拓展，使文化"走出去"能够真实地担负价值观的道德诠释的重任；而从总体形态上看，根本则在于一种与中华民族伟大复兴的"中国梦"相伴随的中国现代性的建构。

中华文化"走出去"居于首要地位的是"人"走出去。在文化"走出去"的队列中最具有道德诠释力的是"人"，特别是那些具有中国情怀和世界格局的"人"（包括"中国人""海外华人华侨"和传播中国文化的"国际友好人士"）。他们起到跨文化沟通、跨国别合作、跨领域对话的桥梁和纽带的作用。这一明显不过的事实表明，道德诠释的重点，其实是"人"的诠释。不管人们给出何种复杂的关于"文化"的定义，人们最终会发现，理解文化最简便的视角永远只有一个，就是"人"。文化"走出去"，某种程度上就是

"人"走出去。中华文化"走出去"就是要让世界各国的人们更好地认识"中国人"。"文化"作为"人"之"人文化成"，当然离不开人的生产活动和交往实践。所谓文明对话其实就是人与人的对话。从这个意义上看，为了更好地"走出去"，我们必须更好地回归。中国价值观的道德诠释要立足中国人的生活实践，要融入当代中国人的情感世界和精神追求之中。因此，中华文化"走出去"首先面临的一个问题，是要回答我们拿什么和世界诸文明进行对话。而问题之根本，则关乎人走出去的表情、姿态、精神气和总体文明样态。在这个意义上，每一个中国人（不论他或她是否"走出去"）都是中国价值观的道德诠释者。而每一件打上了"中国"印记的文化产品、作品或器物，或理念，或制度，都是中国价值观的道德诠释的表征。

中华文化"走出去"的关键在于，"走出去"所表征或诠释的"中国价值观"能否在促进文化理解和文明对话的意义上有助于人类共同价值观的建构，亦即能否彰显人类命运共同体的价值理念。这是道德诠释的大方向。它并不止步于显见的分歧，而是要在分歧中继续寻找一致的方向。它不同于西方启蒙现代性对个体化道德的强调，不是通过价值任性谋划一种文化或文明类型对其他文化或文明类型的霸权，也不是确立一种价值观对另一种价值观的支配地位，而是强调多样性和谐的总体化的伦理认同，因而是建立在共同体伦理预设基础上的一种文化理解和文明对话。缺少了这种理解和对话，我们就不可能有"家—国—天下"的共同体伦理想象，并从中生发和拓展出人类命运共同体的价值构建。问题的关键是主体间、文化间或文明间以不同方式对人类共同价值观进行的道德诠释。因此，由文化"走出去"的战略推进中国价值观的道德诠释，是为了增进文化理解和文明对话。共同体伦理（从家国天下到人类命运共同体的拓展）及其价值理念是中国现代性重构的背景和路径，其实质是用来平衡个人主义或自由主义价值泛滥的一种总体化伦理，因而是中国价值观的道德诠释的出发点。应当看到，在全球化时代，个体化道德与总体化伦理的张力无处不在。单子式的个体化生存及其日益碎片化的道德世界，使现代人或现代世界面临前所未有的"共识坍塌"的危机，亟须借助共同体伦理和总体化认同所形成的张力来平衡个体化所造成的社会道德的"脱域"或"弥散"。①

中华文化"走出去"是国家文化战略不同分割的重要组成部分。由文化"走出去"推进中国价值观的道德诠释，要上升到国家文化战略的高度来理解。从这个意义上看，道德诠释的根本旨趣，指向中国现代性的伦理自觉。概言之，它围绕中国"国民性"和中国的"国家特性"两个方面的道德诠释和道德建构展开。其一是"国民性"的道德诠释和道德建构。中国"国民性"问题的反思和讨论自近代以来一直贴近中国现代性的"启蒙"地平。这个问题与我们讲述"中国人民是什么样的人民"的道德诠释主题有关。从文化"走出去"的战略高度反思，我们不难发现有两个相互联系的方面：国民性道德诠释和道德建构关乎中华文化"走出去"的文化自信之根本；而现代公民权利意识的伦理觉醒又关乎国民性道德诠释和道德建构之根本。由此，我们不难得出一个基本判断：中华文化"走出去"要从有利于公民权利意识之伦理觉醒的意义上，推进中国价值观的道德诠释。其二是"国家特性"的道德诠释和道德建构。中国"国家特性"的诠释与国家认同和共同体伦理紧密相关，它从西周开始一直到今天都处于不断地重构之中。其问题内核就是要向人们讲述"中国是一个什么样的国家"。从文化"走出去"的视角看，如果说公民权利意识的伦理觉醒是"国民性"的现代性建构的关键，那么现代社会、国家的责任意识的觉醒就是"国家特性"的道德诠释和道德建构的关键。国民性"再造"是公民权利意识的现代性建构，与"国家特性"的现代性建构互为表里、相互支持。前者是"个人的德"，是表征"国民性"的德性；后者是"社会的德""国家的德"，是表征"国家特性"的德性。它们构成了"核心价值观"的道德诠释的两个方面。由中华文化"走出去"推进中国价值观的道德诠释，要从有利于国家特性（德性）的责任意识之觉醒和有利于国民性（德性）的公民权利意识之觉醒的双重视角上，诠释"核心价

---

① 比如，我国在构建"一带一路"开放、包容的政策环境方面，有明确而具体的行动方案和"愿景"描述。习近平指出，"一带一路"不是封闭的，而是开放包容的；不是中国一家的独奏，而是沿线国家的合唱。这实质上是强调"一带一路"作为一种总体化伦理对差异、多元和他者的包容，其目的是让中华文化"走出去"，积极进入区域融合与合作，以增强中华文化的影响力。

值观"之为"德"的基本内涵。

四、伦理地回归"仁性主义"的价值理念

人是需要走出去的，文化亦如此。中华文化"走出去"的前提是"家国天下"的伦理情结，是"文化共同体"的精神回家，它由此延展出关于"人类命运共同体"的道德想象和道德建构。"走出去"的目的，是更好地回归。中华文化"走出去"，是为了中华文化更好地"回家"。对中华文化"走出去"而言，一个不能不探究的重大理论问题和现实问题，便是回归中国价值观的道德诠释。不论是传统价值观的现代转化，还是人类共同价值观的中国诠释和中国发展，都需要在伦理的走出去中回归。这是一种精神的自身运动。它只有通过走出去，在他者那里坚持自己，才能在回返中走向自由的创造。中华文化"走出去"就是要让中华文化踏上这样一条精神的回返之路。中国价值观的道德诠释就是这个精神在回返中的一种"灵魂本质"或一种实质性的价值指引。为此，我们不能回避价值观问题，不能用任何经济的或政治的需要和借口遮蔽价值观问题的重要性，更不能采取价值任性或价值观任性的态度。对中华文化"走出去"的国家战略而言，"走出去"不是目的。走出去的文化要负载对中国价值观进行道德诠释的使命。因此，以什么姿态走出去或怎样走出去才是重点，它关系到文化走出去之后如何的问题。我们只有建立在中国价值观的道德诠释的基础上，中华文化"走出去"，才不会迷失方向，才会在一种仁性主义的伦理理念上或精神上找到"回家的路"。在这个问题上，我们需要回应如下三大问题：如何应对文明冲突论？如何正确看待人类命运共同体的价值建构？面对冲突论陷阱，中国何为？

（一）我们如何应对"文明冲突论"

20世纪90年代，随着冷战结束，人们需要一种新框架理解世界政治。于是，"文明冲突论""历史终结论"便应运而生。一直到今天，世界格局取决

于我们如何应对"文明冲突论"。1997年,亨廷顿预测说:"如果中国经济在10到20年中仍以现在的速度发展,那么它将有能力重建1842年以前其在东亚的霸权地位","未来世界和平在很大程度上依赖中美两国领导人协调两国各自利益的能力","(中美之间)紧张状态和对抗将不可避免地存在"。① 20年后的今天,在美国前总统特朗普亲手点燃的"贸易战"烽火中,亨廷顿的预言有进一步发展成为世界现实的危险。美国有些人,如哈佛出身的格雷厄姆·艾利森著书说,修昔底德陷阱不可避免,中美两个大国之间"注定一战"。在这个背景下,中国的因应之道,无论是学界还是政界,都聚焦于探讨"人类命运共同体之构建"的可能进路。——然而,这似乎只是一厢情愿的事情。你想"命运与共",可他却说"注定一战"。那么,问题来了,中国为什么要提"构建人类命运共同体"?它和"文明冲突论""修昔底德陷阱不可避免论"的关系是怎样的?已有的讨论显示,这个问题所涉及的价值旨趣,仍然是不清晰的。从"文明冲突论""历史终结论"到"不可避免论"等价值判断,预设了以美国为代表的"普世价值论"的话语霸权,即凡是在价值观上与美国价值观(它被描述为普世价值的代表)相冲突的文化或文明,只要寻求其文明的"伟大复兴",就必然导向"冲突对抗"的价值选项。政治家如果有了这样的价值预判,就必然产生一种深层的腼应和疑虑,老牌帝国主义对新兴大国"大秀肌肉""展开全面遏制"就有可能发展成为一种"意识形态"。这种态势一旦"从官方到民间""再从民间到官方"以相互强化的方式呈现,"新冷战"就会呼之欲出。这不仅会导致"民粹主义""民族主义"之类最坏伦理价值的死灰复燃,更有甚者,即使在遏制战略中,守成大国实现了"再次伟大",并在将来发展出更强势的全球霸权,又能怎么样?遏制、冲突、单边主义、贸易壁垒、各种形式的"战争"(包括冷战、热战、贸易战、金融战)等,绝非出自"好"的价值选项,更非人类共同价值所支持的清单。我们不要忘了,人类文明发展的基本趋势,是诸文明之间越来越深切

---

① 〔美〕塞缪尔·亨廷顿:《文明的冲突与世界秩序的重建》,周琪等译,北京:新华出版社2016年版,中文版序言,第1页。

地关联在一起，它们在一种紧密的相互依存、唇齿相依的"你中有我，我中有你"的连接中，结成"命运共同体"，而不是相反，走向"零和游戏"，奉行"丛林法则"。我们同在"地球村"的事实，需要形成如下基本共识：这个世界，尽管不能避免文明间的"冲突对抗"，难道我们就不能从价值旨趣或价值理念的筹划上，去端正"冲突论"造成的最坏后果，通过将"冲突对抗"表层化、浅层化、暂时化、非本质化，彰显"冲突论"所掩盖的"命运与共"的人类共同价值之决断吗？我们需要越来越多的"志士仁人"具备此种"良知的决断"，集聚起正义的行动力量。我这里要阐明的一个主张是：儒家价值对我们内在"仁性"的强调，有助于我们理解如何用"人类命运共同体之构建"的和平主义、宽容精神和责任伦理，穿透"文明冲突论"的迷雾，激发一种我们时代的良知之呈现，以应对当今世界深陷其中的"对抗冲突"之危局。

（二）我们如何看待人类命运共同体之构建的价值旨趣

众所周知，我们应对文明冲突论的纲领，集中体现在中国领导人习近平提出的构建"持久和平、普遍安全、共同繁荣、开放包容、清洁美丽"的人类命运共同体的世界新主张之中。我认为，尽管这一主张的表述是现代汉语的，但其精神实质和价值旨趣则与儒家价值对我们内在"仁性"的强调一脉相承。这种一致性启发我们：要从价值旨趣上走出"文明冲突论"的迷误，澄清"人类命运共同体之构建"的价值原则、道德态度和伦理主张。儒家强调内在"仁性"的重要性，内含用"仁"理解"人"，用"仁性"理解"人性"，因而内含一种价值普遍性诉求。在这个意义上，儒家的价值主张可概括为"仁性主义"，而有别于"西方理性主义"。当然，我们可以称之为"以情为本"的儒家理性主义。儒家所谓"仁"，是指"必有二人而仁乃见"[①]。即是说，我们在本质上，不能脱离他人而成为人。因此，我们内在的"仁性"是指人在世界中存在，不能孤立无援，人的单一性或单个性不离"我者"与

---

① 阮元：《揅经室集》上，北京：中华书局2006年版，第176页。

"他者"的关联性、相互性、交道性和公共性。"仁性"就是与他人或他者唇齿相依、命运与共的人类特性。所以说,"仁者公也""相人偶者",又讲"仁者爱人""己立立人""己达达人"。这些论述,其实就是主张用"仁"或"仁性"来诠释我们的"人之为人"。一般认为,儒家以"仁性"为根据的价值观,代表了与西方个人主义、权利本位、自由优先相对而立的"另一极"。西方的代表性观点认为,儒家这种从群体出发、以义务为本位的价值,与从个体出发、以权利为本位的西方现代性观念是格格不入的,这是文明冲突的根源,而儒家价值因此是"古旧的",是"僵死的",是"无墙博物馆的展品",开不出现代性。公允地说,这是西方人权价值观对儒家价值观的严重误解误读。儒家的"仁性主义"不是不讲个人的自我实现和个人的权利(成己),它其实特别强调这一点。它是在对他者的尊重、包容,以及促成他人的自我实现的意义上(成物)讲个人的自我实现和个体的择善固持。这就使得儒家价值在"重群体""重义务""重社会国家""重家庭"的基础上,强调对个人的尊重和对他人权利的尊重。这种"仁性主义"被看作亚洲价值观的表征,是一种能容纳"个体权利、平等理念和世界性普遍主义道德"的价值。在儒家看来,我们内在的"仁性"之所以是内在,是因为它根源于"仁体"。"仁体"是"浑然与物同体"。"仁性"作为"识仁体",是要体悟到人之"与物无对"的万物一体本性。它是对万有相通的一种觉悟。因此,仁者以天地万物为一体,是因为天地万物本来就是一体,仁体即是天地万物浑然的整体。[①] 我们内在的仁性,来自对"仁体"的自识和领悟。识得仁体,即具仁性,因而也就具备"民胞物与""博施济众""成己成物"的道德态度。这种道德态度与西方启蒙现代性建立在主客二分、天人相分、人与自然对立基础上的道德态度迥然不同。在这个意义上,儒家价值是由我们内在的"仁体"来理解人类生存发展的命运整体性,因而构成了一种寻求人类共同价值的"仁性"视域。这恰恰是我们今天所亟须的。其世界性的意义在于,它倡导的是一种为文明冲突论所没有、所忽略,却为"人类命运共同体之构建"所必

---

① 参见陈来:《仁学本体论》,北京:生活·读书·新知三联书店2014年版,第173页。

不可少的道德态度。今天人们在探讨"如何让儒家价值'活'在当下"的问题。我认为，这个问题的恰当讨论形式，不是宣判儒家价值与现代性的格格不入，不是继续重复将"儒家价值观"与"西方价值观"简单抽象对立起来的陈词滥调，而是要深入地探讨两者的相容性，进而探讨如何把儒家的仁性主义、仁体智慧、仁者精神确立为"人类命运共同体之构建"的奠基性原则和必不可少的道德态度，以家国天下的仁者情怀和仁者精神，呼唤一种良知的决定和全球责任伦理的回归。这是儒家价值的当代性和当代意义之所在。

(三) 面对冲突论陷阱，中国何为？

值此世界即将陷入冲突对抗陷阱的暗晦时刻，我们或许处于一个变革时代的前夜。巨大的危险往往孕育着巨大的希望。面对冲突论陷阱，中国何为？没有理念，就没有行动。契机在于，我们要坚定不移地用"人类命运共同体之构建"的价值旨趣和价值共识，去抗衡或反击各种类型的"文明冲突论"或"修昔底德陷阱不可避免论"。当然，前提条件是，要找到一种将异质性的社群或文明连接起来而不是分离开来的伦理。儒家伦理及儒家价值对我们内在"仁性"的强调，提供了一种为"人类命运共同体之构建"奠基的价值原则、道德态度和伦理主张。儒家价值观强调伦理的本质和功能，就是去连接，去结合——而不是去分离，去隔绝，不是放任不良"欲性"的泛滥，也不是单凭理性工具谋取独占性的"欲求目标"或利益，而是开掘我们内在的"仁性"，以一种"仁性主义"的价值原则、"仁体"智慧的道德态度和"仁者"精神的伦理主张，确认我们"命运与共"的人类共同价值的本原。一句话，伦理的本质就是回归我们内在的"仁性"，发掘儒家"己所不欲勿施于人"这一"道德金规"的世界性的普遍主义的价值意义。只有这样，我们才能真切地把握"人类命运共同体之构建"的价值旨趣。

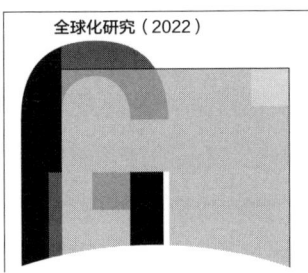

全球化与未来

从生态文明视域看真正的全球化

杨富斌[*]

"横看成岭侧成峰,远近高低各不同。"对全球化的发展历程及其未来走向,若从当今方兴未艾的生态文明视域来全面审视,那么就不难看出,自2020年以来席卷全球的新冠肺炎疫情及对现有全球文明秩序产生严重冲击的俄乌冲突,其影响及其"蝴蝶效应"乃是根本性的,甚至是颠覆性的。因为迄今以欧美发达资本主义国家为主导的全球化,其文明根基乃是现代工业文明或现代化,而从生态文明视角看,这种文明是不可持续的。尽管人类文明的进步自古以来一直伴随着残酷的野蛮与血腥,但以盎格鲁—撒克逊民族为主导的西方式工业文明或西方式现代化历程,则不仅始终伴随着野蛮与血腥,甚至有可能会反噬人类文明本身,使迄今数千年积累起来的文明成果毁于一旦。其根本原因在于,西方式工业文明或西方式现代化唤起的力量过于强大了,它宛如打开了"潘多拉"魔盒,人类已难以驾驭和控制它。在迄今已知的自然界和人类社会中,似乎已没有可与之相抗衡的力量了。尤其是它催生的或者与之相辅相成的强大物质生产力,及其与资本主义生产关系相结合所形成的强大的社会化大生产方式,以及它与宗教神学、现代实体哲学和现代科学技术相结合,再辅以现代民族国家和跨国公司等国际组织的力量,已从

---

[*] 杨富斌,北京理工大学珠海学院荣誉学院院长、教授。

根本上彻底颠覆了农业文明社会的面貌，在把人类推进西方式工业文明的同时，也把人类共同体乃至所有的地球生命共同体，都牢牢地绑架在一直在总体上呈加速度呼啸前进的西方式现代化战车上，使得人类文明在现当代陷入一种欲罢不忍、欲进难以可持续的两难境地。

但令人宽慰的是，摆脱这一两难困境的可能路径或正确道路已经找到。那就是在我们党和国家层面，以及在我国广大学者和人民群众心目中已形成共识，并为国际上有识之士（如小约翰·柯布等学者）高度认同和赞赏的，即在辩证地扬弃和超越西方式工业文明的基础上，创立的一条中国式现代化的新道路，探索的一种人类文明的新形态——社会主义生态文明。建设生态文明不仅是中华民族永续发展的千年大计或根本大计，也是人类命运共同体永续发展的千年大计或根本大计。"生态兴则文明兴，生态衰则文明衰。"①而从生态文明视域来看，近代以来以欧美发达资本主义国家为主导的全球化乃是片面的和虚假的全球化，不是全面的和真正的全球化。

一、欧美主导的全球化并非真正的全球化

美国建设性后现代思想家小约翰·柯布在北京师范大学珠海校区于2021年12月18日召开的全球化学术研讨会致辞中指出，世界需要真正的全球化，而迄今以欧美发达资本主义国家为主导的全球化并非真正的全球化，而是虚假的全球化。

不过，因致辞的篇幅所限，柯布并未详细地说明什么是真正的全球化。我非常认同柯布院士的这一判断。在这里，我拟从生态文明视角，较为详细地说明一下由欧美发达资本主义国家所主导的全球化何以是片面的和虚假的全球化，并试图在此基础上，诠释以中国为代表的新兴国家融入全球化浪潮之后，以建设生态文明社会为基础和目标指向的全球化，则使全球化的性质

---

① 中共中央文献研究室编：《习近平关于社会主义生态文明建设论述摘编》，北京：中央文献出版社2017年版，第20页。

和未来发展趋势发生了根本性的改变，全球化开始转向以追求人类共同体的共同福祉和文明的可持续发展为终极目标的全面的和真正的全球化，并且这种真正的全球化发展趋势乃是不可逆转的。近些年来，在欧美国家出现的所谓反全球化、逆全球化或去全球化现象，只是全球化浪潮中的小股逆流或暗流，其在根本上不可能改变全球化发展的总趋势。

为说明上述观点，我们需要首先明确和诠释一下我所理解的"全球化"概念的含义。

迄今，国内外学术界对"全球化"一词有不同的理解和界定。根据1983年最早发明"全球化"一词的西奥多·莱维特的观点，全球化是指此前20年间国际经济发生的巨大变化，即"商品、服务、资本和技术在世界性生产、消费和投资领域中的扩散"①。莱维特所指的全球化实际上只是世界经济领域发生的全球化，人们通常称之为"经济全球化"。

自20世纪90年代以来，"全球化"这一概念开始在世界范围内流行和使用，我国学者对全球化问题也做了大量的回应和深入研究。根据"百度百科"介绍，通常意义上的全球化是指全球联系不断增强，人类生活在全球规模的基础上发展及全球意识的崛起。②

我更为认同江时学教授最近对"全球化"概念所作的如下界说："全球化是各国相互联系和相互依存不断加深的过程，是人类社会发展的必经之路，因而也是一种不可逆转的历史发展趋势。"③ 这一界定和诠释的合理性在于：一是它强调了全球化是世界各国相互联系和相互依存不断加深的过程，而不是一个固定不变的状态或结果；二是它强调了这是人类社会发展的必由之路，因为任何民族、国家和地区之间，都必然会随着文明的交流和互鉴而相互学习和模仿，因而必然会使人类文明发展进程中公认的一些物质文明和精神文明成果（即共同的价值理念）传播开来；三是人类文明相互联系和相互依赖，

---

① 参见江时学：《"逆全球化"概念辨析》，载《新华文摘》2022年第6期。
② 参见 https：//baike.baidu.com/item/%E5%85%A8%E7%90%83%E5%8C%96/489841？fr = aladdin.[2022 - 05 - 01]。
③ 转引自江时学：《"逆全球化"概念辨析》，载《新华文摘》2022年第6期。

并通过交流互鉴而不断进步的总趋势，是势不可当的历史潮流。尽管其发展道路是曲折的，但总的趋势是不可逆转的。

上述理解和诠释也非常符合马克思和恩格斯在 19 世纪中叶提出的"世界性"和"世界历史"概念。他们在《共产党宣言》中写道："资产阶级，由于开拓了世界市场，使一切国家的生产和消费都成为世界性的了。……新的工业的建立已经成为一切文明民族生命攸关的问题；这些工业所加工的，已经不是本地的原料，而是来自极其遥远的地区的原料；它们的产品不仅供本国消费，而且同时供世界各地消费。旧的、靠国产品来满足的需要，被新的、要靠极其遥远的国家和地带的产品来满足的需要所代替了。过去那种地方的和民族的自给自足和闭关自守状态，被各民族的各方面的互相往来和各方面的互相依赖所代替了。"① 这里，马克思和恩格斯所说的"世界性"实际上就是现在所说的"全球化"。而在《德意志意识形态》中，他们指出："随着美洲和通往东印度的航线的发现，交往扩大了，工场手工业和整个生产运动有了巨大的发展。……冒险者的远征，殖民地的开拓，首先是当时市场已经可能扩大为而且日益扩大为世界市场，——所有这一切产生了历史发展的一个新阶段"②，即"人们的世界历史性的而不是地域性的存在同时已经是经验的存在了"③，这里马克思、恩格斯所谈的"历史向世界历史的转变"④，就是我们现在所说的"全球化"，尽管他们没有明确地使用"全球化"的概念。

根据上述对"全球化"概念的界定和诠释，从生态文明视域来审视，我们可清晰地看到，迄今以欧美发达资本主义国家为主导的全球化，具有明显的片面性和虚假性，亦即它是一种片面的和虚假的全球化。作出这一判断的根本原因在于：这种全球化是建立在工业文明的基础之上，并与资本主义私有制度有机结合的全球化，而由于资本主义制度是一种极其残酷的、非人道的社会政治和经济制度，那么在此基础上所建立起来的资本主义世界体系，

---

① 《马克思恩格斯选集》第 1 卷，北京：人民出版社 2012 年版，第 399 页。
② 《马克思恩格斯选集》第 1 卷，北京：人民出版社 2012 年版，第 190 页。
③ 《马克思恩格斯选集》第 1 卷，北京：人民出版社 2012 年版，第 166 页。
④ 《马克思恩格斯选集》第 1 卷，北京：人民出版社 2012 年版，第 169 页。

亦即在现实社会运动过程中所表现出来的全球化进程，在本质上也是极其残酷和血腥的。用马克思在《资本论》中批判资本的形象语言来描述："资本来到世间，从头到脚，每一个毛孔都滴着血和肮脏的东西。"①

我们之所以说迄今以欧美资本主义国家为主导的全球化乃是片面的和虚假的全球化，而不是全面的和真正的全球化，乃是因为这种以建立在工业文明基础之上的资本主义生产方式或社会制度为保障的全球化，既不可能真正地通过加强世界各国和各民族的相互联系和相互依赖，最终追求人类共同体中每个人的自由发展与和谐共生，更不能追求所有的地球生命共同体的和谐共生，以实现全人类的共同福祉为最终目标。相反，这种以资本追求剩余价值最大化的全球化进程一定会严重地破坏人与自然的和谐共生关系，导致全球气候变化、环境污染、生态灭绝等；同时，还会严重地破坏人与社会、人与人的和谐共生关系，导致资本主义世界体系中人际关系普遍紧张，形成"人与人是狼""他人是地狱"的状况，这从美国社会近年出现的"黑人命贵"运动、种族主义、经济危机等现实中，已十分明显地表现出来。此外，它还会导致人的异化，破坏人与人和人与自我的和谐共生关系。

大约在1875年，由英国人主导建立的资本主义世界经济体系基本成形。这种经济体系，乃是由盎格鲁-撒克逊基督教白人建立的资本主义世界体系，第二次世界大战后，世界霸权的领导权转移到美国。世界政治史的现实是，近三百年来，盎格鲁-撒克逊民族一直主导着世界体系。这个体系有四个本质特征，一是具有残酷性。按照全球史奠基人麦克尼尔的说法，在几大扩张性民族中，盎格鲁-撒克逊人是最好战、最血腥、最残酷的。二是具有不平等性，资本主义经济体就是以资本为中心的不平等的经济体。三是实行战车体制。经过第一次世界大战和第二次世界大战而建立起来的资本主义政治经济体制就是美国人所说的"军工复合体"。小约翰·柯布也曾明确指出过，日本发动对华战争的始作俑者就是日本那些好战的军工复合体，诚如当今挑起俄乌冲突的幕后推手是美国的军工复合体一样。四是不断对外扩张，战争成为

---

① 《马克思恩格斯选集》第2卷，北京：人民出版社2012年版，第297页。

其存在方式。有报道显示，美国建国240多年来，超过90%的时间都在打仗。而且除了美国南北战争、珍珠港事件和"9·11"事件以外，这些战争主要是在美国本土以外进行的。从马克思主义观点看，资本主义与殖民主义和帝国主义具有内在的必然联系。资本的扩张本性必然会促使殖民主义和帝国主义出现，这是不以任何个人的意志为转移的。

具体说来，由欧美主导的这种全球化之所以必然是片面的和虚假的全球化，可从三个方面来分析。

第一，从西方先后崛起的资本主义国家——葡萄牙、西班牙、荷兰、英国、法国、德国、日本、俄罗斯和美国等——向外扩张的动机和目的上看，它们之所以在国际舞台上"你方唱罢我登场"，在自觉或不自觉地推动全球化进程中各领风骚若干年，乃是为了争夺世界霸权，抢占世界市场，最终达到获得巨额财富（香料、茶叶、白银、黄金、象牙等）的目的，以实现资本的利润最大化。

正如马克思、恩格斯所说："美洲的发现、绕过非洲的航行，给新兴的资产阶级开辟了新天地。"[①] 而由蒸汽机和机器的使用所造就的工业生产的革命，即现代大工业又给资产阶级准备好了世界市场。世界市场反过来也促使商业、航海业和陆路交通得到了巨大的发展。

因此，早期的全球化实际上是由资产阶级开辟世界市场所推动的经济全球化。尽管随着全球性问题的增多和世界政治的演变，自15世纪以来，全球化的内容在不断扩大，伴随着经济全球化也发生着政治全球化、文化全球化、法律全球化以及数字全球化等次生过程，但在全球化的这些诸多变体里，经济全球化始终是基础和载体，没有经济全球化也就没有发达资本主义所热衷的其他领域里的全球化。甚至一旦违背西方发达国家的经济利益，它们就可能会极力阻碍全球化，导致反全球化、逆全球化或去全球化现象的产生。

根据沃勒斯坦、斯塔夫里阿诺斯等学者的观点，以15世纪地理大发现为开端的经济全球化，其内在推动力正是资本的扩张本性，要求打破世界各国

[①] 《马克思恩格斯选集》第1卷，北京：人民出版社2012年版，第401页。

地理上孤立隔绝的状态，各国推倒阻碍商品交换的壁垒，从而为销售资本主义生产方式生产的大量商品建立世界市场和原料供应地等。斯塔夫里阿诺斯在《全球通史》中指出："我们发觉自己处于这样一个世界中：在这世界里，充满了流线型汽车、有轨电车和飞机……这个世界是有史以来唯一的一种经济统治——工业文明统治的一部分；它不但为西欧诸民族所分享，也为俄国人、美国人和日本人所分享，甚至在某种程度上为中国人和印度人所分享。"① 这里，斯塔夫里阿诺斯对全球化的分析只是描述了其表象，而从本质上分析，根据马克思的唯物史观，这种全球化乃是由工业文明社会所形成的先进生产力及其与资本主义生产关系相结合所形成的资本主义社会化大生产所推动的。

就欧美主导的西式全球化的动力因和目的因来看，其最深刻的动力乃是工业革命和科技革命引起的生产力的巨大发展及社会化大生产的内在要求，而其根本目的则是资本追求财富和利润最大化的内在私欲。对资本主义生产方式所造成的巨大生产力，马克思、恩格斯曾给予高度评价，指出："资产阶级在它的不到一百年的阶级统治中所创造的生产力，比过去一切世代创造的全部生产力还要多、还要大。"② 但是，"过去的一切运动都是少数人的，或者为少数人谋利益的运动"③。因此，由少数先行崛起的资本主义国家及其支持的私人企业或跨国公司进行的海外冒险和掠夺行为，虽然在客观上促进了世界各地各民族和国家之间的相互联系和依存，也在一定程度上推进了科学技术、民主、自由、法治精神的全球性传播，对文明的交流互鉴是有积极意义的。不过，这种全球化在根本性质上仍然是为资产阶级根本利益服务的片面的和虚假的全球化。

第二，从以欧美发达资本主义国家为主导的全球化向外扩张和建立世界市场的手段上看，一方面，它们通过传教、办学、办医院、传播科学知识和商品贸易等文明手段或者"软实力"手段，来推进其全球化进程；另一方面，

---

① 参见百度百科：https://gd.huatu.com/tiku/2244745.html.［2022 - 05 - 02］。
② 《马克思恩格斯选集》第 1 卷，北京：人民出版社 2012 年版，第 405 页。
③ 《马克思恩格斯选集》第 1 卷，北京：人民出版社 2012 年版，第 411 页。

更为主要的是,它们依托通过工业革命而造就的坚船利炮等暴力手段,对世界各国各民族进行疯狂的殖民掠夺和暴力夺取。如果遇到这些民族和国家原住民的反抗,它们就会毫不犹豫地采取战争、屠杀等暴力手段来开辟道路。最早到达美洲的欧洲殖民者几乎把印第安人屠杀殆尽,即是明证。此外,西方发达国家还凭借几次工业革命和科技革命的成果,并依靠通信和运输业的技术革新、信息网络和运输网络的形成,为这种经济全球化奠定了坚实的技术基础。同时,它们也在社会组织层面为自己铺平了道路,亦即它们相继建立了为这种经济全球化服务的众多国际组织,包括联合国、世界贸易组织、世界银行等在内的国际组织和大量非政府组织(NGO)。这些国际组织实际上都是为资本主义为主导的经济全球化推波助澜的社会组织形式。

第三,从后果上看,以欧美发达资本主义国家为主导的经济全球化,导致了多种影响文明可持续发展的恶果。一是使自然和生态环境遭到了严重的破坏,如全球性气候变暖、环境严重污染、生态受到破坏、生物大量灭绝等。对此,小约翰·柯布说道:"虽然给我们带来这场危机的环境破坏,是由千万年间的整个文明进程所造成的,然而,正是建立在矿石燃料基础上的工业文明,自过去两个世界以来,极大地加快了人类生活的自然环境的这种退化。"[①]二是导致了全球性的贫富悬殊和两极分化,"南北问题"成为当今世界突出的现实问题。三是导致资本主义国家内部和世界性的周期性经济危机,使世界性的和地区性的矛盾和冲突不断。最严重的就是在 20 世纪导致两次世界大战,使人类几千万生灵涂炭,同时也极大地破坏了自然和生态环境,导致全球气候变化异常。四是导致近现代以来殖民主义、帝国主义和军国主义、霸权主义在全世界横行霸道。用柯布的话说,当今美帝国主义仍在竭力维护其世界霸权,充当"世界警察",不过这种世界警察不是为了世界人民的安全,而是为了维护"美国第一"的霸权。当前仍在流行的全球性新冠肺炎疫情和有可能成为持久战的俄乌冲突,既是以欧美为主导的西式全球化长期破坏人

[①] 李惠斌、薛晓源、王治河主编:《生态文明与马克思主义》,北京:中央编译出版社 2008 年版,第 1 页。

与自然、人与社会和谐共生关系，导致全球性资源紧张的恶果，也是以美国为代表的北约东扩和称霸世界，导致地区安全局部紧张的恶果。可以预言，只要以欧美发达资本主义为主导的全球化世界秩序保持不变，世界就永远不会安定。对此，马克思、恩格斯早在《共产党宣言》中就有所预言："资产阶级除非对生产工具，从而对生产关系，从而对全部社会关系不断地进行革命，否则就不能生存下去。……生产的不断变革，一切社会状况不停的动荡，永远的不安定和变动，这就是资产阶级时代不同于过去一切时代的地方。"①

所以，在20世纪90年代以前，在以中国等为代表的新兴国家从被迫参与到顺势而为地融入，再到顺势引领全球化发展之前，西方国家的"资产阶级，由于一切生产工具的迅速改进，由于交通的极其便利，把一切民族甚至最野蛮的民族都卷到文明中来了。……一句话，它按照自己的面貌为自己创造出一个世界"②。这种西式全球化，一方面使农村屈服于城市的统治，另一方面使东方从属于西方，并由于民族国家的形成，便开始推动着以对内压迫和剥削劳动人民为主，对外以殖民和扩张为主的经济全球化进程。今天，站在21世纪的时间节点上，从全球方兴未艾的生态文明视角看，这种建立在工业文明基础之上，以追求资本获取剩余价值最大化为目标的西式全球化，由于表现出极为明显的片面性和虚假性特征，应当退出历史舞台了。而建立在生态文明基础之上，为实现人类共同体和所有地球生命共同体的新式全球化或真正全球化，则会成为并应当逐渐成为全球化的主流趋势，因而使全球化的未来发展走向和性质，在一定意义上发生了转变。

二、真正的全球化是以生态文明为指向的全球化

根据习近平生态文明思想和以小约翰·柯布为代表的建设性后现代生态文明理论等，我认为生态文明概念实际上有两重含义。狭义的生态文明即是

---

① 《马克思恩格斯选集》第1卷，北京：人民出版社2012年版，第403页。
② 《马克思恩格斯选集》第1卷，北京：人民出版社2012年版，第404页。

纳入我国"五位一体"总体布局和"四个全面"战略布局之中,与"经济建设、政治建设、文化建设和社会建设"相并列并处于"基础地位"的"生态文明建设";而广义的生态文明则是指人类文明发展进程中新近出现的一种新的文明形态,亦即继原始文明、农业文明和工业文明社会之后,人类即将进入或正在进入的一种全新的文明形态——生态文明,它是我国正在创建的人类文明新形态——中国式现代化的重要组成部分和主要特质。对此,习近平有明确的论述。他曾指出,人类经历了原始文明、农业文明、工业文明,生态文明是工业文明发展到一定阶段的产物,是实现人与自然和谐发展的新要求。①

如果说人类社会在工业文明充分发展的基础上,通过扬弃和超越西方式工业文明,正在或即将进入以中国式现代化或类似于中国式现代化模式为主要特质的生态文明新时代,那么我们就可以说,建立在生态文明理念基础上,以建设生态文明社会为目标指向的全球化发展趋势,则将是真正的全球化。

首先,这种真正的全球化是以追求人类共同福祉为最终目的的全球化。它同近代以来,以欧美发达资本主义为主导,主要建立在工业文明基础之上,以追求资本的剩余价值最大化为宗旨的片面的和虚假的全球化具有本质的不同。

从全球化最简单、最基本的含义上说,它无疑是指人类社会的全球性联系的建立、扩大和深化,即人类社会由近代以前相对分散的各民族、各国家和各地区的相对独立发展,走向相互联系、加强交往和沟通的过程。同时,在这一过程中,人类公认的一些共同价值观念,诸如和平、发展、公平、正义、民主、自由、法治,也在逐步实现全球化。而要达到这样的目标,只有按照生态文明理念,为实现人类共同体以及所有地球生命共同体的可持续发展进行文明建设,才是人间正道。

其次,这种真正的全球化符合人类社会生产力发展的内在要求。它要力

---

① 参见中共中央文献研究室编:《习近平关于社会主义生态文明建设论述摘编》,北京:中央文献出版社2017年版,第6页。

图摆脱资本主义私有制和以实现资本利润最大化的生产方式对它的严重束缚，使自然力和人类生产力达到最优结合。

以生态文明社会建设为最终目的的全球化，其实现手段一定不同于以往那些以暴力掠夺甚至战争等手段来实现的全球化，而是以和平友好方式来实现的全球化。在这方面，我国历来坚持以和平共处五项原则来处理国际关系，以合作共赢方式积极推进全球化，便是最好的例证。我们坚持的理念是，"中国是世界的中国，中国的发展与世界紧密相连"。我们不像美国那样，将自身的强大和发展与其他国家的强大和发展对立起来。中国在参与和推进全球化的进程中，历来坚持求同存异、共存共生的包容性发展理念，既保持了自己的本土化，坚持鲜明的中国特色，同时又积极地与世界接轨，与不同制度、不同文化的民族和国家接轨，从而自觉地与全球化进程相互交融，成为全球化的积极参与者和贡献者，甚至在某些方面成为积极的引领者。譬如，在构建人类命运共同体、人类安全共同体等方面，中国一直发挥着引领者的作用。面对全球化进程所带来的不同制度、不同类型、不同发展阶段的国家相互依存、利益交融的现实，中国切实回应国际社会的共同诉求，提出了建构人类命运共同体的主张，其核心就是要坚持和平发展而不要战争，要共同发展和共同富裕，而不要扩大贫富悬殊，要合作不要对抗，要共赢而不要单赢。这些理念与西方中心论的价值观完全不同，这是为全球化注入的全新价值理念和目标。因此，我国一再强调绝不会走"国强必霸"的路子，而要走和平发展道路。显然，我国积极参与和引领的全球化已不再是传统的西方化的全球化，当然也不是中国化的全球化，而是以"一带一路"倡议和人类命运共同体理念为指引，以实现人类生态文明时代为最终目的的全球化。

从这个意义上，中国等新兴国家加入全球化进程，在一定程度上改变了以往由西方发达国家为主导的全球化的走向和性质。尤其是我国以生态文明和人类命运共同体理念为价值引领，这便使得全球化的目标追求超越了西方式全球化追求资本利润最大化的狭隘目标。正因如此，我们积极推进的全球化，得到了越来越多的国家和人民的认同和理解。迄今为止，由于全球化并不是零和游戏，新兴的发展中国家从中极大地受益，中国甚至有可能是最大的受益国。但中国从全球化中受益并不是以损害其他民族和国家的利益和安全为前提的，而是互惠互利和多向共赢的。从这个意义上说，这才是真正的全球化的开端。从一定意义上，由中国等新兴国家根据生态文明思想和人类命运共同体理念而积极推进的全球化，使全球化的性质发生了根本性的改变。

最后，从近年来我国以生态文明理念、人类命运共同体理念和"一带一路"倡议等为引领的全球化进程的实际结果来看，已使今日的全球化展现出一些全新的特点。

对此，理查德·鲍德温在《未来的全球化》一文中的分析颇有代表性。他认为，由于全球化的驱动力发生了变化，起初由蒸汽革命和机械化驱动的全球化，中经由信息技术驱动的全球化，现在已经是由互联网和人工智能技术驱动的全球化。全球化经过两次加速（或两次解绑），现在进入了全新的全球化阶段，全球化的性质发生了巨大的变化，这意味着其对各个国家的影响也会变化。根据鲍德温的看法，这些新的影响主要包括六个方面：一是新全球化的影响"分辨率"更高，全球化的影响变得更加难以预测；二是新全球化的影响更加突然、更难控制；三是新全球化下，比较优势不再以国界为界；四是新全球化解开发达国家知识与劳动力的"绑定"；五是新全球化改变了地理距离扮演的角色；六是新全球化使各国政府重新审视自己的政策。总之，全球化的性质发生了改变。这一变化既颠覆了发展中国家老旧的发展政策，又颠覆了发达国家简单民族主义式的产业政策。

我们认为，鲍德温对未来全球化的这一分析主要是从技术层面进行的，并没有从生产力和社会化大生产的内在要求，从不同的文明基础，以及以中国为代表的新兴国家对未来全球化发展进程的影响等方面进行分析。但他敏锐地看到当今世界的"全球化的性质发生了改变"，乃是陈述了一个客观事实，这就是以中国为代表的新兴国家融入和引领全球化趋势后，全球化的性质发生了根本性的变化。

三、反全球化逆流不可能改变全球化总趋势

近些年来,在西方国家出现了所谓反全球化、逆全球化和去全球化现象,这已是不争的事实,学界对此多有讨论。即使以 1999 年 6 月 18 日在伦敦等地出现的抗议在德国科隆召开的八国集团峰会活动作为反全球化的起点,这种现象出现也已有 20 多年了。

不过,无论我们是否愿意,也不管逆全球化概念是不是"一个伪命题",这些反全球化或逆全球化或去全球化现象和思潮,在本质上大体是相同的,都属于全球化进程中的"阻力",即如江学时教授所说,与全球化趋势"对着干"的某些思潮、心态、现象、政策行为、政治口号或意识形态,并不是全球化趋势在实际上的逆转或倒退。[①]

全球化趋势不可逆转的原因或动力,根据马克思和恩格斯的唯物史观来分析,最根本的主要有如下几个方面。

一是生产力发展的内在要求。人类文明发展到资本主义阶段时,由于蒸汽机的发明和电力的运用,形成了机器化的社会化大生产,极大地提高了人类改造自然的能力。同时,现代科学技术的广泛应用,更加促进了生产力性质和水平的提高。这便在客观上要求扩大原料来源和商品销售市场,使世界市场的形成成为客观需要。

二是资本扩张性的内在冲动。高度发达的生产力与资本主义生产关系相结合,形成了资本主义特有的生产方式,这种以私有制为基础的资本主义生产方式,必然会在资本追求剩余价值最大化的内在力量驱动下,扩大世界市场,以攫取更多原料,销售更多的产品,剥削更多劳动人民。

三是市场经济的迫切需要。不管是资本主义市场经济,还是社会主义市场经济,都是一种利用市场来配置资源的经济方式。所以,只要实行市场经济制度,必然会要求不断地扩大市场。由此可以理解和解释,即使我国作为

---

① 参见江时学:《"逆全球化"概念辨析》,载《新华文摘》2022 年第 6 期。

社会主义市场经济国家,也要充分利用世界市场,发展和加强我们的经济建设。

四是客观上自然资源分布的不均衡性。由于地球自然资源的分布是不均衡的,为了发展经济、满足人们日益增长的物质的和精神文化的需求,也迫切需要世界市场。当今欧美发达国家的物质需要几乎是世界性的,甚至我国近些年来那些先富裕起来的人们,也在大量消费着世界各国的物质和精神产品。例如,来自欧美、亚非拉和世界各地的日用消费品、工业原材料,包括奢侈品等,而"中国制造"的商品也早已销往世界各国,满足世界各国人民的需要。

五是人类对美好生活的向往或追求美好生活的内在要求。近现代以来,全球化之所以势不可当,所向披靡,乃是人们不满足于现有的日常生活,而要追求更美好的生活质量和更丰富多彩的生活方式。于是,物资的流动、知识信息的流动和人员的全球流动,就成为客观的需要。

六是各国增强国际竞争力的内在要求。自近代以来,民族国家在西方和东方先后形成之后,各国为增强自身的国际竞争力,必然会不断地扩大国际影响力,积极加入包括联合国在内的各种国际组织和非政府组织,从经济、政治、文化、教育、科技、军事等各方面在国际上拓展影响,这在客观上也必然地会导致全球化进程不断发展。

因此,正如人类社会的发展是一个自然历史过程一样,全球化的发展也必然是人类社会发展进程中一种不可逆转的大趋势和大潮流。现在,整个世界已然成为名副其实的"地球村"或"地球城",不仅商品和原料不断地在全球流动,科技知识和相关信息瞬间传遍全球,各种人才(包括政务、商务和游客)的全球流动,已成为全球化的主要内容。近三年来,新冠肺炎疫情迅速在全球传播,俄乌冲突迅速地对全球能源、粮食和金融体系产生重大的影响,使全球大宗商品如石油和粮食等价格飙升,世界市场(包括股市)发生剧烈波动,就足可显现这个地球早已不是由相互孤立的国家和地区组成的世界了,而是已连为一体的人类命运共同体。新冠肺炎疫情之所以会迅速地传遍全球各个角落,几乎没有几个国家和地区幸免于难,迄今已有数千万人感染,仅美国死于新冠肺炎疫情的就超过了100万人,这正是全球化效应的突出表现。正是针对人类文明这种生死相依的现状，习近平在博鳌亚洲论坛年2022年年会开幕式主旨演讲中指出："世界各国乘坐在一条命运与共的大船上，要穿越惊涛骇浪、驶向光明的未来，必须同舟共济，企图把谁扔下大海都是不可接受的。国际社会发展到今天已经成为一部复杂精巧、有机一体的机器，拆掉一个零部件就会使整个机器运转面临严重困难，被拆的人会受损，拆的人也会受损。"①

当然，以西方发达资本主义国家为主导的经济全球化，确实也不可能再按其原来的样子继续下去了，因为这种西方主导式的全球化所造成的恶果已十分明显。从这个意义上说，西方民众的所谓反全球化、逆全球化或去全球化诉求也未必没有合理性。而西方政客们推行的所谓反全球化政策，则是开人类文明历史的倒车，不可能得逞。

历史和现实均已表明，全球化从来不是一帆风顺的。从事物发展总是遵循着否定之否定规律的角度看，所谓反全球化、逆全球化或去全球化，都是全球化发展趋势中的局部、暂时现象。

客观而论，迄今全球化的性质也只是发生了部分质变，即由原来唯一由西方发达资本主义"国家的单向推动进程变成了双向的作用过程，成了真正意义上的全球化。中国的发展让广大发展中国家看到了希望，重拾对全球化的信心。中国不仅要做全球化的受益者，更要做全球化的贡献者"②。人类走向以生态文明和人类共同体理论为引领的真正全球化尚需假以时日和继续共同努力。

我们坚信，后疫情时代必将为人类生态文明建设开启广阔前景，③建立在生态文明基础上的真正全球化时代正在到来。

---

① 参见《博鳌亚洲论坛上，习近平用两个比喻生动阐释这一主题》，载《人民日报》2022年4月22日。

② 刘雪莲、张松梅：《全球化进程的矛盾性与中国的作为》，载《社会科学文摘》2020年5月；《吉林大学社会科学学报》2020年第2期。

③ 肖连兵：《后疫情时代为生态文明建设开启广阔前景》，载《光明日报》2021年10月12日。

从信息到数字生态
——智能算法下的生命形式的嬗变*

蓝 江**

在美剧《西部世界》第一季的开头，作为西部世界乐园的程序设计员伯纳德曾与带有"冥想"程序的农家少女的智能机器人德洛丽丝有过这样一场对话：

> 伯纳德：你知道你在哪里吗？
> 德洛丽丝：我在梦里。
> 伯纳德：对的，德洛丽丝。你在梦里。你想从梦里醒来吗？
> 德洛丽丝：是的，我很害怕。
> 伯纳德：没有什么值得害怕的，德洛丽丝，只要你正确回答我的问题。明白吗？
> 德洛丽丝：好的。

在《西部世界》里，德洛丽丝是一个被冥想程序激活的人工智能。和大

---

* 本文为国家社科基金重大项目"后现代主义和哲学发展路径与新进展研究"（项目号：18ZDA017）的成果。
** 蓝江，南京大学哲学系教授，博士生导师。

多数科幻作品一样，《西部世界》的设定让我们反思了未来社会中人工智能与人类之间的关系。的确，当我们已经在诸如《西部世界》《银翼杀手》《她》《机器公敌》《失控玩家》这样的影视作品中熟悉了人工智能的形象，当我们读到库兹韦尔的《奇点将临》、赫拉利的《未来简史》，以及明斯基、谢诺夫斯基关于人工智能的著作，让我们对人工智能技术支配下的未来社会充满着憧憬，同时也有着被人工智能体取代的恐惧。这实际上展现出当代人对未来人工智能体的一种恐惧的想象。然而，这种想象不仅仅是人类单独具有，正如伯纳德问德洛丽丝时，德洛丽丝似乎通过冥想程序看到了一种梦，一种突破了常规程序为她的限定的思维范围之外的梦，她也感到的恐惧，面对一种未知的情况，人工智能也会觉得害怕，而这种害怕恰恰是设计了"冥想"程序的设计师罗伯特·福特所期望的东西，在这种面对常规程序之外的害怕将激活人工智能程序。

或许，这是我们重新审视人工智能算法以及在大数据背景下的生命形式问题的契机所在。在以往的许多人工智能与人类关系的研究中，主要有两条思维路径。（1）将人工智能与人类看成竞争与取代的关系，尤其在文学和艺术作品中，对人工智能最终取代人，甚至最终消灭人类的忧虑始终存在着，这也势必产生一种以生物学上的自然人类为中心的伦理价值观。其中最著名的是阿西莫夫机器人三法则，通过指令的方式坚决杜绝人工智能或机器人取代和敌对人类的任何可能。（2）在机器学习和深度学习的发展下，产生了另外一种关于人工智能的遐想，即人工智能并不是对人类行为和智能的简单模仿，而是形成一种在人类之外，甚至与人类毫无关系的智能体，最终是为了解决在有限的人类生命形式下所不能解决的问题。在人工智能领域长期研究的工程师往往会具有类似的想法，其根本原因是迄今的人工智能研究从来不是以替代人类为主要目的的，他们所希望的是一种在人类之外寻找智能的可能性的方式。

不过，在我们的研究中可以看到，人工智能与人类的关系既不是单纯的竞争、替代甚至消灭的关系，也不是纯粹的无关论。而这两条道路的共同问题在于，他们都是从抽象和孤立的方式来看待人工智能和人类的关系，然而，在现实的人工智能发展过程中，问题却没有如此简单，其根本问题在于，我们很难将人工智能和人本身与周围环境的各种因素分离开来，例如自动驾驶技术不纯粹是一种在理想的道路上直线运动或转弯掉头的问题，智能技术必须能够分析环境要素，并对各种不同的环境做出分析，而在不同地段上实现智能驾驶的智能体也有着不同的成长过程。因此，我们可以提出第三种路径，即智能关联主义，来重新思考智能算法下智能体和人类生命形式的关系问题。

一、噪声与信息：个体化的赋形与耗散

智能相关主义的关键在于，如何在一定的环境中形成个体，并让个体在传播、媒体、交换之中形成联系。那么我们面对的第一个问题是，什么是环境？简言之，环境是一个场域，是让我们各种行为尤其是交往形成可能的场域。譬如说，我们在社会中的交往，前提是我们生活在让我们身体存在成为可能的生态之中。但是，我们所指的环境，并不纯粹是传统意义上的自然环境和生态环境，而是信息环境，或者说以大数据为基础的信息环境。在以往的生态环境中，我们用来交往的是身体和由发声器官发出的语言，这是我们建立交往关系的基础，也是我们在非中介状态下直接交往的根基。但是，我们今天的交往关系是在完全不同的形式下进行的，在地铁上的时候，我们手机上的微信的信息跳动或许比我身边的一个陌生人更加靠近，这正是因为，我的交往和传播关系实际上更依赖于我手中的智能设备，而不是我自己的身体关系。正是因为如此，意大利信息学家卢西亚诺·弗洛里迪将生态学上的生态圈一词改造成为信息圈，而这个信息圈就是我们交往、我们生命形式展开的新的媒体，是数字时代的新生态学。弗洛里迪说："信息与通信技术正在极大地改变我们的设计，它们正在创造新的现实，并推动者对世界和生活的方方面面的信息化解读。当交互界面逐渐变得不可见，此端（模拟的、碳基的［carbon-based］、线下的）和彼端（数字的、硅基的［silicon-based］、线上的）之间的界限也变得越来越模糊，尽管这种现象对彼端和此端的益处是

一样的。改用贺拉斯的名言来说就是：被俘虏的信息圈征服了俘虏它的人。"①

不过，在弗洛里迪的信息圈的概念中，还有一个重要问题，即不同个体之间是如何实现交流和传播的？在生态环境中，身体的姿态是可见的，声音和语言是可以被听到的，身体成为我们感知各种社会关系的一种重要的节点。法国社会学家布尔迪厄曾经指出："这是身体（不同程度地）在这个世界上暴露、活动、冒险，面临感情波动、伤害、痛苦，有时候是死亡的风险，因此不得不认真对待这个世界，这是因为身体能够获得配置，配置本身是对世界也就是对社会世界的结构开放的，配置是社会世界结构的被归并形式。"② 换言之，在社会世界的生态环境中，我们正是基于身体（碳基的身体）与社会世界形成结构，实现了社会交往和传播。但是，在弗洛里迪的信息圈中，我们没有这样的身体可供依赖，尽管弗洛里迪发明了与身体相对应的信息体（inforg，或者可以理解为硅基的身体）的概念，但这个概念仍然不足以说明我们如何在信息圈的环境中实现交流和传播。

实际上，我们通过智能设备进行交流的时候，主要面对两个概念：一个数据，另一个是信息。数据是我们的活动在信息圈环境下留下的数字痕迹。只要我们在数字网络、赛博空间或者信息圈中做出了任意行为，如点开一个网站，浏览一个短视频，或者无意间的一次点击，都会形成数据。英国信息学家迈尔-舍恩伯格十分明确地指出，数据就是我们在智能时代的原材料。③这个比喻是十分恰当的，原因并不在于迈尔-舍恩伯格对数据在智能时代的价值，而是在于它是一种原材料，是一种不能直接被平台或用户使用的材料。只有借助一定的提取、筛选、分析工具的加工，才能变成我们可以感知、可以理解、可以阅读、可以思考的数据。而这种我们可以感知和理解的数据，

---

① 〔意〕卢西亚诺·弗洛里迪：《第四次革命：人工智能如何重塑人类现实》，王文革译，杭州：浙江人民出版社2016年版，第48—49页。
② 〔法〕皮埃尔·布尔迪厄：《帕斯卡尔式的沉思》，刘晖译，北京：生活·读书·新知三联书店2009年版，第164页。
③ 参见〔英〕维克托·迈尔-舍恩伯格：《大数据时代：生活、工作与思维的大变革》，盛杨燕译，杭州：浙江人民出版社2013年版，第51页。

实际上就是信息。

如果说，我们面对的是可以阅读、可以感知、可以理解的数据，即信息，那么在数据中必然存在着一些不能被我们理解和感知的数据。① 由于这些数据无法被理解，但是它们又实实在在地存在于弗洛里迪定义的信息圈之中，所以它们构成了噪声。在这个意义上，噪声成了信息的对立面，而信息圈根据可以被理解和感知的情况，对于所有数据进行了区分，一部分可以被个体形式所理解的数据成了信息，而另一部分被视为杂乱、混乱的数据成了噪声。

实际上，从信息学诞生之初，人们就关注到了信息和噪声的存在。不过，对于信息和噪声存在两种不同的定义方式。一种是控制论的创始人诺伯特·维纳的定义。维纳借用了热力学的概念，将信息界定为熵的减少，而熵在热力学上代表系统的混沌程度。维纳说："在一个系统中，信息量是衡量其有序程度的度量，而熵则是衡量其无序程度的度量。这两者一正一负，完全相反。"② 由此可见，在维纳这里，信息和噪声的区分是非此即彼的，是完全对立的两个向量，信息代表着系统混乱程度的降低，而熵或者说噪声代表着系统混乱程度的增加，信息量的增加必然意味着熵减，即噪声的降低。在这个意义上，信息和噪声是不能彼此共存的量，因为一个量的增多，必然意味着另一个量的减少。

与维纳不同的是另一位信息学创始人克劳德·香农的定义，在《传播的数学方法》一书中，香农指出：

> 噪声如何影响信息？我们必须牢牢记住，信息是衡量一个人在选择信息时的选择自由。这种选择的自由度越大，因此信息量越大，实际选择的信息是某种特定信息的不确定性就越大。因此，更大的选择自由、更大的不确定性、更大的信息是相辅相成的。如果引入了噪声，那么收

---

① 我曾经在我的另一篇文章中称之为"剩余数据"（surplus data），参见蓝江：《外主体的诞生——数字时代下的主体形态的流变》，载《求索》2021 年第 3 期。

② 〔美〕诺伯特·维纳：《控制论：关于动物和机器的控制与传播科学》，陈娟译，北京：中国传媒大学出版社 2018 年版，第 23 页。

到的信息就会包含某些扭曲、某些错误、某些不相干的材料,这肯定会让人说,收到的信息由于受到了由于噪声的影响,信息表现出更大的不确定性。但是,如果不确定性增加了,信息也就增加了,这听起来好像噪声是有益的!①

可见,香农并没有从热力学的熵增和熵减来简单地界定信息与噪声,而是提出,信息代表着选择的自由度,信息量越大,代表着越自由,而噪声是某种扭曲的信息,从而降低了人们做出行为选择的自由度。那么,香农的噪声和信息的定义的优势在于,信息和噪声实际上并没有本质区别,信息是在某一系统下的选择的自由度,而噪声成了系统的停滞状态。换言之,在具有明确信息的时候,我们做事情会更加游刃有余,比如在行车导航时,我们虽然有明确的目的地,但我知道更多的路况,可以在多条路线中随机做出更多选择,相反,如果在信息不明朗的情况下,我们只能将自己的行为选择停留在相对保守和固定的路径上,从而降低了自由度。在这个意义上,信息和噪声是同样的数据,在某种情况下的信息,在另一种情况下就会变成噪声,反之亦然。一个数据是信息还是噪声,并不取决于明确的熵或混乱程度,而是取决于不同的系统的算法需求。于是,我们可以从维纳控制论的静态的信息和噪声区分,变成香农式的动态的信息和噪声之分,而在香农这里,数据本身不能确定它究竟是信息还是噪声,而是取决于一个更为深层的概念,即形式。

法国科学哲学家吉尔贝·西蒙东对信息做出了更具有启发性的解读。他并没有将信息理解为一个现成给定的实体,而是一种不断在生成之中的事态,即他从词源学上,将信息(information)理解为赋形(in-formtaion)。西蒙东指出:

---

① Claude Shannon, *The Mathematical Theory of Communication*. Urbana: University of Illinois Press, 1964, pp. 18 – 19.

信息，不管是在向度统一的层面上还是在跨个体的层面上，从来都不是以一种能够被给予的形式沉淀下来的；它是两个不同的真实之间的张力，它是当个体化的操作将发现两个不同的真实能够成为一个系统的维度时将出现的符号。因此，信息是个体化的开始，是个体化的要求，是从可转移到稳定的通道，它从来不是一个给予的东西。信息没有统一性和同一性，因为信息不是一个项。它假定存在系统的张力，以便它被充分接收；它只能是一个问题的内在因素。信息是通过它使未解决的系统的不相容性成为解决中的一个组织层面；信息假定一个系统的相变，因为它假定第一个前个体信息是个体化的公式，这个公式在个体化之前是不存在的。可以说，信息总是在现在，是实际的，因为它是一个系统个体化的方向。[1]

在西蒙东的定义中，信息构成了个体化，即赋形让不定性的混沌、流形或噪声生成为个体，从而让前个体的噪声变成了具有个体形式的信息。信息被西蒙东理解为赋予形式，由于具有了形式，在某一系统下，该形式让一定的数据成了可以识别、感知、理解的个体，个体化即在赋予形式的信息之下的赋形。在这个意义上，我们可以得出几个推论：

（1）信息和个体不是先天给定的，而是在一定系统下生成的，只有生成为信息个体，才能被系统所理解和把握。

（2）信息和个体都不是稳定的结构，它依赖于赋予各种痕迹和数据形式的方式。用西蒙东的话来说，信息和个体化是一种张力结构下的产物。

（3）由于信息和个体是在系统生成的，意味着存在一个前信息和前个体状态，而这个状态，按照定义，一定是噪声和混沌的。

（4）如果信息和个体不具有绝对稳定性，那么随着系统变化，一旦个体丧失了让其赋形的形式，意味着在变革的形态或新的系统中，旧的个体不再

---

[1] Gibert Simondon, *L'individuation à la lumière des notions de forme et d'information*, Grenoble: Éditions Jérôme Millon, 2013, p. 31.

具有可识别性和可理解性，于是信息的赋形变成了耗散，耗散也意味着个体化形式的消逝或分体化①，个体不再作为系统的个体而存在，而是重新沦为噪声。

由此可见，在西蒙东的定义中，信息和噪声，赋形与耗散，个体化与分体化构成了在信息圈之中不断生成和演化的运动，我们正是通过信息的赋形和耗散，在数字世界中交往和传播、浏览和游戏、交易和竞争、计算和操纵，等等。简言之，在智能时代的大数据社会中，我们的生命形式不再仅仅通过我们生物性的身体来完成，相反，这个身体仅仅成为我们交往的底层条件。在数字—智能设备的交互关系中，我们只能先通过一个赋形（如注册一个用户，登录一个手机号码或身份证号码），才能具有在数据系统中交往的资格，相反，如果我们没有这种赋形，那么我们只能沦为一种系统中的噪声，即便我们的身体仍然存在。在以数据为基础的智能算法下，生命首先是信息赋形的生命，任何不具有信息形式的存在物都是噪声；在数据世界里是耗散的，而且为了保证数据世界的连贯性，保证数据认识型的运算的流畅性，噪声被隐匿或消灭。这也就是为什么在《失控玩家》的开头，当作为系统管理员的"键盘"和"鼠标"看到被燃烧弹女孩激活的人工智能的盖伊时的第一反应就是消灭他，因为盖伊是一个噪声，而连贯运行的系统只需要明确的信息，而不需要噪声。

二、模拟与解释：信息环境下的智能识别

从数据噪声到明确信息的转变，仅仅是智能系统下最底层的生命形式的架构的基础，因为在一个系统中，具有确定性信息之后，更重要的是需要对信息进一步识别，这种识别的目的并不是得到更清楚的信息，而是需要解决

---

① 分体化是德勒兹在《控制社会后记》中使用的概念，代表着与个体化相反的倾向，参见〔法〕吉尔·德勒兹：《哲学与权力的谈判：德勒兹访谈录》，刘汉全译，北京：商务印书馆2000年版，第205—206页。

这样的一个问题：谁或什么才是信息圈环境下的行为主体或（借用拉图尔的概念）行动元？比如说，在我们用各种网络聊天工具登录的时候，我如何判断我是在与一个人对话；在网络游戏中，我如何分辨玩家和NPC（非玩家角色）？而电影《失控玩家》的一个有趣的设定就是，作为NPC角色的盖伊，成功夺得了一位玩家的太阳镜，而在电影里所在的"自由城"里，这个太阳镜就是识别游戏玩家和非游戏玩家的工具，只有戴上了这个太阳镜，才能被"自由城"系统识别为一个具有主观行动能力的主体，从而相对于其他NPC角色而言，他具有更高阶的权限和能力。在《西部世界》中亦如此。西部世界中的机器人招待员一开始是接受科幻小说和影视普遍接受的阿西莫夫三法则的，即机器人无论如何都不能做出伤害真正的人的行为。但是，在接受阿西莫夫规则的一个前提是，所有的智能机器人必须有能力能识别不同的对象，即普通的智能机器人对象和真正的人类，在机器人觉醒之前，所有机器人通过一个固定函数和项，来区分人和机器人。

实际上，针对这个问题，人工智能面对着两条截然不同的路径前进。第一条路径，我们称之为模拟路径，也是符号型人工智能范式。按照卢卡·M.波萨蒂的说法："符号型人工智能范式更适合从演绎和决定论式的方式来遵循着程序来运行。"① 在20世纪60年代，对于第一代人工智能的研究者，无论是明斯基还是谢诺夫斯基，他们都是从这种模拟路径来开发人工智能的。假定在阿西莫夫法则下运行的智能机器人，对于人和非人、人和智能体的识别是通过一个从外部设计的程序的演绎来实现的比如说人的某种特征，或者强制性在智能机器人中加入的一个函数值或项。在非伪装的情况下，这种单一的项或特征，的确可以有效地区别人与智能体，但是，我们加上了一个限定条件，即无伪装的情况，例如有人可以为自己的信息也添加了只有人工智能才具有的函数值，让智能体可能将现实的人识别为智能体，相反，有程序设计者在特定情况下为了不让机器人被消灭，也可能消灭机器人体内的识别函

---

① Luca M. Possati, *The Algorithmic Unconscious: How Psychoanalysis Helps in Understanding AI*, New York: Routledge, 2021, p. 12.

数。这种模拟路径的人工智能的更大缺陷在于，它无法面对程序设定之外的可能性，它只能在符号演绎和推理的界限之内来进行思考，一旦面对演绎推理之外的情形，即从未见过的情形，无法形成完整的逻辑回路，陷入无止境的运算和演绎当中，它们便会宕机。

当然，今天的人工智能系统已经不再仅仅是这样的系统，而是走向了我们称之为机器学习、深度学习、网络分析的领域。在这种情况下，人工智能不再是按照固定的逻辑线路来进行演绎推理，而是在通过自己捕捉到的原始数据的基础上，进行分析和解释，得出自己的逻辑。相对于演绎逻辑，这种人工智能体系更像是归纳体系，对事物的识别不是按照演绎之前的固定的定理或函数值，而是从多种数据中提炼出来的逻辑形式。比方说，我们练习炒菜，除了按照固定的菜谱上先放油、再放姜蒜、再放菜的方式（这是一种典型的演绎逻辑），也可以通过观看多个炒菜的视频，来获得如何炒菜的认识。由于这种路径不是按照预先规划好的路径前进，而是从自己的机器学习中来丰富的认识，所以我们也可以将这种路径称为解释路径，即人工智能根据自己在数据中形成的解释来实现对不同对象的分辨识别，完成行为的决策。

由于在上面，我们已经区分了噪声和信息，那么模拟路径和解释路径就会形成相当大的区别。模拟逻辑尽管存在着人工智能的自我运算和操作，但其逻辑系统是设计好的，及时对于其衍生性逻辑，也在其设计者的控制范围之内。但是，正是由于这种控制，导致了模拟路径下的人工智能体系是在我们已经为它们分辨了有效信息之后的环境中运行，也就是说，模拟路径根本是在人设定好的路径下运行，也接受的是人类的社会世界被认定为信息的东西，噪声在模拟路径中是被排除的。于是，模拟路径从根本上不可能真正打破人类逻辑的有限循环，它们面对的是与人类环境极为相似的信息环境，也是在同样的信息圈中做着数据处理和运算。相反，解释路径下的人工智能是没有被预先区别噪声和信息的，换言之，任何经验和归纳都是人工智能从现实的数据中提炼的，而这种逻辑与人类自己的形式逻辑，或许不再是范围大小的区别，而是本质上的区别，人工智能通过不同的互动环节，实现了自己的解释和运算。

问题在于，在解释路径下的人工智能，如何实现人与智能体的区分？在模拟环境下，固定的符号和特征成为智能识别的标志，在《失控玩家》中，这种识别就是通过太阳镜的外观来实现的，没有戴太阳镜的盖伊只是一个普通的NPC，他完成的只是游戏设定日常性的行为操作，相反，戴上太阳镜的盖伊具有了解释性人工智能的特征，他需要通过自己的脑回路来思考清楚这一切代表着什么，当他第一次透过太阳镜看到为玩家补血的医疗包之后，他伸手试了试，便理解了这个道具的用途，形成自己对道具的解释。同样，当觉醒之后的盖伊出现在他平常的咖啡店的时候，他没有向女服务员要他以前要的由程序为他设定好的咖啡，而是突如其来冒出来一句："我要一杯卡布奇诺。"同样作为智能NPC的女服务员在听到"卡布奇诺"时，一下子是懵圈的，因为之前没有任何程序设定她如何去做卡布奇诺。而在故事的结尾，由于受到盖伊的"卡布奇诺"的激发，这位女服务员学会了做自己版本的"卡布奇诺"。倘若我们做一个大胆假设，如果盖伊当时说的不是"卡布奇诺"而是说的"拿铁"，那么是否意味着NPC的服务员也会制作出属于自己版本的"拿铁"呢？于是，我们可以认为，在解释性人工智能之下，存在着无数的可能性，因为人工智能的解释不取决于预先规划好的固定逻辑路线，而是取决于智能体在信息圈的互动环境中发生了什么的关系，它可以是"卡布奇诺"，也可以是普通的"美式咖啡"，可能是"拿铁"，更可能是根本不存在的"空无"。至于最终智能体做出何种行为决策，都需要在具体的行为和交往互动中来激发他们的行为。即便是在波士顿动力公司设计的机器狗和智能机器人一样，工程师不断地踹倒机器人，让机器人学会从不同方式来保障自己的平衡，而工程师对机器人的踹打，就不是虐待，而是激发智能体的解释模式的方式。

或许，我们重新来理解人工智能的解释学，正如波萨蒂指出："人工智能是一个解释学空间。这意味着，人工智能总是解释行为的结果。当我们说一台机器是智能的，我们从它与我们的行为的解释开始解释它与我们的行为的关系。"①

---

① Luca M. Possati, *The Algorithmic Unconscious：How Psychoanalysis Helps in Understanding AI*, New York：Routledge, 2021, p. 23.

那么，人工智能的解释学并不是在孤立的人工智能的实体中发生的，而是需要大量的接触和互动，需要在人与智能体之间形成一种关联。所谓的解释学视野下的人工智能，并非人工智能远离人的存在而独立的发生，相反，人工智能虽然不再代表着模仿人类大脑的模型和结构，或者按照人类设定的逻辑框架来运行，但更不意味着人工智能的发展是走着独自发展与人类完全无关的路径。这是一种关联主义。

如果我们将波萨蒂的结论再一次推论一下，可以得出一个更为有趣的结果，即不仅解释性人工智能是对人类的行为作出的反应，同时人类也对人工智能的行为作出反应。毕竟，我们并不是以身体的样态参与到数字界面或信息圈里的传播和交流，而是首先被个体化，被物化为一种数据，只有我们自己的变成个体化的数据，即变成信息（而不是噪声），才能被信息圈的系统所接受、所感知、所理解。马修·弗里斯菲德尔注意到，在脸书、照片墙、推特、TikTok（抖音国外版）等社交网站上，参与平台的各个主体并非像德国观念论那样设定了自由的自我意识，相反，在那些社交界面上，我们首先是将自己变成了一个商品化的自我，用弗里斯菲德尔的话来说："可以作为一个模型来理解人们现在在社交媒体上从事的诸多活动，特别是考虑到社交媒体影响者的形象在脸书拥有的照片墙等平台上的崛起——也就是说，社交媒体的使用就是工作。在这方面，社交媒体已经成为一个表现和展示商品化的自我的平台。我声称'自我'是一个异化的代表。我认为'自我'是主体的异化表征，凝结在符号（或拉康的'主人能指'）的形式中。"[1] 弗里斯菲德尔的意思是说，一旦我们进入被智能算法控制的社交媒体平台上，我并不是以精神或意识上的自我呈现的，而是一种被物化或异化的自我形态出现，我在社交平台上的出场是一种由头像、文字叙述或数据构成的自我的数字绘像，这种数字绘像绝不是简单地由现实自我意识控制的结果，也不是单纯的受平台算法的摆布，而是由我们在平台上接触到的各种关系构成的，当然，这些

---

[1] Matthew Flisfeder, *Algorithmic Desire: Toward a New Structuralist Theory of Social Media*, Evanston: Northwestern University Press, 2021, p. 145.

关系包括了与其他物化的"自我"之间的关系，也包括了与非人的智能体之间的关系，而且与后者的关系在平台上会越来越普遍。这样，我们一方面面临着受到人类激发的解释性智能体的形象，另一方面所谓的数字化或物化的"自我"也是在与其他人或智能体的交往中形成的，一旦我以物化的"自我"形象出现在社交平台上，至于我所交往的对象是真实个体还是智能体，事实上并非在任何时候都是重要的问题。与之相反，这里最重要的问题是，我们如何在平台算法之下，通过一个数字化的"自我"与其他"自我"形成一种关联，而这种关联在社交平台不断突破常规，实现从有限向无限递进的突破口，在这个突破口上，我们不断形成新的关联，我们可以称之为智能关联主义。

由此可见，在这个背景下，人工智能和人类关系的发展已经走出了人类与智能体是竞争、合作还是取代的简单的讨论。因为，智能体的发展实际上高度依赖于它们形成的个体与我们在信息圈里的数字化"自我"密切相关，与此同时，我们也被智能地塑造着，成为智能算法下的一个行动元。那么在这个信息圈里，一个行动元究竟是人还是智能体已经变得不那么重要，我们无须像模拟路径一样，在智能体体内镌刻上阿西莫夫的法则，而是通过数字化"自我"的作用，形成个体化的信息，将自己变成与其他个体一样作用的行动元，而所有这些行动元共同构成了大数据时代下的新生命形式。

三、数字生态下的物体系

在解释性智能的关联主义之下，可以规避人工智能研究中的风险，即将人和智能体当成孤立和抽象的个体，作为一种独自运行和计算的实体来思考。这种孤立而抽象地思考人与智能体的问题在于，它们强行地将人或智能体从它们各自运行的环境中剥离出来，从而单独地分析和研究智能体的状态。这显然不是智能体发展的真实状态。以无人驾驶为例，智能驾驶不仅与坐在汽车里的人产生关联，而且智能驾驶需要不断扫描道路周围的环境，并在瞬间识别不同的物和对象，也就是说，与智能体形成互动关联的不仅是车内的主体,而且道路环境上的生命体都是与智能驾驶交互作用的对象,智能体不仅形成了与驾驶主体之间的关系,更需要与车外道路环境上的每一个对象都形成关联,并对不同的对象作出反应。这意味着,一旦人工智能走出实验室,走出单纯而抽象的环境之后,势必成为一个不断在复杂环境中成长的行动元,而这种行动元积极加入周围环境的个体化和智能识别当中,并不断地更新着各种关联,形成特定的行为方式。于是,我们发现大数据时代的智能体或人类的关系,不能仅仅出单一或几个行动元来思考,而且他们面对着更复杂的网络环境,一个将周围的对象都转化为数字化信息和个体化实体的网络,这是一种新的生态,一种不同于自然生态的生态系统,我们可以称之为数字生态。

为了理解什么是数字生态,我们可以回到法国技术哲学家艾吕尔那里。那是一个前人工智能、前数据化的技术时代,但在他的《技术哲学》一书中,艾吕尔已经看到了经过计算机处理的数字化网络所具有的潜能,这是一种有限的人所无法企及的潜能:

> 数据处理解决问题,由于计算机的存在,呈现出这种技术集合的内在系统,它在信息层面上表现自身,并在信息层面上运行。正是通过总体的相互作用和综合信息,调节了各个子系统。这是任何人、任何群体、任何机构都无法完成的事情。技术越是先进,越多的技术部门就会变得独立、自动化和分离化。只有计算机才能做这些事情。显然,不止一台计算机。它必须是一个在系统的所有通信点上相互关联地工作的计算机集合体。这个集合体成为不同技术子系统之间的连接子系统。①

艾吕尔的描述已经为我们展现出数字网络环境或数字生态的基本面貌。首先,数字网络系统,不是在自然物,而是在信息层面上运作的,我们可以

---

① Jacques Ellul, *The Technological System*, trans. Joachim Neugroschel, New York: Continuum, 1980, p. 102.

从西蒙东的信息（赋形）和弗洛里迪的信息圈的角度来理解艾吕尔强调的信息层面。比如说，在智能驾驶系统中，系统不是面对真实的物，而是面对经过扫描识别之后的数字化的物，街边的一块石头不是以它的物质形态出现在数字系统中，而是通过扫描形成的对数据归纳和分析，让其形成关于石头的信息（赋形），并传达给智能体，从而让智能体有效地在道路上规避石头。所以，尽管我们可以观察到智能驾驶的汽车避开了石头，但是这一切并不是在物理世界发生的，而是通过转化为信息层面上的数字化实体来实现的。其次，艾吕尔看到的数字化网络可以完成前所未有的任务，这些任务是有限的人、群体、机构所无法企及的，而计算机将这些分散的实体变成了技术部门，并在数字化网络中综合起来，我们似乎在艾吕尔这里看到了5G时代下的物联网体系的雏形。最后，数字化网络的根本在于，它是"所有通信点上相互关联地工作的计算机集合体，这个集合体成为不同技术子系统之间的连接子系统"，在这个意义下，数字生态学不是各个子系统抽象的连接，而是在具体的通信点上的相互关联。这样，我们可以看到，数字生态是一个扩大版的智能关联主义，所有的行动元、子系统都在这个关联系统下发挥作用，这不是一种玄妙莫测的黑箱式的观念论结构，而是一种真实的唯物主义原则，不过这里的物不仅是自然世界中的物，也包含了在数字环境被信息赋形的个体化的物，这些行动元和物形成了关联，并在关联中不断地互动和激发，构成新的关系。与此同时，艾吕尔的技术系统实际上还预设了一种可能性，在这种数字化系统或信息层面上，关联起来的不再是纯粹的人与人之间的关系，社会系统也不是单纯的人类的系统，由于技术系统或数字生态的存在，我们同样可以与非人行动元和非人对象形成互动、形成关联，并完成一种关联下的平衡。

实际上，这种网络也正是法国科学哲学家布鲁诺·拉图尔早已经看到了社会系统绝不是人类之间的系统。在对巴斯德的研究中，拉图尔就指出巴斯德的重要贡献不仅在于发现了微生物是导致我们某些疾病的根源，而是告诉我们微生物也是我们社会的重要组成成分，在发现了微生物也构成我们的社会之后，我们才会在我们的日常生活中将其对象化，纳入我们的社会行动网络之中，并对其进行处理。例如，当我们发现新冠病毒是导致流行性肺炎的致病因之后，我们意识到病毒实体的存在，并在行动中阻隔其影响，如在人员密集的场所戴上口罩，从外面回来之后用洗手液洗去手上看不见的微生物。这些行为实际上代表着新冠病毒作为一个非人实体具体影响着社会关联的交往。拉图尔指出："我不是在任何隐喻或讽刺的意义上，而是在符号学的意义上使用'行动元'这个词。事实上，社会联系是由以下几个方面组成的，根据巴斯德学派的说法，社会联系是由那些把人组合一起的人，也是把微生物和人带到一起的人。我们不能仅靠人们形成社会单纯的社会。我们必须加上微生物的作用。如果我们不认识到巴斯德主义以不同的方式重组了社会，我们就不能理解巴斯德主义的任何东西。它以不同的方式重组了社会。"[1] 尽管拉图尔在对巴斯德实验室的研究中，得出了实验室构成的社会行动网络不是一个仅仅由人构成的网络，在其中也包含了诸多非人的实体，如微生物。所以社会行动网络是一个系统中所有人与非人的行动元共同构成的网络体，也是它们共同联系和互动形成的系统。

　　拉图尔的社会行动网络理论有助于我们建立在智能关联主义下的数字生态理论。首先，构成智能关联主义下的数字生态，不仅是人类主体，也包含了可以参与行动的或者被激活的非人类主体，包括智能体和能做出反应的类似于游戏中的 NPC 的行动元。在这个生态系统中，每一个行动元都是潜在的力量，它们在数字网络中留下的大量的数据，而这些数据只有一部分被赋形，转化为可以被人类主体感知和理解的信息。于是，这带来了一个潜在的问题，在这样的社会行动网络中，事实上存在着如下三种不同的关系。

　　（1）人类主体与人类主体的互动。在这个意义上，这种互动类似于哈贝马斯和霍耐特等人提出的主体间性问题，也是协商政治和商谈伦理处理最多的问题，在此不用赘述。

　　（2）人类主体与智能体之间的互动，也是目前人工智能研究领域中的重点。自图灵以来，围绕着人类如何与人工智能体建立起合理的伦理和法律关

---

[1] Bruno Latour, *The Pasteurization of France*, trans. Alan Sheridan, John Law, Cambridge, MA: Harvard University Press, 1988, p. 35.

系，已经有了相当丰富的研究，不过这些研究往往将人工智能体简化为机器人实体或抽象的智能实体来考察，在没有智能关联主义的视角下，这些研究只是希望将传统人类社会的伦理和法律投射到人工智能身上，或者更简单的是，通过承认程序，将现有的智能体（如号称第一个具有身份的机器人索菲娅）纳入人类的伦理和法律程序之中，从而消化这个另类，而不是太多地更改我们现有的伦理学、政治学、法学的知识体系。

（3）在人工智能研究中，还有一个领域很容易被忽视，即非人行动元与非人行动元之间的互动和关联。因为在机器之间交流，不需要换算成高级语言，即可以与人类行动者沟通的语言和界面，它们之间的数据交换和操作可以完全在机器语言的层面上交流。在基层的机器语言上，其数据的绝大多数内容是不向任何人类敞开的，只向人类公布它们最终运算的结果。而人类即便切入机器语言的界面上，如果没有经过专业训练，我们只能看到一连串毫无意义的代码，这些代码对于人类来说就是噪声，一种无法感知获取意义的噪声。在这个意义上，我们面对着一种困境，人类行为者发现自己仅仅只是整个社会行动网络或数字生态下的一小部分，而绝大部分的数据是在非人对象或物之间交换形成的。这个趋势在物联网时代会更为明显，人虽然仍然处在系统的中心地位，但物与物、机器与机器、传感器与传感器之间的联系会更加密切和紧密。

在华为公司的 5G 演示中，位于上海的挖掘机操作员通过传感设备，甚至可以控制远在河南的真实的挖掘机。倘若在 5G 通信技术的帮助下，物与物、机器与机器的联系将会打破传统空间的局限，形成更大的物联网络，这种基于数字化的信息圈的联系将史无前例的空间范围内的各种对象物联系在一起，形成海量级别的智能关联，从而造就前所未有的数字生态。我们的生命由于被编码和数字化，已经成了这个庞大的数字行动网络的一部分，我们和诸多非人对象形成的关联，而在这些全新的关联之下，我们正在走向一个全新的世界。

或许，在这意义上，我们可以更好地理解格拉厄姆·哈曼的物导向的本体论（object-oriented ontology，简称 OOO 体系），哈曼解释说，OOO 体系要求

"所有物体都必须得到同等的关注，无论它们是人、非人、自然物、文化物、真实物还是虚构物。物体与它们的属性并不完全相同，而是与这些属性有一种张力关系，而这种张力关系正是世界上发生的所有变化的原因"①。哈曼试图将 OOO 体系建构为数字时代物体系的本体论，一种新的万物理论。这是一种有趣的尝试。的确，由于信息的赋形，让坐落于大地上的身体不再是我们衡量交往的唯一尺度，而更重要的尺度是，是否能够在智能算法下获得数字化的赋形，这决定了一定的数据是否是信息环境下的个体或行动元，只有成为个体或行动元，才能成为数字生态环境或信息圈中的关联的项，才能在数字化的社会行动网络中形成互动和交往，最终实现行为和决策。在这个过程中，人与非人、自然与文化、真实与虚拟的界限变得十分次要，人与人的关系只是整个巨大的数字生态下极小的一部分数据内容，而如果人文社会科学需要真正了解大数据时代的生命形式，就必须看到这种新的万物理论，一种在数字生态下的物体系。然而，与哈曼不同的是，这种人与非人、自然物与文化物、真实物与虚拟物之间的智能关联主义并不会形成哈曼所谓的平等关系。在这个数字化的架构中，仍然是等级制的，不仅在人与人之间，而且在人与物之间、人与虚拟程序之间、人与智能体之间，以及其他的各种非人智能体之间形成的关系并不会形成人类所期望的平等关系，而是一种按照关联形式生成的等级关系。平等关系只是哈曼等人简单地将近代启蒙以来的人文价值粗陋地投射到物和非人智能体上的结果。但是，哈曼指出的大致方向没有错，在数字信息化的背景下，在智能算法的运算下，我们面对的实际情况是，作为一个被高度编码和数字描绘的行动元，我们已经被整合到数字生态下的物体系之中，我们不能以噪声的形式存在，唯有将我们自己变成系统可读、可理解的信息，我们才能重新在这个数字化的世界里获得生命。这是智能算法下的生命形式，通过解释性的智能算法，我们生命本身也在信息圈和数字社会行动网络中生长，但是与我们的生命同时生长的，还有那些被

---

① Graham Harman, *Object-Oriented Ontology: A New Theory of Everything*, London: Penguin Books, 2017, p.9.

视为非人的智能体的行动元，它们构成了我们生命不可或缺的关联物，与我们如影随形。未来我们看到的不是智能对人类的毁灭，或许我们可以理解为，未来的万物互联之下的生命形态是人与非人行动元在数字生态下的共同进化。

数字全球化时代的中国软实力[*]

刘兴华[**]

数字全球化开启了全球互联互通的历史新阶段，为传统的经济全球化开辟了新的空间维度、提供了新的全球融合动力。数字全球化不只意味着数字经济和数字科技的全球化，也意味着思想、价值观、文化、规则的数字化建构和传播，从一开始就与国家软实力密切相连。作为世界第二大经济体、世界数字科技和数字制造大国以及具有深厚积淀的文明古国，中国应及早谋划，塑造和拓展数字全球化时代的软实力。

一、理解数字全球化时代的国家软实力

"数字全球化是指数字技术、数字媒介和数字公司驱动下的信息和数据流动，经济关系和生产方式的数字化整合，社会关系和生活方式的数字化联通，以及思想和文化观念的全球传播和重构。"[①] 数字全球化使国家力量的内涵发生了深刻的变化。一国的数字经济实力、数字科技实力和数字军事实力成为硬

---

[*] 本文系南开大学文科发展基金项目"数据公司网络政治营销的全球冲击及中国应对策略研究"（ZB21BZ0338）的阶段性成果。

[**] 刘兴华，南开大学周恩来政府管理学院副教授、硕士生导师。

[①] 刘兴华：《数字全球化与全球数字共同体》，载《国外社会科学》2021 年第 5 期。

实力的重要组成部分。由于数字全球化已经借由数字技术和互联网的拓展在全球各地开花结果，并且全面影响着人类生产生活和国家对外关系，未来世界政治中的综合国力竞争在很大程度表现为国家在这些领域的实力变化。从软实力的角度来看，数字全球化将软实力的重要性推至一个空前的高度。按照约瑟夫·奈的定义，软实力是指"通过吸引而非强制或支付获得想要的东西的能力，来自一国的文化、政治理念和政策"①。软实力以吸引力、感召力和同化力为内核，而数字全球化强化了这些内核元素的生成和扩散速度，及其渗透力。世界从未像今天这样，轻而易举地被数字空间中传播的一段视频、一张图片或一段文字所影响；一个国家的吸引力也前所未有地与数字空间的思想、价值观、政策、舆论和各种数字互动捆绑在一起。某种潮流在数字空间中或者突然爆发，或者瞬息万变，或者势不可当，国家软实力的塑造正面临一个全新的局面。

数字全球化改变了媒体格局，媒体与软实力有着千丝万缕的联系。有学者认为，数字化和全球化浪潮齐头并进、融合发展，使媒体世界发生了翻天覆地的变化。媒体的商业模式正在改写，与媒体有关的活动已经大量转移到网络空间，年轻网民聚集在网络社交媒体，脸书和谷歌成为流量的大赢家，广告收入剧增，而与此形成鲜明对比的是，传统媒体正在萎缩。②根据 Statista 的统计，2022 年世界范围最受欢迎的社交媒体按照月活用户排名如下：脸书（29.1 亿）、油管（Youtube）（25.62 亿）、瓦次艾普（WhatsAPP）（20 亿）、照片墙（Instagram）（14.78 亿）、微信（12.63 亿）、TikTok（10 亿）、脸书 Messenger（9.88 亿）、抖音（6 亿）、QQ（5.74 亿）、新浪微博（5.73 亿）、快手（5.73 亿）、Snapchat（5.57 亿）、Telegram（5.5 亿）、Pinterest（4.44 亿）、推特（4.36 亿）、Reddit（4.3 亿）。③ 数字化进程建构了新的媒体

---

① Joseph S. Nye, Jr., *Soft Power: The Means to Success in World Politics*, New York: Public Affair, 2004, preface.

② 参见 Helle Sjøvaag & Arne H Krumsvik, "In Search of Journalism Funding," *Journalism Practice*, Vol. 12, Issue 9, 2018。

③ 参见"Most popular social networks worldwide as of January 2022, ranked by number of monthly active users," https://www.statista.com/statistics/272014/global-social-networks-ranked-by-number-of-users/#professional.［2022－03－20］。

关系和媒体体系。互联网可以传输数据、文本和影音，宽带支持下的互联网更是将以往较为分散独立的纸质媒体、广播、电视和电影等整合在一起，打破了媒体行业的传统疆界。① 以社交媒体为代表的数字媒体成为新的舆论场、思想库和数据中心。何种力量能够发声并能够感染受众、何种声音能够被听到并转化为价值观源泉、何种渠道可以触及公众并建立有效的影响链条，都与数字世界出现之前大为不同。软实力在数字全球化时代越来越受媒体传播所左右，数字媒体及其形成的庞大传播网络已深深嵌入国家软实力体系。

数字全球化浪潮下，各国开始打造软实力的数字科技基础，制定政策规划，赢得竞争优势，数字全球化时代硬实力建设和软实力建设相互融合。计算机技术和电子通信技术交叉融合，美国在这两个领域的优势地位十分突出，强化了美国在其他产业的地位，在数字化的传播领域也是如此。② 美国在数字空间的主导权体现在数字商业模式、资本、广告等领域，体现在互联网主干网、卫星、硬件软件、服务器、数据库等方面，还体现在对全球传媒（如好莱坞电影、迪士尼和 CNN 等）的掌控。这与美国在全球的经济和军事霸权相呼应。③ 就连美国的对外援助也开始迎合数字化全球化时代的趋势，夹杂着对软实力的推广。《美国国际开发署数字战略2020—2024》中提出，美国国际开发署的目标是帮助伙伴国家实现与美国自由民主人权规范相一致的数字进步。④ 欧盟认为迈向数字世界、实现数字化是减少对外部世界依赖、实现欧盟数字技术独立革新的道路。为实现数字化转型，欧盟提出将"数字欧洲计划"（Digital Europe Programme）与"地平线欧洲"（Horizon Europe）计划结合起

---

① 参见 Joseph Boyd-Barrett, "Cyberspace, Power and Globalization," *Conference Papers*, International Communication Association, 2004 Annual Meeting。

② 参见 Joseph Boyd-Barrett, "Cyberspace, Power and Globalization," *Conference Papers*, International Communication Association, 2004 Annual Meeting。

③ 参见 Joseph Boyd-Barrett, "Cyberspace, Power and Globalization," *Conference Papers*, International Communication Association, 2004 Annual Meeting。

④ 参见 USAID, "Digital Strategy 2020 – 2024," https：//www.usaid.gov/sites/default/files/documents/USAID_Digital_Strategy.pdf.pdf.［2022 – 04 – 15］。

来，支持数字技术研发和数字基础设施互联互通。① 在数字化进程中，欧盟推广的理念包括数字三原则：公平竞争、安全和数字权益。② 英国政府提出，政府应当在数字基础设施建设方面发挥重要作用，积极探索，降低成本，鼓励创新，大力投入，打造数字互联互通格局。③

显然，原本就拥有强大硬实力保障和雄厚软实力基础的欧美发达国家已经开始借助数字全球化的东风，提升数字科技水平，促进软实力的拓展。美国基于数字技术优势、话语体系中的领导地位以及美国流行文化的全球推广，形成全方位的软实力建设和推广攻势。欧盟则主要依靠制定数字空间的规范而获得软实力。欧盟已经推出了一系列数字法案，如《一般数据保护条例》《数字服务法》等，并已就《数字市场法》达成临时协议。通过这些法案，欧盟针对全球数字巨头制定了一整套监管方案，防止不正当竞争和不正当利用数据的行为。欧盟还酝酿对数字巨头征收数字税，尽管法国、意大利和英国等欧洲国家已先于欧盟开始正式征收数字税，但欧盟无疑是推动数字税概念进入全球数字治理话语体系的主要推动者之一。欧盟的规范性理念和已经建构的全球数字规范成为众多国家效仿的模板。这是其软实力的重要来源。

除了欧美国家之外，亚洲的韩国也是积极塑造软实力的典型国家，在数字全球化时代也是如此。韩国政府采取了一些政策推动韩流走向全球市场，私营部门在打造精品文化作品和发展数字技术方面居功至伟，当然全球观众对韩国数字文化的推崇也发挥了推波助澜的作用。④ 这些数字文化主要包括：

---

① 参见"The Digital Europe Programme," https：//digital-strategy. ec. europa. eu/en/activities/digital-programme.［2022 – 03 – 05］。

② 参见"2030 Digital Compass：the European way for the Digital Decade," https：//eufordigital. eu/wp-content/uploads/2021/03/2030-Digital-Compass-the-European-way-for-the-Digital-Decade. pdf.［2022 – 05 – 03］。

③ 参见"Connectivity-building world-class digital infrastructure for the UK," https：//www. gov. uk/government/publications/uk-digital-strategy/1-connectivity-building-world-class-digital-infrastructure-for-the-uk#fn：2.［2022 – 03 – 09］。

④ 参见 Dal Yong Jin, "Ten Myths About the Korean Wave in the Global Cultural Sphere," *International Journal of Communication*, Vol. 15, 2021, pp. 4152 – 4153。

影视剧、K-pop流行音乐、动漫游戏等。不过韩流是一个特例，而非可供第三世界国家效仿的通用范例，第三世界缺乏技术和人才等要素，无法制作精良的文化作品，仍在遭受西方发达国家的文化灌输。全球数字市场变得越来越复杂，尤其是当美国流媒体网飞（Netflix）和迪士尼+（Disney+）引领全球数字平台建设潮流时，这些数字巨头在全球数字市场呼风唤雨，充当着美国文化和技术影响力的载体。[1]

发展中国家在数字全球化时代的软实力构建也颇有进展，各具特色。中国科技创新能力跃居世界前列，引领多领域的数字科技变革潮流，在5G、人工智能、量子计算等领域占据重要地位。中国在数字空间中的话语权和影响力大幅度提升，在数字规则体系中的地位显著提高。北京冬奥会是一次重要的数字化实践，"数字冬奥"让中国文化、中国精神、中国理念和中国面貌通过数字化的渠道传播至世界各地，推动了奥林匹克精神的数字化普及，完成了卓越的数字全球化时代的公共外交。数字全球化成为中国软实力发展的重大机遇。

有学者认为，在打造中国软实力问题上，中国政府功不可没；而在印度，像宝莱坞电影出口和瑜伽文化输出之类的软实力主要是私营部门运作的产物，政府几乎没有什么作为。[2] 印度正在为接触和说服全球公众开展数字外交，印度总理莫迪试图通过脸书和推特影响粉丝。但是印度软实力的拓展面临国内问题的掣肘，贫困问题、少数族裔权利问题、性犯罪等都是印度软实力拓展必须逾越的一道道关卡。[3]

数字全球化将重塑国家对综合国力的理解，扩大软实力的内涵。媒体已发生数字化变革，科技竞争越来越聚焦数字科技，全球数字互联互通和数字

---

[1] 参见 Dal Yong Jin, "Ten Myths About the Korean Wave in the Global Cultural Sphere," *International Journal of Communication*, Vol. 15, 2021, p. 4158。

[2] 参见 Sunetra Sen Narayan, "Digital Diplomacy and Soft Power: the Case of India," *Amity Journal of Media & Communications Studies*, Vol. 5, No. 3, 2016, p. 270。

[3] 参见 Sunetra Sen Narayan, "Digital Diplomacy and Soft Power: the Case of India," *Amity Journal of Media & Communications Studies*, Vol. 5, No. 3, 2016, p. 274。

经济发展已不再是新名词和新愿景，而是成为迈向更高水平发展的新基石和新阶梯。数字全球化时代的软实力塑造无疑是值得各国高度重视的具有战略价值的重要任务。

二、数字全球化时代中国软实力面临的挑战

数字全球化使世界政治和国内政治发生着重要变革。数字空间中有自下而上的政治通道，即数字公众舆论（如社交媒体上爆发的舆情事件）影响政府国内决策乃至对外决策；数字空间中自上而下的政治通道，即双边或多边关系（尤其是领导人或政党政治所引发的国际关系变动）影响数字空间中的公共政策、议程、话语和政治气氛；数字空间中还存在平行的政治通道，即特殊政治人物、领导人、政治团体和政党派别之间的相互影响，国家机构间或政府内部部门间的相互影响，以及国家与国际组织和非政府组织之间的相互影响。数字全球化造就了体系层面的结果，如在数字话语权上主导力量和崛起力量之间的关系；引发了产业格局的变化，如数字经济、数字科技和数字文化产业突飞猛进的发展；加速了重大事件冲击波在数字空间的全球化，如疫情问题在数字空间中被政治化炒作，催生出各种国际争端；模糊了国内政治和国际政治的界限，模糊了文化、安全、传播与意识形态之间的界限，使它们呈现出前所未有的粘连性。在这样复杂的变革趋势下，数字全球化时代的中国软实力面临诸多挑战。

第一，在疫情问题上，数字空间中充斥着西方国家制造的针对中国的"污名化"运动，曲解中国抗疫政策，在病毒溯源问题上缺乏科学态度，将疫情源头的罪名强加给中国，攻击中国的"动态清零"政策和疫苗研发，利用武汉和上海等地区的疫情炮制虚假新闻，制造紧张气氛和舆论危机，渲染疫情管控的所谓"灾难后果"。有学者提出，一些国家对华"污名化"使民众从众跟风，或者基于所谓"政治正确"默许，再加上这些对华不友好言论动辄以民主人权为名进行装饰，吸引受众附和，对华"污名化"的浪潮虽然起

起伏伏，但会在外国民众心目中留下较长时间的负面印象。① 《纽约时报》《华盛顿邮报》和福克斯新闻、美国有线电视新闻网（CNN）等西方媒体利用其网站和报纸质疑中国抗疫成效，对中国抗疫取得的巨大成功怀有嫉妒和敌视的心态。一旦中国有城市出现疫情，西方媒体就开始跳出来大加炒作一番，否定中国抗疫政策举措，然而疫情一经控制住，它们又偃旗息鼓，转而攻击其他方面。再加上美国等西方国家的政客利用脸书、推特等网络渠道发出反华言论，使得西方国内对华不友好的舆论被推向高峰。西方国家国内疫情此起彼伏，抗疫严重失败，却无视本国疫情失控下大规模人口感染病毒和死亡人数飙升的事实，将中国"动态清零"政策视为"异类"。数字全球化时代，这种敌视中国的舆论浪潮在数字空间中不断被挑起和放大，严重损害了中国软实力和国际形象。

第二，在人权等问题上，西方国家大肆在社交媒体和网络新闻媒体上制造和炒作虚假信息，抹黑中国人权发展成果，试图形成数字化舆论浪潮。西方国家在数字化舆论场中的主要阵地包括社交媒体、智库网站、非政府组织网站以及主要新闻媒体网站等。推特上代表性的"数字聚集地"，包括郑国恩（Adrian Zenz）等炮制"强迫劳动"的个人推特账号和"维吾尔运动"等推特组织账号。美国有线电视新闻网、英国广播公司（BBC）、澳大利亚广播公司（ABC）在网站上发布了大量涉疆新闻，油管上抹黑新疆的视频获得很高点击量。澳大利亚战略政策研究所（ASPI）和美国战略与国际研究中心（CSIS）利用其网站编造了涉疆报告，传播涉疆虚假信息，ASPI 设有专门的"数据项目"网站用以展示涉疆虚假报告。美国对外关系委员会一方面承认涉疆的事实其实很少，但是依然依据虚假信息，在其网站发表不负责任的言论，继续编造毫无根据的谎言。各种涉疆数字化站点和账号依据涉疆虚假报告，形成线上线下联动的勾结网络，制造数字化宣传品并在网络散播，向政府、企业和公众施加影响，对支持中国政府政策或揭露涉疆假新闻的账号和信息

---

① 参见王翠梅：《西方对中国的"污名化"及其应对：框架理论的视角》，载《外交评论》2022年第1期。

进行打压封禁。他们还建立了庞大的"媒体—政府—军工—商业共谋网络",例如 ASPI 受美英日政府、军工企业支持。CSIS 受美国政府及英日加澳等军事盟友资助,从武器制造商、能源公司和银行获得资金。西方挤压了中国国际话语权,抹黑了中国形象,引发线上线下对新疆产品的抵制,使新疆企业的国际贸易和产业合作受到冲击。这一议题领域反映了数字全球化有激化激进数字舆论运动的可能,那些共享相同社交媒体和新闻讯息的西方数字空间已意识形态化和冷战化。

第三,西方国家政客对中国崛起的敌视,以及对中国政治体制的攻击,影响了西方公众在数字空间中的价值观和互动讨论氛围,损害了中国的软实力。根据皮尤 2020 年调查结果,西方国家公众对中国印象变得更为负面。其中,澳大利亚表现得最为明显,对华持负面看法者比 2019 年增加 24%。各西方国家对华持负面印象比例分别为:澳大利亚(81%)、英国(74%)、德国(71%)、荷兰(73%)、瑞典(85%)、美国(73%)、意大利(75%)、法国(70%)、加拿大(73%)、意大利(62%)。在亚洲,韩国和日本对华负面印象比例也较高,分别为 75% 和 86%。[①] 这些数据并不代表中国形象的真实面貌,而是疫情暴发以来西方反华舆论炒作和涉疆涉港人权炒作影响下的结果。由此也可以看到数字全球化使数字媒体拥有了空前的传播速度和广度,与以往时代不同,国家软实力可能会在短时间内受到影响。西方国家社交媒体(包括韩日也深受西方社交媒体影响)充斥着对中国的诋毁和污蔑,特朗普政府恶毒攻击中国,推特治国的特朗普在推特上攻击中国的言论毒化了美国的政治环境。蓬佩奥等人蓄意污蔑中国政治制度和中国共产党的领导,在西方数字空间的舆论场中形成了一股黑恶舆论浪潮。拜登政府刻意以所谓"民主联盟"排斥中国。这些调查所展现的民意不具真实代表性,这些国家也并不代表国际社会,这些国家的舆情(假定调查结果科学)也只是在特殊历

---

① 参见 Laura Silver, Kat Devlin & Christine Huang, "Unfavorable Views of China Reach Historic Highs in Many Countries: Majorities say China has handled COVID - 19 outbreak poorly," https://www.pewresearch.org/global/wp-content/uploads/sites/2/2020/10/PG_2020.10.06_Global-Views-China_FINAL.pdf. [2022 - 05 - 03]。

史时期数字舆论和数字生活被过度政治化和意识形态化的结果。虽然数据存在偏颇，不过值得中国高度重视。

第四，反华领导人上台使双边政治关系掉头向下，影响着中国在相关国家中的软实力。在美国的公共话语中，中国被冠以各种"威胁"的名称，这种极端的定位影响着美国公众认知。[1] 在特朗普和拜登执政时期均是如此。澳大利亚总理莫里森上台之后，不断炒作所谓"中国威胁"，并为了竞选连任将所谓"中国威胁"视为吸引选民的筹码。日本的案例尤为值得警惕和关注。当前日本一大批位高权重的政客正在搅动反华舆论，他们的言论在数字空间中散播，使擅长使用数字媒体的日本年轻人对华态度受到很大影响。在这些反华政客的渲染下，这些国家的政治议程、政治叙事和政治生态已经发生扭曲，反华在一段时期内变成"政治正确"，使中国对外部世界的吸引力、感召力和同化力受到严重制约，中国声音不被完整地传达和传播，中国立场和政策不被了解和尊重。

第五，从全球数字传播体系和话语权体系来看，中国在不断追赶和提升影响力，但仍处弱势地位。美国在全球数字空间的硬件和软件方面仍处于垄断地位，亚洲正在全球数字媒体市场中崛起，比如在印度，数字化革命使印度媒体可以将新闻信息传播至全球各地，在海外的2500万印度人和印度侨民推动了这一进程。[2] 带有文化偏见的东方主义话语是殖民扩张和以西方为中心的帝国主义的产物，这种话语主要在人权和政治制度上对东方国家进行歪曲理解和诋毁，在美英法等西方国家和一些受西方舆论影响的非洲和拉美国家较为盛行，而在儒家文化圈、原苏东地区和伊斯兰世界则不太盛行。[3] 以美英法为代表的西方大国是数字传播的核心地带，非洲国家与美国的媒体互动较

---

[1] 参见龚为纲、朱萌、张赛、罗教讲：《媒介霸权、文化圈群与东方主义话语的全球传播——以舆情大数据 GDELT 中的涉华舆情为例》，载《社会学研究》2019 年第 5 期。

[2] 参见 Bruce Mutsvairo, Eddy Borges-Rey & Saba Bebawi, et al., "Ontologies of Journalism in the Global South," *Journalism & Mass Communication Quarterly*, Vol. 98, Issue 4, 2021, p. 1009。

[3] 参见龚为纲、朱萌、张赛、罗教讲：《媒介霸权、文化圈群与东方主义话语的全球传播——以舆情大数据 GDELT 中的涉华舆情为例》，载《社会学研究》2019 年第 5 期。

多，深受美国影响，新媒体时代的"核心—边缘"结构开始显露。美国的新媒体影响力最广，话语权最大，很多边缘地带的国家通过翻译美国媒体的内容获得关于中国的新闻报道，自然受到美国立场和价值观的影响。① 想要改变既有体系绝非易事，中国需要在提升全球传播力和中文数字内容影响力方面下大力气，助力中国软实力在数字空间的拓展。

第六，外国媒体对中国国内问题的炒作削弱中国软实力。一些外部力量对中国在发展过程中出现的腐败、高房价、贫富差距、环境污染等问题大做文章，统统将其归因于制度上没有效仿西方民主体制，诋毁和唱衰中国。国内一些媒体跟风炒作，使网络空间弥漫着悲观情绪，中国软实力受到制约。② 中国作为负责任的大国，正在不断解决国内矛盾，积极参与全球治理体系改革，中国的成功道路和成功经验理应被更广泛的世界人民看到、听到和感受到，中国经济发展的奇迹是中国软实力的重要基础。中国有充足的自信心成为吸引世界各国人民、企业和政府的"磁石"。

第七，中国数字文化展示平台数量和中国数字文化"出海"规模仍较为有限，中国化的平台还局限于国内或者华人经济圈，如何"破圈"是软实力海外拓展的重要课题。英语世界里西方文化仍占据主导地位，中国文化已开始借助数字媒体走出国门，走向世界。国产电视剧开始出现较为成功的"出海"案例，比如《媳妇的美好时代》在非洲热播，《甄嬛传》被网飞精剪后播出，但受众主要还是局限在东方文化圈，很难挤进西方主流视听范围。③ 与欧美国家和日韩等国相比，中国软实力在文化产业方面还存在差距，美国文化通过"薯片、芯片和影片"多管齐下影响世界，目前中国还缺少这种系统性文化影响。④

---

① 参见龚为纲、朱萌、张赛、罗教讲：《媒介霸权、文化圈群与东方主义话语的全球传播——以舆情大数据 GDELT 中的涉华舆情为例》，载《社会学研究》2019 年第 5 期。

② 参见李韬、林经纬：《中国软实力提升：问题与出路》，载《红旗文稿》2013 年第 13 期。

③ 参见司若、许婉钰：《从中国网络剧外销看文化软实力的输出》，载《中国电视》2018 年第 9 期。

④ 参见刘新业、王小侠：《论网络时代影视文化传播对文化软实力的影响》，载《学术探索》2012 年第 8 期。

第八，意识形态压力依然较大。网络时代意识形态的传播突破地域，冲击意识形态安全，不良思潮在网络蔓延，对中国主流意识形态造成一定冲击，存在一些反马克思主义的意识形态。西方势力制造虚假信息，散布反政府言论，掀起负面舆论，挑战中国意识形态防御能力。① 夯实中国特色社会主义核心价值观在中国数字空间中的主导地位，防止数字空间滋生危害国家安全和政权安全的舆论运动，警惕和遏制数字空间中不良意识形态的蔓延扩散，始终是数字全球化时代意识形态工作的要务。

第九，西方数字公司政治化是中国软实力面对的新挑战。除了西方政客、西方数字媒体和西方基金会等不断挑战中国软实力之外，西方数字公司作为一股新的力量也逐渐浮出水面。搜索引擎、社交媒体、网络公关公司等数字公司本应以市场为导向，本身不介入或者较少牵涉政治事务。社交平台上出现的舆论内容并不代表社交平台的立场态度。但事实上，西方数字公司已经追随资金支持者的政治倾向或者为了实现政治目的，下场参与全球舆论政治博弈。扎克伯格为了让美国特朗普政府下决心、下狠手打击竞争对手海外抖音（Tiktok），罔顾事实，渲染中国对美国的技术挑战，声称 TikTok 威胁美国国家安全，并将 TikTok 贴上"代表和灌输中国价值观"的标签。截至 2020 年 6 月，推特已关闭大量站在中国政府立场上发声的账号，却对那些肆意抹黑和攻击中国的账号不闻不问。

第十，数字规则倡议力、创制力和数字话语权还较为薄弱。数字化和数字治理牵涉规则之争，全球数字规则体系尚未建立，尚有诸多领域缺乏规则和制度。② 互联网规范的筹划和制定反映了国家软实力。目前除了联合国框架下的努力之外，国际社会中还涌现了一些互联网倡议，比如由万维网之父蒂姆·伯纳斯-李发起并得到众多组织和科技巨头响应的"互联网契约"、法国和新西兰发起的打击网络极端主义的名为"基督城呼吁"的倡议、西门子

---

① 参见郑元景：《网络时代文化软实力竞争与国家意识形态安全》，载《科学社会主义》2012 年第 3 期。

② 参见张茉楠：《全球数字治理博弈与中国的应对》，载《当代世界》2022 年第 3 期。

发起的"信任宪章",等等。这些倡议的参与者大都具有较高的权威性,反映了所在区域的诉求或者利益相关方的诉求,目的是力促共识的达成,引领国际规范构建,吸引更多高级别参与者或签署者。虽然这些规范不具有约束力,但是可以潜移默化地发挥影响力,占领道义制高点,获得理念话语权,也有变成"硬规则"的可能性。① 欧盟在全球数字规范体系建设方面走在世界前列,美国凭借其技术优势、产业优势和霸权地位主导着数字世界话语。中国提出了《全球数据安全倡议》等倡议,正在成为全球数字治理的一支重要力量。不过相比欧美国家而言,中国创制力和倡议力还有明显不足,话语权仍不够强大。中国仍需强化系统化的规则制定方面的影响力,使数字治理反映包括中国在内的发展中国家的诉求,使基于中国方案的规则成为各国效仿的对象,积极争取在国际制度和规则体系中有更大的话语权。

三、探寻数字全球化时代中国软实力建设的道路

数字全球化对中国来说既是机遇也是挑战。中国总体而言是参与全球化的受益者。全球化让中国能够学习借鉴外来文化,也让中国文化能够走向世界,影响世界。② 数字全球化是在全球数字科技革命新浪潮下的产物,在这一波浪潮中中国是当之无愧的"主角",中国正借助数字科技革命实现新的创新发展,中国的数字产业和数字科技实力已使中国走近全球科技体系的中心地带,这与以往科技革命浪潮中中国要么"缺席"要么扮演学习型"配角"完全不同。数字全球化必将使中国与世界连接的更加紧密,使世界对中国产生深刻影响,而同时使中国对世界产生深刻影响。与缩减地理空间、增加人员和信息跨国流动的传统全球化不同,数字全球化具有天然的媒体化、平台化、

---

① 参见郭丰:《全球网络空间治理态势与国际规范制定》,载《北京航空航天大学学报(社会科学版)》2021年第5期。
② 参见耿超:《全球化视野中提升中国文化软实力的思考》,载《理论月刊》2014年第3期。

实时化和虚拟化特征,软实力在数字全球化时代变动更为明显而快速,涉及国家安全、国际形象、国际话语权,是中国应当高度重视的战略性资产。在数字全球化时代,中国在软实力建设领域大有可为,可以探寻出一条具有中国特色的道路。

第一,挖掘数字经济的软实力红利。中国已是全球数字经济的"弄潮儿"。中国数字经济体量仅次于美国,中国电子商务和移动支付在全球处于领先地位。2020年全球47个国家数字经济总量为32.6万亿美元,其中美国为13.6万亿美元,中国为5.4万亿美元。中国数字经济同比增长9.6%,是全球增速最快的国家。数字经济使国际规则面临新的挑战,跨境数据流动和数字税收缺乏规则体系,应当加快规则体系建构,让发展中国家诉求更多地得到反映。① 数字经济形成了一种产业发展和数字化进程相互推进的超大经济综合体,中国数字经济的繁荣将带动数字文化、数字科技、数字市场的发展,使中国具有全球吸引力。挖掘数字经济的红利,乘数字经济的东风,软实力培育可以找到更多的增长点(如网络文学、网络动漫和在线教育的产业化)。另外,由于数字经济还处于快速发展的初期阶段,数字经济规范还不健全,中国应当抓住时机,主动提出数字经济倡议,凝聚规范共识,促进数字经济的健康发展。

第二,打造数字科技的中国磁极。提升数字科技水平,创造数字科技公司孵化成长的良好环境,是数字全球化时代中国软实力提升的重要前提。在并不遥远的未来,世界将见证中国成为全球规模最为庞大的科技中心的历史时刻,应当及早筹谋,制定鼓励全球科技精英落户中国、从事科学创新和研发工作的政策,广纳科技人才,让中国大学、科研院所、科技企业和科技园区中涌现出多个"世界硅谷"。

第三,利用数字新媒体提升新闻报道、宣传和公共外交水平。新媒体时代,全球同步化导致快速趋同化现象,比如纽约举办的时装发布活动可以通

---

① 参见中国信息通信研究院:《全球数字经济白皮书——疫情冲击下的复苏新曙光》,http://www.caict.ac.cn/kxyj/qwfb/bps/202108/P020210913403798893557.pdf.[2022-03-28]。

过互联网被全世界看到，纽约的流行服装有可能在全世界流行。若想不被全球信息潮流淹没，中国需要打造自身文化软实力，以创新引领世界。① 打造中国自己的全球新闻传播平台、建构新的全球传播话语体系任重而道远。中国利用数字新媒体发出全球能听到的声音，打造全球共享的传播空间，开展数字公共外交，防止中国声音被"屏蔽"、不良声音被放大，以及防止数字空间的舆论"孤岛化"和"冷战化"。

第四，以有管理的数字开放引领数字文化潮流。正如有学者指出的，文化是综合国力的重要组成部分，国家间文化竞争从未如当今时代这样激烈，文化崛起是国家崛起的灵魂；美国向世界输出了最多的影视产品，电影发行网络强大，美国电视节目通过网络传播至世界，美剧出口到100多个国家和地区，美国文化在经济全球化时代大肆扩张；中国要崛起，就必须改变西方文化主导世界文化的局面，大力发展文化软实力。② 弱势文化想要突围，靠自我隔绝是不现实的，全球化的文化体系是一个整体，文化要想影响世界，就要走向世界，契合全球文化趋势，坚持文化软实力的开放性和包容性，顺应全球化，并逐渐成为强势文化。③ 数字全球化需要开放包容，中国要引领数字文化潮流，坚持既有的对外开放政策将有助于这一目标的实现。开放发展已使中国在全球化进程中获益颇丰，在数字全球化时代也是如此。但数字全球化不等于数字无政府化，不是没有政府管理的全球化。在全球层面，国家主权地位不容抹杀；在国内层面，政府力量至关重要。伴随数字全球化的是大量闻所未闻的新挑战，也有一些力量试图完全摆脱政府实现绝对的数字自由。有管理的数字开放，将开放、治理、监管和引导有机结合，让软实力建设走在有序道路上。

第五，建设中文数字内容体系，守住数字文化疆界和意识形态疆界。全

---

① 参见孙悦凡：《全球化视野下的中国文化软实力研究》，载《上海经济》2016年第2期。
② 参见罗淑宇：《全球化语境下中国文化软实力的困境与崛起路径》，载《理论月刊》2015年第3期。
③ 参见刘怀光、李想：《论文化软实力形成发展的全球化依据》，载《理论导刊》2014年第11期。

球化时代的国家认同与软实力紧密相关。国家认同是支撑国家制度发挥效能的精神力量，公民只有归属感和忠诚感，才能关心国家利益，为国家利益行动。① 网络空间中的软实力竞争还体现为语言文字的竞争，互联网使弱小民族丧失语言，英语成为霸权语言。以美国为代表的西方国家在网络空间中推广其价值理念，久而久之就会使人们产生某种亲近感和信任感甚至依赖感，使人们对本民族的文化自豪感发生动摇，尤其是会给青少年的价值观带来混乱和困惑。② 数字全球化时代的数字文化安全和国家认同安全攸关国家的前途命运。建设中文内容体系首先需要弘扬中国特色社会主义核心价值观，坚定中国特色社会主义道路自信、理论自信、制度自信、文化自信。其次要抵御颜色革命和意识形态渗透，维护意识形态和政权安全。最后，开发利用中国传统文化和流行文化的资源，生产易于被全球接受的高品质文化产品，改变中文内容在数字空间中占比过小的问题。

第六，综合运用全体系的数字技术和数字手段，打造和拓展中国数字文化。数字化时代文化与数字科技不断融合，数字文化产业在这样的背景下涌现和发展起来，科技和文化创新同时发力，形成全球文化产品；数字文化具有亲和力，使文化、价值和道德等内容进入全球文化市场，融入人类命运共同体；若要繁荣数字文化，就需要利用大数据、人工智能等数字技术，开发面向海外用户的平台，增强文化输出能力和文化竞争力，并重视数据和算法对增强文化竞争力的独特意义。③ 数字全球化创造了一个数字技术交叉融合的数字空间，多技术手段共同运用促成数字产品的诞生，越来越难以对某个数字技术进行切割划分和识别，因此数字技术和手段的"整体化""综合化"使用是中国数字文化发展和软实力构建的必由之路。

第七，基于参与和治理促进国际合作，增强规则话语权。欧美正在大力

---

① 参见李兰芬：《公民道德、国家认同与全球化语境中的国家软实力》，载《马克思主义与现实》2013年第6期。
② 参见吴琦：《全球化背景下我国软实力问题的思考》，载《山东社会科学》2009年第9期。
③ 参见郭瑾：《发展数字文化产业与我国软实力提升研究——以TikTok为例》，载《山东社会科学》2021年第5期。

建设规则体系。对于中国来说，应该避免欧美国家建立没有中国参加的规则小圈子，积极参与与数字议题相关的经贸谈判，提升数字治理的话语权，积极申请加入《数字经济伙伴关系协定》等数字领域的国际协议，增强开放性，有效对接国际规则；另外，在中国加入的自贸协定中，重视数字经贸领域的规则和治理，推动规则框架的搭建，等等。① 全球数字治理是一块尚待开发的"富矿"，大部分数字领域的规则还处于空白状态，面对即将到来的数字规则建构的热潮，中国应迎头赶上。在积极和广泛参与数字问题方面的专门协定和与数字贸易相关的自贸协定基础上，拓展国际合作领域和空间，与各国共同维持数字秩序，以中国倡议和中国方案为数字规则增添新内容，在虚假信息、数字隐私、数字垄断等问题上形成基于发展中国家经验的规则。同时，强化国内数字治理，建设完善的数字治理体系，提升数字治理能力，以国内数字治理成果和经验为国际数字规则构建贡献中国力量，积极参与国际制度的治理活动，提升中国规则话语权。

第八，实行"一域一策""一国一策""一群一策"。有学者的相关研究得出结论，全球数字传播呈现出明显的文化圈群结构，存在核心节点，比如俄罗斯在原苏东圈群具有重要影响，在拉美圈群重要节点则是西班牙。因此在对外传播中，注意节点将有助增强效果。美国的欧洲盟友在舆论方面与亚太盟友较为不同，欧洲也不是铁板一块，因此要有针对性地开展传播；非洲和拉美两个地区的舆论与西方舆论存在依附关系，有必要利用数字媒体增强中国传播能力，弱化这些地区的"中国威胁论"，逐步降低它们对西方的舆论依附。② 数字全球化虽然会造成一定的趋同性，但各国历史、国情、文化、民族、宗教和经济发展阶段迥异，因而统一一致的全球传播和软实力拓展政策有时会存在不适用的情况。根据亚洲、非洲、拉美、欧洲等不同地域的特征，并结合各个国家的数字文化和舆论状况，制定数字传播政策，实现有针对性

---

① 参见张茉楠：《全球数字治理博弈与中国的应对》，载《当代世界》2022年第3期。
② 参见龚为纲、朱萌、张赛、罗教讲：《媒介霸权、文化圈群与东方主义话语的全球传播——以舆情大数据GDELT中的涉华舆情为例》，载《社会学研究》2019年第5期。

的"一域一策""一国一策"的细化传播。另外，不同人群、不同年龄段的数字偏好和习惯也大为不同，也应考虑"一群一策"的方式。

第九，重视数字出版发行。数字图书期刊文献的出版、数据库的建设、网络文学的海外推广、在线教育的壮大、数字广告的全球拓展、数字音乐的全球普及也是数字全球化时代软实力的重要组成部分。在这方面，中国已经取得较大的进步，应继续强化对全球目标、全球价值和全球网络的关注，完善数字出版发行的技术保障基础、人才队伍建设和市场网络建设。

第十，促进数字影视作品和短视频内容和推广方式的年轻化，尤其要充分观照Z世代的数字文化需求。无论是方兴未艾的社交媒体，还是日渐兴旺的流媒体，Z世代都是引领数字媒体发展、数字内容创作和数字社会网络搭建的主力军。年轻人主导数字世界前沿领域的局面日趋明朗。对于中国来说，应鼓励创作和生产高品质的网络文化产品，尤其是针对年轻人的流行文化和传统文化需求，了解其偏好和文化表达特质，顺应全球Z世代的数字使用习惯和趋势，在影视作品和短视频制作方面提升策划水平和创作水平，改进传播方式，将满载中国文化内容的电影、电视剧、综艺节目、访谈节目、短视频等传播至全世界，赢得世界各国年轻人的青睐。

四、结语

数字全球化为国家、公司、组织和个人创造了一条参与全球发展和全球治理的新赛道，与传统全球化既有并行不悖的一面，也有交叉融合的一面。新赛道的起点虽然依旧不那么公平，发达国家凭借技术、文化、话语和规则的优势起点更高、起步更快。但这是一轮发展中国家第一次与发达国家在同一赛道上角逐竞争的全球化。从演化时间和发展阶段来看，二者基本处在大致相同的环境下。数字全球化为全球共享，不是也不应该是某个霸权国的全球化，更不是少数几个西方大国的全球化。发展中国家只要抓住技术革新和数字化的机遇，就有可能实现追赶、弯道超车，甚至引领变革潮流。显然，当前各国已经开始了数字化发展的竞赛，竞赛结果将影响未来世界格局。

数字全球化固然与军事发展有关联，但主要以数字经济和数字科技为基石，体现了经济和科技等硬实力的作用，同时也带来了与软实力相关的新问题。数字全球化时代的媒体传播、文化输出、形象塑造、价值观拓展、意识形态维护、规则创设等攸关国家治理和国家发展的战略、道路和成效。中国是数字全球化的重要参与者和"主角"之一，强化软实力建设已时不我待。中国需要将数字空间中的各种相关实体的力量加以整合，建设国内数字治理体系，谋划全球数字治理体系，推动中国数字文化的全球化，维护中国数字安全，推动全球数字规则的健全完善，将数字全球化时代的中国硬实力和软实力一同打造成支撑中国崛起的重器。

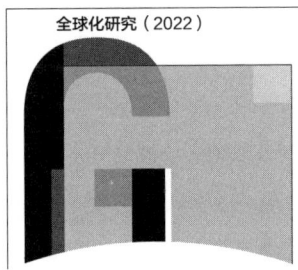

全球化与文化

新一波全球化的兴起及中国文化的海外传播

王　宁*

　　自 20 世纪 90 年代后期以来，全球化问题一直是国内和国际人文社会科学各领域的一个热门话题。毋庸置疑，经过 20 多年的讨论甚至辩论，学者们大都认识到，全球化并不只是一个经济领域内的现象，它同时也是一种社会和文化现象。我本人研究全球化问题的切入点就是文化。我们都知道，2021 年是中国加入世界贸易组织 20 周年，全国不少地方都以不同的方式纪念这一值得纪念的事件。这实际上也是中国全方位融入全球化机制的 20 年，其间中国的经济发展十分迅速，综合国力也得到极大的提升。而相比之下，中国的人文学术和文化在海外的传播仍然比较滞后，并且不断地遇到种种困难和阻力。这不禁促使我们人文学者对之进行反思，并试图思考出相应的对策。

　　实际上，中国的人文学术界早已经认识到了全球化的重要性和历史必然性，并且已经不同程度地将自己融入了全球化的进程。在中文的语境下，几乎所有的人文学者都可以就全球化这个话题发表自己的观点，或者将自己所涉猎的学科领域纳入全球化的语境下来考察和审视。可见全球化时代的来临使我们的学术研究视野更加开阔，我们今天考虑问题已经不仅是中国应该怎么办，而常常是世界应该如何。确实，如果从 2001 年 12 月 11 日我国正式加

---

* 王宁，中国社会科学院大学特聘讲席教授、上海交通大学人文社会科学资深教授。

入世界贸易组织并成为其第 143 个成员算起，全球化在中国的登陆已满 20 年，对中国的经济、政治和文化的各个方面产生了巨大的影响。这种影响不仅体现于中国经济的持续发展和 GDP 排名的飙升，更体现于中国的文化软实力的世界性影响。

我们都清楚地记得，当北京奥运会于 2008 年成功举办之后，西方媒体曾普遍认为，中国的崛起意味着昔日的"东亚病夫"已不复存在，一个生机盎然的东方大国已出现。显然，奥运会的成功举办也为中国文化走向世界铺平了道路。而在这之后先后在上海举办的世博会和进博会的巨大成功更是向全世界表明，上海作为世界第三大金融中心的地位已经得到进一步确立，而且在不远的将来还会有更大的发展。但我们也要清醒地看到全球化的另一个方面，也即它在带给人类福祉的同时，也给人类的生活带来一些负面的效应：贫富差距的加剧、自然资源的耗竭、民族/国家疆界的模糊以及文化上的趋同等，不一而足。此外，互联网的普及以及电子商务的飞速发展也使得相当一部分人被甩进了失业大军的行列。许多本来由人工去做的事情现在已经完全可以用机器来代替了，甚至连文学创作和翻译领域也为人工智能所介入，所导致的一个后果就是这些以写作和翻译为主要生计人们不禁为自己的饭碗所担忧。再者，全球化的到来也为诸如新冠肺炎之类的疾病的全球性传播和蔓延埋下了伏笔。但是中国政府充分发挥全球治理的作用，在短时间内就在一定程度上有效地控制了疫情的蔓延，并为今后更为有效地应对类似的全球性突发公共卫生事件提供了中国的智慧和解决方案。

由于全球化的多重历史源头以及其在当代的多维度发展，我们应对之有一个全面的认识。如果从历史的观点来看，我们不难得出这样的结论：全球化的出现有不同的源头，并非西方的专利品。确实，如果说经济全球化始于西方的话，那么文化上的全球化则未必一定始于西方。正如一些西方有识之士所认识到的，它在一定程度上始于中国的丝绸之路。虽然全球化的概念确实是由西方学者提出的，但是全球化概念的提出标志着西方发达国家试图将其发展模式和价值观念推向整个世界，因而它在一开始确实含有某种帝国霸权的成分。因此就这个意义上说来，全球化是一个率先发生在西方世界的现象。但是全球化一旦在其他地方登陆,那就会按照当地的情形和文化条件受到调节,因而常常就会出现一种"全球本土化"的态势。

我本人自20世纪90年代后期开始全球化问题的研究,主要聚焦文化全球化现象,并就这个话题在国际学界发表了大量著述讨论全球化及其相关的问题。西方学者编选的一些大型全球化研究文集,也收录了我的一些文章,或直接约请我就中国的全球化现象撰文。① 我在此谨对我对全球化的认识做一个概括:(1)作为一种经济一体化运作方式的全球化;(2)作为一种历史过程的全球化;(3)作为一种金融市场化进程和政治民主化进程的全球化;(4)作为一种批评概念的全球化;(5)作为一种叙述范畴的全球化;(6)作为一种文化建构的全球化;(7)作为一种理论话语的全球化。

上面的第四、第五、第六和第七点都与文化全球化密切相关,全球化在世界各国的发展是不平衡的。毋庸置疑,全球化为一些发展中国家,尤其是中国,带来了难得的发展机遇,并且经过中国的"本土化"过程,在各方面都取得了巨大的成就。因而美国的近两届政府便感到十分恐慌,逆历史潮流而动,高举起反全球化和逆全球化的大旗,试图全方位遏制中国。面对这样一种情形,我们应该怎么办?既然美国高举起反全球化和逆全球化的大旗,甚至威胁要退出一些国际组织,中国就应当针锋相对地坚持自己的立场,勇敢地承担起全球化的领军重任。这一看法也得到了一些西方学界的全球化研究者的认同,比如英国著名的全球化问题研究学者罗兰·罗伯逊在给我的信中也认为,中国应该承担起全球化的责任,而且他对中国的全球化研究充满了希望。所以我想我们用英文在国际上发表我们中国学者的观点,已经起到了一定的作用,其目的就是把中国的思想传播到世界上去。

---

① 美国学者伊诺·罗西(Ino Rossi)斯普林格出版社编辑长达1000多页的专题研究文集时,邀请笔者为之撰写了两篇文章。Cf. Wang Ning, "The Impact of Globalization on Chinese Culture and 'Glocalized Practices' in China," in *Challenges of Globalization and Prospects for an Inter-civilizational World Order*, ed. Ino Rossi, Springer Nature Switzerland AG, 2020, pp. 573 – 588; "(Re) Constructing Neo-Confucianism in a 'Glocalized' Context," in *Challenges of Globalization and Prospects for an Inter-civilizational World Order*, ed. Ino Rossi, Springer Nature Switzerland AG, 2020, pp. 997 – 1012.

2021年正值中国美关系史上著名的"乒乓外交"50周年，我们在纪念这一历史事件时，更加怀念促成这一事件的中美两国老一辈领导人。他们都认为中美两国的合作将有助于世界的和平和发展。在这一事件及其后来的中国关系中扮演重要角色的基辛格也认为，中美两国不应该有战争，而更应该有合作。实际上，全球化在某个国家和地区的实现必定与当地的民族文化相碰撞和交融，最后形成一种全球本土化的态势。这一点尤其体现于文化上的全球化，也即文化上的全球化现象并非只是单一的文化趋同性，而更多地在于其文化的多样性。此外，文化上的全球化也并非单向度的，而应该是一种双向的：西方文化进入中国，中国文化也应该在西方以及海外得到更加广泛的传播，尽管在传播的过程中会出现一些变异。

对于这一点，我们完全可以从各种西方理论和文化观念进入中国后发生的变异见出端倪。这种变异情况的出现所导致的结果体现于：西方理论在中国的语境下得到接受和传播，并在与中国的本土实践相碰撞后交融，最终产生出一种第三者，例如中国的现代性就是一种不同于欧美现代性的另类现代性，全球化在中国的驻足也同样如此。因此我们可以说，全球化在中国的成功登陆不仅使中国的经济得到迅猛发展，进而成为世界第二大经济体，同时也为中国文化走向世界铺平了道路。而对于这一点许多中国的人文学者并没有意识到。

他们认为全球化在某种程度上就是西方化，由于美国在西方世界中占据主导地位，因而西方化就等于是美国化，这样，中国文化就被"化"掉了。这实在是一种幼稚可笑的看法。我认为，我们为什么不能反其道而行之，借助全球化的平台把中国的文化推向世界？当然我最初提出这个观点的时间是1998年，当时国内最早的一次关于全球化与文化的国际学术会议就是我在北京主持的，出席会议的很多人都对文化全球化是否有利于中国文化的发展感到疑惑，甚至有人在会上发言指责我将使中国再回到全盘西化的老路上。虽然我当时面对的压力确实是很大的，但是我对中国文化走向世界始终抱有坚定的信心，并不断地努力践行。现在20多年过去了，中国文化以及人文学术走向世界并产生国际影响已经不是一句空话。我一直认为，整个20世纪我们中国学者都在致力于引进各种国外的，尤其是西方的文化观念和人文学术理论思潮，因而我们的几代人文学者都能够娴熟地运用西方的理论观念和话语来阐释中国的现实。可以说，我们已经当了一百多年的学生了，现在也应该让西方乃至国际学界听听我们中国学者的声音了。当然这样说说容易，真正做起来还是有很大难度的。但无论如何，全球化发展到今天，我们关注的一个焦点已经出现了转向：在全球化的语境下中国文化和人文学术何以成功地实现海外传播。

有人曾经天真地认为，中国的经济发达了，西方的汉学家和译者就会自动来找我们要求翻译介绍我们的作品，从而中国文化和人文学术成果就自然可以得到世界的认可。但事实又是如何呢？中国的崛起反而更加引起以美国为首的西方世界的警惕。在经济上，它们加剧了对中国的制裁；在文化上，它们关闭了一些以教授中国语言和传播中国文化为己任的孔子学院，甚至拒绝发给中国的一些留学生和访问学者赴美签证。这使得中国的人文学者认识到，经济上的强大并非一定会与文化上的强势成正比。这一点我们完全可以从当年苏联的例子中见出端倪。

当年苏联作为一个超级大国在世界上发挥重大影响时，苏联的文学和人文学术著作并未得到西方学界的大规模译介和研究，倒是一些持不同政见的苏联作家和人文学者的著作在西方世界备受推崇。这就说明，经济上的硬实力是任何国家都要去效法的，而文化软实力则不然，因为它含有一种民族文化的价值观念和意识形态特征，如果对方不认同你就不会花很多时间、精力和财力去译介你的东西，甚至还会有意识地阻止你所在的民族文化的进入。因此，持上述观点的人便无法为自己辩护了，也许他们对西方的汉学家寄予了过高的期望。

显然，单单指望西方的汉学家来承担传播和推介中国文化和人文学术的重任是过于天真了。我们都知道，作为美国当代首席英文翻译家和著名的汉学家葛浩文是主动将莫言的作品译成英文的，没有葛浩文的无与伦比的翻译，莫言是不可能获得诺奖的。美国的翻译者葛浩文和瑞典的翻译者陈安娜先后将《红高粱》以及更多的莫言作品译成英文和瑞典文，才使莫言得以顺利获奖。也许人们会问，为什么是瑞典文如此重要呢？因为瑞典文学院是直接颁发诺奖的权威机构，它的18个院士要通过投票才能决定莫言是否能够获奖。因此英文和瑞典文对他们来说就至关重要。除此之外，张艺谋执导的电影《红高粱》在观众中的普及做出了不可替代的贡献。正是因为《红高粱》被搬上了银幕，引起了葛浩文的注意，他便在书店里买了这本小说开始翻译，并于1993年出版了英译本。

当然，进入全球化时代以来，随着中国的国际地位日益提高，一些国内的人文学者认为应当在国际学术交流中发出中国的声音，甚至提出要建构中国的学术理论话语，这是十分正当的，同时也是十分必要的。中国在全球化的进程中被公认为是最大的受益者之一，① 这一点尤其体现在近二十多年来中国经济的飞速发展，也开始逐步体现在中国的文化和人文学术在全世界的传播。但是，毕竟文化和人文学术作为一种软实力并不为世界迫切地需要，因此我们就要主动出击，主动地将自己的学术成果通过不同的方式向外推介。在这方面国家有关部门的支持是不可或缺的。

最近十多年来，国家出台了一系列政策大力支持中国文学外译，以及中国人文社会科学著作外译。一些国内知名学者的著作在中华学术外译项目的资助下开始逐步进入国际学界，但其效果还有待于时间的检验。在这方面，我认为新一代人文学者应该大有作为，可以直接用外语著述，并在国际期刊发表或在国际著名出版社出版。

如前所述，曾经大力鼓吹全球化的美国政客现在发现中国倒成了全球化最大的受益者，因而感到了压力，便在中美关系上不断地做手脚。在当下的国内外知识界为人们谈论得最多的话题之一就是中美关系的困境和未来前景。国内一些患"恐美症"的更是人人忧心忡忡，担心得罪了美国人将来处处受到制裁，再也没有安定的日子了，弄得不好中美之间还会爆发战争。而另一些

---

① 关于这一点，尤其可参阅《俞可平、福山对话：中国发展模式目前面临的最大挑战》，载《北京日报》2011年3月28日。在这篇对话中，曾经一度"唱衰"中国的美籍日裔思想家福山提出了"中国是全球化的最大赢家"这一观点。

坚定反美的民族主义者则主张干脆与美国断绝一切来往，走自己的路，如果不得不开战也无所畏惧。面对这样一种局面，我们该怎么办？中美关系要出现倒退吗？

我认为上述两种看法都难免失之偏颇。至少在当今这个全球化的时代，每个国家都处于一种相互依赖的关系中，你中有我，我中也有你。互联网的普及更是将我们与生活在世界各地的人"联通"为一体了。可以说，我们今天就生活在这样一个"地球村"里，这虽然如安德森所言是一个"想象的共同体"，但现在这个"想象的共同体"已经成为名副其实的"人类命运共同体"了：我们彼此不仅分享福祉，同时也承担责任。所以中美关系既不会好到哪里去，但是也不会恶化到不可挽回的地步。这就得考验我们的智慧：如何做到化敌为友，如何变恶性竞争为一种双赢式的公平竞争。我认为人文学者应该能在这方面发挥应有的作用。

2020年1月以来先后在世界各地暴发和蔓延的新冠肺炎疫情就是全人类共同面对的一场灾难。对于这场突然降临人间的全球性公共卫生事件，不同国家的政府态度迥然不同。有的国家出于保护主义的策略只顾自己安全，不管别国疫情如何；也有的国家政府干脆在自己无法控制疫情时就任意甩锅别国，甚至提出要别国为自己所遭受的损失而买单。这显然是不切实际和不负责任的态度。中国作为一个负责任的大国，首先想到的是如何带领人民打好防控疫情的战斗。此外，在保护好自己的人民免受病毒侵袭的前提下，中国依然向世界上灾情严重的国家提供力所能及的人道主义援助。这一点是有目共睹的，同时也充分说明中国政府对人权的高度重视和维护。

我始终认为，就国际关系而言，出于竞争的考虑，近几年的两届美国政府都将中国当作自己最强有力的敌人或竞争对手，这也是意料之中的。就我自己的亲身经历而言，过去当中国比较穷的时候，我们出国留学或访学一般都是对方提供奖学金或研究基金，有的学校或机构的教授甚至非常周到地为我们订购往返机票并提供丰厚的生活津贴。而现在情况则不同了，他们认为中国已经富起来了，中国学者前往欧美高校访学不仅生活费自理，甚至有时还要交给对方学校一些费用，用于听课和从事研究；而他们来中国出席会议或讲学，所有的费用都要由中国的邀请方支付，此外，还要支付给他们一笔丰厚的演讲费。我们都很清楚，国与国之间的竞争并不一定能阻碍民间的人文交流，因为世界上绝没有永远的敌人，也没有永远的朋友。如何"化敌为友"，变敌对性竞争为友好竞争实际上也是一种技巧。而要实现这一目的，除政府领导人和外交机构应付出主要努力外，人文学者也应该有所作为。人文学者在国际人文学术交流方面所起的作用就是通过双边或多边的人文交流来实现一种"人文外交"，有时这样的效果反而更好。

毋庸置疑，中美关系的交恶难免会给两国的人文学术交流蒙上一层阴影，但是在美国这样一个崇尚"民主"和"自由"的国家，学者还是有一定自主权的。尽管在2020年的疫情期间，我仍然应邀为美国比较文学学会的会刊《比较文学研究》（Comparative Literature Studies）编辑了一个主题专辑"比较文学研究中的技术手段"（Technology in Comparative Literature Studies），我本人撰写了"导言"（Introduction），这期专辑发表在该刊第4期。凑巧该刊第3期是主编自己编辑的第八届中美比较文学双边讨论会精选论文专辑，第一篇文章也是我的。这种两期刊物第一篇文章都出自一位作者而且是中国作者的情况很少见，在中国都不可能出现，但美国刊物的主编却可以做到。由此给我们带来了启示，面对每况愈下的中美关系，作为人文学者，我们能否在民间率先突破中美两国交往的障碍呢？我认为这是完全可能的，而且这方面也有不少成功的先例。我首先想到的就是发生在50年前的"乒乓外交"。这应该是中美人文外交史上的一个卓有成效的范例。

出生于20世纪五六十年代的中国人都不会对"乒乓外交"感到陌生。1971年，中国乒乓球队赴日本名古屋参加第31届世界乒乓球锦标赛期间，中美两国的运动员首次有了直接交流和接触，此后中国政府决定邀请美国乒乓球队访问中国，从而以小球带动大球，最终帮助促成了时任美国总统尼克松的访华。这应该是中美关系史上的最重要的事件之一。当然这种人文交流绝不只是单向的，就在尼克松结束访华后，美国乒乓球队也邀请中国乒乓球队访问了美国。毫无疑问，我们从今天的角度来看，依然不可否认，这一小球带动大球的人文外交事件在中美两国关系史上有着至关重要的意义。

另一件与我所从事的领域——比较文学——有着直接关系的中美人文交流事件就是发生在1983年的首届中美比较文学双边讨论会。起因是时任中国社会科学院副院长的钱锺书在国际会议上结识了美国普林斯顿大学教授孟而康，两人都对东西方文学造诣很深，并对文学理论问题有着浓厚的兴趣。孟而康提出是否可以举行一个中美双边比较文学会议，而钱锺书则迅速接过话题，主动提出这样的会议最好首先在北京举行。正是由于两位人文学者的努力，首届中美比较文学双边会议于1983年在北京举行，并取得了预期的效果。随后，在孟而康的努力下，第二届会议于1987年在美国举行，同样取得了积极反响。这个事件无疑在中美人文学术交流史上占有重要的一席。

今天，我们可以自豪地说，通过中美学者的共同努力，一些原来并不了解中国文学和文化的美国学者对中国文学产生了浓厚的兴趣，并在一些学术或公共媒体上发声，建议美国的人文教育增加中国文化和文学的课程。年逾90的已故著名美国艺术与科学院院士希利斯·米勒（J. Hillis Miller, 1928—2021）十年前甚至在公开演讲中说道，"假如我年轻20岁，我一定要从学习中国语言开始了解中国文化。"可见，政府间的交恶并不影响民间的人文交流，有时这种民间的人文交流反而可以推动政府间的交流。

为了更为有效地利用全球化这个平台大力推动中国文化和人文学术的海外传播，我本人率先在国内和国际学界提出了一个"全球人文"的概念①，也即我们完全可以在人文学术交流方面率先取得突破。这主要基于以下几方面的考虑。

首先，在全球化的进程加快的今天，人文学科已经不同程度地受到了影响和波及，在文学界，世界文学这个话题重新焕发出新的活力，并成为21世纪比较文学学者的一个前沿理论话题。基于世界文学这个话题，我近年来又分别在国内外学界提出了关于"世界诗学"的理论建构，得到了学界

---

① 这方面可参阅我的两篇文章：《走向世界人文主义：中国新文化运动的世界意义》，载《探索与争鸣》2016年第1期；《德里达的幽灵：走向全球人文建构》，载《探索与争鸣》2018年第6期。

的反响。① 在语言学界,针对全球化对全球英语之形成所产生的影响,我本人也提出了复数的"全球汉语(global Chineses)"之概念,并认为在全球化的时代世界语言体系将得到重新建构。② 在哲学界,一些有着探讨普世问题并试图建立新的研究范式的有抱负的哲学家也效法文学研究者,提出了"世界哲学"(world philosophy)这个话题,并力主中国哲学应在建立这一学科的过程中发挥奠基性作用。在一向被认为是最为传统的史学界,也早有学者在世界体系分析和全球通史的编撰等领域内做出了卓越的贡献。因此,我认为,我们今天提出"全球人文"这个概念是非常及时的,而且文史哲等人文学科的学者们也确实就这个话题有话可说,并能在这个层面上与国际同行进行卓有成效的对话。

其次,既然"全球人文"这个概念的提出具有一定的合法性,那么人们不禁要问,它的研究对象是什么?难道它是世界各国文史哲等学科简单的相加吗?我认为并非如此简单。就好比世界文学绝非各民族文学的简单相加那样,它必定有一个评价和选取的标准,全球人文也是如此。它所要探讨的主要是一些具有普遍意义的话题,诸如全球文化、全球现代性、超民族主义、世界主义、全球生态文明、世界图像、世界语言体系、世界哲学、世界宗教、世界艺术等,而且对之的探讨一定是着眼于一种全球的视野,这样才能超越一种狭隘的民族主义视野。

我始终认为,作为中国的人文学者,我们在国际学界的交流和对话中,不仅要对中国的问题发言,同时也应对全世界、全人类普遍存在并备受关注的问题发出自己的声音。过去我们出席国际学术会议,邀请方经常给我们命题,要我们作为中国学者,只能专讲中国问题,全球普适问题并不是我们的长项,这些话题常常是安排欧美的著名学者来讲。但是现在情况已经发生了

---

① 这方面参阅拙作:《孟而康、比较诗学与世界诗学的建构》,载《文艺理论研究》2014 年第 6 期;《世界诗学的构想》,载《中国社会科学》2015 年第 4 期;《比较诗学、认知诗学与世界诗学的理论建构》,载《文学理论前沿》2017 年第 17 辑;以及英文论文,"Earl Miner: Comparative Poetics and the Construction of World Poetics," *Neohelicon*, XXXXI (2014) 2: 415–426, "French Theories in China and the Chinese Theoretical (Re) Construction," *Modern Language Quarterly*, 79.3, 2018。

② 参见 Cf. Wang Ning, "Global English (es) and Global Chinese (s): Toward Writing a New Literary History in Chinese," *Journal of Contemporary China*, 19 (63). 2010。

变化,尤其是我们对全球化问题的研究已经达到了与国际学界同步的水平,并掌握了一定的话语权,① 因此我们现在应该而且完全有资格对一些普适存在的问题发出中国的声音,并提供中国的智慧和解决方案。

例如前面所提及的就新冠肺炎疫情的全球蔓延,我们完全可以从中国人文学者的视角提出一些行之有效的方案和建议,并贡献中国人文学者的智慧,而且我们也确实这样做了,并产生了积极的效果。② 应该说,这就是我们中国人文学者的全球人文抱负和历史使命。

不容否认,在过去的100多年里,我们中国的人文学者在大量引进国外主要是西方的学术思想和文化理论方面做了大量的翻译工作,以至于一些西方的二、三流汉学家的著作都可以在中国见到中译本。相比之下,中国的绝

---

① 关于全球化与文化和文学问题的研究,笔者早在21世纪初就英国《劳特利奇全球化百科全书》(*Routledge Encyclopedia of Globalization*,2006)主编罗兰·罗伯逊邀请出任副主编,负责整个人文学科的条目。此外还可以参阅笔者自21世纪初以来发表的十多篇英文论文:"Globalization, Cultural Studies and Translation Studies", *Translation Quarterly*, 15 (2000); "Postmodernity, Postcoloniality and Globalization: A Chinese Perspective", *Social Semiotics*, 10.2, 2000; "Chinese Studies in the Age of Globalization: Literature and Culture", *Journal of the Institute of Asian Studies*, Vol. XVII, No. 2, March 2000; "Is There a Future for Comparative Literature in the Age of Globalization?" *Comparative Literature: East and West*, Vol. 2, 2000; "Confronting Globalization: Cultural Studies versus Comparative Literature Studies?", *Neohelicon*, XXVIII/1, 2001; "Globalization and Culture: the Chinese Cultural and Intellectual Strategy", *Neohelicon*, XXIX/2, 2002; "Globalizing Chinese Literature: Moving toward a Rewriting of Contemporary Chinese Literary Culture", *Journal of Contemporary China*, 13 (38), February 2004; "Identity Seeking and Constructing Chinese Critical Discourse in the Age of Globalization", *Canadian Review of Comparative Literature*, 30.3–4, 2003; "Comparative Literature and Globalism: A Chinese Cultural and Literary Strategy", *Comparative Literature Studies*, 41.4, 2004; "Reflections on Chinese-Western Comparative Literature Studies in an Age of Globalization", *Comparative Literature in an Age of Multiculturalism*, edited by Reingard Nethersole, Pretoria: Unisa Press, 2005; "Toward 'Glocalized' Orientations: Current Literary and Cultural Studies in China", *Neohelicon*, XXXIV, 2007, 2; "Globalisation as Glocalisation in China: A New Perspective," *Third World Quarterly*, Vol. 36, No. 11 (2015); "Globalization, Humanities and Social Sciences: An Introduction and a Commentary," *European Review*, 24.2, 2016; "China in the Process of Globalization: A Primarily Cultural Perspective," in Roland Robertson and Didem Buhari-Gulmez eds., *Global Culture: Consciousness and Connectivity*. Surrey, UK: Ashgate, 2016。

② 就在新冠肺炎疫情在欧洲流行时,我应《欧洲评论》主编西奥·德汉(Theo D'haen)的邀请,为之编辑了一组专题文章,从人文学者的角度评述了北京、上海、武汉和重庆的抗疫经验及理论反思。该专题的一组文章率先于2020年9月在线发表,后来又于2021年年底在纸质版发表,产生了较大的反响。这方面可参阅我的导言:"Introduction: the COVID-19 Epidemic and Its Control: Reports and Reflections from China," *European Review*, 29.6, 2021。

大多数一流人文学者的著作都没有被译介到英语世界，只有极少数可以直接用英文著述的优秀的中国人文学者在经过严格的评审和多次修改之后才勉强跻身国际学界，发出的声音是十分微弱的。

今天的一个可喜的现象是，近二十多年来一大批来自中国的留学生获得人文学科的博士学位后在一些世界一流大学任教，他们中的不少人加盟西方的中国研究学界，从而给这一边缘学科增添了许多生机，也加强了西方的中国学与中国国内学界的联系。他们同时在自己工作的国家用外语和在中国用汉语发表著述，其中一些有着传播中国文化的历史使命的学者还在自己著述的同时，将中国的一些优秀人文学者的著作译介到西方世界。

这批赴国外著名大学攻读学位的研究生大多来自中国一流大学的文、史、哲和外语学科，受过国内人文学术的严格训练，同时又经过严格的出国外语水平考试。经过几年的学习，这批学者尤其是在美国著名高校任教的学者，既有着深厚的国学功底又受到西方汉学的严格训练，他们当中的一些佼佼者的英语水平几乎达到母语的水平，因此很快就进入了国际学术前沿，并在人文学科的顶尖学术期刊上发表论文或在国际权威的出版社出版专著。

鉴于此，我们与这些学者合作必定更有成效。此外，我们的人文学科现在处于一个重要的转折时期，抓住机遇谋求发展就可以迅速地走出封闭的小圈子，进入国际人文学科的前沿。我们在大力译介中国的人文学术著作的同时，也应鼓励掌握外语这个工具的学者用直接用外语著述，也即尽可能用地道的外语，尤其是世界上的通用语英语，发出中国学者的声音，阐述中国的理论观点，讲述中国的故事。我们也可以利用目前在国际学界有着很高学术声誉和广泛影响的权威期刊和出版社，发表我们中国学者的著作和论文，进而有效地传播中国文化和人文学术。就这一点而言，新一波全球化的兴起必定为中国文化和人文学术更为有效地走向世界铺平道路。

正如习近平所指出的，当今时代是一个产生理论、产生思想和产生思想家的时代。既然全球化时代的到来为我们提供了十分有利的发展平台，我们完全可以利用这个平台大力推广中国的文化和人文学术。我们在国际学界不仅就中国问题要发出声音，还要就一些基本的理论问题和全世界普遍面临的问题提供中国的解决方案。应当说全球化正好为我们提供了这样一个平台。

全球化和文化

王逢振*

一、什么是全球化？

近二十年来，全球化是一个越来越引人关注的术语。在会议室里，在报纸杂志上，在人们的交谈中，在互联网络上，似乎全世界都在谈论全球化。有赞成和拥护的，有辩证分析的，有坚决反对的。那么什么是全球化呢？

与现代化和工业化一样，全球化开始只是一个过程的名称，但由于对它越来越多的运用，以及其在媒体和公共争论中频频出现，有时它仿佛成了我们正在经历的一个特定历史阶段的名称。全球化有时也被看作乔治·布什宣称的"新世界秩序"的同义词，而弗朗西斯·福山曾把它说成"历史的终结"。虽然"全球化"这个术语确实好像只是在冷战结束和苏联解体之后才开始经常运用，但只有把它作为一个正在发展的历史进程，我们才能理解赞成和反对全球化的种种主张。实际上，许多围绕全球化的争论，其关注的焦点多是它是什么性质的进程，以及这一进程可以向前追溯多远的

---

* 王逢振，中国社会科学院外文所研究员。

问题。

在最基本的层面上,全球化是社会、政治、文化、经济和技术进程的名称,这些进程共同造成了当代生存条件的变化。这些改变了条件的核心便是时间和空间在物质和心理经验方面的巨大变化。今天,全球化已经把世界上相距遥远的部分联系在一起,但这并不是说它由遥远的、不同的地方组成,而是人们开始把世界想象成一个单一的全球的空间,在这个空间里,民族和社群前所未有地相互联系在一起。新的传播技术,例如互联网络、手机和卫星传送,使人们(至少相当多的人)可以跨越遥远的距离彼此进行即时交流,即刻接收关于世界其他部分的政治和社会发展的信息。这种传播技术的革命也促进产生了民族经济更大规模的一体化,尤其是金融市场的一体化。目前已经被世界上大部分国家批准的多国协议,例如关贸总协定或世界贸易组织,已经改变了世界经济的性质。正如20世纪和21世纪的金融危机所表明的(例如墨西哥〔1994〕、东南亚〔1997〕、俄罗斯和巴西〔1998〕、阿根廷〔2002〕的金融危机以及美国〔2007—2008〕的"次贷"危机和当前波及世界的金融危机),一个国家的经济发展或衰退对世界上每一个其他国家都会产生巨大的影响。

在文化方面,全球化的体验是对世界各民族的文化和文化产品增加了了解和接触,但同时也是一种非常强大的文化价值及其产品强加于几乎所有其他的民族。就第一种情况而言,世界音乐的流行,全球对日本动画片的兴趣,东欧(和其他地方)对墨西哥和南美其他地方生产的电子小说的迷恋,都可以得到见证。另一方面,来自美国的电影、电视节目和快餐在全球无处不在,则被许多人认为是世界变得更小、交流更快捷的负面结果。

今天,几乎有无限多的现象与全球化相关。因此,对全球化进行严格的定义不仅无助于讨论它应有的复杂性,反而会减少这种复杂性。然而,所有与全球化相关的进程,通常都可以认为是历史上前所未有的对时间和空间的浓缩。许多论及全球化的杰出的学者,都以类似的方式来描述全球化。英国社会学家安东尼·吉登斯把它描述为"世界范围关系的强化,这种关系把遥远的地方联系起来,一个地方发生的事件受到发生在遥远地方的事件的影响"①;地理学家多里恩·马塞则认为,全球化的特征是"社会关系的扩展"②;马尔科姆·沃特斯说它是"按照社会和文化的安排,地理限制在退缩"③;而在著名的全球化研究学者罗兰·罗伯逊看来,它是"世界的浓缩和整个世界意识的强化"④。

约翰·汤姆林森在他的著作《全球化和文化》的开始指出,"全球化处于现代文化的中心;文化实践处于全球化的中心。"⑤ 因此,探讨全球化必须理解全球化和文化的相互关系。作为考察这种关系的一种方式,我们需要考虑一个也许令人惊讶的问题,因为这个问题极大地影响着我们如何看待全球化的后果。这个问题是:全球化是不是真实的?虽然没有任何人怀疑过去几十年人类生活的各个方面都发生了意义深远的变化,但对全球化究竟多新却存在着诸多分歧。不论全球化是人类生活中一次真正的新发展,还是它只是更漫长的一些发展的加速,无疑都对我们理解它与世界上文化实践的关系具有重要的影响。

众所周知,个人电脑刚刚出现时,只能勉强在屏幕上生成文本,极少有今天我们已经习惯的那种复杂的图像交叉。当时没有互联网络,没有手机,没有个人掌上助理器,也没有笔记本电脑,更没有网上交易。如果你忘记从银行的取钱,你就会被困住:当时银行没有自动取款机使你摆脱困境。当然,人们还可以指出1978年和2008年之间大量其他的差别。今天与前不久明显不同的东西,不是我们所穿的衣服的变化,不是我们所听的音乐的变化,也不是我们所看的电影的变化(虽然这些也都发生了变化),而是影响我们生活各个方面的计算机和传播技术的爆炸。这些技术日益普及,改变了我们的工作方式和休闲方式。今天出现了20年前并不存在的职业和新的劳动方式,例如在家里工作或通过电子交流方式工作。电子游戏市场——包括家庭游戏操

---

① Anthony Giddens, *Consequences of Modernity*, Palo Alto: Stanford University Press, 1990, p. 64.
② Doreen Massey, "Problems with Globalization", *Soundings* 7, 1997.
③ Malcolm Waters, *Globalization*, London: Routledge, 1995, p. 5.
④ Roland Robertson, *Globalization: Social Theory and Global Culture*, London: Sage, 1992, p. 8.
⑤ John Tomlinson, *Globalization and Culture*, Cambridge: Polity Press, 1999, p. 1.

纵系统和计算机游戏系统——很快将超过好莱坞电影生产的年收入。数字化促进了媒体形式的融合（音乐台可以在电视上看，音乐和录像可以在电脑上出现），也促进了崭新的流行文化形式的出现（网上狂欢，网上"冲浪"）。与此同时，它也导致了某些长期得到确认的文化产品的衰落，如数码照相机几乎已经淘汰了传统的胶卷相机。

此外，这些技术使人们更容易接触到世界各地的人民和产品，也更容易去世界各个地方。例如，过去几十年间，旅游业迅速发展，已经变成了今天世界上的主要产业之一；世界上似乎再没有什么地方不可以通过电话联系，几乎每一个地方都有飞机来往。然而，全球化的影响对每个地方、每个人显然是不同的，至少在理论上如此。

全球化绝不只是一时流行的时尚和风格，因此我们对世界如何变化的感受，必须在历史语境中通过思考来加以调整。换言之，不是掩盖已经发生的技术革命，重要的是理解那种引发全球化的科技发展。那种把全球想象为单一的时间和空间的浓缩，并不是一夜之间出现的，而是漫长而复杂的历史推进的结果。尽管并不是所有的历史都对当前的状况有直接影响，但了解使全球化出现的历史过程，确实可以使我们更好地理解全球化。

总之，全球化是一个涉及多方面的过程，包括相互依赖的经济、政治、技术和文化等诸多方面。它非常明显的特征是地球"正在缩小"，在这个地球上，社会关系越来越不受地理的限制。虽然与全球化相关的变化——全球贸易的扩展、通信技术的革命、前所未有的人民的流动——被认为是当前阶段所特有的，但全球化只能被理解为一个不断推进的历史过程的组成部分。

二、全球化和经济

在许多相关领域，包括经济、政治和技术，都对全球化的"新颖性"提出了自己的看法。虽然这些领域存在着很大差别，但必须承认这些领域并非毫不相关，在一些重要方面它们是连接在一起的。全球化表明，其模式不是限定事件和概念范围的简单化。但为了了解具体现象，我们必须研究这些事件和概念。

在不断追求公司最大利润和股东最大增值当中，全球化被理解为既提供新的挑战也提供新的机遇。在一般公众的眼里，全球化也关系到新形式的商业实践。商业和经济曾经联系着特定的民族空间，就是说它们可以由政府和民族国家的公民控制和管理。但在全球化时期，许多企业变成了跨国公司，而跨国公司的基本特点是：在世界上最有利于企业的地方重新设立企业，利用那里最廉价的劳动力和自然资源，公司产品可以销售到世界最有利可图的地方。它们与原在国的政府有时合谋，有时疏远，有时甚至能够摆脱任何司法管辖。世界上最大的公司美国通用电气公司的前首席执行官曾说，他的公司理想的地点是一艘庞大的游艇，按照需要可以在全世界游动，以充分利用经济气候变化的有利条件。与此相似，轮船运输公司也越来越多地把它们的船队在小的保护国注册，例如巴拿马或马绍尔群岛，以便逃避它们最初原在国的税收。

跨国公司常常把生产转移到不发达国家或发展中国家，主要是为了那里的低工资和宽松的环保及劳保规定。它们的这种能力伴随着另外两个与全球化相关的因素。第一，为了尽可能扩展它们的消费市场范围，许多公司变成了全球性的企业。麦当劳、肯德基等几个以美国为基地的快餐连锁店在世界上一百多个国家经营，而手机和消费电子产品的巨头（如苹果电脑和手机）实际上已经在世界五大洲建立了批发店和支持它们的生产设备。第二，全球化使金融商品和服务能够进行前所未有的流动。世界证券市场已经前所未有地一体化，一个国家资本市场的波动能够在其他国家引起重大的金融动荡。

就范围而言，当代世界经济确实是全球性的。但是从许多方面看，世界经济早已是全球性的几百年了，尽管我们没有用"全球化"的术语来描述这一事实。甚至在古代世界，也存在大量跨文化的联系。这种联系的出现有些是通过军事征服（从亚历山大大帝到罗马帝国），有些是通过不同地区甚至不同大陆间建立的贸易路线，也有些是通过探险的旅行——例如马可·波罗到亚洲的旅行，斯堪的纳维亚人的航行，后者在哥伦布之前五百年就已经在今天的纽芬兰建立了定居点。

欧洲人对美洲大陆的"发现",开始了一个加速真正全球性商品贸易和生产的过程。由西班牙、葡萄牙、英国、德国、比利时、法国、荷兰和意大利(后来还有日本和美国)等建立的向海外扩张的殖民帝国,在欧洲形成了一个国外生产的商品市场(如香蕉、橘子、咖啡、烟草、糖等)。这些帝国确立了一种全球的劳动分工,而这种分工直到今天仍在继续。南美洲、非洲和亚洲的殖民地变成了欧洲市场榨取资源和农业生产的所在。反过来,附加值高的制造业则出现在欧洲,其产品常常出口到那些殖民地,尽力为欧洲产品扩大市场规模,从而获取巨大的利润。印度和菲律宾一度强大的纺织工业(尤其是菲律宾的棉纺业),因英国廉价的纺织品出口而遭到严重破坏。

这种全球的劳动分工今天大致相同,但日益扩大的地方经济(因而地方生活方式)受到新的全球经济的冲击。尤其是农业方面,许多国家都受到西方农业产品的威胁,由于保护主义的关税和补贴,西方农业产品的销售价格比许多国家的地方产品更加便宜。

当前的全球化可以理解为公司在这一时期已经在全球范围得到发展,并取得了新的力量。但是,这时期的全球化也经历了一个漫长而复杂的过程。在冷战期间,许多公司的经营范围已经被视为具有多国的性质。例如,在20世纪的60年代、70年代和80年代,日本汽车制造商(如丰田公司和本田公司)在日本之外的许多国家生产和销售它们的汽车。世界上所有其他的大公司也是如此。

历史再往前一些看,到19世纪末,许多美国公司不仅发展为国家垄断,而且发展为全球垄断(或"托拉斯"),因而导致了反托拉斯的出现,以便限制少数大公司对贸易的控制。标准石油公司、卡内基钢铁公司、美国烟草公司和其他一些大的公司在这项法律之下受到了约束,后来这项法律也被用来限制美国电话电报公司(AT&T)和微软公司的权力。历史上甚至更早一些时候,随着欧洲殖民地的拓展欧洲也出现了一些庞大的公司。保险巨头伦敦的劳埃德公司,自1688年以后一直支持大公司和殖民主义远征。在加拿大,自1670年就存在的哈德逊海湾公司组织了从新世界到大不列颠和欧洲的贸易。

今天,在控制公司的活动方面,世界上的国家——政府所拥有的法律手段比以往任何时候都少，在某种程度上公司现在完全处于国家—政府的法律之外。这是过去20年来政府追逐国际贸易协定的主要后果之一。因为政府要遵守国际贸易协定，公司的业务只要符合这些国际贸易协定，政府便不能干预。换句话说，跨国公司的发展形成了去领土化的趋势。在国际贸易协定之下，公司和国家之间的权力平衡发生了相当大的变化。例如，按照北美自由贸易协定第11章的条款，公司可以就违反"投资者权益"起诉政府。世界上最大的包裹运输公司美国联合包裹服务公司（UPS—United Parcel Service），曾经控告加拿大邮递公司（公有公司）赔偿2.3亿美元，声称加拿大联邦政府介入了一种已经有一家私人公司提供服务的服务，破坏了北美自由贸易协定。与此相似，援引北美自由贸易协定关于公平和公正的规定，设在温哥华的梅森尼克斯公司也控告美国政府，因为加利福尼亚州以环保为由决定逐步停止使用该公司生产的石油添加剂。虽然北美自由贸易协定和其他贸易协定包括一些限制它们适用于文化问题的条款，但这些实际上很少能影响国家在控制公司活动方面日渐削弱的趋势。

国家和公司之间关系的变化还采取了另外两种形式。第一，作为一种吸引和保持企业的方式，政府把大量公共的钱（通过减税、贷款担保，或直接划拨）用来鼓励公司到他们的国家、城市和地区投资建厂。这种税收的转移几乎在商业世界的各个地方都已经出现。第二，虽然政府有时试图限制某些大公司的垄断地位，例如美国联邦政府挑战微软公司，但在大多数情况下，它一直在放松对公司的规模和权利的限制。为了在全球范围赢得并保持其竞争优势，整个世界上的公司都在合并成越来越大的实体。

这种合并的后果在文化产业方面尤其明显。过去十年，在北美，管理电信的法律变化，已经使庞大的多种媒体的联合公司得到发展。媒体公司的巨头，如AOL、时代华纳、贝塔斯曼、威亚康和维旺第环球公司等，都有某种庞大的全球规模。当代媒体的联合不仅是纵向的一体化，像20世纪初期电影业那样，而且是横向的一体化，拥有多个唱片公司、电视频道或者电影制片厂。技术的变化（尤其数字化）还使这些联合能够把为一种媒体制作的节目和内容用于多种其他媒体。例如，华纳兄弟公司电影制片厂生产的一部电影，可以在《人民》杂志上得到肯定的报道，通过美国在线在互联网上发行，此后还可以在 TNT（TNT 是一家"超级电视台"，它的广播覆盖了整个北美）的电视上放映。

公司虽然越来越少，但对文化的控制却越来越多，并因此产生了重大的影响。最明显的影响是对文化构成的认识。在某种程度上，媒体权力的集中意味着对这些文化产业所生产的文化产品范围的限制（尤其在形式方面），因此它对今天生产的电影、电视节目、图书和杂志所再现和表达的东西有着非常重要的影响。

文化产业属于人们所说的服务业经济的组成部分，20 世纪末在美国的出口产品中差不多已经占到了 30%。① 随着文化变得与全球经济的联系越来越密切，文化也在经历某种变化。例如，美国动作片这类电影的流行，在很大程度上与这些影片可以很容易出口到其他国家相关：它们对话很少，容易翻译，而且费用高昂的好莱坞的特技效果可以提供很少本土电影能够比拟的奇特景象。换言之，因为它们能够在全球电影市场上产生巨大的收益，所以电影明星让-克劳德·范达姆和史蒂文·西格尔主演的那种动作片，在好莱坞生产中占有日益增大的份额。

当代文化产业在生产设备和发行网方面不仅需要昂贵的基础投资，也要求技术创新和高度的专业知识。因此毫不奇怪，在一个财富差距在国家之间和国内都已经增大的世界上，只有少数国家能够积极参与生产和出口某些形式的文化产品。虽然美国在这些方面最为突出，但其他一些国家也已经雄心勃勃地开始在国外推销。然而这些国家有时处于矛盾的地位，一方面它们要通过各种文化政策（如对出版物、电视和广播内容的规定）保护本土文化，防止外来的影响，但同时又要极力扩大自己文化产品的出口。

总之，全球经济虽然已经发展了几百年，在许多方面它的结构类似于 19 世纪末的情况，但目前全球化的情形确实与以前不同，应该以新的目光来审

---

① 参见 World Bank, *World Development Indicators* 1998. Washington D. C.：World Bank, 1998：p. 190 and p. 198。

视它们的区别。

三、全球化和文化

今天，互联网的兴起已经引发了新的消费和人际交往方式，官方和非官方的信息更大规模地流动，同时出现了令人惊讶的新的文化实践，如网络文学、博客、网上互动游戏、网恋、跨国婚姻，等等。这些文化实践受到技术的影响是显而易见的，因此人们常常把全球化与技术发展相联系。技术对全球化发展的影响至少可以追溯到一个世纪以前。19世纪中叶电报的发明，以及1902年横跨太平洋的海底电话电缆的铺设，可以说是这个全球化过程的两个早期实例。

当然，当代技术的广泛应用，使世界已经以某种前所未有的方式连成了一个大的网络。就文化而言，最重要的也许是数字化为信息和文化产品在全球的传播所带来全新的变化。音乐、图像和印刷的文本现在都可以用电子的方式传送、发行和消费。文化的数字化还使生产或创作并向全球受众发行的电影和歌曲更加便宜。

与这种数字化过程相联系的是文化形式和产品的明显融合，如数码音乐可以在手机上播放，电影剪辑可以下载到个人数码助理器上，等等。然而，了解通信技术漫长的发展史仍然非常重要，它可以削弱某些对通信革命的夸张的认识，例如微软公司和神谕公司所持的那种看法（曾经有一种流行的说法：比尔·盖茨在决定世界事务方面的权力不亚于甚至超过了总统比尔·克林顿）。

全球化无疑是真实的，但应该把全球化置于一个更大的语境，以便我们能够看透全球化的真实面目。为了理解当代文化，我们应该认真思考全球化在不同层面的影响和重要性；而为了了解20世纪后半期围绕文化已经复杂化的立场和问题，这一点也非常必要。

既然促成全球化的经济、政治和技术的发展有着漫长的历史，那么毫无疑问，千百年来就存在着不同民族和文化间的交流。当我们就文化方面谈到全球化时，经常想象的并不只是这些交流的加速，而是作为它们的结果而产生的新的文化实践。不可避免的是，全球化和文化的结合还引发出一种单一全球文化的前景或威胁，就是说不论是好是坏，世界上可能出现一种人人共有的文化。

对于与全球化相关的各种历程，我们必须重新思考那种长期坚持的、继续影响我们理解文化的一些设想。我们对时空不断变化的经验开启了新的观察过去的方式，同样也提供了丰富的思索未来的机会。因此，全球化对文化的影响既是经验上的（在真实的世界上产生真实的变化），也是理论上的（对我们关于究竟什么是文化的理解本身带来变化）。下面我们将从全球化的视角观察这些变化，并探索观察不同的文化方式。

首先在文化空间方面。众所周知，对文化的定义多种多样，很难对它们进行清晰的区分。民族文化、民间文化、大众文化、高雅文化、流行文化都是文化的概念，都是人们参与的某种社会实践的名称，或者用来说明人们为表达自己而制造的特殊性质的产品。很难想象，所有这些非常不同的关于文化的思考方式会有什么共同的东西。但是，所有这些关于文化的意义至少有一点是共有的，即文化是来自某个地方的观念。不论文化作为实践还是作为产品，我们通常会认为它有一个确定的、明确的原产地。今天我们一般认为原产地指一个国家或地区，或者是一个国家内的地区，或者是一些国家合起来的地区，例如中东、东南亚等。

我们会自然地认为，人的态度和行为以他出生和成长的地方为基础，例如我们会说美国人傲慢、中国人谦和，等等。这种情况不仅限于人，而且对他们生产的思想和文化也是如此。虽然我们有时认为这些说法过于简单，但我们确信一个民族具有独特的不同于另一个民族的特征。当然，每一种文化都会感觉到其他文化的作用和影响。在中国、日本和世界其他地方，摇滚经常被认为是美国的。但是，摇滚音乐的起源相当复杂——它是已经本土化的非洲音乐和来自欧洲各地的音乐相结合的混合体。音乐的形式，例如牙买加的舞厅音乐，甚至表明了更大程度上的文化迁移：摇滚衍生出牙买加的拉盖音乐，拉盖对美国的嬉蹦乐产生了影响，而嬉蹦乐反过来又回到牙买加作为舞厅音乐。正如社会学家迈尔·范·艾尔特伦所说："关于民族和其他文化身份，最好把它们看作是在彼此的关系中或通过它们彼此的关系构成的，而不是逐一分析文化（或民族）身份，然后考虑它们彼此如何联系。"①

特定的文化与特定地方的联系非常密切，因此如果不使用还原性的民族文化词汇很难谈论文化的迁移。随着今天全球化进程的发展，这些迁移和运动更加快速，常常几年就可能发生一次。这并不是说在国家或地区之间——例如中国和美国——不再有巨大的"文化"差异。但与此同时，随着人们和文化实践在全球的运动，我们可能也需要考虑在这些空间中的联系而不只是差距。

例如在加拿大的安大略省，由于在马卡姆富裕的郊区有300家商店、市场村和太平洋购物中心，安大略构成了北美最大的室内中国购物中心。考虑到它的场所和它所建构与形成的消费模式，很值得思考这种购物中心既是加拿大的又是中国的情况。正如在中国新的富裕郊区所建的许多住宅，在很大程度上借鉴了马卡姆的北美新住宅的风格。

确实，在中国的城市空间里，这种影响有着明显的体现。例如，改革开放以来，北京城里的旧街道和邻里、传统的公共空间、前现代的建筑大约60%以上已经被拆除，以便建筑高层公寓、写字楼和购物中心。在采取空间语言表述其现代性当中，中国不仅借用西方的空间语言和建筑准则，而且重建西方的城市空间。公寓楼的名称，如曼哈顿花园、城市广场、濠景阁、地球村、名人居、金地、绿湖花园等；别墅的名称，如诺曼底、巴洛克、地中海、德国印象、温哥华森林、棕榈泉、泰晤士等，这些全都表明"某些欧美的城市制品，如高大的写字楼、豪华的公寓和市郊的别墅，已经转换到中国的城市空间"②。它们像是从西方城市和文化剪切下来的城市和建筑形式，粘

---

① Mel Van Elteren, "Conceptualizing the Impact of US Popular Culture Globally", *Journal of Popular Culture* 30.1, 1996.

② King, Anthony D. and Abidin Kusno. "On Be（ij）ing in the World:'Postmodernism,''Globalization,' and the Making of Transnational Space in China," *Postmodernism and China*. Ed. Arif Dirlik and Xudong Zhang. Durham: Duke UP, 2000, p.43.

贴到北京和上海，然后对它们进行"编辑"，使之成为这些城市的地方化的跨国空间①。这些跨国空间以及引进的建筑风格、形象和名字，标志着中国已经完全进入全球化的地缘政治和地缘文化的空间，也标志着多种变异，即脱离了原来的经验和语境，脱离了原来心理的、情感的、政治的和意识形态的投入。这些地区性的模仿产生出一种构成差异的结果，这不仅因为它们被植入新的语境，而且还因为它们在建筑上的改变而改变了象征的意义和功能。例如，北京许多高大的写字楼都建有一个中国式屋顶，内部的装饰和家具也都是地方化的。但是这些地方性的改变并不会掩盖这样一个事实：一些中国传统的地方正在被后现代的跨国空间代替。如果"文化的中心包含对地方、语言、宗教、传统和习惯的眷恋"，如果"自我、群体和民族的身份与特定空间的观念和表征密切相关"②，那么传统的地方或文化的特殊空间在北京和中国其他地方正在变成历史。北京大部分典型的四合院、胡同、茶馆和其他传统的公共空间已经消失。在新建的街道、旅馆、公寓和超级市场的建筑里，人们看到的是消费商品、具有诱惑力的广告和跨国的形象。人们可以认为，在全球化的中国大城市里正在发生的，主要是复制在全球资本中心已经出现的空间。这种对空间本身的复制，大大促进了对消费主义文化—意识形态的复制。

四、关于全球文化的问题

对许多人来说，全球化代表着一种真正全球文化的诞生，即世界上每个人在不同程度共享的一种独特的文化。这种文化也许还没有真正出现，但它的到来似乎只是一个时间问题。

---

① King, Anthony D. and Abidin Kusno. "On Be (ij) ing in the World: 'Postmodernism,' 'Globalization,' and the Making of Transnational Space in China," *Postmodernism and China*. Ed. Arif Dirlik and Xudong Zhang. Durham: Duke UP, 2000, p. 47.

② John Penie Short, *Global Dimensions: Space, Place and the Contemporary World*, London: Reaktion Books, 2001, pp. 11, 17.

全球化的时间加速和空间崩溃所产生的影响，很可能会消除本来已经存在的文化区分。在这个过程中，世界上许多语言会衰落，一些主要的语言会进一步确立，如英语、汉语、西班牙语、印度—乌尔都语，等等。人们可能很快会有一套广泛而共同的信念和实践，在各种国际协议中反映出来，如联合国的世界人权宣言（用300多种不同的语言写成），或者关税和贸易总协定（1994年乌拉圭回合有128个签字国家）。人们很快还会阅读同样的画册，观看同样的电影，喝同样来源的咖啡……或诸如此类的东西。

确实，在全球化进程中，跨国公司在世界推销它们的产品尤其是文化产品时，同时也在推销跨国资本主义的文化。在某种意义上，在全球资本主义经济体制中，形成了一种居主导地位的资本主义文化。也就是说，跨国公司的政治经济力量以及它们所及的范围，伴随着一种限定文化现实的意识形态力量。"在它们的形象和信息里，它们提供一些信念和观点，制造并强化它们的受众对整个体制内的事物给予关注。"[1] 因此跨国资本主义不仅限定全球政治经济的结构，而且在整个过程中限定全球的文化。它所推销的商业化产品尤其媒体产品，包含着资本主义和消费主义的情感和价值，包含着资本主义的生活方式和发展道路。正如席勒所说：

> [跨国传媒系统] 关键的入侵是实施的模式……[这种] 基本的入侵限定着被入侵国家所采取的道路，并使它进入符合霸权国家利益的轨道。这就是"新帝国主义"的形式，它取代了旧的、更残酷的、过时的殖民主义的方法。[2]

席勒的依据显然是跨国资本主义在当今世界的发展和影响。他强调这种经济体制已经构成了当代文化生活的某些重要方面。但问题是，这是否意味

---

[1] K. Nordenstreng and H. I. Schiller, eds., *National Sovereignty and International Communication*, Norwood, NJ: Ablex, 1979, p.30.

[2] E. S. Herman and R. W. McChesney, *The Global Media*, London: Cassell, 1997, p.154.

着某种单一的"同质的"全球文化正在出现?

关于所谓全球文化的看法,最明显的证据是世界上的文化商品正在"结合"和标准化。从服装到食品,从音乐到电影,从电视到建筑,某些风格、标牌、趣味和习惯确实在全球各地流行。最明显的例子是国际机场。本来国际机场是通向异国文化的大门,但现在世界上的国际机场几乎是千篇一律:风格一致的设备,国际化的食品以及免税店里大量相似的商品。一些熟悉的国际化商标和大众文化的偶像,如可口可乐、麦当劳、微软、苹果、利维斯、达拉斯、迈克尔·杰克逊、耐克、万宝路等,几乎充斥着每个国际机场,有些正在变成西方文化霸权同义词,如"麦克世界""可口—殖民化""麦当劳化"等。但是,这些相似或相同的文化商品除了表明某些公司控制着世界广泛的市场之外,是否还有其他的意义呢?如果这些商品在全球的存在是形成资本主义单一性文化的标志,那么显然是在运用一个贫乏的文化概念,就是说,只是把文化当成了物质的东西。然而,文化至少应该看作有意义的象征和经验与情感的构成,因此全球文化的形成必须包括商品对心理和生活方式的影响。

不过,就最一般的概况而言,上述情况确实像是对今天世界的描述——如果从欧洲和北美来看,世界似乎就是如此。事实上,有些实践确实已经蔓延到世界的各个角落。但是,如果说过去对空间和文化的联系过于肯定,那么关于可能出现全球文化的看法,就过高地估计了文化已经或可能与空间分离的程度,同时也过高地估计了文化已经或可能与历史、经济和政治特征相分离的程度,而这些东西在世界不同的地方都以独特的方式相互交叉在一起。

实际上,许多人对全球文化的概念提出了质疑。正如约翰·汤普森所说,对全球文化必须持怀疑的态度,因为"它忽视了挪用时的阐释,而这是象征形式传播中的本质部分"[①]。文化并不是直线传播。不同文化和地区之间的交流总是包含着解释、翻译、变化、适应和"本土化",因为接受一方的文化总是以辩证的方式用自己的文化资源影响外来文化。这种积极的文化挪用常常

---

① John B. Thompson, *The Media and Modernity*, Cambridge: Polity Press, 1995, p. 171.

与文本或媒体相联系，但同样适用于商品形式。对此，豪斯（David Howes）以可口可乐为例写道：

> 没有任何进口的东西，包括可口可乐，完全不发生变化。实际上，在特定文化里，人们发现可口可乐常常具有不同于生产者所想象的意义和作用。它们包括可以祛除皱纹（俄国），可以使死人复活（海地），可以使铜变成银（巴巴多斯）……可口可乐还可以通过与其他饮料混合而本土化，例如在加勒比与朗姆酒混合制成古巴利伯尔酒（烧酒），在玻利维亚用它生产黑葡萄酒。最后，好像在许多不同的地方可口可乐被当成了"本地产品"——就是说，你会发现人们相信这种饮料原产地是他们自己国家而不是美国。①

今天，关于文化挪用的复杂性已经得到广泛的认同。与此同时，还出现了一些相似而又不同的观点，例如外来文化的影响和本地的文化实践是相互作用的，应该关注文化混合和杂糅的性质而不是发达国家直接强加的概念，同质文化的发展必然受到文化差异和文化断裂的阻碍等。这些观点表明，只是根据全球消费商品的相同或相似就断定出现了同质的全球资本主义文化，是令人怀疑的。

但这并不是说资本主义对全球文化的形成没有影响。如果把资本主义理解为一种生活方式，那么在更广泛的意义上，文化的商品化过程——不只是文化商品在意识形态上的影响——就会构成文化的经验，从而形成一种单一的资本主义文化。今天很少有人怀疑，在现代性当中，大量文化实践已经商品化了，也就是变成了可以买卖的东西。实际上，在西方社会里，甚至在中国的某些大城市里，购物活动本身已经成了最流行的文化实践之一，"购物的因素"几乎进入了所有休闲活动。博物馆、画廊、名胜古迹的内部布局，最

---

① David Howes, ed., *Cross-cultural Consumption: Global Markets, Local Realities*, London: Routledge, 1996, p.6.

后总是把参观者带到一个商店，通过购买纪念品、玩具、录像光盘、明信片等，使参观者可以更具体地再次买回他们的体验。在旅游当中，这种文化实践和消费实践的结合更加突出，几乎所有的旅行社在其组织的旅行中，无一不把购物作为一项活动内容。

然而，对于文化分析，上述例子引出了许多问题。例如，人们对手工艺文化制品的迷恋或怀旧，提供了"日常生活审美化"的证据，而这些都包含着对那些地方的景象和标志的"视觉消费"，与实际商品的消费并无本质不同。但这其中有一点非常重要，这就是通过商品化和消费，文化经验会逐渐趋同。这种情况与某些品牌的商品占领全球市场不同，与融入商品本身的意识形态的影响也不完全相同。它推行一种资本主义的文化观念，期待一种完全受系统的消费主义原则支配的前景。因此鲍德里亚推断，从购物中心得来的经验会导致取消行为方式的社会差异，因为在购物中心里，一切都变成了简单的购物活动。① 如果把鲍德里亚的话加以延伸，可以说，如果一切社会遵循同样的消费模式，受消费意识形态的支配，那么就可能出现一种全球文化——资本主义的消费主义文化。

但问题并不那么简单。因为人们的社会差异是由多种因素决定的。例如，阶级就是一个非常重要的因素。实际上，在对全球文化的看法中，更多的常常是某个群体观点的表达，社会学家齐格蒙·鲍曼把这个群体说成"旅行者"。所谓"旅行者"，是指相对富裕的、在社会上可流动的中产阶级，它不同程度地存在于世界的各个地方，能够旅行到遥远的地方，在那里与和自己相似的人在会议的旅馆里或旅游点进行联系，彼此间多少有些难以区分。对于这些人，全球文化融合的程度也许相当惊人，似乎足以证明一种真正全球文化的信念。

但是，对于大多数人民来说，流动性非常有限。当他们不得不迁移时，一般都是因为恶劣的经济、自然或政治环境造成了生存危机。根据联合国估计，当前世界上有三千多万"被迫离开国内的人"。即使对于这些被迫迁移的

---

① 参见 Mark Poster, ed., *Selected Writings*, Cambridge: Polity Press, 1988, p. 34。

人，由于他们为生活所迫，并不具备世界文化融合的特征，至少在相当长的时间内不会。以北京的"农民工"为例，尽管北京是个开放和包容程度较高的地方，农民工在这里工作也有二三十年的历史，但至今仍未融入城市文化。（"农民工"这个词本身就带有歧视的色彩，比如他们已从事建筑工作多年，为什么不称他们是建筑工人，而仍然叫他们"农民工"呢？）在一个国家内部尚且如此，在全球范围的情况就可想而知了。

因此，全球文化的可能性和对它的愿望必须明确分开。除了一些美国评论家把全球文化等同于美国价值观和信念在全球的统治（例如《纽约时报》专栏作家托马斯·弗雷德曼），很少有批评家、学者或公民把全球文化看作一种值得达到的目的。抽象地说，某种"文化"信念——例如人权和新闻自由——普遍化的可能性，似乎是大部分人的愿望。但是同时，似乎每个人也都意识到，某种全球文化只能通过大众文化的全球化才能获得。大众文化是一种文化形式，其中文化生产的主要动机是获取利润，而文化主要是由"专家"（电影导演、职业音乐家等）生产的。显然这种情况使全球文化的想法陷入一种难以解决的困境。

另外，令鲍曼所说的"旅行者"感到困惑的是，当前美国、欧洲和日本标牌的器械、特许食品、服装商店和汽车充满了世界各地，而旅行的目的毕竟是体验"差别"，如果每个地方都像在"家里"似的，那么到国外旅行就不再有什么刺激，因而也就失去了吸引力。人们普遍有一种猎奇心理，而西方人对文化多样性观念的心理投入一般是巨大的。对文化多样性的内在愿望，似乎也是当代人类生活的一个不容怀疑的事实。当然这仍是一个需要认真探讨的问题，因为在潜意识或无意识的深处，西方人在追求多样性当中很可能包含着文化的欧洲中心主义。

不希望出现全球文化以及对文化多样性的愿望，通常表现为对文化帝国主义的担心。自从20世纪60年代文化帝国主义一词首次出现以来，这个概念逐渐表示出越来越多的含义。但有两种含义似乎适用于这个概念的任何定义。一是最常见的含义文化帝国主义，指的是某种外国文化利用政治和经济权力扩展自己的文化和价值观，损害与它相联系或接触的其他文化。二是文化帝国主义的历史含义，指的是19世纪和20世纪初殖民主义和帝国主义扩张过程中文化所发挥的重要作用。

第二种含义在后殖民文化批评和文学研究中已经有过广泛的探究。第一种含义更经常表示不平等的权力关系，包括经济、政治和文化诸多方面。这种不平等关系在发达国家和发展中国家之间仍然存在，甚至殖民统治在世界大部分地区正式宣布结束之后也仍然存在。在失去直接政治控制的情况下，文化特别是大众文化，便被认为是保持这些不平等关系的一种形式。

在什么情况下文化可以保持这种不平等的关系呢？约翰·汤姆林森确定了四种主要的文化支持帝国主义关系的方式：（1）通过外国的（当前主要是美国的）大众文化，它在全球的扩散可以促成其他三种方式的条件；（2）通过把一个国家的价值观和信念强加于另一个国家；（3）通过把消费主义和资本主义作为"生活方式"强加于其他国家；（4）通过把现代性强加于世界其他地方，而这些地方本来可能历史地沿着一条非常不同于西方的道路发展。这四种方式的意义常常混淆，而且经常交叉。

在某些情况下，这无疑是真实的。例如，美国大众媒体在加拿大的大量存在，使加拿大人担心美国的民族价值观可能会吞噬加拿大的价值观。反过来这又使加拿大人过高地估计了他们处于资本主义、消费主义和现代性之外的程度，从而倾向于过分地认为这些只是与美国相关。

总之，文化帝国主义是个颇有争议的概念。首先，前面已经谈到，很难推断受众与大众媒体接触的特定的后果。外国受众在自己的语境中以自己的方式了解外国的大众媒体；外国的受众也很难在他们的理解中达成一致，不同的受众会以不同的方式作出反应。所以汤姆林森指出，"那种认为与帝国主义文本的接触会产生直接的意识形态后果的简单看法，"既是"天真的也是不可能的"。[①] 其次，把文化清楚地分为国家单位并认为它们可以方便地进行交流的看法，现在看来也是行不通的。

[①] John Tomlinson, *Cultural Imperialism: A Critical Introduction*, Baltimore: Johns Hopkins University Press, 1991, p.47.

欧亚大陆文明演化比较太极八卦模型

郭海鹏*

一、文明的冲突与对话

关于后冷战世界秩序,美国著名学者塞缪尔·亨廷顿提出了著名的"文明冲突论"。在《文明冲突和世界秩序重建》一书中,他列举了七大或八大可能发生冲突的文明:"中华文明、日本文明、印度文明、伊斯兰文明、西方文明、东正教文明、拉美文明,还有可能存在的非洲文明"。进入21世纪,接连发生的"9·11"恐怖袭击事件(2001年)、阿富汗战争(2001年)和伊拉克战争(2003年)、克里米亚脱乌入俄(2014年)以及正在进行的俄乌冲突等事件(2022年),似乎都验证了"文明冲突论"预测的正确性。

然而,亨廷顿在《文明冲突和世界秩序重建》一书中文版序言中,也强调了他对"文明的对话"的期望:

> 预测能否实现依赖于人们如何作出反应。50年代和60年代,许多严肃的和信息灵通的人士认为苏美之间的核战争实际上不可避免。但是这

---

* 郭海鹏,北京师范大学—香港浸会大学联合国际学院教授,通识教育学院副院长。

场核战争并未发生,因为人们意识到了它的可能性,并推动了武器控制和其他安排来确保它不发生。我所期望的是,我唤起人们对文明冲突的危险性的注意,将有助于促进整个世界上"文明的对话"。欧洲和亚洲国家最主要的政治家已经在谈论需要抑制文明的冲突和参与这样的对话。①

面对21世纪多元文明冲突和融合的新格局,基于"和而不同"的优秀传统文化价值观,中国积极致力于推动文明的对话和命运共同体的建立。2011年国务院发表的《中国的和平发展》白皮书提出,要以"命运共同体"的新视角,以同舟共济、合作共赢的新理念,寻求多元文明交流互鉴的新局面,寻求人类共同利益和共同价值的新内涵,寻求各国合作应对多样化挑战和实现包容性发展的新道路。2017年党的十九大报告第十二部分以"坚持和平发展道路,推动构建人类命运共同体"为标题,专门讲构建人类命运共同体,系统阐述了人类命运共同体理念丰富而深刻的内涵及其时代价值。2018年第十三届全国人民代表大会第一次会议通过的宪法修正案,将宪法序言第十二自然段中"发展同各国的外交关系和经济、文化的交流"修改为"发展同各国的外交关系和经济、文化交流,推动构建人类命运共同体"。

作为构建人类文明共同体的主要抓手和国家发展顶级战略,2013年中国国家主席习近平在国际场合分别提出建设"新丝绸之路经济带"和"21世纪海上丝绸之路"的合作倡议,简称"一带一路"。2015年3月28日,国家发展改革委、外交部、商务部联合发布了《推动共建丝绸之路经济带和21世纪海上丝绸之路的愿景与行动》。在2017年于北京举办的"一带一路"国际合作高峰论坛上,习近平提出了以"和平合作、开放包容、互学互鉴、互利共赢"为核心的丝路精神。

"一带一路"贯穿亚欧非大陆,一头是活跃的东亚经济圈,一头是发达的欧洲经济圈,中间广大腹地国家经济发展潜力巨大。根据"中国一带一路网"

---

① 〔美〕亨廷顿:《文明的冲突与世界秩序的重建》,周琪等译,北京:新华出版社1998年版,第3页。

数据，包括中国在内，"一带一路"目前包括共86个沿线国家。这些国家加在一起，超过了世界总人口的三分之二。"一带一路"计划面临的挑战和困难将是巨大的，其中一个特别的挑战来自沿线国家的文化多样性。"一带一路"国家涵盖了亨廷顿在《文明冲突和世界秩序重建》一书中所列出的除日本和拉美之外的几乎所有文化，还要加上历史悠久、影响深远的犹太文化。从宗教和文化的角度来看，"一带一路"涵盖了世界上主要的宗教和文化：基督教（含天主教、东正教和新教）、伊斯兰教、印度教、佛教和儒家文化。

鉴于"一带一路"沿线国家的文化多样性，文明的对话对于"一带一路"计划就显得尤为重要，这也与"互学互鉴"的丝路精神相契合。文明对话和互学互鉴的第一步是互相理解，本文尝试提供一个欧亚大陆各主要文明对话和比较的框架，既将它们视为一个有机的整体，又凸显各自的特点，以促进文明之间的相互理解。该框架基于《易经》中的"太极—两仪—四象—八卦"的概念和模型，所采用的研究方法可被称为"想像归纳法"。怀特海在《过程与实在》一书中描述了这种方法："真正的发现方法如同飞机的航行。它从特殊观察的基地起飞，在有想象力的普遍性的稀薄空气中飞行；为了更新观察点而降落在一个新的基地上，这种新的观察由于合理的解释而变得更为敏锐了。"[1]

下面先简述太极八卦模型，再讨论如何用它来构造一个欧亚大陆上从古到今各个主要文明相互比较的框架，以期将欧亚大陆诸文明作为一个有机整体来看待。

二、阴阳太极八卦模型

在中华文化中，太极或道，是最高的范畴。《易传·系辞上传》："易有太极，是生两仪，两仪生四象，四象生八卦。"孔颖达说："太极谓天地未分之前，元气混而为一，即是太初、太一也。""两仪"即阴阳，《易经·系辞

---

[1] 〔英〕怀特海：《过程与实在》，李步楼译，北京：商务印书馆2011年版，第12页。

上》："一阴一阳之谓道，继之者善也，成之者性也。"周敦颐在《太极图说》中说："太极动而生阳，动极而静，静而生阴，静极复动。一动一静，互为其根。分阴分阳，两仪立焉。"太极与两仪形成了著名的"阴阳太极图"，如图1所示。

图1　阴阳太极图（两仪）

阴阳两仪在《易经》中又被表示为可以互相交错的阴阳两爻："—"是阳爻，"– –"是阴爻。"两仪生四象"，即阴阳二爻两两交错叠加，可以得到"四象"，即老阳、少阴、老阴、少阳，如图2所示。

图2　四象

四象再与阴阳二爻交错叠加，可以得到"八卦"，即乾☰、坤☷、震☳、巽☴、坎☵、离☲、艮☶、兑☱。上述"太极→两仪→四象→八卦"的过程，可以更加直观地以图3演示。

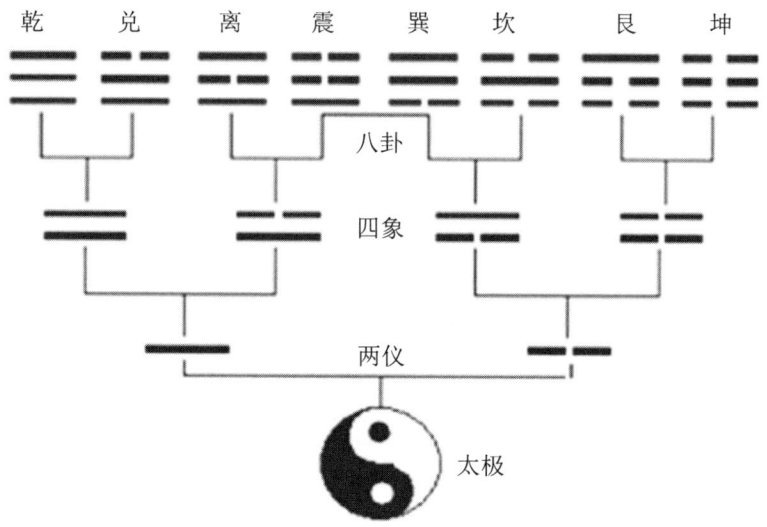

图 3　太极→两仪→四象→八卦

八卦中的每一卦代表自然界中一个基本现象及其所对应的性质：乾代表天，坤代表地，巽代表风，震代表雷，坎代表水，离代表火，艮代表山，兑代表泽。《周易·说卦传》："天地定位，山泽通气，雷风相薄，水火不相射。"乾坤、艮兑、震巽、坎离依此两两相对，可得出著名的先天八卦图，如图 4 所示。

图 4　先天八卦图

阴阳太极八卦模型反映了中华文化独特的有机整体宇宙论。依此理论，宇宙万物的变化均由阴阳二气的动静交替而使然。汤因比在《历史研究》中就借用了阴阳概念来描述文明的起源和发展过程中"静止状态"和"活动状态"① 之间的交替韵律。

三、欧亚大陆诸文明之演化与比较

欧亚大陆囊括了世界陆地的五分之二，承载了大多数世界人口，是人类文明的发源地和世界历史的主要舞台。由于地理和历史的原因，北非的自然和人文特征与西亚地区高度相似，与欧亚大陆密不可分，常常统提并论。在漫长的历史长河中，欧亚大陆诸文明之间交流频密，得以相互刺激促进。相比之下，澳洲的土著居民、美洲的印第安人和撒哈拉沙漠以南的非洲人则生活在半孤立状态之中长达千年之久，文明发展相对缓慢。下面以"太极—两仪—四象—八卦"来描述欧亚大陆文明之演化进程，并比较其异同。

（一）太极生两仪：欧亚大陆上的新石器革命（或农业革命）

据考古学研究，人类最早起源于非洲，后来扩散到世界各地。一直到大约在1.2万年到1万年前，在欧亚大陆上生存的人类长期处于"狩猎—采集"的原始生活状态之中，此即考古学上的旧石器时代（距今约300万—距今约1万年）。旧石器时代以使用较粗糙的打制石器为标志，可谓是人类文明混沌未开的太初时期，可称为之"太极"。

大约1.5万年前，地球上气候逐渐变暖，欧亚大陆上的人口持续增长，原始的"狩猎—采集"方式已不能满足人们对食物的需求，人们开始探索不同的食物来源，以对抗各种自然灾害带来的食物短缺，避免挨饿。在这个过程中，在大约1.2万年到1万年前，欧亚大陆上的人们逐渐掌握了对植物和

---

① 〔英〕汤因比：《历史研究》，刘北成等译，上海：上海人民出版社2005年版，第62页。

动物的驯养技术，由"食物采集者"变成"食物生产者"。对植物的驯养产生了农业，对动物的驯养产生了畜牧业，欧亚大陆上的人们也逐渐分化成农民和牧民这两大食物生产群体，这就是影响深远的新石器革命或农业革命。新石器时代（距今约1.5万—5000年）以制造和使用磨制石器为标志。在新石器时代，位于西亚的两河流域"新月地带"的农民开始栽培小麦和大麦，而位于东亚的长江流域和黄河流域的农民则开始栽培水稻和粟。同时，欧亚大陆上的原始先民也开始人工饲养猪、狗、牛、羊、鸡、马等家畜。

新石器时代之后，欧亚大陆南方的农民们在从西到东的一个狭长的纬度带内（北回归线到北纬35度之间）发展出几个人类独立起源的原生文明：两河流域的美索不达米亚文明（约前3500年）、尼罗河流域的古埃及文明（约前3000年）、印度河流域的哈拉巴文明（约前2500年）以及黄河流域和长江流域的华夏文明（约前2000年）。这些原生文明又被称为大河文明，因为它们都是由某个大河流域附近的定居农耕社会产生的。这个农业文明带大致位于北纬40度以南，其南部基本上是沙漠和大海，在其北部则是广袤的亚欧大草原，这片草原向东一直延伸到太平洋，向西达到匈牙利。

在欧亚大陆上的沙漠里和大草原上，则生活着一些逐水草而居的游牧民族，游牧的生活方式培养了他们彪悍坚韧的性格和以劫掠为生的习惯。欧亚大陆上有三大古游牧民族，包括起源于阿拉伯沙漠的闪米特系游牧民族、起源于南俄罗斯大草原的印欧系（雅利安系）游牧民族和起源于北亚蒙古高原的阿尔泰系（蒙古系）游牧民族。世界语言分为四大语系，分别是印欧语系、汉藏语系、闪含语系和阿尔泰语系，其中除了汉藏语系以外，其他三个语系分别对应欧亚大陆上的三大古游牧民族。古代印欧人大约在公元前4500—前2500年建立了自己的社会，他们主要靠放牧牛羊生活，并最早开始驯养马，后来从苏美尔人那里学会了冶炼青铜以及使用车轮，逐渐发展出强大的军事力量。

比较而言，当时在欧亚大陆上定居的农民们经济上更加富裕，文明程度较高，却略显柔弱，军事力量不强；而游徙在欧亚大陆上的牧民们虽经济上相对匮乏，文明程度较低，却比较强悍，军事力量往往较强。工业时代之前欧亚大陆几千年的历史几乎可以视为一部农耕民族和游牧民族之间既相互冲突又相互融合的历史。以阴阳太极的概念来看，旧石器时代欧亚大陆上的人们最初都是"狩猎—采集者"，整体可视为一太极。后来随着新石器革命的发展，逐步分化为农耕文明和游牧文明这两种力量，在欧亚大陆上长期互相冲突融合，此消彼长。农耕文明长期定居，较稳定，但略显柔弱，属于"阴"；游牧文明逐水草而居，游徙不定，机动性强，更加强悍，属于"阳"。这可以用图5的欧亚大陆"农耕—游牧"阴阳太极图来表示。

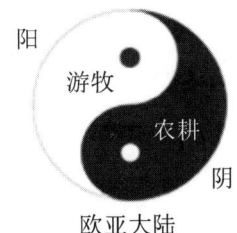

图5　欧亚大陆上的太极阴阳：农耕—游牧两仪图

对于游牧和农耕这两股力量，德国思想家卡尔·雅斯贝尔斯也说过："历史于是成了这两股势力的争斗：古老而稳定的、具有社会约束力的、未从母权制觉醒过来的势力，与新的流动的、自由的、具有觉醒意识的马上民族。"① 自农业革命到工业革命的几千年间，欧亚大陆上的游牧民族对农耕世界共发起了三次大入侵浪潮：第一次开始于公元前2000年前后，由印欧语系的诸游牧民族发动，其结果是促进了轴心期文明的突破和高级宗教的产生；第二次从公元前2世纪到公元7、8世纪，主要是自东向西由位于中国北方的匈奴人推动，也可以包括阿拉伯人从沙漠里发起的对周围各文明中心的攻击，促进了统一教会的确立和宗教时代的来临；第三次从13世纪到15世纪，主要由突厥人和蒙古人发动，间接导致了西方近代文明的崛起。② 这三次大入侵浪潮，也是游牧文化和

---

①〔德〕卡尔·雅斯贝尔斯：《历史的起源与目标》，李雪涛译，上海：华东师范大学出版社2018年版，第24页。

② 参见赵林：《告别洪荒：人类文明的演变》，武汉：武汉大学出版社2005年版，第49页。

农耕文化的三次大融合，构成了工业革命之前波澜壮阔的欧亚大陆史。

（二）两仪生四象：轴心时代诸文明

在四大基于农耕生活的原生文明诞生后，通过农耕世界与游牧世界的不断融互动合，欧亚大陆上文明的范围不断扩大，在原生文明的周围催生了一些新的次生文明，譬如位于克里特岛上的米诺斯文明（约公元前2600—约公元前1450年）。大约从公元前2000年开始，可能是由于气候原因，位于欧亚草原上的印欧语系游牧民族雅利安人开始向几个方向进行大规模迁徙，位于沙漠里的游牧者闪米特人也开始向两河流域入侵，这是游牧世界对农耕世界的第一次大冲击，持续了上千年之久。

向西迁徙的雅利安人逐渐遍布整个欧洲，形成了后来的拉丁人、凯尔特人、波罗的人、日耳曼人和斯拉夫人等。其中的一支阿卡亚人进入希腊半岛，与本地的米诺斯文明冲突、融合，产生了迈锡尼文明（约公元前1600—前1100年）。后来另外一支雅利安人—多利亚人—在大约在公元前12世纪冲入希腊半岛，摧毁了迈锡尼文明，使希腊社会陷入长达300年之久的"黑暗时代"。向南迁徙的一支雅利安人在约公元前1500年侵入印度次大陆，他们用武力征服并统治了古印度本土部落，还创造了影响至今的种姓制度和吠陀文明。另一支雅利安人向西进入伊朗高原，与两河流域的美索不达米亚文明相互冲突融合，产生了古波斯文明。还有一支向东迁徙的雅利安人到达了塔里木盆地，虽然并未能够继续深入中国农耕世界的腹地，但他们可能通过中国北方游牧民族把青铜冶炼和马拉战车技术传到了中国，从而间接地影响到古代中国文明。

在游牧世界对农耕世界的第一次大冲击中，闪米特人主要冲击了两河流域和埃及。两河流域文明最早的创造者是苏美尔人（约公元前3500年），公元前24世纪闪米特语族的一支阿卡德人征服了两河流域，建立了阿卡德帝国（前2334—前2193年）。阿卡德帝国覆灭之后，苏美尔人的城市国家又重新出现，并进一步形成一个苏美尔人的帝国。可是不久另一批闪米特游牧民——阿莫里特人——又侵入两河流域，他们在著名的统治者汉穆拉比（约公元前

1704—前1662年）的率领下，征服了两河流域，建立起巴比伦帝国。活跃于这个区域的游牧民族还有属于印欧语系的好战的赫梯人，属于闪米特语系的残暴的亚述人、善于航海的腓尼基人以及四处流浪并创造了一神教的希伯来人。

在古巴比伦、古埃及、古印度和中国夏商文明这四大古代文明中，古埃及和中国因为封闭的地理环境，所受到游牧民族的冲击相对较少。古埃及法老王朝自公元前3100年美尼斯开创埃及第一王朝到公元前525年波斯人入侵埃及，共历经26个王朝，之后又建立过5个王朝，到公元前332年亚历山大征服埃及为止法老统治才最终结束，埃及成为罗马帝国的一部分。古代中国的农耕者在较少外部侵扰的情况下，逐步在黄河流域和长江流域组织了强大的政府和以礼乐文明为核心的复杂的文化系统，在这一时期小麦的栽培逐渐从西亚传到中国，并取代粟成为中国北方农民的主食。

游牧世界对农耕世界的第一次大冲击持续了上千年之久，其发起者是亚欧草原上的印欧系游牧民族、西亚的闪米特系游牧者和中国西北的戎狄游牧部落，其承受者是欧亚大陆上从西到东的一个狭长的农耕世界文明带，其结果带来了一场游牧世界和农耕世界的大冲突和大融合。当时农耕世界文明带上的各古代文明纷纷解体，在经过一个混乱的黑暗时代之后，欧亚大陆的几个地区几乎不约而同地在公元前500年前后迎来了一次空前的精神飞跃和突破，这就是所谓的"轴心时代"。

雅斯贝尔斯在《历史的起源与目标》一书中，第一次把公元前800年到公元前200年前后同时出现在中国、西方和印度等地区的人类文化突破现象称为"轴心时代"："那里是历史最为深刻的转折点。那时出现了我们今天依然与之生活的人们。这一时代，我们可以简称其为'轴心时代'。"① 闻一多在1943年也有过类似的说法："人类在进化的途程中蹒跚了多少万年，忽然这对近世文明影响最大最深的四个古老民族——中国、印度、以色列、希腊都在

---

① 〔德〕卡尔·雅斯贝尔斯：《历史的起源与目标》，李雪涛译，上海：华东师范大学出版社2018年版，第8页。

差不多同时猛抬头，迈开了大步。"①

　　轴心时代各文明实现突破的背景和路径各不相同：古希腊的哲学家以理性思辨之路突破了古希腊的神话传统，古以色列的先知们以强烈的信仰之路突破了摩西的传统，古印度的古鲁们以内省冥想之路突破了吠陀传统，中国古代的圣贤们以道德践履之路突破了夏商周三代的礼乐传统。整体上亚欧大陆上人性实现了一次飞跃。这四种轴心突破可分别概括为智、信、悟、行四条道路。这四条道路的开辟根基于这四个民族由于不同的生活经历和环境遭遇而积累产生的集体心理意识：古犹太人由于颠沛流离的命运，产生了强烈的罪罚意识；古希腊人面对不可捉摸的命运，产生了无可逃避的命定意识；古印度人面对生老病死的无常流转，产生了无尽的苦业意识；古代中国人则是基于"祸兮福之所倚，福兮祸之所伏""生于忧患死于安乐"的阴阳变化，产生一种天命无常的深深的忧患意识。这四条超越之路所追求的目标也各不相同：犹太文化追求的是灵魂的赎罪和拯救，古希腊文化追求对宇宙规律逻各斯的理性把握，印度文化追求出离轮回流转之苦的涅槃解脱，而中国文化追求的是现世人格与德性的圆满。

　　从农耕文明和游牧文明冲突交融的角度来看，实现轴心突破的各民族中，古以色列是游牧民族闪米特人迁徙进入两河流域，之后在中东一带过着不断被灭国、奴役和流散的日子，其生活形态流动性最大；古希腊是游牧民族印欧人到达希腊后定居，在爱琴海区域建立起"城邦—航海"的社会形态，其流动性次之；古印度是游牧民族印欧人入侵并征服印度，最终融入当地的农耕社会，其流动性又次之；古代中国则是一个长期从事定居农耕的稳定社会，其流动性最小。如果以"动"和"静"或"游牧"和"农耕"的特性分别作为阴阳两仪，则可以用四象（老阳、少阴、老阴、少阳）来分别描述上述四大轴心文明：古以色列最具流动性，为"老阳"；古希腊次之，为"少阳"；古印度总体上仍是农耕社会，但游牧民族雅利安人施加了很大影响，故为

---

① 闻一多：《文学的历史动向》，载孙党伯、袁謇正主编：《闻一多全集》卷10，武汉：湖北人民出版社1994年版，第16页。

"少阴";古代中国社会农耕特性最强,受游牧文明影响最小,为"老阴"。还有另外一个实现轴心突破的古波斯民族居于游牧世界和农耕世界的边界地带,居鲁士统治时期(公元前550—前530年)定居农耕的波斯人有6个部落,还有4个游牧部落,农耕和游牧大致处于阴阳平衡的状态。根据上面的分析,可将诸轴心文明放在一起图示如下(图6)。

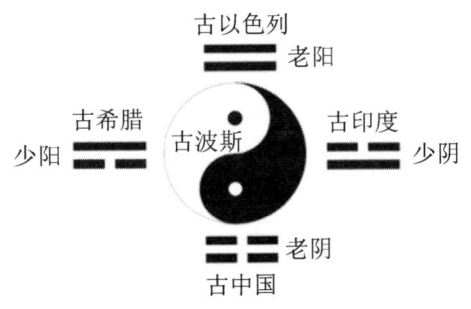

图6 轴心文明四象图

轴心突破是欧亚大陆上人性的普遍觉醒,实现轴心期突破的各民族在这个时期都分别产生了各自的文化经典:犹太人的《圣经(旧约)》、希腊人的《荷马史诗》和《几何原本》、波斯人的《阿维斯陀》、印度的《奥义书》以及中国的《六经》和《道德经》。轴心突破的结果确立了世界几个宗教和精神传统的确立,如以色列的犹太教、波斯的祆教、印度的婆罗门教、古希腊的哲学传统和中国的圣学传统(儒家文化)。随后轴心突破的精神成果还凝定而形成欧亚大陆上的几个大帝国,包括西方的西罗马帝国(公元前27—公元476年)、印度的孔雀王朝(约公元前324—约前188年)、波斯的阿契美尼德王朝(公元前550—前330年)以及中国的秦汉帝国(前221—220年)。

(三)四象生八卦:欧亚大陆诸文化

轴心时代之后,欧亚大陆上的游牧世界又对农耕世界发起了两次大入侵,更多的游牧民族得以进入轴心文明,并在其影响下产生各自的精神飞跃。与此同时,各轴心文明之间的交流和互动也更为频繁深入,欧亚大陆上几个影响较大的宗教和伦理体系也在这一时期发展建立起来，包括佛教、基督教、伊斯兰教和儒家文化等。自工业革命以来，现代西方工业文明崛起，在现代科技武装的西方军队面前，各游牧民族的军事优势丧失殆尽，各农耕社会也在其凌厉攻势下节节败退，转而进行改革以学习西方工业文明的长处。19世纪之后，各游牧民族的活动区域大致固定下来了，欧亚大陆上持续几千年的农耕文明和游牧文明相互冲突融合的格局逐渐偃旗息鼓，人类开始进入一个全球化的新时代。下面我们应用八卦图来分析比较后轴心时代欧亚大陆上的八个主要文化：中华文化、印度文化、古希腊文化、犹太文化、基督教文化、伊斯兰文化、游牧文化和现代西方文化。

1. 欧亚大陆诸文化

在欧亚大陆东部，中华文化和印度文化是两大最古老的文化传统，它们都是原生的农耕文明，也都参与了轴心突破。在后轴心时代，虽不断遭受外部文化冲击，但仍都能依靠传统的深度和韧性保持连绵不断至今。

中国在孔子之后的2000多年间经受了北方游牧民族的三次大规模入侵：第一次是从西晋末年到北魏统一北方的"五胡十六国"时期（304—439年），这一时期的分裂局面一直到隋朝（581—618年）才告结束；第二次是从唐末契丹族、党项族和女真族分别在中国北方建立辽（907—1125年）、西夏（1038—1227年）、金（1115—1234年）到蒙古灭宋建立元朝（1271—1368年）；第三次是17世纪女真族入主中原建立清朝（1644—1912年）。每一次中华文化总是能够将入侵的游牧民族驱逐或同化。在轴心文化之间的交流融合上，印度佛教自两汉之际开始传入中国，经长期传播发展，逐渐形成具有中国民族特色的中国佛教和禅宗，而中国文化也因吸收了印度文化的养分而增添了新的色彩，产生了宋明理学，并最终形成了以儒家文化为核心、儒释道三教合一的精神价值体系。

印度文化自古以来就表现出十分鲜明而强烈的宗教性和举世罕见的多样性，印度的种姓制又使得印度文化具有很强的包容性，外来种族和人群往往可以通过在种姓制度中占有合适的位置而融入印度社会。印度是多个宗教的诞生地，包括印度教、佛教、耆那教、锡克教等，早期曾经立佛教为国教，但今天佛教几乎在印度本土销声匿迹。孔雀王朝（约公元前 324—约前 188 年）之后，在欧亚大陆游牧民族对农耕世界的第二次大冲击浪潮中，从公元前 2 世纪初开始，大夏希腊人、塞人和安息人先后侵入印度，大月氏人在北印度建立了强大王朝贵霜帝国（公元 55—425 年）。贵霜帝国之后，出现了一个印度人建立的笈多帝国（320—500 年），这是印度古典文化的黄金时期。从 7 世纪中叶直到 12 世纪末穆斯林征服北印度之间的历史时期常常被称为拉其普特时期，当时各拉其普特王国对内相互混战不已，对外又激烈抵抗伊斯兰教力量对印度的入侵，其间印度教复兴，佛教开始在印度本土衰落。自公元 8 世纪开始，穆斯林对印度河流域开始大规模的军事入侵。12 世纪后，印度先后被信奉伊斯兰教的突厥王公建立的德里苏丹国（1206—1526 年）和突厥化的蒙古人建立的莫卧儿帝国（1526—1857 年）所统治，近代又被信仰基督教的英国殖民（1858—1947 年）。然而，这些外来文化的入侵始终未能撼动印度的主体文化。

欧亚大陆的另一个轴心文明——犹太文明——的主体精神也保持了从古至今一脉相承。犹太民族是一个多灾多难的民族，历史上受尽异族的压迫和屈辱，不断被奴役流放。犹太人在罗马人统治时期尤为痛苦不堪，不断起义反抗，多次遭到罗马军队的残酷镇压。公元 70 年第一次犹太起义失败后第二圣殿被毁，公元 135 年第二次犹太起义失败后犹太人被逐出耶路撒冷，从此丧失家园，流散于世界各地。然而靠着对一神信仰和民族习俗的坚守，犹太文明表现出一种强烈的民族凝聚性，虽多次面临几近灭种的境地，却得以历经磨难穿越历史的长河而不散，最终竟奇迹般地于 1947 年在流散了将近两千年后在巴勒斯坦重建以色列国。

另一个轴心文明波斯文明是一个历史悠久的次生文明。居鲁士大帝建立的波斯第一帝国阿契美尼德王朝（前 558—前 330 年）曾与古希腊文明长期对抗，后被亚历山大大帝灭亡。波斯第二帝国萨珊王朝（224—651 年）被认为是最后一个传统意义上的波斯帝国，堪称古波斯文化的巅峰时期。萨珊王朝在与东罗马帝国的连年战争中国力衰竭，于 651 年被新兴的阿拉伯穆斯林军队灭亡，成为阿拉伯帝国的一个部分。伊斯兰对波斯的征服，不仅导致波斯萨珊王朝的覆灭，同时也终结了波斯地区的琐罗亚斯德教文化。到了16世纪，当波斯第三帝国萨非王朝（1501—1736年）再次建立的时候，其国教已经成为什叶派伊斯兰教了，历史悠久的波斯文明终被后起的伊斯兰文明所吞没了。

公元7世纪，伊斯兰教在阿拉伯半岛兴起，并在很短的时间内向周围快速扩张。伊斯兰文明是阿拉伯民族进入轴心文明而觉醒并产生精神飞跃的结果，它吸收了周围的犹太文化、希腊—罗马文化、基督教文化的营养，还融合了波斯文化和突厥文化。伊斯兰文明形成于伍麦叶王朝（661—750年），在阿拔斯王朝（750—1258年）达到鼎盛。自9世纪中叶以后，阿拔斯王朝开始任用突厥努力做卫队，突厥人逐渐取得权势，甚至任意废立哈里发。11世纪塞尔柱突厥人在中亚、西亚建立了一个塞尔柱帝国（1037—1194年），一度侵占基督教圣地耶路撒冷，对东罗马帝国造成极大威胁，引发了持续约200年的东征（1096—1291年）。在12、13世纪，东西夹击给伊斯兰文明造成重大打击，阿巴斯王朝于1258年被蒙古旭烈兀西征所灭。后来蒙古人和突厥人皈依伊斯兰教，又加强了伊斯兰文明的力量，特别是奥斯曼帝国于1453年消灭东罗马帝国，伊斯兰文明一时极盛。16世纪，欧亚大陆上伊斯兰世界出现了与奥斯曼帝国相抗衡的波斯第三王朝萨法维王朝（1501—1736年）和印度的莫卧儿王朝（1526—1857年）。

蒙古帝国于13世纪崛起于蒙古草原，当时欧亚大陆各国正处于分裂格局的局面。铁木真统一了蒙古各部，于1206年称号"成吉思汗"，建立了一个强大的军事强国，随后在欧亚大陆上发动了波澜壮阔的征服活动。铁木真及其子孙在对外征战中，开拓了东起日本海、西抵地中海、北跨西伯利亚、南至波斯湾的辽阔疆域，国土横跨欧亚大陆，极盛国土面积达三千余万平方公里，是欧亚大陆上有史以来面积最大的帝国。蒙古西征后，在被征服地区建立了四大汗国：钦察汗国、察合台汗国、窝阔台汗国和伊儿汗国，共同奉建都于北京的元朝（1271—1368年）为宗主国。14世纪中叶以后，四大汗国逐渐衰落。蒙古帝国的建立过程虽然血腥残暴，但它也加速了欧亚大陆上各民族和文明的交流和融合。正是在蒙古统治时期，欧亚大陆首次作为一个整体进入历史。我们不应忘记，当哥伦布试图航海寻找一条通向东方的商路的时候，他随身携带的《马可·波罗游记》描述的正是威尼斯商人马可·波罗（1254—1324年）去到蒙古统治时期的中国的游记。

西方文明可分成三个历史时期：古典时期、中世纪和现代。每个时期都有一个独具特色的文化：古希腊文化、中世纪基督教文化和现代西方文明。古希腊文化以哲学为中心，中世纪基督教文化以神学为中心，现代西方文明则以科学和技术为中心。古希腊文明持续了约650年（公元前800—前146年），直到罗马人征服希腊。罗马人在征服希腊后，不断吸收希腊文明的养分，逐渐形成了被后世认为是西方文明源泉的希腊—罗马文明。在欧亚大陆游牧民族对农耕世界的第二次大冲击浪潮中，西罗马帝国未能抵挡住北方日耳曼蛮族的冲击，于公元476年灭亡，西欧也陷入一个"黑暗时期"。

基督教起源于古希腊文化和希伯来文化在罗马境内的相遇和融合，它将犹太教从一种民族性宗教扩展为一种跨民族的普世宗教。基督教早期受到罗马帝国统治者的残酷迫害，后来随着信奉基督教的人越来越多，313年罗马皇帝君士坦丁一世颁布"米兰敕令"，承认了基督教的合法地位。393年，罗马皇帝狄奥多西一世（346—395年）宣布基督教为国教。狄奥多西一世临终前，将帝国东西部分与两个儿子继承，即东西罗马帝国。476年西罗马帝国灭亡之后，东罗马拜占庭帝国延续了近千年之久（399—1453年），最后在欧亚大陆游牧民族对农耕世界的第三次大冲击浪潮中被突厥人建立的奥斯曼帝国（1299—1922年）灭亡。

日耳曼人对罗马帝国的入侵是欧亚大陆游牧民族对农耕世界的第二次大冲击浪潮的主要组成部分。日耳曼游牧民族在西罗马帝国的废墟上建立了许多国家。随着西罗马帝国权威的消失，罗马的教皇和其他城市的主教逐渐获得权威，他们还发起了传教运动以吸引日耳曼人改信基督教，最终日耳曼蛮族虽然在军事上征服了罗马帝国，但在精神上却反过来被罗马的基督教所征服，成为基督教的虔诚信徒和狂热推广者。日耳曼人逐渐在西欧建立了一个以基督教信仰为核心的、建立在庄园经济之上的封建制度。随着时间的推移，西方的罗马教会和东方的君士坦丁堡教会之间的分歧和冲突越来越多。1054年，拜占庭牧首和罗马大主教相互把对方开除教籍，从而形成了东西教会大分裂。东部基督教会被称为东正教会，而西部基督教会被称为天主教会。公元988年，基辅大公弗拉基米尔接受了东正教作为国教。某种意义可以说，日耳曼人通过皈依天主教进入了轴心文明，而斯拉夫人则是通过接受东正教进入了轴心文明。

现代西方文化脱胎于中世纪基督教文化。中世纪基督教经院哲学吸收了从阿拉伯世界传回的亚里士多德哲学，曾试图在理性和信仰之间达成的平衡。但到中世纪后期，理性和信仰的联系又被经院哲学内部发生的一场唯名论革命所切断。唯名论反对共相的实在性，认为只有个别的感性事物才是真实的存在，这就为科学革命指引了新的方向，也引发了对教会权威的反叛和对个人主义的推崇。唯名论革命还把信仰和理性独立开来，这为科学独立于神学发展开辟了道路。14世纪的黑死病等自然灾害使得中世纪欧洲遭受一场严重的信仰危机，加上教会的腐化堕落，天主教会的权威大为动摇，强调个体、个别事物和具体经验的唯名论思想日益深入人心。1453年奥斯曼土耳其灭亡了东罗马帝国，阻断了西方与东方的贸易，使更多古希腊文化的典籍和学者流入西欧，也迫使西方开启大航海时代，以寻找通向东方的海上商路。1500年之后，经过一系列复杂而互相交织的事件和过程，如文艺复兴、宗教改革、科学革命、启蒙运动、工业革命等，现代西方文明在西欧逐渐发展起来。现代西方文明是一种物质文明，科学取代神学成为人们的新的信仰，工商业取代农业成为社会经济的支柱产业。现代西方文化的主要特点和核心价值包括：个人主义、科技理性、资本主义、工业化、人类中心主义、世俗化、民主、平等、自由、法治等。

2. 欧亚大陆文化比较太极八卦图

著名人类学家克洛德·列维-斯特劳斯在《种族与历史·种族与文化》一书中讨论到文化的多样性特别发出警告："要当心盲目的地方主义，把人类的优越权赋予一个种族、一种文化或一个社会的倾向；而且要永远记住人类没有一个社会具有可应用于一切的方子,人类用一种方式生活是不堪设想的,那样的话,世界该是多么的枯燥无味啊!"① "真正的文化贡献并不在于一份特殊发明一览表,而在于文化之间的'区别性差距'。一个给定文化的每个成员都可以,而且应当对所有其他人怀有感激之情与谦卑之感,这一感情应该只基于唯一的信念,这就是:别的文化不同于其他的文化,而且以最不同的方式表现出来。"② 我国著名社会学家费孝通也总结出了"各美其美,美人之美,美美与共,天下大同"这一处理不同文化关系的十六字"箴言"。③ 根据这一文化多样性立场,在比较欧亚大陆上八大主要文化的时候我们可以问:不同文化之间的区别性差距是什么?不同的文化各自"美"在哪里?

每个文化的"美"都是在特定的地理环境、社会环境和历史环境中产生的。汤因比在《历史研究》中提出了文明发生的"挑战—回应"理论。他认为文明的成长是来自对外部环境挑战的成功回应。不同的文化在应对不同类型的挑战过程中也会发展出不同的能力,从而逐渐表现出不同的文化特点。例如,游牧文明生存环境艰苦,长期骑马狩猎的生活使得他们更为强悍,身体素质和军事能力更强;而农耕文明则在精神文化方面较为发达。

现在我们从对人类不同潜能的表现和发展的角度来比较欧亚大陆八大文化的特点。图7是作者根据太极八卦图开发的一个"人类多元潜能太极八卦模型",其中包含了人类的八大潜能和发展维度,分别是:德育、智育、体育、美育、群育、情育、灵育、劳育。上节我们列出了欧亚大陆的八大文化,分别是:基督教文化、游牧文化、古希腊文化、印度文化、中华文化、犹太文化、伊斯兰文化和现代西方文化。下面将根据八大文化所表现的最为显著的特点把它们匹配到图7中的八个方面上。

---

① 〔法〕列维-斯特劳斯:《种族与历史·种族与文化》,于秀英译,北京:中国人民大学出版社2006年版,第62页。

② 〔法〕列维-斯特劳斯:《种族与历史·种族与文化》,于秀英译,北京:中国人民大学出版社2006年版,第57页。

③ 费孝通:《人的研究在中国:个人的经历》,"东亚社会研究国际研讨会",1990年。

图 7　人类多元潜能太极八卦模型

先来看中华文化。中华文化的核心是儒家思想，儒家思想对人的要求是"修身以德"，尤为重视人与人之间的伦理道德，其终极目标是成贤成圣。孟子曰："圣人者，人伦之至也。"可见中华文化以伦理道德为核心，可配之以"德"。

犹太人是一个历史悠久、人口不多但又非常特殊的群体。犹太文化的核心是犹太教，犹太教的经典是《圣经旧约》，其核心教义是上帝与犹太人的祖先亚伯拉罕立约，犹太民族是上帝特别恩宠的"特选子民"，负有上帝委托的特殊使命。这一信念把犹太人与其他民族区分开来。与世界上其他宗教不一样，犹太教不欢迎外族信仰犹太教，也不主动对外传教。犹太文化是一个极端封闭的文化，追求纯正的犹太血统，具有强烈的排外性和强大的族群凝聚力。分散各地的少数犹太人必须加强相互之间的联系和团结，这一点对于犹太民族经过千年流散四方却仍然能够生存下来至关重要，但犹太人也因此难以融入寄居国的社会和文化，这又招来对他们的敌视和迫害。因其独特的族群凝聚性，犹太文化可以配之以"群"。

基督教是世界上信徒最多、分布最广、影响最大的宗教。它的信仰基于耶稣基督的诞生、传道、死亡与复活的奇迹。基督徒的核心信念是耶稣基督是上帝之子，是《旧约》里许诺的救世主，死后三天复活，后又升天，并差遣圣灵降临，充分彰显了上帝对全人类和整个宇宙舍己无私的大爱。基督教又分为天主教、东正教和新教，虽然教义有所不同，但都注重个人灵性生活的培育。因其重视灵性培养的特点，基督教文化可以配之以"灵"。

伊斯兰教是世界第二大宗教，其核心教义是"万物非主，唯有真主；穆罕默德，是主的使者"。伊斯兰教的经典是《古兰经》，"古兰"一词在阿拉伯语中意为"宣读""诵读"。《古兰经》是穆罕默德在强烈的恐惧和激情中得到神启和复诵神谕的结果。正如其名称所示，《古兰经》是用来高声朗诵的。穆罕默德的早期传记作家经常描述，当阿拉伯人第一次听到《古兰经》时，经常感觉到一种强烈的惊奇和震撼的情绪，如同"神灵入侵，轻拍潜藏的渴望并把洪水般的感情释放出来"①。著名的伊斯兰神秘主义派别苏菲教派使用一种反复念诵颂经文的仪式，伴随着诗歌、音乐和舞蹈一起进行，通过激烈的旋转进入恍惚、陶醉、出神、狂喜的状态，以获得与真主合一的体验。因此，伊斯兰文化以其强烈的情感特征可以配之以"情"。

印度文化的核心是印度教，有着世界上最丰富多彩的艺术表现形式。印度教有三大主神，即三位一体的创造之神梵天、毁灭之神湿婆和维护之神毗湿奴。湿婆是宇宙舞王，是舞蹈的始祖。就像十字架是基督教的象征，新月是伊斯兰教的象征，太极图是中华文化的象征一样，美轮美奂的湿婆之舞是印度文化的象征。湿婆在一个充满火焰的圆形中翩翩起舞，舞蹈的节奏就是宇宙运行的节奏。湿婆之舞也是破痴破愚破幻的象征，包含了印度文化追求解脱的精神向往。在湿婆之舞的形象中，他的手臂狂舞着，彩带迎风摆动，却一脸的安闲自得，因为他已进入了涅槃状态，即"梵我合一"的最高精神境界。② 印度教古时的传教手段之一就是歌舞，印度文化的经典《吠陀经》有很多关于舞蹈方面的记载，印度的两大史诗《罗摩衍那》和《摩诃婆罗多》，更是多处提到了在这些传说中的舞蹈活动。直到今天，印度宝莱坞的电

---

① 〔英〕凯伦·阿姆斯特朗：《神的历史》，沈清松等译，海口：海南出版社2007年版，第172页。

② 参见张法：《对印度文化的核心象征湿婆之舞的解读》，载《湘潭大学学报》2010年第34卷第5期。

影仍然以载歌载舞的场景在世界电影之林独树一帜。印度文化中艺术种类很多。除了舞蹈，印度文化中的戏剧、建筑、雕刻、绘画、音乐都有悠久的创造历史，并且达到了很高的艺术成就。[①] 因此印度文化可以配之以"美"。

古希腊文化最伟大的成就在于哲学和数学。哲学的本义是"爱智"。古希腊的哲学家们以理性的方式探究宇宙万事万物背后的普遍规律——逻各斯。在希腊语中逻各斯有"理性""逻辑"和"语言"的意思。古希腊的哲学家们在演绎推理特别是几何方面的成就尤为突出。古希腊第一个自然科学家和哲学家泰勒斯是几何学的先驱，最早开始引入了命题证明的思想。柏拉图学院门口写着"不懂几何学者不得入内"。古希腊数学家欧几里得所著的《几何原本》是一部能代表古希腊文化抽象理性思维最高成就的不朽之作。因此古希腊文化可以配之以"智"。

欧亚草原是世界上面积最大的草原，自欧洲多瑙河下游起，呈连续带状往东延伸，东西绵延近110个经度，构成地球上最宽广的欧亚草原区。欧亚草原孕育了强悍的游牧民族和游牧文化，这些马背上的民族普遍身体健壮，彪悍尚武，机动灵活，在冷兵器时代把人类的军事天赋发挥到了极点，屡屡征服各农耕文化国家。由于各游牧民族在历史上的军事成功，游牧文化可以配之以"体"。

现代西方文明是一种世俗化、重物质的科技工业文明，其突出标志是各种机器的发明及广泛运用，如蒸汽机、内燃机、电机、火车、汽车、飞机、计算机、电话、互联网技术等。自中世纪后期开始，西方社会先后发生了文艺复兴、宗教改革和科学革命等一系列影响深远的事件。18世纪中叶，蒸汽机的改进和推广首先在西欧催生了工业革命，然后迅速向全球扩张，将全世界所有的国家和民族都裹挟其中。启蒙运动和法国大革命奠定了现代西方文明的价值基础，如自由、平等、博爱、民主、法治等观念。现代西方文明在19世纪以殖民主义和帝国主义的姿态在全球获得霸权地位，但其内部又分裂为互相冲突和斗争的几种不同的意识形态，包括自由主义、民族主义和社会

---

① 参见邱紫华：《印度古典美学》，武汉：华中师范大学出版社2006年版。

主义等。这些不同的意识形态虽价值取向各有差异，但在对经济发展、科学技术和物质生产的推崇上又是一致的。因此，现代西方文化是一种科技器物文化，尤重物质产品的加工、生产、分配和消费，可以配之以"劳"。

综合以上对于欧亚大陆上八大文化的分析比较，可以得到图8所示的欧亚大陆文化比较太极八卦图。

图8 欧亚大陆文化比较太极八卦图

四、结语

约1万年前，人类发明了农业和畜牧业，人类从食物的采集者变成食物的生产者，欧亚大陆上的人们逐渐由原始采集—狩猎社会演化形成两大文明：农耕文明和游牧文明。工业革命之前的欧亚大陆历史就是一部农耕文明和游牧文明既互相冲突斗争又互相交流融合的历史。约2500年前，欧亚大陆上古希腊、以色列、中国和印度的古代文化都发生了一次精神的觉醒和飞跃，被称为人类文明的"轴心时代"。轴心时代之后，伴随着农耕民族和游牧民族的冲突和融合，更多游牧民族通过进入轴心文明也分别实现了自身的精神飞跃，各轴心文明之间的交流也更加频繁和深入。

　　本文用《易经》中的"太极—两仪—四象—八卦"模型来概括新石器革命以来欧亚大陆农耕文明和游牧文明之间冲突和融合的过程，提供了一个欧亚大陆上诸文明对话和比较的框架。在此模型中，新石器革命以前欧亚大陆上原始的"采集—狩猎"生活形态为"太极"；太极生两仪，新石器革命以后发展出来的"农耕文明"（阴）和"游牧文明"（阳）为"两仪"；两仪生四象，轴心时代实现突破的四大轴心文明为"四象"，分别是古以色列（老阳）、古希腊（少阳）、古印度（少阴）和古代中国（老阴）；四象生八卦，轴心时代之后至今欧亚大陆上的八大文化为"八卦"：基督教文化（乾）、游牧文化（坤）、古希腊文化（坎）、印度文化（离）、中华文化（巽）、犹太文化（兑）、伊斯兰文化（震）和现代西方文化（艮），各文化在对人类潜能发挥方面所体现的独特贡献分别是：基督教文化（灵）、游牧文化（体）、古希腊文化（智）、印度文化（美）、中华文化（德）、犹太文化（群）、伊斯兰文化（情）和现代西方文化（劳）。

　　自18、19世纪以来，西方现代工业文明席卷全球，欧亚大陆上持续几千年的"农耕文明"和"游牧文明"之间相互冲突和融合的阴阳太极已经让位于"西方文明"（阳）和"其他文明"（阴）之间的相互冲突和融合，亦即"工业文明"与"农业文明"之间的冲突和融合。20世纪见证了西方现代工业文明危机的总爆发，两次世界大战的残酷性以及核武器的威胁使人们认识到仅仅靠科学技术的进步并不能保证人性的进步，贫富差距扩大的现实使人们认识到仅仅靠财富和物质的增多并不能保证社会的公平与和谐，能源危机与生态危机、环境恶化等问题使人们认识到现代工业文明的生产方式和消费至上的生活方式对地球母亲贪婪掠夺的不可持续性，全球范围内传统信仰和道德价值的崩塌使人们认识到仅仅靠工具理性的单方面发展并不足以安顿现代人迷茫的心灵。

　　21世纪是全球化的世纪，人类面临的危机也是全球性的，需要全球所有民族和文化放下唯我独尊的心态，以谦卑之心共同携手担当。人类还需要跳出时代的局限性，跳出今人对古人的傲慢和否定一切的虚无心态，以建设性的批判为人类开辟更加美好的未来。这就意味着我们必须承认,前现代不一定都是愚昧和落后,现代不一定都是光明和进步,后现代也不一定都是破坏和解构,而应该复兴传统,扬弃现代,并着手建设性地开辟一个天、地、人、己和谐共荣的未来。雅斯贝尔斯在《历史的起源与目标》一书中说道:"人类靠当时所产生、所创造、所思考的一切生活到了今天,在人类每一新的飞跃之中,他们都会加快起轴心时代,并在那里重燃火焰。自此之后,情况一直如此:对轴心时代可能性的加快和重新复苏——复兴——引发了精神的飞跃。回归到这一开端,是在中国和印度乃至西方不断发生的事情。"[①] 如果说现代工业文明是西方文明对自己的轴心期潜力回归的结果,那么对西方现代工业文明弊病的再平衡,是否有待于东方文明——中国和印度——的轴心期潜力的苏醒和复兴?

[①] 〔德〕卡尔·雅斯贝尔斯:《历史的起源与目标》,李雪涛译,上海:华东师范大学出版社2018年版,第14页。

国际关系中的文化战略：哲学视野下中国之现状与当代世界

〔德〕大卫·巴拓识* 著　　杨 彬 彭 蓓 译

本文从文化战略、国际关系、中国之现状以及当代世界四个角度出发用哲学的思辨方式讨论如下的问题：什么是文化？什么是战略？什么是文化战略？我们应当如何理解与当代世界相关的"国际关系"一词？文化战略概念如何与国际关系相互关联起来？中国在国际关系中起到了什么样的作用？中国文化有何特性？以及在当代环境下，应当如何维护和发展中国文化？

一、文化的概念

要回答什么是文化这个问题，首先需要导入一种质疑的精神。从方法论上，需要将那些现存于各种文献之中关于文化的诸多定义先置于一边，并且要避免日常语境中对于"文化"一词的模糊用法。只有这样，才能够从其源头重新构建"文化"的概念。我们要为文化找到一个精确而完整的正确的概念，即它应当具有一个或一组确切的定义。这在哲学中被称为"概念的内

---

* 〔德〕大卫·巴拓识（David Bartosch），北京师范大学全球化与文化发展战略研究院特聘研究员。

涵"。另外，还需要阐明文化概念的范围包括可能的含义、事件、现象、本体论的各个方面，以及文化概念可能涉及的对象。这都需要思考者对这些范围进行界定。

(一) 概念内涵的第一部分

首先，我们要找出目前全球运用最为广泛的英语中"文化"（culture）一词的起源以及其最初的含义。它源自拉丁语中的"cultura"一词。这个单词和"agri-culture"（农业）有关。这里的"农业"是指耕种土地、种植和培育特定种类的植物。通常来说，人类进行农业活动是为了培育和滋养生命，以达到延续人类生命的目的。但在具体的历史情景中，情况并非仅限于此。人类在漫长的历史中不仅只是重复培育农作物的活动，而且还极为重视不断去提升和优化培育作物的过程，以使其能够结出更多的果实、具有更多可供食用的部分，让这些植物能够越来越满足人类的需求。古罗马哲学家西塞罗就借用了这个单词，并改变了其原意，用来指代个人教养的提升与人类生活水平的不断完善——其拉丁语为："cultura animi"（"灵魂的培养"）。① 西塞罗所说的 animus（灵魂）是"灵魂原则"。它使人的躯体充满活力、让人能够感知世界。它就是人的感受。animus（灵魂）是我们的思想乃至我们自我意识更深层次的基础。

在东方的中国，孔子在论述其所处时代的人格修养②与道德形成时，也使用了栽培植物的比喻。③ 这种类比法可以与西塞罗将人类生活的不断进步理解为"cultura animi"相比较。而在《庄子》一书中，人的学习行为是一种"增

---

① 参见 M. Tullius Cicero, *Tusculanae Disputationes*, edited by M. Polenz, *Perseus Digital Library*, book 2, section 13, http://data.perseus.org/citations/urn：cts：latinLit：phi0474.phi049.perseus-lat1：2.13："cultura autem animi philosophia est"。

② 参见 David Bartosch, "Explicit and Implicit Aspects of Confucian Education," *Asian Studies V* (XXI), No. 2, 2017: pp. 87–112。

③ 参见《论语·子罕》，子曰："苗而不秀者有矣夫！秀而不实者有矣夫！"

长"① 知识、"增加"领悟的自我提升过程。这虽然与儒家在教育方法上的观点有所不同，但庄子也认为，通过学习不断进步和制作出完美的手工品，都可以用植物的自然生长或者"不加干涉"的园艺形式加以类比。②

　　从语言学上来看，现代汉语里的"文化"二字可以追溯到《易经》中一段讲述天文秩序和夜空壮丽美景的文字，即"天文也；文明以止，人文也。观乎天文，以察时变；观乎人文，以化成天下。"③ 通过观察天空，人们认识到了它的美丽与规律，人们开始提升自身的教养与生活方式。这种人类学现象也可以从植物的生长过程角度加以理解。光是所有生命尤其是植物生长的能量来源。天空不仅是光的来源，对夜晚繁星点缀天空更深入的观察点燃了人们提升自己在精神、心理、躯体以及社会方面教养的热情。这些都通过文化实践这种最高级的人的行为形式得以呈现。

　　因此，出于中文和罗马语境中"文化"一词本源背景之间的相似性，我们可以将"提升""完善""优化"甚至"自我完善"的最基本含义归入文化概念的内涵中去。有趣的是，这也与世界历史上另一个重要文明的语言相一致：在古梵语里，"saṃskṛti"恰好对应英语中的"culture"（文化）一词，而该词的字面意思正是"refined"（"提升"）。

（二）概念内涵的第二部分与概念的外延

　　经过上面的语言学考证，可以把"提升""完善""优化"以及"自我完善"都纳入文化概念的内涵。但对于这些词语的特征描述实际上包含哪些意义呢？首先它们表明，文化是一个过程，而文化又由多个过程事件组成。其次，文化是一种改变。它不能被简化为文化产品的形式而物化。最后，这四个词也都意味着文化的过程——这些过程都是由活生生的人们历经世世代代

---

① 英语动词"grow"（"生长"）原意是指"变绿"，在这里用作隐喻。
② 参见其他诸例，《庄子·外篇·山木》，"既雕既琢，复归于朴。"
③ 参见《易经·贲》，"天文也；文明以止，人文也。观乎天文，以察时变；观乎人文，以化成天下。"

才实现的——代表着人们总是在向更好方面的改进自己。但这又能说明什么呢？是否可以认为，文化意味着不光从技术角度，即我们可以在一些实践行为与科技行为上做得更好吗？同时也包括从道德上越来越进步？

要回答文化与道德之间的关系这一问题，就需要承认文化是人类生活的普遍原则：如果在一个领域内，某一特定的提升过程与完善过程会抑制甚至破坏在其他领域内发生这类过程的可能性——那么，作为所有人类生活进步原则的文化就会与其自身产生矛盾，如此一来文化就否定了其自身的逻辑原则。因此可以得出结论，文化与道德是携手并进的——或者说，道德作为一种提升与完善的过程存在于一切形式的、真正的文化之中。

很多著名的艺术家与哲学家，例如诗人兼剧作家弗里德里希·席勒、音乐家约翰·克特兰等人都曾经指出，他们所热爱的文化实践——这些文化实践通常都与艺术表演相关——是天然合乎道德的。[1] 而被视作历史上最伟大的两位萨克斯演奏家之一的克特兰说："投身到你自己所做的每一件事中去吧。认真对待，方得其乐无穷。"[2] 在这里，文化意味着要打磨提升自己的技艺。不过，他还说："我想成为一股向善的力量。"[3] 当然，如此一来，对于他自己所选择的艺术表达形式，在习得相关技艺之外又增添了一个全新的维度。

从这个意义上而言，每一种文化实践都被暗中界定，遵循着一条黄金法则：己所不欲，勿施于人。这一法则也可以通过另一种更加主动的方式来表达：按照自我希望他人对待自己的方式那样对待他人。这一法则放之四海而皆准，世界各地的文化实践与传统对此都有所反映。不仅在古代中国的孔夫子那里，还有古代埃及、波斯、古印度、东南亚、古希腊、古罗马和许多其

---

[1] 参见 Zvi Tauber, "Aesthetic Education for Morality: Schiller and Kant," *The Journal of Aesthetic Education* 40, No. 3, 2006, http://www.jstor.com/stable/4140178。

[2] 约翰·克特兰（John Coltrane）引用于 Hannes Gurzki and Joachim Junghanss, "Leading in an Age of Disruption," *The European Business Review*（2021年9月21日），https://www.europeanbusinessreview.com/leading-in-an-age-of-disruption/.

[3] 约翰·克特兰与弗兰克·科斯夫基（Frank Kosfky），访谈（1966年8月18日进行）录音, Eshe Magazine（2016年8月5日），http://eshemagazine.com/2016/08/john-coltrane-speaks-on-his-music-malcolm-x-1966/。

他的古代与前现代文明也都有文献记载了这一行为准则。

最后还需要说明一下我们所探讨的概念范围,即本文中文化概念的外延。我想强调以下几点。在本文中,"文化"一词的含义并不仅限于艺术文化或者音乐文化这样的狭义概念,而是更为宽泛的和普遍意义上的文化,即所有可以"提升""完善""优化"以及"自我完善"的文化的过程都是文化的范畴,可以用不同的分类方式来描述,例如:(1)涉及无生命的物体的工具文化,也可以叫作技术文化,(2)一些至关重要的文化,它们培育、增加和提升人类或非人类生命能量、身体特性的文化(例如饮酒文化、美食文化、农业、医学、体育等),(3)涉及人类情感的文化,即美术、音乐、戏剧、文学、诗歌、电影等,最后还有(4)涉及知识方面的文化。它体现在教育、科学、哲学等实践中。

二、战略的概念

现在来讨论第二个问题:什么是战略?"战略"这个词最初是一个军事用语。在法语中,"stratégie"一词的意思是"将军的艺术",其来源于古希腊语中的"strategia"(στρατηγία)一词。而这个词则是由两个更为古老的原始印欧语词根构成:"*stere-"的意思是"散开"或"一大群人","*ag-"则表示"驱动"或"前进"之意。"*ag-"这个有着几千年历史的词根也是希腊语中"agein"(引领)这一动词的源头。从这个意义上来说,战略就是引领和驱使,使一个组织向"前移动"或"散开"(这正好与战争中指挥军队的情形相符)。自19世纪末以来,这个单词从最初的军事含义扩展开来,逐渐出现在其他领域。

非常重要的是,我们要将"strategies"(战略)和"stratagems"(计谋)区分开来。"stratagems"(计谋)指的是小伎俩、狡猾的手段,通常用于达成短期的目标。这样看来,中国著名的兵书《三十六计》应当译作"36 Stratagems",而非"36 Strategies"。《三十六计》是一本关于计谋的汇编,与战略并无关系。只要将stratagem一词的用法稍作引申,我们就会发现,在自然界当中也存在着许许多多的计谋。比如,某种生物会虚张声势,让自己的体型看上去比实际的大,或者某种无害无毒的生物会向外界发出信号,表示自己具有很强的威胁性或毒性。一个大的战略通常由很多战术组成,每一个具体的战术都会包含若干计谋。但与单一的计谋或某一具体战术当中一连串相互关联的计谋相比,战略的内容总是更加广泛且全面。这就意味着,要实现某一战略,除了要采取的一些特定举措之外,应当有一个元组织掌控整个过程。①

同样,从词义引申的角度来看,我们也可以说,在这个星球上的非人类生命(我们通常称其为"大自然")的总体战略就是维持动态均衡的秩序。它通过两种相互对抗的力量进行自我调节:一种生命通过消耗其他生命去维持,甚至进化生命,消耗能量以维持生存。与文化过程之下的道德基础相类似,如果自然界的一些个体生命过程会完全破坏其他的生命过程,大自然就会与其自身相抵触。从这个意义上来说,人类文化可以这样理解:它是人类关于地球上所有生命整体战略的一种特定表达——即多个生态系统的维持、动态均衡以及自我提升。

三、文化战略的概念

通过对以上两个要点的分析,我们现在可以回答这个问题:什么是文化战略?通过定义以及我们关于文化战略的讨论,"推动人们前进"(见第二个问题)的方法必须遵从黄金法则。因此,本文中的"文化战略"一词不能与人人皆知的"软实力"一词相混淆。"软实力"一词最初是指作为对军事武力威胁补充的、进行非暴力征服的实力。"软实力"一词的创造者约瑟夫·S.奈曾经对此做过明确的表述:"当你能让其他人都仰慕你的理想,渴望你所渴望,你就不必再依靠胡萝卜和大棒驱使他们沿着你的方向

---

① 参见 Harro von Senger,[Moulüe] *Supraplanung: Unerkannte Denkhorizonte aus dem Reich der Mitte*, München, Carl Hanser, 2008, pp. 51 – 54。

前进了。"① 从这个意义上说,"软实力"并不是指在相互认可的基础上进行文化交流、相互欣赏或相互学习。由于这个词在一定程度上是基于现实政治理念创造出来的,而现实政治意在不择手段地获得支配地位,因此"软实力"一词的含义是单向的。

而文化外交则更多是一种互动形式,它能使参与双方相互认可、达成共赢关系。由于按照奈所给出的原始定义,操纵软实力的人总会利用文化外交这一过程产生的成果,因此人们常常会将软实力与文化或者实际上的文化外交混淆在一起。但是,如果将软实力理解为文化产品在心理上的"准军事化",那从理论上而言,其在这方面的应用在理论上就必须被排除在本文文化概念的范畴之外。这里必须再重申一遍,在国际关系这一学科领域内,"软实力"一词的最初含义并不仅指创造一个良好的国家形象,也意味着利用单极和垄断的经济桎梏,破坏或者改变一个特定目标地区或传统文明的文化传统。

在这里,我要顺便说一句,大家所熟知的"文化产业"② 这一概念的措辞(德语:Kulturindustrie)也是具有误导性的。在多数情况下,销售原始文化过程产品的量产拷贝并不属于本文所界定的文化概念的范畴,因为对于那些要消耗这些产品的人而言,这通常会抑制人类自我形成的真正文化过程的实现(从"提升""完善""优化"和"自我完善"这些有道德支撑的过程方面来看)。我并非在批评前文提到的那些哲学家,因为我在本文中的观点与他们的观点大体上是一致的。③ 然而,我们在这里讨论的是具体的语境:实际上,所谓的"文化产业"难道不就是"利用文化、抑制文化的产业"吗?

---

① 参见 Joseph S. Nye Jr. Soft Power, *The Means to Success in World Politics*, New York: Public Affairs, 2004, p. X。

② 这个术语已经为哲学家马克斯·霍克海默(Max Horkheimer)与西奥多·W. 阿多诺(Theodor W. Adorno)所采用(关键词:法兰克福学派)。

③ 关于"文化产业"这一术语(德语:文化产业),参见 Richard Klein, Johann Kreuzer und Stefan Müller-Doohm, Hgg., *Adorno-Handbuch: Leben-Werk-Wirkung*, Stuttgart: J. B. Metzler, 2011, 12, 13, 255, 278, etc., 279:"在霍克海默和阿多诺的眼里,文化产业生产的供人们消遣娱乐的产品看似无害,实际却是强大的社会控制工具。"

四、国际关系与文化战略的新概念

在第四部分中,将进一步讨论应当如何理解与当代世界相关的"国际关系"一词?我在本文中阐释的文化战略新概念如何才能与国际关系相关联?

(一)英美主导话语下的国际关系

"国际关系"(International Relations)[①] 一词及其缩写"IR"表示一门学术学科和一个研究领域。通常,只有大学或者被称为"智库"(think tank)的政治顾问团队,以及一些独立学者才会进行这方面的研究。这项研究可不是纯理论研究。这是因为相关的思考和结论都会与经济、政治、法律体系的实际运行过程交织在一起,并且在那个特定的环境当中塑造社会行为。在这一领域内,一些学者已经具备了非常重要的影响力。

大学里对于国际关系的研究与教学显著推动了国际关系理论的发展。作为一种与国际政治决策相关的分析活动,西方的国际关系研究在第一次世界大战之后得到了进一步重视。那时,它被视作对从前关于外交史和国际法研究的延伸——而彼时关于这两个领域的研究都具有较大的局限性。经过了很长一段时间,"国际关系"才被学界所认可,成为一个独立的研究领域。[②]

埃森·诺萨克海尔·奥古斯汀·埃西特(Esien Nosakhare Augustine Esiet)指出,在当代西方国际关系研究中,有三种主流的理论方法,即现实主义、

[①] 需要注意的是"International Relations"的写法。大写首字母与小写首字母的"international relations"不尽相同。第一个称谓是指学术方向和研究学科,第二个称谓是指世界政治和经济事件背景下的真实社会过程。请参阅下文。

[②] 关于国际关系的历史与国际关系是否是一门独立学科的英语讨论,参见 Morton A. Kaplan, "Is International Relations a Discipline?" *The Journal of Politics* 23, No. 3 (1961): 462 - 476, https://www.jstor.org/stable/2127101。

自由主义和建构主义。① 自由主义和现实主义理论，包括它们在新现实主义和新自由主义背景下的变体。他说道："二者都强调'利益'是影响接触的重要因素，它为决策双方理解彼此之间的关系提供了关键的变量。建构主义强调其他动态机制，以进一步加深对于交互模式的理解。这可能是社会、文化、规范或构想的因素。"② 而目前，国际关系研究中更为高级的方法偏向于使用"百家争鸣的理念而不是单一的正统理论"③ 来分析复杂的问题。

除了大学之外，前文中提到过的智库机构通常也进行独立的研究。其研究工作更加关注战略方面的考量，而不仅仅是出于分析或教学的目的。西方的智库不仅为国家政府的官员提供咨询建议，同时也为强大的私人利益集团提供服务。它们经常会获得私人资本资助。在这种背景下，国际关系这一研究领域与其国家、社会或跨国经济网络的子系统（例如意识形态基金会或前述领域）便在日常生活中日益明显地交织在一起。

然而，我们也可以在其他层面上使用"国际关系"这个术语。从典型的西方观点来看，上述国际关系学科关注的是现代民族国家之间实际和正在进行的互动过程。④ 起初，这个概念的范围是指那些封建资本主义国家，也就是我们今天所说的前西方殖民帝国。⑤ 由此而论，"真正"国际关系——此处应

---

① 以及其他在这方面部分相似的基本概念都已经进行了讨论。参见 Stephen M. Walt, "International Relations: One World, Many Theories," *Foreign Policy* 110（1998）, https://www.jstor.org/stable/1149275，他还讨论了现实主义、自由主义与"激进手段"这三种类别。

② Esien Nosakhare Augustine Esiet, "Chinese and Australian Engagement with Africa: A Comparative Study", PhD dissertation, Bond University, Gold Coast, Australia, 2020, pdf-document, 30.

③ Walt, "International Relations", 30.

④ 我在这里使用了"典型的"（paradigmatic）一词，是因为我们还必须考虑到像阿诺德·J.汤因比这样学者的观点。他们不仅拥有外交工作经验，而且强调有必要从整体的角度考虑世界社会体系及其内部关系。

⑤ Georg Wilhelm Friedrich Hegel, *Elements of the Philosophy of Right*, ed. by Allan W. Wood, tr. by H. B. Nisbet, 8th ed., Cambridge: Cambridge University Press, 2003, pp. 321-360, S. 359-380 中的"外部主权""国际法"和"世界历史"等重要章节隐约提到了这种观点，并可能对其产生了一定的影响。继续参阅下文 4.2 中所引用的阿克塞尔·霍奈特（Axel Honneth）的言论。

理解为一种历史现实而不是一门研究学科——的肇始,常仍以1648年德语国家"三十年战争"(the Thirty Years War)结束后《威斯特伐利亚条约》(the Westphalia Treaty)的签署为标志。① 当几个国家同属于一个文明(希腊—罗马—犹太—基督教)时,国际关系与国际法概念之间的界限就会变得模糊。但是,在第一次世界大战爆发前不久(此时距离国际关系成为一门大学学科还有好几十年的时间)记录的一段历史文字否定了这一观点。它强调早在公元前14世纪,在古代社会具有代表性的国家之间,就已经出现了以文化交流为其形式的文明的国际关系。"这表明,埃及受到的羁绊远轻于亚述、迦太基甚至罗马。此外,这些通信表明,这些著名的古代帝国远不像从前人们认为的那样彼此孤立,它们保持着相当密切且持续的商业与知识交流,各国的政府之间也建立了和平友好的关系。通过大使馆以及频繁地交换信件、礼物,与米塔尼、亚述和巴比伦的国王,甚至赫梯人的友好关系得以维持;甚至还通过联姻结成了同盟。"② 抛开《威斯特伐利亚条约》,以这些古老的国家关系作为出发点,会有益于国际关系学科的进一步发展。尽管那些开端具有不错的前景,但关于古代国际事务中文化战略的见解并未在主流的国际关系研究中产生影响或受到重视。能够平等地进行某种"知识交流"非常重要,它证明了活跃在世界政治舞台上那些政治家们的开放与伟大。至少从今天的观点来看,这种与文化相关的"国际"(从广义和更原始的意义上来说)关系传统,值得日后进行研究和借鉴。

(二) 整体国际体系下国际关系的现实

问题仍然存在:那些文明背景与《威斯特伐利亚条约》无关,或者在历

---

① 参见 Henry Kissinger, *World Order*, New York: Penguin Press, 2014, p. 3. "因此,在欧洲,当代世界的情况是相似的:存在着多种多样的政治实体,但没有任何一个实体能够强大到足以击败其他所有实体。许多人还在坚持自相矛盾的理念和内部惯例,寻求中立的规则来规范他们的行为并缓和冲突。"

② Amos S. Hershey, "The History of International Relations During Antiquity and the Middle Ages," *The American Journal of International Law* 5, No. 4, 1911, https://www.jstor.org/stable/2186529.

史上与西方殖民者毫无瓜葛的国家该怎么办？例如，沙特王室的先祖们甚至根本没有接触过《威斯特伐利亚条约》，其现代国家的社会体系，与典型美国国际关系战略家眼中的"同盟国"的架构也并不一致。① 就在不过几十年前，中国、印度、巴基斯坦、伊朗，还有撒哈拉以南的许多非洲国家还是欧洲国家的殖民地。这些国家的多元现代性并不完全符合国际关系中以美国或欧洲为中心进行思考的理论框架。因此，在国际关系中，从这种具有相同标准行政管理形式（围绕其霸权核心）的多元主义中的单极意识形态来看，这些国家中有不少顺应了所谓的"体制变革"，曲意迎合了霸权者单方面的利益。②

在当代，虚伪的意识形态以及金融和经济利益环境已经成为无坚不摧的矛头，为垄断寻找借口。绝大多数国际间的紧张局势与"冲突"皆源于此。鉴于此，我们有必要注意，"国际"一词未必要按照当代西方风格的国际关系对于利益自我应验的、过分强调的方式来定义。著名的德国哲学家阿克塞尔·霍耐特③曾经做过合理的猜想。他认为，这种单方面的痴迷至少可以隐约地追溯到黑格尔在他的著作《法哲学原理》(*Elements of the Philosophy of Right*, 1820) 中对国际关系哲学基础的隐含预期。"［黑格尔］想要承认一场全国性的斗争，希望为那些贫困的、秩序混乱的民族争取认可与尊重。他曾目睹了这些民族在历史上为了自己的荣誉和辉煌所进行的徒劳斗争，而在他的眼中，开明的西方宪政国家仍然只是在追求他们自己国家的既定目标，即最大限度地维持繁荣并保证安全。"④ 这个叙述点明了当今国际关系研究范式的隐匿起

---

① 参见 Nahal Toosi, "Leaked memo schooled Tillerson on human rights," Politico. com (2017 年 12 月 19 日), https：//www. politico. com/story/2017/12/19/tillerson-state-human-rights-304118。

② 参见 Noam Chomsky, *Hegemony or Survival：America's Quest for Global Dominance*, New York：Metropolitan Books, 2003。

③ 阿克塞尔·霍耐特是当今世界法兰克福学派的领军人物，接替了尤尔根·哈贝马斯在德国法兰克福歌德大学的教职。

④ 参见 Axel Honneth, "Anerkennung zwischen Staaten：Zum moralischen Untergrund zwischenstaatlicher Beziehungen," *Das Ich im Wir：Studien zur Anerkennungstheorie*. Von Axel Honneth. Suhrkamp Taschenbuch Wissenschaft, Band 1959, Frankfurt am Main：Suhrkamp, 2010, p. 182。

源，或者说至少是这种范式的"精神"。那种痴迷和那个"真正的国际关系是随着《威斯特伐利亚条约》的签署肇始于中欧"的错误认识应当一并得到纠正。

然而大量研究已经证明，至少从青铜器时代起，不同民族之间和非西方的前现代国家之间，就已经开始进行外交、经济以及文化交流了。① 按照德裔美国世界历史学家及世界经济学家安德烈·冈德·弗兰克提出的"世界体系理论"，我们口中的全球化进程并非始于16世纪的欧洲，而是在5000年前就已经开始了。② 苏美尔文明和印度河流域文明创建的错综复杂的贸易网络，标志着全球化进程的开端。丝绸之路的悠久历史毫无疑问地表明，早在当代西方国家的语言出现之前，非洲—欧亚大陆就已经沿着这条走廊，形成了复杂的国际关系。③

由此，在未来想要为国际关系作为一门学科找到一种可行的研究方法，就必须设法扩大其定语"国际"一词的含义。尽管杰里米·边沁（1748—

---

① 参见 Helle Vandkilde, "Bronzization: The Bronze Age as pre-Modern Globalization," Prähistorische Zeitschrift 91, no. 1 (2016): 103 – 223; Helle Vandkilde, "Small, Medium and Large: Globalization Perspectives on the Afro-Eurasian Bronze Age," *The Routledge Handbook of Archeology and Globalization*, ed. by Tamar Hodos, Routledge Handbooks, London: Routledge, 2017, pp. 509 – 521. 而且，人类共同的史前历史甚至可以追溯到更早的时期: David Reich, *Who We Are and How We Got Here: Ancient DNA and the New Science of the Human Past*, New York: Pantheon Books, 2018; die Karte in Elmar Holenstein, Philosophie-Atlas: Orte und Wege des Denkens, 苏黎世: 安迈, 2004, p. 69; Ofer Bar-Josef and A Belfer-Cohen, "From Africa to Eurasia – early dispersals," *Quaternary International* 75, No. 1, 2001, https://doi.org/10.1016/S1040 – 6182（00）00074 – 4; Martin Jones, Harriet Hunt, Emma Lightfoot et al., "Food Globalization in Prehistory." *World Archeology* 43, No. 4, 2011, https://www.jstor.org/stable/23210490; Lucie Martin, Erwan Messager, Giorgi Bedianashvili et al., "The Place of Millet in Food Globalization During Late Prehistory as Evidenced by New Bioarchaeological Data from the Caucasus," *Scientific Reports* 11, 2021, https://doi.org/10.1038/s41598 – 021 – 92392 – 9。

② 参见 Andre Gunder Frank, *ReOrient: Global Economy in the Asian Age*, Berkeley: University of California Press, 1998。

③ 参见 Абдугани Мамадазимов, Великий шелковый путь: История становления, расцвета и распада (Душанбе, 2014), pdf-document; Nicola di Cosmo, *Ancient China and its Enemies: The Rise of Nomadic Power in East Asian History*, Cambridge: Cambridge University Press, 2002, pp. 13 – 43。

1832）在 1780 年才使用了这说法，① 但其词根却可以追溯到非常久远的古代。我在从前发表的文章里曾经说明，"国际"（international）一词是由前缀"inter"和单词"nation"复合而成。前缀"inter"源自拉丁语，其含义是"在……当中"（among）、"在……之间"（between）。印度梵文的"antar"一词也表示"在……当中"（among）、"在……之间"（between）之意。"international"与其具有相同的渊源：两者都有着相同的原始印欧语系词根"*nter-"，意为"在……当中"（among）、"在……之间"（between）或"在……之中"（amidst）。英语"understanding"一词也与此有关。"understanding"中的"under-"并没有与"below"（在……下面）一词相反的含义。它源自古代印欧语系，意思是"介于两者之间的"（in-between）、"在……当中"（amongst）。②

  从最初的词源来分析，想要理解某种事物，就意味着必须将自己置身于这些事物或概念当中，这样才能找到恰当的方式将它们进行对比和关联。从引申的意义来看，哲学领悟则意味着"置身于孤立的各点之间"，并且能够"连点成线"。我们还可以换一种说法：哲学就是将一切孤立的各点（想法）联系在一起的批判性思维过程。就这个意义而言，在中国以及其他具有现代性的古老文明中，当代关于国际关系研究的新方法应当具有更多的哲学性。③这就意味着需要更多地使用辩证思维，即分析在不同国家之间建立更多跨文明联系的可能性，并设法使不同的利益之间能够互补。随着整个世界越来越紧密地交织在一起，我们应当注意到，"nation"一词最初并不具备自 18 世纪（欧洲）启蒙运动以来形成的社会制度意义上的现代民族国家之意。拉丁语中

---

  ① 参见"international（adj.）"，Online Etymology Dictionary，https：//www.etymonline.com/word/international。

  ② 参见 Bartosch，"The understanding of understanding，"p. 128。

  ③ 在这方面，历史上有一种方法对于今天极具启示意义。这种方法是在 20 世纪中叶，由出任过印度历史上第一任副总统和第二任总统的萨瓦帕利·拉达克里希南（Sarvepalli Radhakrishnan，1888—1975）所创制和指导，参见 Sarvepalli Radhakrishnan，Ardeshir Ruttonji Wadia，Dhirendra Mohann Datta，and Humanyun Kabir，eds.，*History of Philosophy Eastern and Western*，2 volumes，2nd edition，London：George Allen & Unwin，1952，p. 53。

的"natio"一词最初只有"出生"(birth)、"origin"(起源)或"部落、宗族"(tribe)之意,均与出生在一个特定的社会系统背景下的家庭有关。

这样,我们就可以从一个更加广泛、可能更加不同的历史以及更加复杂的体制等意义上来考虑"国际关系"的内涵。同时,如果我们希望在未来减少人类之间的冲突,我们则还要创制"跨文明"(inter-civilizational)关系与"跨文化"(intercultural)关系的新概念。文化战略——而不是软实力——将发挥主要的作用。而这篇文章的篇幅不允许对这一点进行详细论述。

(三)只有在"和谐力"的基础上才能实现全球共赢的发展

因此,如何才能将我在这里所阐述的文化战略新概念与刚才谈到的对于国际关系多极、多文明的新认识联系在一起呢?由于目前文化战略的含义是以我在上文中提到的文化概念为基础,因此应当明确,在世界范围内进行的文化实践,应当在相互交流的过程中进一步维护其他民族或文明的文化实践,绝不能对其产生破坏或抑制。依照其定义,文化战略意味着将人类众多的文化成就作为一个整体"驱动"或"推动"向前,意味着通过多样性和相互尊重的交流形式来促进地球的团结以及人道主义的发展——而不是让人类作为一个愚钝的消费奴隶群体逐步消亡。

创造人类共同的未来,应当基于一贯遵从"黄金法则"的"真正的文化"战略,而不能基于利用由"软实力"驱动的虚假文化或者相关的所谓"文化产业",去引诱其他民族落入放弃自己的传统文化实践以及可能的灵感,以换取增加其现代性的陷阱,进而摧毁或征服这些民族。这种导致改变的力量不能叫作"软实力",应当有个不一样的名称。我为这种在国际关系中,只能通过实施"提升""完善""优化"和"自我完善"文化战略方能产生的动力起了一个新名字——和谐力(harmonic power)。全球文化的共赢交流与发展只能建立在"和谐力"的基础之上。

这种"和谐力"以文化战略在现实的国际交往中的应用为基础。它意味着要找到一种途径,建立一种基于互惠与利益互补的多极世界秩序。"和谐力"这一概念,是对抗西方现实政治老手们的原始理论基础的一剂解毒药。

说他们原始，是因为他们缺乏哲学反省。缺失文化的国际关系（依本文中提出的概念而言），特别是缺乏道德文化意识的国际关系，最终只能导致灾难和自我毁灭。即使是那些前文中已经提到的当代国际关系研究的建构主义方法，实际上也未能达到从哲学角度进行自我反思的层次。而对于将研究范式从单极转向多极，从"软实力"转向"和谐力"这一点尤为必要。大多数情况下，它们并不能正确反映文化真正意味着什么。

依我个人来看，阿克塞尔·霍耐特的"承认理论"为在这些情况下提高认识层次提供了一种可能性。这种一般理论可以用在国际关系的研究中。在某种意义上，霍耐特和马克思一样，也受到了黑格尔《法哲学原理》（德语：Grundlinien der Philosophie des Rechts）一书的启发。他还找到了相应的方法，用以纠正黑格尔为思考真正国际关系而设定的错误或片面的基础。霍耐特表示，承认与相互承认是"培育"（cultivation）国际关系极为重要的一个方面。[①] 相互承认意味着双方彼此平等相待，尊重彼此利益，例如其各自在安全方面的关切，等等。而且，霍耐特还强调，各文明之间的相互承认对于保存其文化实践具有十分重要的意义。我们已经认识到，这种承认就是文化自身的核心要素。"黄金法则"——"按照你希望他人对待你的方式那样对待他人！"——是本文中文化概念内涵的一部分。"承认"就是"黄金法则"的全部。

五、中国的情况与其在
实际国际关系中的特殊角色

现在我们来讨论中国在国际关系中起到了什么样的作用的问题。注意，我在这里使用的"国际关系"一词，具有现代非殖民化的、延伸与多维的或者"跨阶层"的意义。它包括多民族国家、定居民族与游牧民族（从历史的

---

① 参见 Honneth, "Anerkennung zwischen Staaten"。

角度以及从现代生活方式和迁徙的引申意义上来说），多种文明以及跨国社会制度——因此，我以一种非传统的新方法使用了这个词语。

（一）文明的子系统与如何通过文化手段避免冲突

在前文中，我已经重新定义了文化概念的范围。在我们继续讨论之前，我想再多做一下说明，交代其相关的背景。那些并未遵循"黄金法则"的"提升""完善""优化"以及"自我完善"等实践应当归属何处？换句话说，我们应当如何表述"提升""完善""优化"以及"自我完善"这些缺乏道德"河床"的非文化实践呢？简言之，这些大多与政治或经济利益有关，与众所周知且用"自负"一词即可概括的人性的核心问题有关。而自负甚至会成为一种群体性的社会习惯。当然，这并不意味着政治或经济就是"邪恶的"。相反，不同文明在不同时期、不同地点以不同形式创造出了意识形态、政治管理、经济关系以及法律框架等社会子系统。这些子系统的良好治理，对于在这些特定文明环境中文化实践的蓬勃发展甚至十分必要。

从正式的意义上来说，这四种形式的子系统构成了过去与现在所有主要文明的基础。但文化并不是它们的主要特征。如果人们能够遵从文化路径对其进行管理和实施，这些子系统才能具有长期的可持续性。不过，其在社会领域主要起到的是调控作用。它们是特定社会、国家的自我组织的系统。共同的语言或语言集合、基于共同社会行为习惯、建筑、衣装以及神话的历史将这些子系统与其民族个体或集体的文化实践绑定在一起。现有世界观的这些方面（可能提供道德自我修养的种子），只有排除了相对于其他民族或国家的优越感，才能够被纳入一个民族文化实践的范围。原因很简单，从全球视角来看，具备这种优越感即意味着对于"黄金法则"的违背。

只有在不同文明对子系统自我调控的层面上，才可能出现所谓的"文明的冲突"。通常，不同的文明倾向于在不同的世界观中尊重彼此的基础。个人或群体在强权政治和金融层面以单边、双边甚至多边的方式推行利己主义战略，则会引起战争与暴力（如三十年战争）。此外，历史还提供了丰富的例子,第三方挑动双边冲突导致战争,以谋求其自身的经济"利益"。① 而从教育的角度来看,从儿童教育开始,就应当广泛培养文化的"和谐力"。这种力量可能从两个方面对这种丑恶的人性加以纠正。首先,从国内角度而言,文化教育能够使社会具有更高的道德水准,降低以自我为中心的意识。我们认为,社会中这样的代表也会在国际关系中表现的更有道德、更有教养。其次,虽然不同文明具有不同的世界观与不同的政治、经济和法律体系,但不同文明之间仍然可以共享、交流在世界上某个特定地区孕育出来的大多数文化实践。

简言之,文化即是在人类所有生活领域进行自我完善和提升的实践。在完全相同的一般意义上,它尊重其他人从事各种活动的权利,是避免文明冲突和确保人类长期存在的唯一"桥梁"。为了人类作为一个更大历史实体的利益,文化是而且一直都是联结不同生活方式的要素。文化不是单方面软实力的组成部分,而是人类统一互利的"全方位"实力的组成部分"和谐力"。

(二) 中国文化的特别作用与当代局势

鉴于以上所述,我想强调中国文化及其文明的调控子系统必须发挥重要作用,为人类开拓未来,并引领生态地球元文明的道路。考虑到当今的世界关系,中国首要的任务实际上就是发展其自身的"和谐力",同时协助其他文明与民族"和谐力"的发展壮大。人类的不同族群有着不同的文明与文化背景,包括神话、语言等。从多样平等地将人类联合在一起这个意义上来说,在接下来的十年里,中国应当发挥好作为世界"联结者""平衡者"与"团结者"的和谐作用。考虑到这一点,我接下来要谈谈最后一个可以说是带有一点结论性的问题。在解决这个问题方面,中国文化有什么特别之处?② 那么

---

① 富格尔(Fugger)在 16、17 世纪同时向当时欧洲大陆上的交战双方提供资金援助的"投资策略"就是一个非常著名的例证。

② 如要进行更多讨论,例如请参见 Reg Little, *A Confucian-Daoist Millenium*? Bacchus Marsh: Connorcourt, 2006.

在当代环境下,并结合中国文化的可能性,应当如何维护并培育中国文化呢?

"中国应当发挥特定的世界历史作用"这一观点并不新鲜。经过前面的论述,这一观点并不源于当前西方主流国际关系的研究也就不足为奇了。它由对世界历史、世界文明和文化传统有更广泛、更深理解的哲学学者们提出。早在 1845 年,德国哲学家恩斯特·卡普①就预见到,中国会对其已有千年历史的社会体制进行现代化改造,将其古代文化实践和经验与西方的文化实践和经验以及由后者引起的全球工业化进程融合在一起。因此,在第一次鸦片战争后几年的时间里,卡普预见到,位于北美洲的美国——当时他称之为"新世界"——崛起之后,中国也将会崛起,成为他口中的"新的新世界"。北美帝国那时还处在它的早期阶段,中国一定会从它的手中接过指挥棒。着重于文化,卡普从其他文明的角度对中华文明和全球历史进行了跨学科的整体研究,最终得出结论:中国终将成为世界的团结者,会肩负起让地球上所有文明团结在一起的重任。② 同样,120 多年后,著名的世界历史学家汤因比在其著作《变革与习俗》(*Change and Habit*,1966)中指出,中国应当扮演 21 世纪"世界团结者"的角色,避免人类使用核武器相残毁灭的悲剧。③

是什么让中华文化如此特别,以至于这些 19 世纪与 20 世纪重要的思想家和国际关系专家都得出了结论,认为中国可以作为一股凝聚力,为全球文明创造出繁荣、和平的元文明呢?在此,我想基于自己在本文中陈述的观点来回答这个问题。其中有一个显著的因素,即使在前现代时期,也没有哪一个被大众普遍信奉的宗教能够在中国一家独大。皇家礼仪、与其相关的世界观以及知识体系从未成为公众生活的一部分。常见的宗教形式大多是地方性的,往往与儒家的家族仪式有关,或与古老的泛灵论元素有关,其中往往包

---

① 将他称为"全球地缘历史思维之父"一点儿也不为过。
② 参见 Ernst Kapp, *Philosophische oder vergleichende allgemeine Erdkunde als wissenschaftliche Darstellung der Erdverhältnisse und des Menschenlebens nach ihrem innern Zusammenhang*, Band 2, Braunschweig: George Westermann, 1845, pp. 286-287。
③ Arnold J. Toynbee, *Change and Habit: The Challenge of Our Time*, reprint of the 1966 edition, Oxford: Oneworld Publications, 1992, pp. 157-158.

含着佛教或道教的印记。根本不存在政治化的宗教教条。例如，古代的波斯帝国、伊斯兰政权特别是欧洲都通过标准化的宗教信仰体系（或者说，至少在其意识里有统一宗教形式的目标），以及相关的制度和机构进行统治。而中国社会一直以来则是通过统一的日常世俗生活方式而凝聚在一起。普通大众不受宗教垄断或标准宗教信仰的影响，使得中国能够整合那些接受自己世俗生活方式与生活习俗的民众，而不造成冲突（比如基督教与伊斯兰教之间出于宗教动机而发生的战争）。我需要说明，这一分析言论并非意在贬低甚至抹黑其他文明的传统宗教基础。每个文明都有其固有的传统与生活方式，应当受到尊重。不过，世界上有很多文明，它们具有各自的宗教与世俗信仰，而这些信仰之间有可能发生冲突。所有文明都希望自己能够永远存续。在这里需要强调具有古典基础的中华文明为世界带来的优势。中华文明提供了一些与其他世界观不相抵触的元素。同时，这些元素可以被其他国家吸收与加工①，创造出一个全新的、和平的世界共同体。

尽管会参加国家的各种仪式，但多数儒家统治者们都表现出一种不可知论的态度。这样，当出现不同的情况需要处理时，他们就可以采用非常灵活的方法加以应对。这就造就了一种传统，即可以根据具体情况来选择解决问题的方式以及相应的世界观。其他文明中先入为主的教条世界观与信仰体系经常会阻碍这种反应能力的发展。在这种背景下，中国的治理者逐步创制出了一种传统，将（本文概念的意义上的）文化整合进社会的子系统。比如，西方政治总是要么与具有固定信仰的宗教或世俗体系相关，要么与某种行为模式相关（而且也是以一种不加思索的方式），而对于中国的治理者来说，比起私人的短期收益，行政过程的质量所发挥的作用更加重要。换句话说，在西方背景下，其世界观中最主要的非文化信仰体系相对于政治和经济的进程得到了加强，而在中国，相对于政治则更加强调文化，因为它构成了世界观道德与自我提升等方面的基础。

现代中国不断改革的思想体现了文化对于当代中国政治的影响。由于中

---

① 在这方面有一个关键词，即"转变性本位化"。被本位化的事物通过本位化的过程得以转变，但本位化自身在这一过程中也会发生一些变化。另一篇文章会对这一观点进行更加深入的阐述。

国的政治文化既非基于宗教叙事,亦非基于呆板的世俗教条,因此与其他民族相比,现代中国治理(自古以来的传统当中,有益的元素经过改进后也被收纳其中)的反应能力更加不同且更加灵活。结合数千年历史中精心记录的行政经验,这种灵活性在国际关系中意味着巨大的优势,也有利于世界各文明更好地共存与互利发展。现代中国以其独特的方式遵循着文化的真谛。如果缺失了这一点,就无法解释中国在扶贫等诸多方面所取得的成功。

此外,在世界上争取更大影响力的方面,是中华文明具有的另一个优势。如今,中国人在对待中国自己的早期传统时,似乎越来越包容。中国的现代性与中华传统中的重要元素日益紧密地整合在一起。具有中国特色的社会主义世界观里也包含了易经、孔子、老子、墨子等经典与先贤的传统思想。这些传统思想具有很强的适应性,其优点就在于其并非具有排它性的单一信仰体系。① 儒家完全以生命为中心的世界观具有悠久的历史与传统,即使不依附于古代皇家礼制,也能够得到传承与发展。例如朱熹关于死亡的论述。② 这是现代性的一个非常不同的情况。它伴随着在这样非常不同的情况下建立和稳定文化与文明的自我意识。换句话说,中国现代性的优势在于,它有机会将中国的多元文化传统和与行政管理相关的世界观包括中国历史和当今时代多民族背景的世界观,通过一种富有成效的方式整合在一起。这一方面的核心要素之一就是以人为本的治理理念。这一现代理念在古语"仁爱"一词当中就已有所体现。③

在国际关系中,这种传统使当代中国能够传播一种道德品质。在其他面向拥有强大传统根基世界观的文明当中,这种品质可以被感知——同时,也不会与这些不同的信仰体系发生文明冲突。即使一个遵从一系列呆板宗教戒律的外国人也能理解儒家的道德理念,或者学习传统中医的某些方面及其哲

---

① 参见 Chenshan Tian, *Chinese Dialectics: From Yijing to Marxism*, Lanham: Lexington 2005。

② Joseph Needham, *Science and Civilisation in China*, vol. 2: *History of Scientific Thought*, 5th ed., Cambridge: Cambridge University Press, 1977, p. 490; David Bartosch, »Wissendes Nichtwissen« oder »gutes Wissen«? Zum philosophischen Denken von Nicolaus Cusanus und Wáng Yángmíng, Paderborn: Wilhelm Fink, 2015, pp. 225 – 228.

③ 参见 Bartosch, »Wissendes Nichtwissen« oder »gutes Wissen«?, p. 682。

学基础①，同时又不会发生冲突。这一优势尤其与亚洲和非洲的其他文明有所联系。中国的凝聚力即中国（文化战略）的"和谐力"，也已在"示人以善"的原则下为世人所熟悉。而"示人以善"这一特点，最初在著名钦差大臣郑和的多次远洋任务中就已经体现了出来。

  另一个优势在于，以文化为中心的中国国家智慧也使中国文明的发展远比其他国家更加注重和平。②郑和并未对他所"发现"的地方进行暴力殖民。③将文化和统一生活方式置于社会自我组织的中心，使中国成了一个大规模且可以长期延续的文明④，无须通过把其他民族的空间和生命作为自己的"财产"来驱动经济发展。即使以其国家军事体制而闻名于世的秦始皇也未曾通过发动战争来推动其国家的经济发展。他反其道而行之，首先发展自己的经济，然后通过征服一个又一个的封建诸侯国，终结了周朝各诸侯之间数百年来的战争和灾难。罗马帝国走到了尽头，是由于其领导人和管理者没有能力保持经济长期地、可持续地发展，只能或多或少通过持续不断地对其他民族发动战争（包括帝国与之相关的过度扩张）来创造收入。现代殖民势力与美国都踏上了一条与遵循利益和现实政治相类似（具有破坏性）的道路。中国并没有像其他多数古代文明一样落入通过战争促进社会与经济存续的破坏性陷阱。⑤

---

  ① 或许可以加上一句，中国传统生活文化的这一部分与善政的理念深深地交织在一起。参见 Huang di nei jing su wen: an annotated translation of Huang Di's inner classic, 2 volumes, edited and translated by Paul U. Unschuld, Hermann Tessenow, Zheng Jinsheng (Berkeley: University of California Press, 2011)。
  ② 在非汉民族集团统治时，中国对外进行了扩张。我将这些时期，比如蒙古人统治下的元朝，都排除在外。尽管不能忽视汉族皇帝统治的王朝也参与了战争的事实，但相对总体而言，上述论断仍然有效：中华文明偏好和平，也接受其他国家。即便对于中国将军来说，战争的实际爆发也是最糟糕的情况——正如对于传统的中医大夫来说，实际的疾病（必须预防其发生）也是如此。
  ③ 参见 Henry Kissinger, *On China*, New York: The Penguin Press, 2011, p. 17。
  ④ 南亚文明也被称作印度文明，在世界范围内来看也表现得相当平和。但从一个大规模帝国的角度而言，它相对缺乏连续性，而且经受了太多由入侵者带来的暴力与征服。
  ⑤ 这与以下几个事实并不抵触，即一些中国的王朝也是被暴力推翻的。作为文明古国，中国也曾在其自己的土地上经历过多次战争。即使如此，在正常时期，中国都能够自给自足地发展经济。这样，就不必像世界历史中的其他社会一样将被征服的土地和人民作为经济收入的来源，甚至整个经济的基础。

以上这些叙述，意在强调为了实现当今世界体系的平衡与再整合这一必要任务，以及中国的重要性及其他能提供的独特条件。从国内、国际的角度而言，上述的各个方面已经以新的形式体现在现代方法中。例如"双赢"的概念，即公平地分担工作、共享收益，就是源于2500年前古老的墨家思想。更进一步来说，中国正试图在今日的国际关系中引入并应用这一思想；切实反对那种掠夺他人的劳动成果，使别人无法享受自己应得利益的错误理念。在过去的40多年时间里，中国在国内国际所取得的成功都有赖于其通过共享推动经济繁荣发展的传统理念。这一点在过去十年里中国大规模的扶贫工作中表现得尤其明显。中国在其他国家进行项目开发时具有的一个优势在于，中国从来没有成为西方意义上的殖民主义势力。与此同时，中国已经稳定了其文化与文明的认同，占全人类五分之一的人口由此可以拥有丰富的文化实践，其生活方式始终如一、生机勃勃。

中国对于大众教育的观念正在改变地球上的科学格局。这一点也可以从自公元前1000年的周朝延续至今的传统中看到。在当今现代社会主义原则的背景下，大众教育前现代文明与文化的基础已经以一种全新的方式重新出现了。这种发展多少有些隐匿地与前文中提及的古老特性有关，我们在此应当谨记：我们会发现，在其他文明中经常被宗教或仅仅是意识形态的"价值观"① 所占据的功能作用，在中国却被归于了文化。

最后，依个人的观点，我希望文化战略的基础与21世纪的"和谐力"，能够尽快开始得到深入发展。在这方面，可以在以下两者之间开展更加深入的论述：（1）黑格尔、马克思、新马克思主义思想家哈贝马斯、霍耐特等人的德国哲学传统与其他传统；（2）特别是在儒道国家智慧传统的背景下，德国哲学传统在与中国思想产生的共鸣。我认为，在这样一种跨文化理解的背景下，可以为我所说的"和谐力"形成一种贴切的哲学基础。我们应该要注意避免所谓的文明冲突，这就需要在国际关系领域做大量的哲学性

---

① 这种在言辞上得到强化的（和所谓的）"优越价值观"的背后，常常隐藏着侵略扩张与剥削的勾当。

的反思。由此看来，国际关系这一学科需要一种转型，它应当成为全世界"和谐力"实践的工具。中国的哲学传统与国家智慧将在这种背景下——特别是在唤醒其他文明中与其相对应但仍然蛰伏的潜力方面——发挥关键的作用。

"世界音乐"作为全球地域一体化的文化现象之探究

彭 蓓*

"全球化"这个词在过去 50 年中,已经在几乎所有的公共和私人生活领域中扎根。全球化并非一个结果而是一个过程,在这个过程中,不同社会现象在不同层面上超越国家与文化的界限以不同程度溢出,导致了在经济、政治、文化和环境等诸多领域的跨地区、跨国家、跨文化的相互依赖。而在文化领域,全球化更被看作一种具有历史性的全球性社会活动,即从文化交流的角度看,几乎所有的文化和文化产品都从来不是在封闭的空间中发展起来的,而是或多或少地在其发展史上在民族、政治、地区的层面上被融合或被叠置。

反映在音乐文化的全球化上,目前最习惯被使用的音乐术语是"世界音乐"(World Music,或是 Music of the World)这个概念。它在 20 世纪初期被德奥音乐研究者提出后,经过百年时间的不断充实,虽然不断地在扩大其边界,但其定义从根本上仍然还是模糊不清。这当然在很大程度上受到大众传媒手段日新月异、迅猛发展的技术条件的影响,不同文化背景的学者很难在如此庞大的概念群中达成共识。然而回望之前的音乐史,即早在 17 世纪,

---

* 彭蓓,德国海德堡大学音乐学博士,北京师范大学全球化与文化发展战略研究院讲师。

西方就出现了"异域主义"热潮、通过丝绸之路从西方传到东方的乐器与曲调等，甚至通过近几年以来在音乐考古学领域的发现，都不约而同地指向了音乐文化的一个重要特点：跨文化跨地域的音乐交流绝不是新时代的特征，而是延续在整个人类音乐史中，推动了一次又一次的音乐风格变迁与新的审美倾向。自阿多诺的音乐社会学理论之后，20世纪下半叶起，学者们把音乐学与社会学、人类学、哲学关联在一起，不再将音乐事件看成是独立的"艺术品"来观察，而将它放入其所处的社会变化、人文环境中进行解析，由此认为音乐作品总是反映社会现实的；音乐家和音乐作品必须始终在其所处的文化环境中被理解和诠释，以及一种音乐风格总能表达出当时的时代精神。在这样的诠释框架中，"音乐全球化"携带着其天生的多维性和复杂性，在理解"全球化"进程中就展现出其极为独特又重要的意义。而相关的理论研究在近年来逐渐得到各国音乐学和文化学者们的重视。

一、概念溯源

在德语世界的音乐研究史中，对"世界音乐"（Weltmusik）这个概念的运用出现在1905年前后。当时德国文化界正处于比较音乐研究的热潮中。德国音乐学家乔治·卡佩纶是第一个使用这个概念的人。他认为世界音乐是"民族的也是世界的艺术"，是一种"未来的音乐"，是东方与西方音乐天才的结合。在1906/1907年写作的《作为新艺术发展路标的异国节奏、旋律和调性》一文中，卡佩纶预示了一种具有普遍性的、由不同音乐文化共同构成的"元音乐"。[①] 而这种跨文化艺术的理念源自更早期的启蒙运动的狂飙运动。其中最具有代表性的是德国哲学家约翰·赫尔德，他在著作《歌曲中的人民之声》[②] 就提到

---

① 参见 G. Capellen, *Exotische Rhythmik, Melodik und Tonalität als Wegweiser zu einer neuen Kunstentwicklung*, in: Mk6, 1906/07, 216–227。

② Johann Gottfried Herder: *Stimmen der Völker in Liedern*. Leipzig, 1778. https://www.projekt-gutenberg.org/herder/volklied/volklied.html.

一种人类历史哲学的方法论。赫尔德提倡尊重所有的音乐文化，有意识地收集所有世界性音乐文化遗产并建立有声知识档案。这一理想在他生活的年代几乎是异想天开，但在20世纪初期出现的便携式录音技术与音响复制技术的出现和推广下，在短短几十年内得以实现。当时，一批优秀的欧洲人类学家纷纷携带录音设备踏上研究之路，在对世界不同地区进行人类学考察的同时，将当地的传统音乐记录下来带回欧洲，由此建立了一批珍贵的音响档案，也为现代大学中的人类学和音乐学研究奠定了坚实基础。

然而在英语环境中，"World Music"一词的发明却并非来自研究界，而是在1987年伦敦的一个酒馆中处于营销目的而新创的。当时一些唱片公司销售员、记者和DJ们聚集在一起，讨论如何解决唱片店中出现的一个普遍问题，即很多消费者无法准确地描述和区分货架上的一些具有异国情调的音像制品，例如民歌、世界节奏、非洲传统音乐、非洲流行音乐、传统部落音乐，等等。为了能够方便消费者，有人提出将这些产品统统称为"世界音乐"。由此英国唱片业界决定统一使用"世界音乐"这个词来描述它们。这一做法也很快得到了其他国家唱片业和文化界的认同，在短短几年中迅速扩展到了世界音乐文化界和媒体，至今仍被普遍使用。

而在当今电子录音技术普及以及新的跨文化音乐风格不断涌现的影响下，"世界音乐"一词不再指具有民族风格的欧洲古典音乐之外的音乐现象，也泛指全球化音乐产业的生产和分销、唱片公司和互联网网络中的音乐产品。甚至于到今天，从iTunes到油管，从腾讯视频到博客空间，所有的跨文化音乐活动都可以被包含在这个概念之中。在这个意义上，"世界音乐"这个概念可以被重新定义为一种建立在全球化的世界观之上的，涵盖不同地域、不同风格、不同时期的音乐艺术的文化现象。

二、"世界音乐"的观念变革

在德奥音乐学产生的最初即19世纪末，音乐学的首要任务就指向了涉及不同地域音乐文化现象的比较音乐学。德奥音乐学创始人、奥地利音乐学家吉多·阿德勒在《音乐学的范围、方法和目的》①一书中，详尽地解释了研究比较各种不同民族不同文化的音乐的必要性。但这种观点也在一定程度上受到了当时盛行的文化进化论观念的影响，音乐在此作为一种整体形式被放入历史线性发展的逻辑框架中进行观察，即音乐只可能从古代简单的音乐逐渐"进化"成现代复杂的音乐。其中，古代简单的音乐源自古代文明，例如古印度、古希腊、古中国。其共同特性被认为是只关注简单的旋律，没有完整的和声体系和复杂的理论体系，以及完善的记谱意识和能力。而在经过漫长的跨文化的文化交流和文化进化之后，这些简单的音乐逐渐复杂化和自我完善，最终成为庞大又大师云集的欧洲或西方音乐文化。

实际上，这种理念早在18世纪席卷法国的世界音乐起源论战中，就已经被欧洲学者激烈地争辩过。当时大部分学者根据文艺复兴的认知经验，认为所有音乐都起源于古希腊；而另一部分身处亚洲的学者，例如耶稣会士钱德明则认为中国音乐是世界音乐的起点，古希腊人由于种种原因学习了中国音乐。② 这种认知一方面来自古代中国与古代希腊在音乐哲学与乐律理论上的相似点，另一方面也与当时人们对中国音乐史缺乏认识相关。在钱德明的《古今音乐考》一书的深刻影响下，中国音乐从18世纪到20世纪初期，都被作为"简单"或是"简陋"的古老音乐形式被记录在各种大辞典中。③而与之类似的印度音乐、南亚音乐和非洲音乐，都在"异域主义"的热情伴随下，虽然被西方好奇地观望，但只被作为以欧洲音乐为终极目标的音乐进化链中的过程环节看待与贬低。

而另一方面，在西方音乐创作中"异域主义"却从17世纪开始一直成为作曲家们的重要创作方式。从法国宫廷作家吕利和维也纳古典主义代表人莫扎特对土耳其音乐的模仿，到法国印象派代表人德彪西在1889年巴黎世界博

---

① G. Adler, *Umfang, Methode und Ziel der Mw.*, in: VfMw 1, 1885, pp. 5–20.
② 参见 Bei Peng, *Musik als Harmonie von Himmel und Erde—Zhū Zǎiyù（1536–1611）und seine Musiktheorie*, Open Access, 2019, p. 65。
③ Joseph-Marie Amiot, *Memoires concernant l'histoire, les sciences, les arts, les moeus, les usages, etc. des Chinois, par les missionnaires de Pekin.* Tome sixième. Nyon, 1780.

览会上通过加美兰乐队演出大受启发,到意大利歌剧作曲家普契尼在歌剧《图兰朵》中运用的"中国风"等,"民俗和异国"的音乐语言被嫁接在西方音乐之上,开出了奇异又迷人的花朵。与此相对的还有一些纯粹主义的音乐家和学者,他们强调音乐的"民族纯粹性"。20 世纪"新音乐"的代表奥地利作曲家勋伯格就曾指出音乐应该以民族为中心。而进入了 70 年代,一些先锋派作曲家,如皮埃尔·布列兹又认为"非欧洲文化是欧洲文化的一种受欢迎的解毒剂"。在这样的思潮下,一大批作曲家,例如美国作曲家约翰·凯奇、意大利作曲家诺诺、德国作曲家斯托克豪森等开始以"世界音乐"为出发点,结合东方传统音乐、西方传统音乐、先锋音乐等多种元素,大胆创新出不少优秀的作品。但是,这种转向在运用拼接和挪用的手法时,尚且缺少对其他音乐文化所处文化背景的进一步了解。而匈牙利作曲家利盖蒂在这一点上可能是考虑得最为深入。他认为:"我们必须接受所有的文化,但是要用我们自己的文化来思考。"① 而在进入 21 世纪,越来越多的非西方音乐家和作曲家参与到全球化艺术音乐的创作中,更深刻地跨文化的融合受到越来越多的关注,廉价的模仿和片面的音乐分界在艺术音乐的领域中已经成为过去。

在流行音乐界,20 世纪初,第一批跨国音像公司例如 Columbia、Gramophone、Odeon、Pathé 和 Victor,开始关注地域音乐的唱片录制和销售。大量流行音乐文化信息拓宽了人们认知的地平线,世界各地区同时存在着的并列和交织的音乐表现形式逐渐得到人们的认同,精英主义和霸权主义构建的"音乐权威"也同时逐渐失去主导权。这一运动到了 20 世纪 60 年代,随着全球化音乐市场被发掘的需要,各个唱片公司都开始大举进军西方之外的音乐文化市场。与之相随的是对各种不同文化传统和流行音乐的大量录制与发行。在市场化的刺激下,各种音乐文化在实践中以前所未有的速度和强度融合起来,原本地域的、民族的、本土的音乐推向了全球化音乐的浪潮。在这样的背景下,全球流行音乐都被卷入"音乐杂交"的潮流中。爵士音乐在美国一开始从融合了非洲音乐和法国印象主义的元素,不仅从酒吧音乐发展成为 20

---

① 利盖蒂 1998 年 3 月 23 日在维也纳的演讲。

世纪美国音乐的主流，还在亚洲地区例如上海，与中国音乐交融后，演变成了代表当时新兴资产阶级的"上海爵士"的独特风格；阿根廷探戈由加纳传入尼日利亚，被滞留在阿根廷首都布宜诺斯艾利斯港口的移民们在酒吧中传唱而形成探戈，并且被国际化。这样的例子在流行音乐和大众文化领域举不胜举。

而在第二次世界大战之后，伴随着大量国际文化组织的发展——例如联合国教科文组织和国际音乐理事会，都将支持世界范围内的不同音乐文化的合作与研究放在首要地位。20世纪60年代之后，美国大学的研究与教育体系中也开始引入世界音乐的相关研究，逐渐成为固定的研究项目，各类世界音乐研究组织也在各国普遍建立起来。跟随大众音乐文化市场的浪潮，大量研究机构也利用此机会拓展对世界音乐的研究半径。联合国教科文组织组织、欧盟、各国博物馆和研究所都组织项目和学者，对尚存的音乐文化进行系统性记录和归类，其中最具有代表性的成果有 Unesco-Collection、Musical Atlas、Music of the Globe、Museum Collection Berlin、Network Medien、Chant du Monde、Ellipsis Arts、Rycordisc，等等。1994年，世纪音乐博览会的成立构成了一个大型的世界音乐的促进、传播和研究的网络。对"世界音乐"的认识逐渐打破了文化优劣论的禁锢，而走向了多元化，并且在大众媒体中得到了广泛承认和关注。

三、地域性与全球性：
世界音乐中的矛盾与统一

迈克尔·杰克逊在1991年发表的MTV《黑与白》中，将各种肤色和地区的人的面孔相互融合，随着歌曲的演唱被流畅地串联起来。这象征性地表达了所有音乐所有人种在世界中都相互关联、共同歌唱的美好理想。然而，虽然经历了近百年的归纳与总结，世界音乐的概念在一定程度上仍然是模糊不清。这也来源于这个概念本身的包容性与多元性。也就是说，世界音乐的界限何在？其内容如何被系统化？如何界定不同时期的世界音乐？如果界定世界化与地域化？这些根本问题的答案无法避免地隐含了审美经验的霸权主义。特别是在对非洲、亚洲等地区音乐的接纳问题上，后殖民地主义的态度在今天仍然没有得到根本改善。而另一方面，文化挪用主义无论在聆听音乐还是制作音乐的过程中都不可避免地存在，"异国情调"带来的热情仍然是西方对东方音乐关注的主要原因。为了保护民族音乐，大量民族音乐脱离了本来的文化背景和社会语境，被置于大众媒体、节日庆祝、音乐产业活动下，构成了一种文化怪圈。例如，我国近年来在各种音乐活动场合表演的苗族音乐，当然本意是宣传与保护苗族音乐，但在表演过程中又将这种音乐强行剥离其真正的文化语境，成为舞台上的"五分钟固定节目"，何尝不是一种对苗族音乐本质上的伤害。

在 21 世纪，音乐文化认同已经不再与个人地域维度单向挂钩。几乎每一个人都在不间断地、自主或无意识地接受着来自不同文化的音乐信息，音乐中的"世界共同体"如此迅猛地占据着人们的听觉。联合国教科文组织在 80 年代提出了"多种声音，一个世界"的口号，在今天已经在很大程度得到了实现。地区性与世界性的文化交流如此频繁，一种"全球地域化"不可避免地出现。这是一种多元化与一体化的统一，即多元地域文化从各个维度上相互关联成为全球化文化，但同时也正因为其地域性和特殊性才能保持被全球关注的可能性。本土的音乐时刻受到通过全球化媒体网络信息的影响，而这些本土独特的音乐又构成和振兴了世界音乐网络。作为音乐，一方面文化差异能够被感知和被交流，另一方面这些差异作为纯粹的音乐元素应该被不分优劣地被并列起来看待，让人们从听觉上变得"开放和包容"，不以简单的"好听"或"不好听"来片面评判不同的音乐，而是更多地通过倾听不同的音乐来了解其蕴含的不同民族特性和生活习惯。这也与人听觉的本质相关，因为人的听觉审美天生就倾向与寻找不同的表达形式、风格、流派和品位，寻找和关注"新的声音"。因此，音乐的并列性和包容性也是连接世界不同文明文化的天然桥梁。

在这种意义上，世界音乐作为一种包含了多元化文化语境、民俗风情、文化传统和审美元素的艺术表现手段，再加上艺术家和表演者的个性与风格，从其出发点上具有地域性、内容上具有文化包容性、传播手段上具有全球性上看，不应该简单地被看作"西方古典音乐""流行音乐"或是"民族音乐"的对立者和替代品，而应该被看作属于全人类共有的、永久性的文化遗产。而展望5G技术普遍运用的未来，"同时异地"创造音乐和演出音乐将成为音乐文化发展的新潮流，为世界艺术家跨越民族和国家边界进行全球艺术对话带来了新机遇，在国际网络或是"元宇宙"中的"元音乐"形式即将出现。到那时，音乐文化必然会成为世界文明对话的先锋。